Klaus Farin

Jugendkulturen zwischen Kommerz und Politik

Klaus Farin,
Jahrgang 1958,
lebt und arbeitet als Autor und freier Journalist in Berlin. Zahlreiche Veröffentlichungen zu Medien, Literatur und jugendlichen (Sub-)Kulturen. Zum Beispiel »Die Wende-Jugend« (gemeinsam mit Leo Müller, rororo aktuell 1984), »proEmotion, Frauen im Rock-Business« (gemeinsam mit Anke Kuckuck, rororo 1987), »Krieg in den Städten. Jugendgangs in Deutschland« (gemeinsam mit Eberhard Seidel-Pielen, Rotbuch 1991), »Karl May. Ein Popstar aus Sachsen« (Thomas Tilsner 1992), »Skinhead - A Way Of Life. Eine Jugendbewegung stellt sich selbst dar« (Europäische Verlagsanstalt/Edition NoName 1996) und »Die Skins. Mythos und Realität« (Ch. Links, Berlin 1997). 1997 Mitbegründer und Vorsitzender des Berliner *Archiv der Jugendkulturen e.V.*, das sich vor allem die Sammlung und Auswertung authentischer Zeugnisse (Fanzines, Flyer, Musik etc.) verschiedenster Jugendszenen zur Aufgabe gemacht hat.

Klaus Farin

Jugendkulturen zwischen Kommerz und Politik

TILSNER

Originalausgabe
Verlag Thomas Tilsner

TILSNER

Herausgeber:
Archiv der Jugendkulturen e.V.,
Fidicinstr. 3, 10965 Berlin.
Berlin 1998

Umschlaggestaltung:
Graphik-Studio Scholz, München
unter Verwendung der Fotos
von Boris Geilert und Pierre Adenis, G.A.F.F. (Cover)
Bildnachweise auf Seite 143
Satz und Layout:
Graphik-Studio Scholz, München
Druck und Verarbeitung:
Erdl, Trostberg

Die deutsche Bibliothek - CIP-Einheitsaufnahme

Jugendkulturen zwischen Kommerz und Politik /
[Hrsg.: Archiv der Jugendkulturen e.V.].
Klaus Farin. - Bad Tölz: Tilsner,1998
ISBN 3-910079-41-5

Inhalt

Jugend

zwis

Kommerz

ulturen

chen

und Politik

JugenD

KULTUREN ZWISCHEN KOMMERZ UND REBELLION

von Klaus Farin

Einleitung

Die Jugend gibt es nicht. Gab es sie überhaupt jemals, so hat sie sich spätestens in den letzten zwei Jahrzehnten in auch für professionelle Jugendforscher nicht mehr überschaubare Parzellen aufgelöst[1]:

- in Psychos und Grufties, Rudies und Skinheads (Redskins, SHARPS, Boneheads), Kutten und Hooligans, Biker und Scooter, Punks und Cyberpunks, Grunger und Trasher, Waver und Raver, Rapper (Breakdancer, B-Boys) und Slacker, Heavy (Black, White, Trash) Metals und Prollheads ...
- in Jesus u.a. Freaks, Peacer und Indies, Ökos und Hippies, Yippies und Zippies, Autonome und Faschos, Veganer und andere Hardcores ...
- in Surfer und Skater, Freeclimber und Snowboarder, Van-Jumper und Barflyer, Trekker und Trekkies ...
- in Yuppies, Buppies, Puppies, Fruppies, Skippies, Yiffies und Yessies ...
- in Babes und Barbies, Billies und Renees, Riot-Grrrls und Girlies ...
- in Switcher, Grazer, Hopper und Zapper ... (Und solltest du auch nur die Hälfte der Begriffe kennen und einordnen können oder gar für wichtig halten, dann solltest du vielleicht ernsthaft darüber nachdenken, ob nicht irgendwas in deinem Leben falsch läuft.)
- in Cliquen und Gangs, Crews und Tribes, Stämme und Posses, Families und Szenen, Kulturen und Subkulturen, bei denen schon die Entscheidung, ab sofort den Schirm der Baseballkappe nach hinten zu tragen oder die Schnürsenkelfarben der Boots auszutauschen, einen gravierenden Szenenwechsel bedeuten kann. Oder auch nicht. Zwischen Ambient- und Gabber-Fans oder Hardrock- und Trash-Metal-Konsumenten liegen Galaxien, die die einstigen *Stones* gegen *Beatles*-Kämpfe unserer Ahnen wie Kinderzimmerrüpeleien eineiiger Zwillinge erscheinen lassen. Die Marketingforscher der Industrie haben inzwischen allein in Deutschland über vierhundert

(1) In jede der folgenden Aufzählungen hat sich ein Begriff eingeschlichen, der nicht in die Reihe paßt. Finde ihn heraus!

existierende 'Jugendkulturen' aufgespürt. Und nicht wenige davon auch selbst erschaffen, siehe zum Beispiel Streetball, die adidas-Schöpfung. Aber das ist wieder ein anderes Thema.

- Außerdem gibt es natürlich noch den Mainstream, die Neutralos, Trendzapper, Normalies oder Stinos, wie sie in der DDR gerne genannt wurden, die Stinknormalen, die sich keiner bestimmten Szene einordnen wollen, mal diese und mal jene Musik hören, ihre Moden und Freizeitvergnügungen je nach Angebot, Prestige und Laune wechseln.
- Und natürlich gilt auch für die Angehörigen jeder dieser Szenen, und seien sie noch so uniform gewandet, daß sie mitunter bei Nahsicht sehr verschieden ausfallen. Individuen eben. Wie du und ich.

Alle Versuche, *die Jugend* auf einen gemeinsamen Nenner zu bringen, sind folglich von vornherein zum Scheitern verurteilt. Das gilt auch für die derzeit populären *Jugend light*-Versionen wie »Generation X«, »Die '89er« und ähnlichen Unsinn. Wer meint, *die Jugend* pauschal als »gewalttätig«, »rechtsradikal«, »orientierungslos«, »vergnügungssüchtig«, »unpolitisch« o.ä. schubladisieren zu können, offenbart damit nur seine eigenen Vorurteile - und verfolgt nicht selten eigene Interessen. Versuche, Menschen verschiedenster Kulturen, Herkunftsländer, Geschlechter und sozialer Milieus aufgrund weniger oberflächlicher Merkmale wie Geburtsjahrgänge, Outfit, Musik- oder Computerleidenschaften in eine (Generations-)Schublade zu stecken, sind oft genug ein Produkt der Verkaufsstrategien der betreffenden Institutionen und Autoren, die erkannt haben, daß die lukrative Vermarktung ihrer Arbeiten mit simplifizierenden Verallgemeinerungen besser funktioniert. Mit den differenzierten Lebenswelten von Jugendlichen der '90er Jahre hat das nichts zu tun.

„Absolute Willkür und Unberechenbarkeit sind die effektiven Lebensprinzipien der Zeit. In der Spektakel-Gesellschaft gedeiht die ungetrübte Gleichgültigkeit gegenüber allen sozialen Beziehungen und läßt völlig neue Kräfte hervorschießen. Nach dem Blitzauftritt einer recycelten ‚Lost Generation' erleben wir den Aufstand der ‚Soziopathen', die sich mit absurdem Optimismus ins zwischenmenschliche Schlachtgetümmel werfen. Sie leben den Exzeß von Egokult und Ellbogenmentalität. Sie sind allen gesellschaftlichen Regeln entronnen und haben den letzten Rest von Moral hinter sich gelassen."

Falko Blask, 1996, S. 8.

Daß *die Jugend* in der öffentlichen Wahrnehmung gerne auf ihre gewalttätigen, rechtsradikalen, drogenkonsumierenden oder wertelos dahindümpelnden Minderheiten reduziert wird, liegt zum einen an der (Medien-)Vermarktbarkeit vor allem von Gewalt, und weist zum anderen auf den hohen Grad der Entfremdung der beteiligten Generationen hin. Entfremdung zeugt Angst, Distanz fördert Klischeebilder, erst recht, wenn die Kenntnisse von Erwachsenen über reale Jugendkulturen und jugendliche Alltagswelten trotz ausufernder Forschung und Medienpräsenz so minimal sind wie heute. Da gewinnen scheinbar harte Fakten - wie die der »wissenschaftlichen« Fast-Food-Empirie - eine Bedeutung und Seriosität, die sie nicht verdienen. So ersetzen im professoralen Gewand daherkommende Kaffeesatzanalysen und die branchenbedingte, marktorientierte Gewaltfaszination und -reproduktion der Journaille wirkliches Wissen durch Stereotypien, die zumeist viel über die Ängste und Interessen der Beobachter, aber wenig über die Realität der jugendlichen Studienobjekte aussagen.

Gäbe es nicht eindeutige historische Nachweise, daß »Generationskonflikte« von Beginn an ein vorwärtstreibendes Moment der menschlichen Zivilisierung waren, so könnte man annehmen, sie seien eine Erfindung cleverer Marketingstrategen. Denn worin unterscheiden sich Jugendliche schon von ihren Eltern und LehrerInnen? Eigentlich in nichts, sonst müßte ja auch irgendwann mal die Erwachsenengeneration einen Wandel erfahren. Nur, daß sie es selbst nicht wahrhaben wollen. Jugend definiert sich schon immer gerne als Negativ, als diffuse Anti-Utopie zur Elternrealität: »Nie so werden wie die...«. Und das gilt selbst für die konservative Variante des »besser/erfolgreicher sein als...«. Doch dahinter verbirgt sich selten gezielte Opposition, sondern zumeist nur eine unverbindliche »Rebellion« gegen »Spießer« oder - sehr modern - »Politik« im Allgemeinen, die kaum mehr als ein pubertäres Aufbegehren darstellt und dem Hooligan ebenso wie dem autonomen Streetfighter-Nachwuchs seine Schlagwort-Identität garantiert. Jugendliche denken fast genauso spießig und rassistisch, rechtskonservativ oder linksradikal, pazifistisch oder gewaltbereit, »unpolitisch« und konsumtrottelig wie ihre erwachsenen Vorbilder auch.

Jugendkulturen als Werbeträger

Einleitung

Fast: Denn keine in Deutschland lebende Generation wurde derart »multikulturell« sozialisiert wie heutige Jugendliche. Die Ablehnung von Neonazis und Rassismus ist ein zentraler Image-Wert fast aller gegenwärtigen Jugend(musik)kulturen von Punk und HipHop über Hardcore und Grunge bis zu House und Techno. Acht von zehn Jugendlichen wollen mit Rechtsradikalen und Gewalttätern nichts zu tun haben (vgl. SHELL-Studie, 1997). Politisches Engagement in traditionellem Rahmen von Parteien, Verbänden und Institutionen ist out, erscheint den meisten Jugendlichen als zu mühsam, zu erlebnisarm, zu aussichtslos. Doch die wenigen, die sich noch engagieren, vor allem im Umweltbereich, genießen hohen Respekt. Die zumeist in den '70ern entstandenen linksalternativen Milieus und Jugendsubkulturen - die Antifa- und »Eine Welt«-, pazifistischen und autonomen Gruppen, die christlich-engagierten und sozialistischen Jugendgruppen - sind sicherlich in den '90ern stark geschrumpft, aber immer noch in Schulklassen und Jugendclubs stärker repräsentiert - und vor allem: akzeptiert - als rechts aktive Jugendliche. Klassische Werte wie Fairness, soziales Verhalten, Gewaltfreiheit, von älteren Generationen oft gepredigt und selten praktiziert, sind unter Jugendlichen absolut mehrheitsfähig.

Punks bei den Chaos-Tagen, Hannover

In Ost- wie Westdeutschland (vgl. Schmidtchen, 1997). Nicht »Political correctness«, wohl aber eine oft recht rigide eingeklagte »Human correctness« bestimmt das jugendliche Zusammenleben: »Willst du mein Freund sein, verhalte dich ökologisch ... sei gegen Gewalt ... sei gegen Rassismus ... esse keine Tiere...«

Doch: Jugendliche sagen auch eher, was sie denken. Und: Sie vertreten ihre Ansichten provokativer, lautstärker und fundamentalistischer als die durch jahrzehntelange Konditionierung angepaßten älteren Jahrgänge. Auf der Straße, in der Mode, in der Musik.

Und: Jugendliche denken nicht nur, sie handeln auch eher. Im Guten wie im Bösen. So waren nicht nur die fremdenfeindlichen Pogrome der '90er Jahre - Hoyerswerda, Rostock usw. - eine Jugendveranstaltung (während die Erwachsenen applaudierend zuschauten!), auch bei den Demonstrationen gegen den Golfkrieg oder die Atomversuche Frankreichs, bei Antifa- und Umweltschutzaktivitäten, bei Chaostagen und Verkehrsblockaden wurden TeilnehmerInnen über dreißig eher selten gesichtet. Die Eltern- und Lehrergeneration, die von Jugendlichen unermüdlich »mehr Engagement« einklagt, sitzt selber lieber zu Hause in der ersten Reihe, wenn draußen wirklich was passiert. Oder sie bestraft sogar jugendliches Engagement, wie jene Berliner LehrerInnen, die im Herbst 1995 anläßlich der Demonstrationen von 14.000 SchülerInnen gegen Chiracs Atomversuche teilnehmenden SchülerInnen wegen unerlaubten Fernbleibens vom Unterricht mit Null-Punkt-Diäten und Eintragungen ins Klassenbuch eine sicher lehrreiche Lektion in Sachen angewandter Demokratie erteilten.

Fans beim Ärzte-Konzert Mai 1996, Tempodrom, Berlin

Forever young

Die durchaus konstruktiven »Generationskonflikte« von einst sind gegenseitiger Ignoranz gewichen. Man geht sich aus dem Weg, verweigert den Dialog. Mit jemandem reden, bedeutet, ihn als ernsthaften Gesprächspartner anzuerkennen. Wie soll man aber mit Eltern über eine Band oder einen Film oder ein Computerspiel reden, wenn die das nicht einmal kennen? Wie soll ich mit Eltern sachlich über Drogen oder Sex sprechen, wenn die nicht einmal wissen dürfen, daß ich mit beidem schon fleißig Erfahrungen sammle? Wie soll man mit LehrerInnen über heikle politische Fragen diskutieren, wenn die sich selbst keine Meinung zutrauen?

Kinder verweigern Eltern zunehmend den Einblick in ihre Lebenswelten, zumal deren Interesse erfahrungsgemäß oft erst dann auflodert, wenn sie vermeintlicher »Korrekturen« bedürfen, der Nachwuchs also in leistungsmindernde oder rufschädigende Freundeskreise geraten ist (Drogen, Rechtsradikale, Gewalttäter). »Anders sein« als ihre Eltern wollen Jugendliche immer noch - nur das Bedürfnis, denen das auch mitzuteilen, hat spürbar nachgelassen.

Aber ob das überhaupt so wünschenswert wäre, daß sich Eltern über sämtliche Lebensbereiche ihrer Kinder informieren? Mitgenommen werden wollen in die Disco, auf die Party, in den Club? Im Unterricht plötzlich über Punk, Techno, HipHop geredet wird? Gibt es eigentlich was Scheußlicheres als die Vorstellung, daß die eigenen Eltern oder LehrerInnen dir eines Morgens vertraulich auf die Schultern klopfen könnten: »Echt toll, dein Outfit! Voll geil, deine Musik!«?

Unsere Eltern konnten die *Beatles* nicht von *AC/DC* unterscheiden; das waren für die allesamt langhaarige Affen, die Negermusik machten, viel zu laut und viel zu schnell, und sowieso alle Drogen nahmen. Unsere Eltern waren oft lästig, autoritär, ätzend leistungsfixiert. Aber eines wollten sie nie: in unsere Welt hinein.

Frontpage
Die erste im normalen Zeitschriftenhandel erhältliche Techno-Zeitschrift, 1997 eingestellt.

»Jugendlich« sein. So waren wenigstens die Fronten klar, Überschneidungen in den Lebenswelten: keine.

Heutige Eltern dagegen sind zumeist selbst mit Rock & Pop aufgewachsen - und mit einem Jugendkult, der Älterwerden als unappetitlichen Prozeß, als persönliches Versagen wertet. Die meisten Eltern heute bauen ihr Selbstbewußtsein doch auf der wahnwitzigen Idee auf, sie seien selbst noch »jugendlich«. (Kannst du dir vorstellen, mit 20 oder 25 Jahren noch die gleichen Klamotten zu tragen, die du schon als Vierzehnjährige/r anhattest? Ist dir schon mal aufgefallen, wie viele Eltern für sich einen Kleidungsstil bevorzugen, den ihre Kinder auch gerade mögen?)

Weil die Forever-young-Generation kein authentisches Lebensgefühl für ihre Rolle als Erwachsene entwickelt hat, versucht sie ständig, als »ältere Jugendliche« akzeptiert zu werden, »gleichberechtigte« Gespräche zu führen (ohne natürlich wirkliche Gleichberechtigung einzuführen und auf ihre Verbotsrechte und Tabugrenzen zu verzichten), und faßt es als persönliche Kränkung auf, wenn der Sohn oder die Tochter dezent andeuten, daß ihre geliebten *Stones* oder *Puhdys* oder sonstwas nicht gerade das Schärfste auf dem aktuellen Musikmarkt darstellen ... Und das ist noch die progressive Variante.

Von denen, die sich überhaupt nicht für den von ihnen in die Welt gesetzten Nachwuchs interessieren, will ich lieber ganz schweigen...

»Ma Baker« 1996
Größte professionelle Party Berlins (14-tägig)

Einleitung

Leben in den '90ern

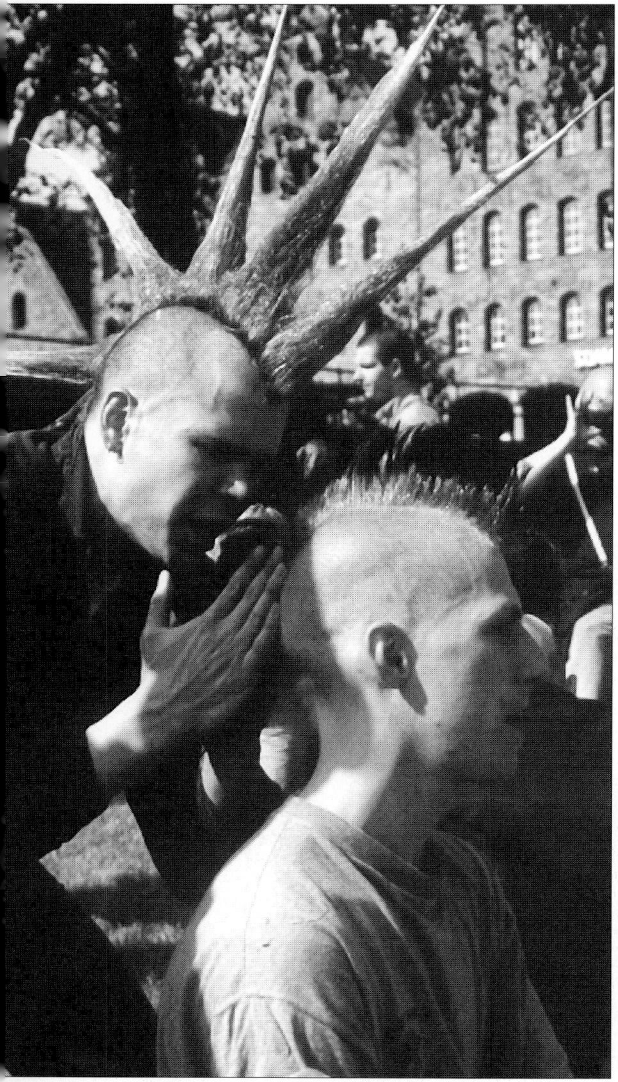

Punks beim Stylen
Auf dem Oi!-Skin-Treffen
in Lübeck, 1994

Richtig ist: *Die Jugend* der '90er ist anders als ihre Vorläufer, denn sie lebt unter anderen Bedingungen. Schon biologisch gesehen ist ein Zwölfjähriger heute so reif wie ein Vierzehnjähriger in den '60ern. Gleichzeitig haben Arbeitslosigkeit und verlängerte Ausbildungszeiten, Wohnungsnot und -teuerung die Abhängigkeit von Eltern und Staat verlängert. Jugendliche verfügten noch nie über so viel Geld wie heute - doch zumeist ist es nicht ihr eigenverdientes.

Der Pleitegeier über Bund, Ländern und Kommunen und die damit einhergehende Reduzierung der Sozialstaatlichkeit gen Null verwandeln für Jugendliche den Weg in die Autonomie in einen Schleichpfad mit ungewissem Ausgang. Mittzwanziger, die weiterhin bei Muttern leben müssen, sind längst keine Ausnahme mehr.

Der Run auf die Städte, die zunehmende räumliche und soziale Zergliederung des Lebensalltags in Arbeit/Familie/Freizeit zerreißt gewachsene Sozialstrukturen, die Anonymisierung und Individualisierung von Lebenswelten bringt neue Chancen, aber auch eine Menge Probleme mit sich. Wo einst persönliche Gespräche und Erfahrungen Meinungen bildeten, liefern heute action- und konfliktorientierte Medien die Welt als grell ausgeschmückte Chaos-Veranstaltung ins heimische Wohnzimmer. Statt der drei TV-Programme und fünf Radiostationen, die der Durchschnittsjugendliche der '60er Jahre noch zur Verfügung hatte, inszenieren heute bis zu vierzig Fernsehkanäle, ungezählte Radioprogramme, Internet und eine breite Zeitschriftenpalette für jedes noch so ungewöhnliche Special interest einen Unterhaltungs- und Info-Overkill rund um die Uhr. Die Welt ist bunter und schneller geworden, größer und gleichzeitig kleiner.

Klassische Orientierungs- und Sozialisationsinstanzen wie Familie, Kirchen, Parteien, Vereine und Arbeitermilieus sind weggebrochen, aufgelöst oder unglaubwürdig geworden, zur bloßen Ideologie geronnen. Gleichaltrigen-Straßencliquen, Subkulturen und Mode-Szenen füllen das Vakuum zumindest teilweise wieder auf. Denn wer will schon gerne auf Dauer als einsamer Single durch die Gegend rennen...

Aber welche Möglichkeiten hat man schon als Zwölf-, Vierzehn-, Achtzehnjährige/r, sich von den Alten und den ungeliebten Gleichaltrigen abzusetzen? Und Gleichgesinnte zu identifizieren? Das Naheliegendste: Outfit und Musik. Man weigert sich also, die abgelegten Klamotten des großen Bruders oder der älteren Schwester aufzutragen, bestimmt selber über Haarlänge und Kosmetik, Rauchen oder Nicht-Rauchen, besteht darauf, die eigene Kleidung ohne elterliche Eingriffe einzukaufen, und entdeckt oder kreiert schließlich und vor allem eine eigene Musik. Vorzugsweise eine, die sogar für Rock'n'Roll-sozialisierte Eltern kaum genießbar ist. Und sei es nur aufgrund der Taktfrequenz und der gewählten Position des Lautstärkereglers.

Begeistern sich ein paar Leute mehr für diese neue Musik, die neue Mode, die neue Action, können wir sicher sein, daß wir soeben die Geburtsstunde einer neuen Jugend(sub)kultur erleben.
Und bald darauf ihren Ausverkauf.

»Forever Youngs«: Rolling Stones

Punk mit »Antifaschismus-Kutte«

Der Trendscout

Rund 20 Millionen Under-Thirties leben in Deutschland, von denen allein schon die Zwölf- bis Einundzwanzigjährigen über ein Konsumpotential von etwa 30 Milliarden D-Mark pro Jahr verfügen. Doch dieses Geld abzuschöpfen, war noch nie so kompliziert wie heute. Die Zeiten, in denen man Jugendliche noch im Generationspaket mit einem »coolen« Spruch per Anzeigenschaltung in der *Bravo* ködern konnte, sind passé. Damit fängt man heute allenfalls noch Midlife crisis-geschüttelte Forever Youngs ein, die sich ihre Jugendlichkeit zu erhalten suchen, indem sie in ein Auto steigen, das auf den Namen *Bon Jovi* oder *Rolling Stones* hört. Will man jedoch nicht nur Alten ein jugendliches Image verkaufen, sondern Junge selbst erreichen, sollte man schon etwas differenzierter daherkommen, und das nicht nur, weil die Etats für eine durchschnittliche Werbekampagne heute Dimensionen erreichen, die es nicht angeraten sein lassen, das Ding in den Sand zu setzen. Produzenten und PromoterInnen jugendorientierter Mode, Musik, Konsumartikel der '90er Jahre müssen schneller und flexibler agieren, in kürzester Zeit hochspezialisiertes Wissen sammeln und verarbeiten. Nicht zufällig überschwemmt seit einigen Jahren eine Welle von »Neudeutsch«-Wörterbüchern, Lexika der »Jugendsprache« und »Trend«-Ratgebern den Buchhandel - ein Werk peinlicher als das andere, und doch alle vom ausnahmsweise einmal gerechten Schicksal gleichermaßen geschlagen: Wenn sie druckfrisch auf der Ladentheke liegen, ist ihr Inhalt bereits schulbuchtauglich, sprich: veraltet.

Zwischen »in« und »out«, der Entdeckung eines »Trends« in einem angesagten Insider-Zirkel und der Massenproduktion, liegen heute bestenfalls wenige Monate. Seitdem auch Dreißigjährige noch Jugendkulturen starten dürfen (siehe Techno, der nie eine Teenager-Angelegenheit war) und das dichte Netz neuer Medien Informationen über jeden spannenden Trend irgendwo auf diesem Planeten incl. »authentischer« Bilder in Windeseile in jedes bundesdeutsche Jugendzimmer trägt, hat *Bravo* sein Jahrzehnte währendes Monopol auf die Plazierung von Trends in die Herzen der deutschen Jugend verloren (oder muß sich mindestens mit MTV kurzschließen). Jugendszenen und -moden sprießen heute schneller aus dem Boden, als traditionelle Forscher und Sammler sie einsammeln und katalogisieren können. Mag es die universitäre

Jugendforschung nicht sehr kümmern, daß sie längst zu einem Zweig der Archäologie mit unfreiwillig hohem Lachfaktor verkommen ist (arbeitet sie doch sowieso bis zur Beamtenrente unter Ausschluß des Publikums), so hat die nicht mehr überbrückbare Szene-Ferne einige der größten deutschen Werbeagenturen den Kopf gekostet.

Die Unterschiede zwischen den einzelnen Szenen (zum Beispiel den laut einer Marktstudie fünfzehn Unterabteilungen der Heavy Metal-Fangemeinde) sind für Außenstehende kaum noch zu erkennen. Wer sich mit einer Werbekampagne an *Metal Hammer* orientiert, verprellt große Teile der Heavy-Fans; wer *ZAP* liest, weiß noch lange nichts über Punk; und *Raveline* ist für Techno so repräsentativ wie der Deutsche Bundestag für die Bevölkerung.

Jugendliche sind heute nicht »sprachloser« als Gleichaltrige vor zwanzig oder vierzig Jahren. Im Gegenteil: Die Jugendsprachen der '90er sind vielfältiger, aktueller, internationaler als je zuvor. Vor allem im nonverbalen Bereich: Kleidung, eine bestimmte Frisur, bestimmte Gesten und Rituale sagen oft mehr aus als viele Worte. Es sind die Alten, die da oftmals nicht mehr mithalten können, nur noch Bahnhof verstehen, und deshalb frustriert über ihre eigene Unzulänglichkeit das Gerücht von der »sprachlosen Jugend« ausstreuen.

Das ist die große Stunde der »Trendscouts«. Selbst Angehörige - Randfiguren oder sogar Opinion leaders - einer Szene, berichten sie gegen ein angemessenes Entgelt Monat für Monat »ihrer« Firma akribisch über neue Moden und Konsumgewohnheiten zum Beispiel in der Location X in Y-Town, bevor das Publikum vor Ort, die Mehrheit der eigenen Szene diese Neuerung überhaupt bewußt wahrgenommen hat. Ob Megacult in Köln, die zum Beispiel für Camel Techno-Events und für SAT 1 die »Star Trek«-Partyreihe organisierte und heute, im achten Jahr ihrer Existenz, mehr als zweihundert »freie Mitarbeiter« beschäftigt, oder Trendok in Zürich, die für Sega, McDonald's und ebenfalls diverse Techno-Veranstalter arbeitete (mit über 100 Freien), oder Häberlein & Mauerer aus München (adidas, Levi's, Revox etc.), die den Begriff »Trendscouts« prägten und über solche in allen deutschen Großstädten verfügen - keine einzige der jungen, erfolgreichen Promotion & Marketingagenturen kommt heute ohne »Spitzel« in der Szene aus. Industrie und Subkulturen sind längst eine Symbiose eingegangen. Die Tage anti-kommerzieller

„Die klassische Markenwerbung will niemand mehr hören und sehen. Das glaubt einfach keiner mehr. Die Industrien müssen begreifen, daß sie den Konsumenten von heute Spaß und Sinn bieten müssen."

Uwe Deese, Megacult

Jungfräulichkeit sind vorbei.

Jugendliche, die nach der kurzen, eher zwanghaften Phase pubertären Aufbegehrens wieder in den Schoß der Elterngeneration zurückkehren und jegliches Interesse an weiterer Abgrenzung verlieren, sind der Tod für die auf stetes Wachstum programmierte Branche Jugend. Erst der Aufstand der Teenager gegen die vorschriftsmäßige Langweiligkeit der Eltern hat einen Jugendmarkt ermöglicht; ein Ende des ständigen Strebens Jugendlicher nach Andersartigkeit und kultureller Autonomie bedeutete den Zusammenbruch ganzer Branchen. Es ist somit ihr ureigenes Anliegen, Jugendliche pausenlos zu motivieren, sich nicht anzupassen, aus der Bilderwelt der Erwachsenen auszusteigen, einen eigenen Lifestyle zu entwickeln, auf etwas Neues auszuflippen. (Die auffallend hohe Beliebtheit von Drogenanspielungen in der jugendorientierten Werbung ist wohl kaum ein Zufall.) So sind es paradoxerweise gerade die rebellischen, zumeist gegen den kommerziellen Mainstream entstandenen

& Captain, Juni 1983 im Café M, Berlin

Einleitung

Jugendszenen und -kulturen, die bei der Industrie Begeisterungsstürme entfachen. Punk, HipHop, Techno, für ältere Generationen im allgemeinen unter den Synonymen Dreck, Krach, Gewalt und Drogen abgespeicherte Schreckgespenster, waren und sind für den Jugendmarkt wahre Jungbrunnen.

Skater auf dem Alexanderplatz, Berlin

Einleitung

Grundsätzlich läßt sich alles vermarkten. Und fast alles wird auch vermarktet. Zunächst von Aktivisten aus der Szene selbst: Mode, Musik, Parties usw. »aus der Szene für die Szene«, for those who know. Ab einer gewissen Größenordnung und Auffälligkeit folgen, zumeist im Windschatten der Medienindustrie, auch die Major companies und die übrigen Branchen des Jugendmarktes. Doch genau an diesem Punkt wird es kritisch. Und spannend. Denn der Einkauf einer Band/eines Acts oder die industrielle Massenfertigung eines »Underground«-Kultproduktes für den allgemeinen Markt markiert erst den noch simpel zu bewältigenden Einstieg in das Geschäft. Der lukrative Transfer von Mode, Musik, Konsumgewohnheiten einer In-Group in Konfektionsware für alle gelingt aber nur, wenn gleichzeitig die Street credibility, die »Authentizität« erhalten bleibt. Die Masse trinkt nicht Red Bull, weil sie den Geschmack eingeweichter Gummibärchen so attraktiv findet, sondern weil dies ein Kultgetränk der hippesten Szene in den Dancehalls war. In Schulklassen tauchten nicht plötzlich blasse Jungs und zunehmend Mädchen mit dreistreifig verzierten Hosen und Turnschuhen auf, weil sie die '70er Jahre Oldies so zeitlos schön fanden, sondern weil die erste Liga der HipHop-Stars exakt die trug. Ändern die Opinion leaders ihre Konsum- und Modevorlieben, bevor das Produkt auf dem Markt ist - sorry, Fehlplanung. Es wäre nicht die erste Millioneninvestition in einen »Trend«, die auf den Wühltischen der Kaufhäuser versickerte.

Sicherer wäre es natürlich, die MusikerInnen, DJ-Stars oder SportlerInnen würden ihre Verhaltensschwankungen gleich mit der Firma koordinieren. Oder die Firma wäre nicht nur auf ihre Trendspione angewiesen, sondern könnte gleich selbst vor Ort ihre Produkte anpreisen. Selbst als Veranstalter auftreten. Dafür sorgen, daß nur firmenfreundliche Künstler auftreten, nur DJs die Stimmung lenken, die auf der Honorarliste des Konzerns stünden, nur Gäste eingelassen werden, die Firmenkleidung tragen. Schaurige Visionen? Nein: Realität. Schon heute.

zum Beispiel

T e *ch* n O

Techno startete Anfang der achtziger Jahre wie alle Subkulturen: intim. Ein Insider-Ereignis. Die ersten Techno-Parties fanden nicht in der Disco an der nächsten Ecke statt, wo die »Raving society« gezwungen wäre, sich mit dem tanzwütigen Normalvolk zu mischen, sondern in monokulturell ausgerichteten Szene-Discotheken oder an extrem ungewöhnlichen Orten: in verlassenen Kasernen und Straßenbahndepots, in Bunkern und Fabrikgebäuden. Häßliche Betonwüsten wurden illegal zweckentfremdet und für wenige Stunden oder Nächte in wilde Partystätten verwandelt, anschließend wieder aufgeräumt, verlassen und nie wieder benutzt.

> Westbam, Pionier der ersten Stunde: „Techno ist meist eine Massenveranstaltung. Dennoch sind all die Szenen, die man von Eishockey-Spielen, Take That-Konzerten oder vom Oktoberfest kennt, wo sich Leute Maßkrüge ins Gesicht hauen, nicht zu sehen. Techno ist friedlich."[2]

Es gab keine öffentlichen Ankündigungen. Termine und Orte wurden nur im engeren Bekanntenkreis weitergereicht. Eine familiäre Atmosphäre prägte die Parties, Gewaltlosigkeit als Prinzip und - auch als Folge des Ecstasy-Konsums - ein starkes Harmoniebedürfnis. Obwohl sich beim Techno oft genug Hooligans und Autonome, Punks und Skinheads, Straight Edger und Pillenschlucker gegenüberstanden, sich in der Kleidungsstilsammlung einer durchschnittlichen Techno-Party vom Metal-Outfit über Post-Hippies und Girlies bis zum Christopher Street Day-Fummel Dutzende eigentlich konträre und einander ausschließende Lebensstile vereinten (eine multikulturelle Szene im wahrsten Sinne), gab es in den ersten Jahren praktisch keine Gewalt. Techno und House, der stark von afro-amerikanischen Schwulen geprägte musikalische Vorläufer, bildeten noch eine Einheit, die ein nicht-sexistisches Klima garantierte - obwohl die Inszenierung von Lust, die Zurschaustellung des Körpers als erotisches Objekt einen wesentlichen Bestandteil der Techno-Parties ausmachte. »Love, Peace & Happiness«, die alte Flower-Power-Spiritualität der Blumenkinder, erlebte im neuen musikalischen Gewand des Techno ein Comeback.

(2) in: Die Woche vom 21. Juli 1994

Politische Losungen finden sich auf T-Shirts und Buttons der Raver selten, am häufigsten wohl noch Drogenlegalisierungswünsche und die Forderung nach »Recht auf Spaß«. Der weitgehende Verzicht auf Texte in der Musik ist nicht nur der Schnelligkeit des Rhythmus geschuldet, sondern durchaus Programm. Zum einen unterstreicht er den Anspruch von Techno, eine Weltmusik zu sein. Der Verzicht auf den einschränkenden Ballastfaktor Text macht Techno universell verständlich. Techno-ProduzentInnen haben oft mehr Freunde in Tokyo und Detroit, Tel Aviv und Barcelona als in der direkten Nachbarschaft. Rassistische Eskapaden seiner Heroen, wie sie der Rock selbst in seinen progressivsten Varianten (Punk, Hardcore) immer wieder hervorgebracht hat, sind Techno wesensfremd. Zum anderen entzieht sich Techno mit seinem Verzicht auf textliche Aussagen der Gefahr, sein eigentliches und einziges Ziel - die Wiederentdeckung des Körpers - durch unnötige Sinngebungen zu unterlaufen. Denn Techno bedeutet den Ausstieg aus dem Alltag, und damit auch der Politik. Zumindest am Wochenende.

„Eltern, deren rebellisches Hippie-Gedankentum von einst inzwischen die Staatsmaschine ölt, erwarten, daß ihre Kinder frustriert sind und fordern: 'Tötet Helmut Kohl!' Doch die Kinder sind schon wieder woanders, haben unverständlicherweise einfach Spaß und tanzen. Ja, Techno ist systemstützend. Doch die umgekehrte Konzeption restriktiver Underground-Vertreter nur etwas zu tun, was nicht systemstützend ist, alles zu tun, um unter sich zu bleiben - ist intellektueller Inzest, ist die Aussteigerinsel und Disneyland."

Westbam

Techno-Flyer

In Zeiten, in denen der »linke«[3] Mainstream Lustfeindlichkeit zur Ideologie und politisch korrektes Bewußtsein zum Pflichtprogramm erhebt, ist eine Party-Kultur, deren ganzes Programm sich mit dem Wort Ekstase zusammenfassen läßt, natürlich schon wieder sehr politisch. Und wirklich tummeln sich auf den Techno-Parties stets reichlich Leute, die man auch aus politischen Zusammenhängen kennt. Vor Techno gab es für junge Linke/Autonome kaum Freiräume, politikfreie Räume. Die Stammkneipen, die Konzerte und Parties, die Freund- und Liebschaften waren zumeist politisch codiert, entstammten Szene-Zusammenhängen. So wurde Techno für viele »zum wochenendlichen Notausgang: Beim Raven schien der ganze Druck, der durch Naziterror und Pogromstimmung, die Krise der Linken und die politisch korrekten Endlosdebatten erzeugt worden war, von einem abzufallen.« (Hillenkamp 1997)

Techno erwies sich als ideal geeignet für den Markt. Das Identität spendende Image der Techno-Szene war politisch korrekt, nämlich »unpolitisch«.

(3) wie Diedrich Diederichsen schon richtig feststellte: »So wie nur ein Bruchteil der Rechten sich rechts nennt, nannten sich immer sehr viel mehr Leute links, als es Linke gab.« (1993, S. 5)

Man wollte »Friede, Freude, Eierkuchen« und Dr. Mottes ökologisches Mineralwasser. Und man mochte Werbung. Welcher Firmenpromoter hätte vor zwanzig Jahren auch nur davon zu träumen gewagt, daß man Jugendliche dereinst nicht mehr überreden müßte, ein T-Shirt mit aufgedrucktem Firmen-Logo wenigstens zu akzeptieren, sondern daß sie sogar Geld dafür bezahlen werden, daß Shirts ohne Werbe-Logo den Langweiler identifizieren.

1989, zur ersten Love Parade auf dem Kurfürstendamm, kamen gerade einmal 150 Leute zusammen, um, weitgehend unbeachtet von Medien und Vorort-Publikum, zu 120 und mehr Beats per minute über den Asphalt zu raven. »Es war eine schöne Zeit, so unschuldig«, erinnert sich motik im Tübinger Zine *ouk*.

1997 folgten mehr als eine Million Menschen dem Aufruf Dr. Mottes zur Love Parade, und die schrillsten Szenen und Outfits wurden via MTV und Viva, ARD und ZDF, Spiegel-TV und Arte und noch diverse andere Sender bis ins letzte europäische Dorf getragen. Techno ist heute ein Massenphänomen. Jede zehnte Mark, die derzeit in der Musikbranche verdient wird, kommt aus dem Dancefloor-Sektor. Bis zu 2500 neue Platten landeten zuletzt allein in der Redaktion von *Frontpage* - pro Woche![5] Zwei Millionen Unter-Dreißigjährige mit einer jährlichen Kaufkraft von fünf Milliarden Mark zählen Markt- und Jugendforscher zur Techno-Szene. An Techno, summierte schon Ende 1994 *Horizont*, das Blatt der Werbebranche, werde »kein Produzent von trendrelevanten Produkten mehr vorbeikommen«.

Daß diese Prognose eingetroffen ist, weiß jeder, der einmal die jugendrelevanten Abteilungen eines Kaufhauses aufsucht oder bei den Werbeblöcken im Fernsehen nicht automatisch wegzappt. Abgehalfterte Kinderstars und Volksmusiker veröffentlichen dreißig Jahre alte Hits in neu abgemischten Techno-Versionen, die einst illegal selbst eroberten Locations wurden durch Angebote der Freizeitindustrie ersetzt: Raves als Pauschalreise, Unterkunft, Verpflegung und pausenlose Happiness mit prominenten DJs inclusive, zu buchen im Reisebüro nebenan.

(5) So Herausgeber Jürgen Laarmann im ORB-Feature »Techno: Der verkaufte Traum. Vom Höhenflug und Niedergang der Rave-Generation« von Tita von Hardenberg und Stefan Mathieu (Erstsendung: 26.10.1995)

„Es war eine schöne Zeit, so unschuldig", erinnert sich motik im Tübinger Zine ouk.[4] „Es gab weder Stars noch VIPs, weder Unter- noch Überordnung. Die Namen der DJ's waren auf den schlecht kopierten Schwarz-weiß-Flyern nicht vermerkt, viele Platten waren Weißmuster ohne jeglichen Hinweis auf ihre Herkunft, weil es nicht um credibility oder um Geld ging, sondern einfach nur um eine große Menge Spaß und Freude an innovativer Musik und den dazugehörigen Parties. Auf letzteren konnte man sich in meist dunklen, nur von Stroboskopblitzen und ein paar Lampen erhellten Gewölben an einer unbeschreiblichen Stimmung und pumpenden 4/4-to-the-floor-Tracks erfreuen. Die Szene war klein und überschaubar und gerade aus diesem Grund fühlte man sich verbunden. Man hielt zusammen gegenüber der großen bösen Popwelt. Am auffälligsten war die Friedfertigkeit des Ganzen. Gewalt war ein Fremdwort, einfach undenkbar, und das trotz der Tatsache, daß sich die Raver aus allen Bevölkerungsschichten mit den verschiedensten Ideologien rekrutierten."

(4) Nr. 1, Juni/Juli 1996

Techno

FLY

EVERY FRIDAY
22:00 pm
FROM 14.5. ON
G·SPOT
TURNING
HARDHOUSE
TO THE POINT
RESIDENT DJs
CLAUS BACHOR
(CUT HOUSE DIVISION)
ROLAND CASPAR
(WAREHOUSE KÖLN)
PLUS
GUEST DJs
LIVE GIGs &
MANY MORE
STOMP!
AMNESIA
LURRIPER STR. 129
4050 MÖNCHENGLADBACH
G·SPOT
Hauptpost
HBF
st the West

Fr. 02.02. Smily, Jeremia
Sa. 03.02. Fairyland-The history
Peter Pan
(Indoor Rec. Nexus)
& Residents
Fr. 09.02. Smily,
Henry House
Sa. 10.02. Marco Zaffarano
(MFS Harthouse)
& Residents
Fr. 16.02. Smily, Jeremia
Sa. 17.02. Pauli
(Omen Ffm, Harthouse)
& Residents
Fr. 23.02. Smily, Jeremia
Sa. 24.02. Subnautica-Party
Smily,
Henry House
Warm-Up mit B.A.M.
Donnerstags jetzt auch geöffnet:
DJ's: Smily, B.A.M. & special guests
BADEHAUS
Februar

An alle Party People
aufgrund unserer aussergewöhnlichen Öffnungszeiten,
arbeiten wir mit der Fa. EOS Sicherheitsdienst zusammen.
Für die Sicherheitskontrollen am Eingang und auf den
Parkplätzen, die wir durchführen müssen, bedanken wir
uns für euer Verständnis.
Record-Express
Rabengasse 18
89073 Ulm
Tel./Fax 0731/619412
Hype
EOS

motor city
sa. 6.juli 1996
motor city club
opening party
dj catya
dj rick masters
dj ken
22.00 - 04.00
großer bar $10
detroit
is music
for those who know !

products for perfect house-quaking
dj2
HOUSE QUAKE !
Du wirst Deinen
Ohren nicht
mehr trauen !!!
10.Febr.

PARTYSAN'
XS
Peter Pan
Miss Yetti
PASH
THE PULSE OF AMERICA

ER

patrick
pulsinger
9 februar 1996
das unbekannte tier

Best Vinyl
Humpty records
0711/617306
Direct
England
Import
welcome to humpty int.
House, Acid &

Best Clothing
ENERGY
Club wear
0711 617305
suspect
n Town

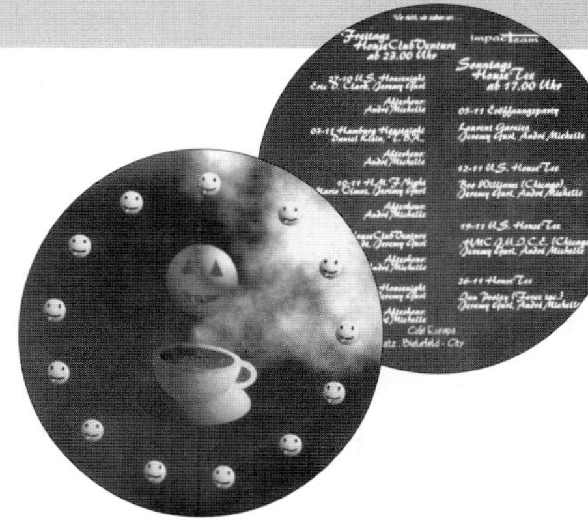

The Cheap/Clear European Cocktail Tour 96
Live on Stage:
Sluts'n'Strings
Doctor Rockit
Private Lightning Six
Showroom Recordings
Wishmountain
DJs:
Hal
Erdem Tunakan
Dr. Rockit
Patrick Pulsinger

FREI'TAG 10'5'96
RICK WALKER
ELECTRIQ LINUS
ULI
CITY-SOUND
FREDDYS
VIDIRENT
JEANS HALLE
sonderbar
PRINZ PRÄSENTIERT

Parkhouse
dj alvarado][strictly rhythm, los angeles][
dj uwe hacker][resident dj][
dj nico][resident dj][

das unbekannte tier
dj abe duque new york
tension music
limelight
upstart
lester
barbara
ultraschall
disko B
freitag 15.12.95 21.00 12bucks

silvesterfeier
von 19:96 uhr bis 03:59 uhr
afterhour
jens lissat

sonnigen dank an:
KERTU
catweazle

TECHNO-FLYER

...AUCH AUF TOILETTEN-PAPIER

»Nie zuvor gab es dermaßen viele Raves, die an Niveaulosigkeit schwerlich zu unterbieten sein werden«, kritisiert das Dresdener Zine *sch!cht* im Januar '96. »Man nehme ein Bierzelt auf der Wiesn, stelle einen der Berliner Superkasper in die Mitte, brülle dreimal kräftig "Love, Peace, Unity" in die Gegend und schon ziehen tausende "Techno ist cool" grölende Raveschlümpfe durch den Saal.«

Techno ist Mainstream geworden, eine Abteilung der Popmusikbranche mit all ihren Nachteilen: Starkult und -gehabe, Gewalt, Abzockerei. Ein Tanzstil für jedermann, der halbwegs körperlich fit ist, in jeder Kleinstadtdisco zu bekommen, und damit nicht mehr hip. Viele Aktive der ersten Techno-Generation sind weitergewandert, auf der Suche nach neuen Nischen jenseits der ausgetretenen Kommerzpfade. »Der oben beschriebene "family-spirit" ist einer gleichgültigen, oftmals gar feindseligen Atmosphäre gewichen, die nicht selten in Schlägereien und ähnliche Unerfreulichkeiten ausartet«, klagt motik weiter im *ouk*. »Viele E-music-user ertragen ihre Szene-Zugehörigkeit nur unter Einwirkung synthetischer und natürlicher Suchtstoffe. Ja um Himmels Willen, dann bleibt doch bei euren Heavy-Metal- oder Rockfesten und kokst euch dort die Nase zu. Wer Drogen braucht, um Techno auszuhalten, sollte sich überlegen, ob es das wert ist. Da war doch was, music is the drug, abgedroschen nicht?«

Doch der Bogen scheint überspannt. Rave-Veranstalter melden leere Hallen, und monokulturell auf Techno ausgerichtete Clubs schließen oder modifizieren ihr Angebot. Im März '96 warnte *sch!cht* vor »ständig rückläufigen Verkaufszahlen« im Vinylbereich. »Vertriebe haben ihre liebe Not, immer mehr Scheiben an immer weniger Käufer zu veräußern. So hat ein großer Vertrieb schon begonnen, die Anzahl seiner Verkäufer zu verringern und durch die Lande ziehende Vertreter einzusparen. Die wenigen noch verbliebenen Vertriebe müssen mit einer ständig steigenden Zahl von Releases leben, Stückzahlen sinken, an Backorders ist kaum noch zu denken. Ständig steigende Clubs und wachsende Ausgaben für standesgemäße Partytrachten zehren natürlich an jedem Geldbeutel. Sollte sich dieser Trend weiter fortsetzen, werden wir in Zukunft weit weniger Experimente auf Vinyl hören als jetzt. Denn wo kein Geld ist, wo nur noch um die blanke Existenz gefightet wird, ist kein Platz für's Spielen.«

Techno INTERVIEW

»Fuck the industry!«

meint Karsten Drohsel, Klangforscher und Techno-DJ aus Stuttgart

Das folgende Interview führte ich mit ihm zwischen dem 21. Mai und dem 20. Oktober 1996 per Fax

Karsten Drohsel

Der 24jährige gelernte Schreiner, derzeit in einer zweiten Ausbildung zum Verwaltungsfachmann, bewegt sich seit zehn Jahren in der Techno-Szene. Er veranstaltet Parties und legt auch selbst in diversen Clubs als DJ auf (z.B. »Das unbekannte Tier«/Stuttgart, oder in Upstarts »Ultraschall«/München), arbeitet für diverse Zines und ein Freies Radio in Stuttgart, entwirft Flyer und ist unermüdlich damit beschäftigt, Verrückte mit seltsamen Klangvorlieben zu vernetzen.

Das unbekannte Tier

Gleichsam vage und unscharf abgegrenzt

FLYER

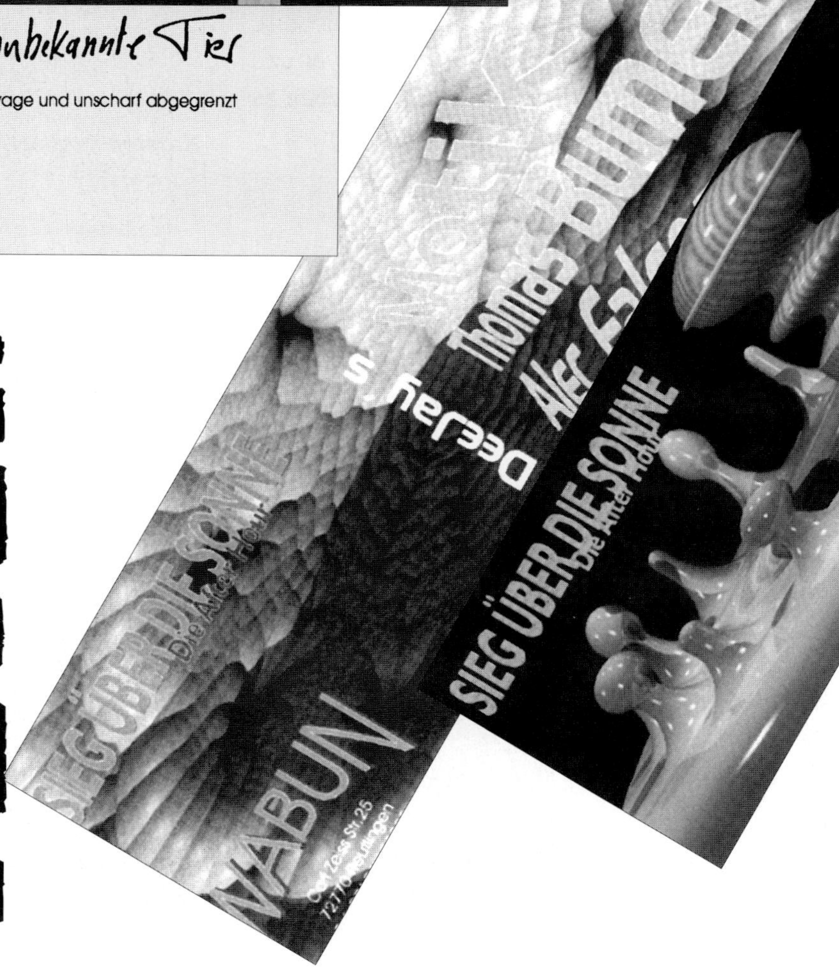
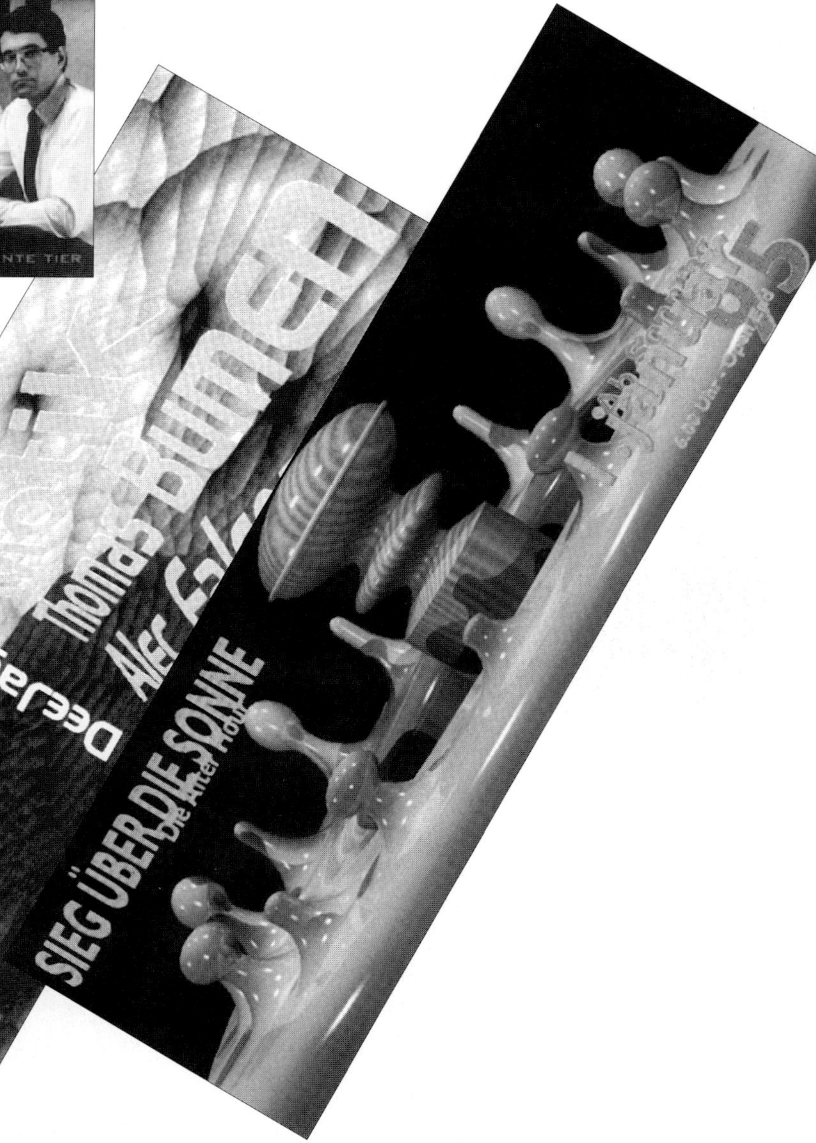

Farin: Erinnerst du dich noch: Wann hast du zum ersten Mal Techno wahrgenommen?

Karsten: In der Hauptschule, so um 1985/'86. Mein Nebensitzer brachte damals immer Tapes mit von einem Jungen, der im Betrieb seines Vaters arbeitete. Das waren noch New Beat-Tapes aus Frankfurt. Die habe ich mir damals eifrig kopiert und gehört, obwohl mir diese Musik damals noch nicht so gut gefallen hat.

Farin: Warum hast du sie dann gehört?

Karsten: Das war zunächst einfach was Neues, Interessantes, eine neue Welt zu entdecken. Allerdings mit der Zeit fand ich Gefallen daran. Mit der Zeit verfeinerten die Producer den Sound und es entstand Acid & Techno. Das gefiel mir dann schon mehr, und so bin ich hineingerutscht. Das erste Mal, Techno als Techno, habe ich erst viel später wahrgenommen, da war für mich schon klar, daß ich mich wohl nie mehr so ernsthaft für eine andere Art von Musik begeistern könnte als für elektronische Musik (außer für Jazz, den ich vorher gehört hatte). Ich dachte mir auch nichts groß dabei, das war einfach Musik, bei der ich mich wohlfühlte, Musik, die meine Seele widerspiegelte, meine Gefühle, unsere ganze Gesellschaft.

„Die jetzige junge Generation (Generation X, Junkfood-Generation, whatever ...), die mit TV und Videogames großgezogen wurde, ist stumpf und wie Kurt Cobain sang: "Here we are now, entertain us". Das ist hart, aber viele sind so."

Farin: Techno hat ja eigentlich nicht gerade das Image, Gefühle widerzuspiegeln, ganz im Gegenteil. Die Markenzeichen von Techno sind doch eher Kälte und maschinistische Sounds?

Karsten: Musik kann Seele und Gesellschaft in Form von Assoziationen widerspiegeln, dadurch daß aus der Assoziation ein bestimmter Lifestyle entsteht. Im Kontext gelesen könnte man sagen, durch die Automation und ständige Industrialisierung hat sich unsere Musik geformt. Monoton, stumpf, für einen der Zeit unangepaßten Menschen unzugänglich, ja sogar unerträglich. Die jetzige junge Generation (Generation X, Junkfood-Generation, whatever...), die mit TV und Videogames großgezogen wurde, ist stumpf und wie *Kurt Cobain* sang: »Here we are now, entertain us«.
Das ist hart, aber viele sind so.

FLYER

LOVE PARADE

1996
auf der Straße des 17. Juni

Farin: Wann warst du zum ersten Mal auf einem Rave?
Karsten: Das erste Mal auf einem Event war schon ziemlich früh. Zuerst in Stuttgarter Discotheken, dann nahm mich ein Freund aus Frankfurt, den ich in einem Zeltlager kennengelernt hatte, nach Belgien mit, zum Plattenkaufen. Da bekam ich auch meinen ersten Kontakt zu Flyers und dem ganzen Schnickschnack, der unsere Szene gegenüber den anderen abgrenzt. Am Abend bekamen wir eine Einladung auf eine Party, wo es anscheinend gut abgehen sollte. Wir gingen hin, und tatsächlich ging es dort ganz schön zur Sache, und Klein-Karsten mitten drin. Ich bekomme heute noch ein ganz komisches Gefühl, wenn ich daran denke. Das war diese Sorte von Eindrücken, die man nicht beschreiben kann, sowas muß man erlebt haben. Es hat mich einfach überwältigt, die vielen Leute zu sehen, die die gleiche Musik wie ich hörten, so wie ich lebten, Spaß daran hatten. Seit diesem Erlebnis war ich entschlossen, selbst innerhalb der Szene was zu tun.
Farin: Wie hast du denn damals gelebt? Mit was für Leuten bist du 'rumgezogen?
Karsten: Mein eigentlicher Freundeskreis, mit dem ich ständig zusammen war, hörte damals generell andere Musik als ich, was natürlich zu diversen Unterdrückungen und blöden Statements führte. Meine Freunde standen mehr auf Deutsch/Schwabenrock à la *Bap, Pur, Marius Müller-Westernhagen,* und auf so Zeug like *Bruce Springsteen* und *Queen*. Letztere verachte ich schon, seit ich denken kann. Später dann hörten sie auf einmal Reggae und fuhren nach Jamaica und probten den großen Aufstand, rauchten Unmengen Dope und schrien »Scheiß Staat« und »Legalize it«... Auch da nur Unverständnis meinerseits. Das war mir zu oberflächlich, denn um die Welt zu verändern, gehört schon ein bißchen mehr dazu als »Easy Rider« anschauen, Ché-Flaggen aufhängen, *Bob Marley* (Respect!!!) hören und seinen Job kündigen. Also war eine Trennung von meinem örtlichen Freundeskreis vorprogrammiert. Ich konzentrierte mich mehr in Richtung Stadt, wofür man in meinem Ort auch alles andere als Verständnis entwickelte. Allerdings hielt mein Glück, einen Mixer und zwei Technics zu besitzen, den Kontakt innerorts wenigstens an einem seidenen Faden aufrecht, da ich auf allen möglichen Parties Musik auflegte. Da lief dann natürlich auch immer mein Sound, und die Leute waren glücklich. Komisches Volk, was?

Farin: Ist Techno nicht auch oberflächlich?
Karsten: Ja, wenn es um Techno als Wirtschaftsfaktor geht, sprich Bravo-Low-Spirit-DigidiDigidiPillePalle-Techno (Trance, Acid House ...), Massenbewegung und Trendgehabe. Nein, wenn es um »Difficult listening« oder Fusions geht. Komplizierter Sound. Musik nicht nur zum Tanzen, sondern auch zum Denken.
Farin: Gibt es dennoch Gemeinsamkeiten in der Vielfalt der Techno world?
Karsten: Es ist immer Musik, die nur aus Maschinen kommt, Musik aus Strom. Alle benötigen live bestimmte Basics: dunkle Löcher (Discotheken, Bunker ...), Flyer, Visuals wie Video-Animationen, Bilder, Laser usw. Allerdings gibt es unter den Posses heftige Klassenkämpfe, Abscheu, Arroganz, gegenseitige Boykotts. Das geht vom einfachen Meiden anderer Parties über die Flyer anderer Veranstalter aus den Läden nehmen und vernichten bis hin zum Ausbooten von Veranstaltern und Musikern. Momentan gibt es da einen richtigen kleinen Krieg, der so abläuft, daß, wenn irgendwelche Veranstalter eine Party organisieren, andere Veranstalter als »Anwohner« bei der Polizei anrufen und sich solange beschweren, bis die Cops kommen. Das bedeutet, Party gestoppt, investiertes Geld weg und wenn's hart kommt, eine Akte im Polizeiregister, was dann zukünftige Projekte blockiert. Ich muß aber sagen, daß diese harten Praktiken momentan gottseidank noch die Ausnahmen sind. Es zeichnet sich auf der anderen Seite sogar ein kleiner Trend zur Zusammenarbeit ab.

> „Jede Party war eine Herausforderung, man mußte genau überlegen, wem man die Flyer gab."

Veranstalter schließen sich zusammen, versuchen, gemeinsam was zu erreichen. Dadurch allerdings haben es widerum die kleinen Veranstalter superschwer, in das Gefüge einer Stadt einzusteigen.
Farin: Hat Techno eine gemeinsame Message, sowas wie eine Identität stiftende »Philosophie«, wie manche Star-DJs ja gerne in den Medien verbreiten?
Karsten: Das ganze Gefasel bezüglich »Message« usw. ist eine Aktion der Industrie. Die einzige Message, die ich mir unter dem Oberbegriff Techno als Gemeinsamkeit vorstellen kann, ist Spaß haben. Viele Leute nehmen das viel zu ernst und interpretieren in jeden Quatsch eine Message rein. Sicherlich haben die abgespaltenen Kulturen der Techno-Szene (wenigstens ein paar da-

FLYER

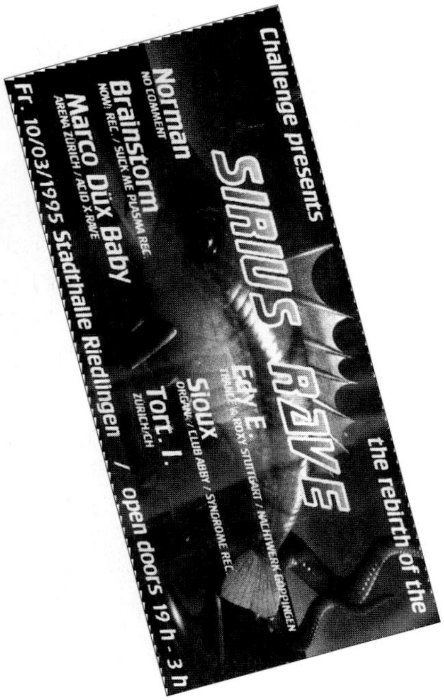

von) eine Message, z.B. »Rave for Christ«, »Rave for Nature«, aber momentan wird das Ganze in der Szene eher belächelt.

Farin: Die Love Parade-Veranstalter versuchen seit Jahren gezielt, sich als politische Aktivisten zu verkaufen. Läßt sich Techno politisch interpretieren?

Karsten: Das ist Auslegungssache. Natürlich kann man eine Love Parade politisch sehen, allerdings kann man eine Love Parade auch nur lustig finden. Natürlich ruft Dr. Motte auf zur Demo für Frieden ... Liebe ... und so wie ich ihn kenne, meint er es auch so, aber wenn du da mal mitläufst und die Leute fragst, vertreten das Ziel höchstens noch hundert oder so überzeugend.

Der Rest läuft mit, weil's cool ist, whatever. Wo kann man sich denn sonst noch so gut ins Rampenlicht stellen? Und das gilt für die Raver wie für die Industrie.

Farin: Die jährlichen Love Parades sind ja ein anschauliches Beispiel dafür, daß sich Techno innerhalb von zehn Jahren von einer familiären Subkultur for those who know in eine Massenbewegung, eine Mode-Szene entwickelt hat. Wie reagieren du und deine Freunde darauf?

„Flyer sind von jeher die wichtigste Visitenkarte einer Party. Nicht nur die Information, wann und wo eine Party stattfindet, ist wichtig, sondern die Leute schauen immer mehr auf das Design, die Bilder, Form und Material."

Karsten: Wir haben unsere eigenen Clubs, eigene Labels, eigene »Stars«, unsere eigene kleine Welt geschaffen. The world of abuse. Wenn ihr nicht wollt, unterwandern wir euch eben, das ist unser Ziel. Ähnlich wie Punks, gegen die Großen kotzen, jedem einen Strich durch die Rechnung machen.

Objektiv betrachtet sind wir natürlich Kämpfer auf verlorenem Posten. Und ich glaube, das weiß auch jeder von uns, daß er irgendwann untergehen wird, gegen den Trend und die Industrie keine Chance hat.

Wenn wir verlieren, ziehen wir uns eben zurück und feiern unsere Feste und stoßen an auf alle unsere Idole, die schon umgekippt sind ... bis wir wieder was Neues starten. Nobody knows. Das ist alles noch so weit weg.

Farin: Was ist denn so schlecht daran, wenn viele Leute Geschmack an der gleichen Mode, der gleichen Musik - die ja immerhin auch deine ist - finden?

Karsten: Im Prinzip eigentlich nichts, ich meine, durch den Massentrend wurde unsere Szene sozusagen legalisiert, denn damals, als wir, die »1.Generation«, auf Techno abgefahren sind und angefangen haben, eine Szene aufzubauen und Sachen zu organisieren, war es ein großes Problem, zum Beispiel Locations zu finden, denn kein Club wollte Techno spielen und die breite Masse wollte das nicht hören. So mußten wir eben ausweichen auf Bunker, stillgelegte U-Bahnschächte oder alte Fabrikhallen. Was natürlich zur Folge hatte, daß sofort die Cops da waren und Stress gemacht haben. Aber genau das war das Ding, jede Party war eine Herausforderung, man mußte genau überlegen, wem man die Flyer gab.

TECHNO-ZINE

Man wurde kreativ gefordert. Es war nicht wichtig, welcher DJ da auflegte, man ging auf die Party, weil die Musik lief, und nicht, weil da DJ XY zelebrierte. Dann kam der Massentrend: Am Anfang war das schon toll, daß so viele Leute Techno hörten und bunte Klamotten trugen, aber so langsam zeichnete sich dann das ab, was auch die anderen Szenen ausmacht - es gab Stars, es gab Fashiondiktate, und jeder, der schon länger in der Szene war, dachte: oh Gott, das ist nicht das, was wir wollten. Wir wollten einfach nur anders sein. Wir mußten damals hart um Anerkennung kämpfen, denn die meisten dachten, wir seien krank, diese Musik kann doch keiner hören... Heute holt man sich einen »wichtigen« DJ, einen, der einen großen Namen hat, und alle Leute strömen. Das persönliche Engagement, die individuelle Auswahl der Location usw., das zählt weniger als die Namen der »Stars«. Darum finden wir es mittlerweile nicht mehr so toll, daß soviele Menschen Geschmack an der Musik finden.

„Zines sind Info-Mags über die ‚Stars', neue Platten, große Raves und zentrale Entwicklungen in der Mode, dem Equipment und der Szene allgemein."

Farin: Sven Väth, Westbam und Marusha sind drei Namen, die immer wieder fallen, wenn von Techno die Rede ist. Welche Haltung hast du zu denen? Kannst du dich mit deren Musik und Aktivitäten identifizieren?

Karsten: Die drei sind allesamt sehr wichtige DJs bei der Verbreitung von Techno gewesen, die schon sehr lange in diversen Projekten arbeiten und zum Teil auch Respekt verdienen (Westbam). Sie haben geholfen, Techno groß und wichtig zu machen, und deutsche Produktionen und den Ruf von deutschen Techno-DJs in die Welt getragen. Allerdings sind sie irgendwann zu Stars geworden und voll durchgetickt: Sie haben die Techno-Landschaft aufgekauft und ihre Projekte draufgebaut.

Wir sind uns echt verkauft vorgekommen. Nicht dadurch, daß jemand viel Geld verdient, sondern wie.

Wenn jemand für's Auflegen bei einer Party über fünftausend Mark kassiert, ist das ganz schön frech. Um nur einen Punkt von vielen zu nennen. Sie sind heute nur noch großkotzende, überbezahlte Typen, die längst mal abgesägt werden sollten.

Farin: Bei den Punks, den Skins und vielen anderen Subkulturen ist »Kommerz«-Verdacht tödlich. Mir scheint, in der Techno-Szene ist das Verhältnis zwischen Kommerz (Majors, Sponsoren) und Underground viel widersprüchlicher?

> „Jeder fährt straight sein Ding und schaut, daß er durchkommt. Unsere Gruppe ist multikulti, und das nicht erst seit gestern; jeder kann bei uns mit dabei sein, ohne Probleme, das ergibt sich einfach so."

Karsten: Die Techno-Szene ist anscheinend laut einer Studie die Jugendgruppe mit dem meisten Geld. Alle Firmen wollen eben ein Stück vom Kuchen und kaufen sich so in die Szene ein. Die Veranstalter verkaufen den Kids die Message unter dem Deckmantel der Lebensnotwendigkeit solcher Sponsorings und kassieren viel Geld dafür. Mittlerweile gibt es schon etablierte Sponsoringparties, die dermaßen überproduziert, aber auch überlaufen sind: Marlboro-House-Night, Camel AiRave ... Widersprüchlich würde ich auch sagen, weil der Standard-Dahersage-Satz der Kids und Raver ist: »Du, ich geh eigentlich nicht mehr weg, weil das ist alles so kommerziell geworden.« Gleichzeitig sind es doch genau diese Kids, die sich auf billigste Art und Weise steuern und manipulieren lassen (siehe Dresscode in Discos) und sich gut dabei fühlen.

Farin: Du hast schon öfter die »Industrie« erwähnt. Aber wer ist das eigentlich? Wer vermarktet Techno in der Hauptsache? Mein Eindruck ist, daß die relevante Musik nur selten von den Platten-Majors kommt, die Mode kaum von den üblichen Mode-Konzer-

TECHNO-ZINE

DER
BADEN WURTTEMBERG
VITAMIN
PROJECT
event 1
NOVE 95
parties
viele
viele
viele
bunte
Parties

TECHNO-ZINE

nen, sondern eher von kleinen Unternehmen, die sich aus der Szene selbst entwickelt haben, oder von industrie-unabhängigen Künstlern?

Karsten: »Die Industrie« sind für mich die Unternehmen, die versuchen, sich in die Techno-Szene einzukaufen, ohne eigentlich dazuzugehören. Vermarktet wird Techno natürlich nicht nur von den Majors, allerdings haben die Majors die Möglichkeit und versuchen es auch mit sehr viel Geld, als Außenstehende in die Szene einzugreifen, selbst Trends zu setzen, Menschen zu dirigieren, ein Produkt aufzupenetrieren (Camel! ...). Natürlich werden die wahren Trends im Kleinen gemacht, weil so ein Dinosaurier-Major zu träge ist, jeweils auf kleinere neue Trends zu reagieren. Also konzentrieren sie sich auf einen Trend, der verspricht, viel Geld einzubringen, und schlachten den dermaßen aus, bis wirklich nichts mehr zu holen ist, und stoßen die Geschichte danach ab. Ein tolles Beispiel dafür ist die Jungle-Szene: 1994 war Jungle der Sommertrend, von der Industrie ausgesucht und promotet. DJs, die bis dahin nicht einmal genug Kohle für was zu essen hatten, wurden über Nacht zu Stars gepusht. Das Ding ging zwei bis drei Monate recht gut, und dann wollte plötzlich keiner mehr was von Jungle hören, Jungle kaufen. So kehrte der Trend wieder in den Underground, wo er herkam, zurück. Also generell kommen die wahren Innovationen sozusagen von der Straße, der Einzelne macht den Trend. Die Industrie tötet ihn und macht es vielen anderen schwer zu existieren. FUCK THE INDUSTRY!

Farin: Ist das nicht ein Widerspruch, wenn du einerseits die Kommerzialisierung von Techno kritisierst und andererseits selbst auch Industrie-Promotion betreibst?

Karsten: Auf der einen Seite schon, allerdings ist es so, daß man ohne das Geld der Industrie nicht bestehen kann. Man sollte aber damit umzugehen wissen. Wenn man sich total verkauft und seine Party an den Sponsor angleicht, ist das sicherlich nicht der richtige Weg.

Postkarte

Wir schlagen eine Veranstaltung vor, und entweder der Sponsor steigt ein und zahlt oder nicht. Wir überlegen genau, wo und wie wir einen Sponsor präsentieren. Innerhalb der Grenzen, die wie wir meinen für den Gast erträglich sind, kann man ins Geschäft kommen. Darüber hinaus nicht. Das ist auch der Grund, warum wir die letzten Male nichts verdient haben, ja, sogar kräftig draufgelegt haben, da der Sponsor halt gerne mehrmals sein Logo gesehen hätte. Dann haben wir den Deal gecancelt. Eine Party sollte einen eigenen Charakter haben, den der Veranstalter, und nicht das Flair des Sponsors. Das sehen die natürlich anders. Aber es gibt gottseidank noch einige, die auch sowas unterstützen. Doch leben können wir davon nicht. Soviel Engagement, Arbeit und Liebe, wie viele Veranstalter in ihre Parties reinstecken, kann kein Sponsor zahlen. Wir gehen eben diesen Weg, und wenn's nicht mehr geht, war's schön, aber es ist zu Ende.

„Flyer sind von jeher die wichtigste Visitenkarte einer Party. Nicht nur die Information, wann und wo eine Party stattfindet, ist wichtig, sondern die Leute schauen immer mehr auf das Design, die Bilder, Form und Material."

Farin: Welche Bedeutung haben Flyer für die Szene?

Karsten: Flyer sind von jeher die wichtigste Visitenkarte einer Party. Nicht nur die Information, wann und wo eine Party stattfindet, ist wichtig, sondern die Leute schauen immer mehr auf das Design, die Bilder, Form und Material. Es gibt Flyer aus Plastik, Metall, Gummi, sogar Flyer aus Stein und Glas habe ich schon gesehen bzw. auch selbst gemacht. An einem Flyer kann man schon erkennen, um was für eine Party es sich handelt. Zum Beispiel bei einem Fraktal-Flyer wird es eine Hardtrance/Trance-Party, bei einem Flyer mit Zeichnungen oder mit indischen Symbolen eine Goa-Party, bei Flyern mit Totenköpfen, Horrorbildern und Maschinen eine Gabba-Party. Ein Flyer mit bunten Gestalten, Transvestiten oder bunten Früchten annonciert eine House-Party, ein Flyer mit Autosymbolen oder Industriezeichen verspricht eine Detroit-Party usw. So hat jede Party ein Erkennungsmerkmal und von Anfang an einen eigenen Charakter. Flyer sind auch begehrte Sammelobjekte. Es gibt mittlerweile Ausstellungen und Messen, die sich mit diesem Phänomen beschäftigen. Die bekannteste ist der Chromapark, der jedes Jahr im Berliner E-Werk stattfindet und selbst von Künstlern organisiert wird.

Love Parade

Populäre Flyergrafiker sind inzwischen zu anerkannten Künstlern gereift, zum Beispiel der Logopilot aus Stuttgart, Andi O/R/E/L aus Wien, Dadara aus Amsterdam, Jim Avignon aus Berlin und The Crow aus London.

Farin: Du bist jetzt mehr als zehn Jahre in der Techno-Szene. Was hat sich da für dich im Vergleich zu den Anfängen geändert?

Karsten: Früher haben alle Leute, die irgendwie dazugehörten, zusammen gefeiert und Spaß gehabt. Und sie haben sich auch noch verstanden, wenn sie sich mal outside begegnet sind. Viele Skins waren auf einmal keine mehr. Das war die Zeit um 1989 rum. Für mich die schönste Zeit, allerdings auch die Zeit der Entscheidung. Natürlich war es damals besser, denn was damals ganz selbstverständlich funktionierte, mußt du heute den Leuten wieder mühsam einpredigen. Zum Beispiel, eigene Werte zu haben, eigenständig zu sein, nicht dem Massentrend hinterher zu rennen und die Großen noch größer zu machen. Gemeinsam für die gemeinsame Sache zu kämpfen, sich gegenseitig zu respektieren und nicht zu diskriminieren. Andere Menschen zu integrieren. Und darauf hat heute so ziemlich keiner mehr Lust. Jeder fährt straight sein Ding und schaut, daß er durchkommt. Unsere Gruppe ist multikulti, und das nicht erst seit gestern; jeder kann bei uns mit dabei sein, ohne Probleme, das ergibt sich einfach so. Vielleicht ist dieser Teil ein Modell für die Zukunft? Und: Ich brauche keine Drogen, um so drauf zu sein und was zu empfinden!!! Manchmal allerdings denke ich, wir sind viel zu ernst geworden und haben vor lauter »Kämpferei« das Feiern verlernt. Wir betrachten alles sehr kritisch, lassen uns nicht mehr richtig hinreißen, wenn ein besonderes Lied kommt. Das Wochenende ist für mich oft nicht mehr Energiequelle, sondern Energiefresser. Manchmal wünsche ich mir, wieder so zu sein wie früher - easier. Allerdings bin ich über die Jahre auch gereift, vielleicht denke ich über den ganzen Quatsch auch nur so, weil ich erwachsen werde?! Auf jeden Fall habe ich sehr viel gelernt in den letzten Jahren, und das ist mir tausendmal mehr wert als dauernd willenlos fröhlich zu sein.

Love Parade

Coverkunst der Maxi-CD von Marius No.1 & Cora E.

zum Beispiel

H
i
p
H
o
p

Die Wurzeln des HipHop sind viele Generationen alt und eng mit der Geschichte der Sklaverei verbunden. Als eigenständige Jugendkultur jedoch trug HipHop[6] erst in den frühen '70er Jahren Blüten. Die zunehmende Verelendung in den schwarzen Ghettos der westlichen Führungsmacht bildete einen idealen Humus für jegliche Art von Riots. Doch seit der Zerschlagung der Black Panthers fehlte die Kraft, die den Frust und den Widerstandsgeist vor allem der Jüngeren kanalisieren konnte. Bar jeglicher Aussicht auf eine Veränderung ihrer Lage, strikt separiert vom weißen Mainstream der Gesell-

Graffiti-Sprayer in Berlin

(6) Mit HipHop als Sammelbegriff meine ich Graffiti, Breakdance und Musik, also Rap, aber auch eine bestimmte Mode, die von der Szene als Kultmode getragen und zum Beispiel in Rap-Songs wie »My Adidas« von Run-DMC gefeiert wird.

„So all the racists codes I'll decode,
explode...
My words are subliminal
Sometimes metaphysical
I teach, not preach...
With lyrics sharp as a machete"
rappt KRS-One in „House Niggas". Rap war Musik und Aufklärung aus dem Ghetto für das Ghetto.

schaft, führten die Kids Stellvertreterkriege gegen sich selbst: Drogen, Kriminalität, Gangwars. Opfer wie Täter: Schwarze.[7]

Es waren Rap-Musiker, das heißt DJs und MCs[8], die die Sinnlosigkeit der permanenten Gewalt als erste begriffen und umzulenken versuchten. Statt sich gegenseitig umzubringen, trugen die Gangs bald unter dem Einfluß des HipHop ihre Rivalitäten in sprachgewaltigen Verbal contests und DJ-battles aus, sprühten ihre erfahrungsgesättigten Warnungen vor der selbstzerstörerischen Wirkung von Drogen an die Wände, verkehrten das verächtliche »Nigger«-Dasein im Rap zum selbstbewußten »Black & Proud«. Wie einst aus der schwarzen Bürgerrechtsbewegung und den Black Panthers entsprangen der HipHop-Szene politisch-religiöse Vereinigungen wie die Zulu-Nation von *Afrika Baambaataa*, der selbst Mitglied der Bronx-Gang The Black Spades war. Nachdem er aber erleben mußte, wie ein Freund bei einer Gang-Schießerei von neun Kugeln niedergestreckt wurde, ging er auf Distanz und entdeckte in der HipHop-Kultur eine neue Heimat und die Chance zur Deeskalation.

Das erste durchweg farbige Zine in Deutschland kam aus Aschaffenburg.

Rap war von Beginn an Message music; die Texte standen im Mittelpunkt, und egal, ob sie von Sex, Drogen, Geschlechtskrankheiten, Armut oder Kriminalität handelten, sie spiegelten immer den Alltag und die (Alp-) Träume der schwarzen Unterschicht Nordamerikas wider, der die Rapper selbst angehörten. Rap verknüpfte in modernem Gewand zum Teil Jahrhunderte alte Traditionen schwarzer Geschichtsschreibung, die zumeist eine illegale und damit mündlich überlieferte war: von den Griots, den Geschichte(n)-Erzählern Westafrikas, über den Scat-Gesang des Bebob bis zum Gospel schwarzer Prediger. Dabei war die Sprache des Rap subversiv. Begriffe aus der (weißen) Herrschaftssprache bekamen im Kontext eines Rap-Songs eine völlig andere Bedeutung, enthüllten ihren wahren Sinn, Doppeldeutigkeiten oder die extremen Übertreibungen beim Shit talkin' waren nur für die Angehörigen derselben Stadtviertel zu decodieren.

(7) Mir ist bewußt, daß die Ethnisierung sozio-politischer Unterschiede durch Begriffe wie »schwarz« und »weiß« nicht nur unsinnig ist, sondern auch die Gefahr einer Stabilisierung rassistischer Stereotypen in sich birgt. Dennoch spielen gerade in der HipHop-Kultur Identifikationen als »Schwarze«/»Weiße« eine bedeutende Rolle. Deshalb benutze ich die Begriffe hier auch und zwar als das, was sie sind: soziale Konstruktionen.

(8) Masters of Ceremonies, die wortgewaltigen »Erzähler« am Mikro.

Fast zehn Jahre spielte sich HipHop ausschließlich in den schwarzen Vierteln New Yorks ab. Eine Straßenkultur, unbeachtet vom Rest der Welt. Noch.

»Die Parties in den Häuserblocks, den Parks, manchmal den leerstehenden Wohnungen, dann auch zunehmend in den Schulen und Gemeindezentren machten Rap bekannt, brachten die MCs und DJs mit ihren fahrbaren Verstärkeranlagen. Diese Sound-Systeme wurden immer stärker, der Wettbewerb schärfer, einige MCs zu lokalen Stars, die zunehmend auch Gagen für ihre Auftritte nahmen und Mitschnitte ihrer Raps auf Kassetten verkauften. Der Sprung in den angemieteten Tanzsaal in der Bronx war der nächste Schritt in die Kommerzialisierung. Größere Tanzsäle waren von der Musikergewerkschaft für Orchester reserviert, doch das ließ sich durch Bestechung umgehen. Immer größere Säle, Mieten, Gagen waren die Folge.« (Karrer 1995)

So kamen am 2. September 1977 dreitausend Menschen im Harlem's Ballroom zusammen, um *Grandmaster Flash* zu erleben. Doch noch waren es ausschließlich Mitglieder der schwarzen Neighborhood. Das änderte sich erst, als jemand auf die Idee kam, einen Rap-Song in Vinyl zu pressen.

»Rapper's Delight« von der *Sugar Hill Gang*, eine eigens für diese Produktion gegründete Retortenband, die ansonsten nichts mit der HipHop- und Ghetto-Kultur zu tun hatte, verkaufte sich 1979 mehr als zwei Millionen mal und löste damit eine riesige Nachfolgewelle aus. Konnte Rap zuvor nur live vorgetragen oder auf zumeist miserablen Tape-Mitschnitten erlebt werden, so drang der Sound nun überall in den USA aus den Radioboxen - und damit in die Ohren von Jugendlichen, die nie in ihrem Leben einen Fuß in die realen Ghettos gesetzt hatten. Filme wie »Beat Street« (1984, Regie: Stan Lathan) oder »Breakin« (1984, Regie: Jod Silber) trugen die bunten Identitätssymbole New Yorker Graffiti-Sprayer und die Fitnesskunst jugendlicher B-Boys (Breakdancer) auch in bundesdeutsche Jugendclubs, wo die selbstbewußte Bilder- und Körpersprache der afroamerikanischen Straßenkids vor allem bei hierzulande ebenfalls sprachlos belassenen Einwandererjugendlichen ein euphorisches Echo auslöste.

Das erste deutsche Graffiti-Zine: On the Run aus München.

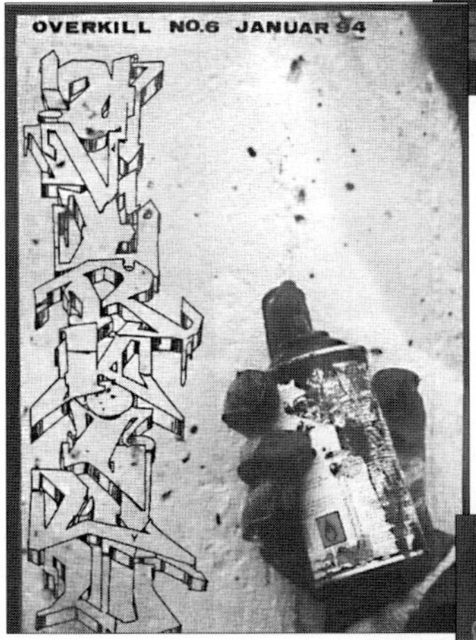

Overkill, ein Style-Magazin aus Berlin.

Sneeze aus Frankfurt/M., 1993.

Breakdancer beim HipHop-Konzert im »Pfefferberg«, Berlin

Graffiti-Kunst überzog bald auch westdeutsche Großstädte, Discotheken und Fußgängerzonen hatten eine neue Attraktion: Zehn- bis Vierzehnjährige, überwiegend türkischer oder arabischer Herkunft, demonstrierten eine faszinierende Straßenartistik. Bereits ein halbes Jahrzehnt, bevor Spielfilme wie »Colors« von Dennis Hopper (1988) oder »Boyz'n The Hood« von John Singleton (1991, mit Rap-Star *Ice Cube*) den Jugendlichen eine komplette HipHop-Gang-Identität stifteten, erreichte Breakdance den ersten kommerziellen Höhepunkt des HipHop. Nicht zufällig setzte sich die Teenie-Illustrierte *Bravo* mit viel PR-Aufwand an die Spitze der Bewegung und wurde zum maßgeblichen Veranstalter diverser Breakdance-Turniere bis hin zur Weltmeisterschaft. Zwölfjährige, die so dank ihrer Fitness Monat für Monat mehrere tausend Mark verdienten, blieben zwar Ausnahmen, motivierten aber ungezählte Jugendliche, ihnen nachzueifern.

Backstage Paß zur Bravo-Breakdance-Meisterschaft

»So Ende 83 hat's mich denn auch erwischt, wie ich noch als jungblutbengel durchs viertel kackstelzte«, erinnert sich der heute 25jährige Berliner Ali.

Er gründete mit Freunden zunächst die Tanzgruppe *Fantastic Devils* und ab 1988/89 *Da Crime Posse* (»Kriminelle Vereinigung«), die später als Teil des Projektes *Cartel* zum berühmtesten Sprachrohr türkischer Jugendlicher in Deutschland aufsteigen und den HipHop sogar in der Türkei selbst popularisieren sollte. Den Wandel vom B-Boy zum politisch engagierten Rapper führt Ali vor allem auf sein Vorbild Chuck D von *Public Enemy* zurück. Der brachte damals »ne ordentliche runde aufklärung in die gemeinde, er sprach davon, daß die welt im argen liegt, weil wir schief gewickelt sind, weil's an uns liegt, stolzes herz und freien geist und ungetrübten blick zu haben, und daß wir sehen lernen müssen, was kern ist und was hülle. Der sound besteht aus

„Der Fall, daß jemand in Deutschland alleine durch das Anhören der Musik dem HipHop verfällt, ist eher selten. Ohne Video und sinnstiftende Presseerzeugnisse gelangt heute kaum ein Musiktitel unter die Leute, und deshalb sind die mit bestimmten Interpretationen aufgeladenen Bilder immer schon bekannt, wenn die Musik das Ohr erreicht", schreibt der HipHop-Experte und DJ Günther Jakob in seiner Analyse „Agit-Pop. Schwarze Musik und weiße Hörer."

krawall und city-hektik, zu tosendem klang und stadtgebrüll und gellendem mißlaut hackt er den knallharten text ab. Klar, bruder, daß die bewegung überschwappte über den großen teich und uns ergriff wie ne gottverdammt heiße offenbarung.«[9]

Da Crime Posse setzten in Berlin fort, was *Public Enemy* oder *KRS-One* in New York und L.A. begonnen hatten: Edutainment. Unterhaltung und Aufklärung. »Wir sind sowas wie kopfgeldjäger, wir jagen die kids auf den straßen, wir angeln sie, wir zerren sie aus dunst und nebel, und wir müssen ihnen mit der harten sprache kommen, weil sie tag und nacht umlagert sind von menschlichem müll, wir müssen sie anbrüllen, daß sie diese gottverschissenen spritzen und das elende banditengegockele sausen lassen, wir müssen ihnen klare parolen bieten, wir müssen zuhälter und dealer und autoknacker und kiffer und drücker und glücksspieler und die gewaltbereiten überschreien. Wir müssen interesse wecken und wir müssen um jeden preis einen rauhen und prächtigen sound bieten, der sie vom sockel haut. Das geht nur, wenn du vorbild bist und dieses altmodische wort tugend schmackhaft machst wie ne olle hostie mit erdbeergeschmack. wir ködern die kids mit ner rüden etikette, und wenn die zu uns überlaufen, geben die von selbst ihre grundfalsche haltung auf und bleiben sauber und scheißen auf gewalt. Und ich sage dir, bruder, da laß ich mich sogar als hundesohn beschimpfen, wenn ich dafür einen kümmel von der straße wegkriege.«

Mit dieser eindeutigen Botschaft gegen Drogen und Gewalt packte *Da Crime Posse* wie viele andere HipHop-Crews eines der heißesten Eisen der Einwanderer-Community an: Denn längst flüchteten auch türkische, kurdische, arabische ... Jugendliche aus den beengten Wohnungen und häufig kaputten Familienverhältnissen auf die Straße, vor Arbeitslosigkeit und dem mit dem Ableben der DDR immer häufiger erfahrenen Chauvinismus der Deutschen in harte Drogen, Kriminalität und Gang-wars. Die HipHop-Kultur gab vielen

(9) Das Zitat ist wie die folgenden von Ali und Abdurrahman natürlich kein Interview-O-Ton, sondern eine literarische Bearbeitung von Feridun Zaimoglu, in dessen sehr lesenswertem Buch »Kanak Sprak« zwei Dutzend junge Männer türkischer Herkunft zu Wort kommen.

J. L. Picard von DUKE, Ostberlin

Characters auf einer Münchner S-Bahn

„Pop is was für kostgänger der illusion", spuckt der Rapper Abdurrahman (24) voller Verachtung aus. „Bruder, den pop hab ich gefressen, so wahr wie mir nach kümmel is, nix übrig hab ich für's flachgepfiffene, ich will da nicht'n abgetragenes kleid tragen, bloß weil's null kostet. Und ich will, weil ich ne reale größe bin, nen realen anlasser, der mich auf touren bringt und 'n bild von mir gibt, das rein und kraftvoll is. Ich hör's liebesgedudel auf allen frequenzen: 'o, ich bin so allein, komm mich doch balde frein' oder 'du gehst fort, und ich denk an mord' und so weiter. Was in gottes namen hat dieser dreck mit mir zu tun, was hab ich kanake mit diesem dreck zu schaffen..."

Ice-T

dieser Jugendlichen eine neue Heimat, eine alternative Form, Anerkennung zu gewinnen, Wünsche, Ängste und Forderungen loszuwerden.

Zum ersten Mal war da eine Musik, die sowohl von den eigenen Alten als auch der deutschen Mehrheitsgesellschaft abgelehnt wurde. Eine Musik, die selbst in der plattesten Macho-Gangster-Rap-Version immer noch mehr Realität getankt hatte als *Michael Jackson* und *Madonna*.

Standen bei den US-Rappern neben dem Standardrepertoire aus Sex & Crime noch soziale Probleme, der Ausschluß vom materiellen Reichtum der Gesellschaft, im Vordergrund, so identifizierten sich die Einwandererjugendlichen in Deutschland vor allem mit der unmißverständlichen antirassistischen Message. Doch nach und nach strömten auch weiße Kids herbei, die weder das eine noch das andere aus persönlichem Erleben kannten und gerade deshalb auf diesen exotischen Ghetto-Thrill, gepaart mit absoluter Coolness abfuhren. So löste ab 1985 die Breakdance-Hymne »Beat Street« sogar in der DDR ein HipHop-Fieber aus. Allein in Magdeburg soll der Film ein ganzes Jahr vor ausverkauften Rängen gelaufen sein - mit dem Effekt, daß dort zeitweise über dreihundert Breaker aktiv waren. Der Staat reagierte überraschend positiv auf die neue »Sportart«: Ab 1987 fanden in der Hauptstadt Berlin vom DDR-Kultusministerium gesponsorte Breakdance-Wettbewerbe statt, und den Rappern wurden sogar die ansonsten verpönten englischen Texte gestattet. »Da die Musik als unpolitisch bzw. politisch korrekt angesehen wurde, konnten sich innerhalb der FDJ-geleiteten Jugendclubs Arbeitsgemeinschaften für Breakdance bilden. Die B-Boys hatten eine ausgeprägt antirassistische Einstellung, welche auch durch den FDJ-Internationalismus bestärkt wurde«, berichtet der Magdeburger Anglist Thomas Fuchs.[10]

»Der DDR-Rap war natürlich, wie alle anderen gesellschaftlichen Bereiche, von der Mangelwirtschaft betroffen: Es gab weder "coole" Bekleidung noch gute Kassettenrecorder und schon gar nicht die Schallplatten, die man gerne gehabt hätte. Gerappt wurde in "schlichtem" Englisch, und gescratcht wurde mit DDR Tonbandgeräten. Man reiste billig mit der Reichsbahn und rappte ungestört auf Bahnsteigen.

(10) Thomas Fuchs in Gulliver 38: Rap, S. 161f

Soziale Probleme, wie in den USA, spielten bei DDR-B-Boys keine Rolle, und die politischen Hintergründe der Musik wurden nicht erkannt. Stattdessen wollten die Jugendlichen die kulturellen Aspekte der Musik absorbieren, die Umgangsformen der schwarzen B-Boys untereinander, Vokabular, Graffiti, die knisternde Spannung, die das Leben im schwarzen Ghetto vermittelte - kurz und gut, all die Lebensbereiche, mit denen DDR-Jugendliche vorher nie konfrontiert wurden.«

„Who gives a f...?“

Im US-Pop-Business war Rap Mitte der ‘80er Jahre die Wachstumsbranche Nummer 1. In Großbritannien nahmen Ex-Punkstars wie *Blondie* Deborah Harry und *Malcolm McLaren* Rap-Songs auf und landeten noch einmal riesige Hits. Der 1981 für die konsumfreudige urbane Jugend gestartete Musikkanal MTV, der Rap bisher aus Angst um seine Werbekunden ignoriert hatte, kapitulierte vor der nicht mehr zu übersehenden Tatsache, daß sich auch weiße Teenager massenhaft für diese Musik begeistern ließen, und startete 1988 mit »Yo! MTV Raps« eine eigene HipHop-Show, die sofort die höchsten Einschaltquoten erreichte, die MTV je hatte. Millionen von Fans wollten diese Musik im Radio hören, im Heimkino sehen, im Plattenhandel kaufen.

Daraus ergab sich für die Industrie ein schwerwiegendes Problem: Die wichtigsten Kultstars wie *Ice T*, *Ice Cube*, *Public Enemy*, *2Live Crew*, *N.W.A.* standen aufgrund ihrer Explicit lyrics auf dem Index. Elternverbände liefen Sturm gegen die angeblich Gewalt, Sex und Drogen verherrlichenden Rapper und riefen zum Boykott von Plattenkonzernen, -läden und Rundfunksendern auf, die Rap im Programm führten.

Industrie und Medien reagierten zunächst mit einer spektakulären (Selbst-) Zensurkampagne: »Ganze Songs werden vor der Veröffentlichung vom Album genommen, Texte müssen umgeschrieben werden oder werden ausgeblendet. Coverkunst wird vernichtet. Ein Künstler wird gezwungen, eine »saubere« Version eines »schmutzigen« Songs zu schreiben«, berichtet *Ice T* in seiner Autobiographie »Who gives a fuck?«.

Die Entschärfung der Original-HipHop-Szene auf ein für den weißen Mittelschichtenmarkt akzeptables Maß genügte allerdings nicht zur Befriedigung der Kaufinteressen. Denn Zensur wirkt selten so, wie die Zensoren sich das vorstellen. Vor allem dann nicht, wenn sie auf eine Szene trifft, die es geradezu darauf anlegt, das Establishment zu reizen. Da wird ein Verbot schnell zur Auszeichnung, zum Qualitätsmerkmal. So wurden die verbotenen oder boykottierten Songs zu Kult- und Sammelobjekten, Index-Platten schossen ohne jegliche Radio- und TV-Unterstützung in die Charts, Rapper erreichten durch krasseste Provokationen einen hohen Bekanntheitsgrad.

So brachten *N.W.A.* (Niggaz With Attitude) auf ihrem '88er Album »Straight Outta Compton« über zweihundert mal (von entrüsteten Bürgern akribisch ausgezählt) das Wort »Fuck« unter; *Ice Cubes* zweiter Longseller »Death Certificate« ging 1991 innerhalb von vier Tagen nach Erscheinen eine Million mal über die Ladentheke. Die Reaktionen auf seinen *Bodycount*-Song »Cop Killer« hat *Ice T* genüßlich in seiner gnadenlosen Autobiographie erzählt.

Vor allem die Gangsta-Rapper profitierten von der schockierten Reaktion der Mehrheitsgesellschaft. *Dr. Dre*, der seit 1991 fünfzehn Millionen Platten verkaufte, prügelte sich mit Produzenten und einer Fernsehmoderatorin, und als er schließlich dazu verurteilt wurde, einen Funksender am Knöchel zu tragen, der ihn rund um die Uhr mit einem Bewährungshelfer verband, war die Presse dabei. *Dr. Dres* Zögling *Snoop Doggy Dogg* verkaufte vier Millionen Exemplare seines Debutalbums »Doggystyle«, nachdem die Öffentlichkeit darüber informiert wurde, daß Snoop nicht nur den Harten markiert, sondern wirklich wegen der Ermordung eines Menschen angeklagt wurde. (Das Gericht spricht ihn allerdings später frei.)

Der Rapper *Tupac Shakur* wird für 1,4 Millionen Dollar Kaution aus dem Gefängnis geholt, in dem er wegen Vergewaltigung saß, um das Doppelalbum »All Eyez On Me« aufzunehmen - es springt sofort auf Platz 1 der Charts und wird über fünf Millionen mal gekauft.

Bei vielen dieser Produktionen hatte die Industrie das Nachsehen. Denn die Rapper hatten aus der (weißen) Bevormundung gelernt und zur Verbreitung ihrer Kunst eigene Independent-Label, eigene Rundfunksender, eigene Fanzines gegründet. Das Geld floß reichlich - doch oft an den traditionellen Industriegiganten vorbei.

Die reagierten jedoch clever. Sie kauften nicht nur so viele »harte« Acts wie möglich auf, sondern schufen zusätzlich eine zweite Rap-Kultur mit garantiert pflegeleichten Acts, die zwar den Rhythmus und das Prinzip des Rap, die Mode und die Signalsprache der HipHop-Kultur kopierten, aber ihren sozialen Kontext ausblendeten. Rap light.

Der Stuttgarter Top-act *Die Fantastischen Vier*, die die Idee des engagierten Sprechgesangs zwar aufgriffen, aber zumindest bis zum Erscheinen ihres Albums »Lauschgift« in ihren Texten eigentlich »nichts zu sagen haben« (Jakob 1993), oder Rap aus der rechtsradikalen Szene mit rassistischen Texten (zugegeben ein extremes Beispiel), sind nur zufällige Belege für die Loslösung des HipHop aus seinen ursprünglichen Zusammenhängen und die Verwandlung einer schwarzen Jugendkultur in eine Mode für jedermann.

Dennoch funktioniert das nur, weil HipHop weiterhin das Image einer Ghetto-Kultur hat. Der kommerzielle Siegeszug des HipHop (der längst zum Imagefaktor für andere Industrie-Schöpfungen wie Streetball geworden ist) wurde nur möglich, weil es nach wie vor auch den HipHop-Underground gibt: eine breite Subkultur mit Dutzenden von eigenen Fanzines, mehreren unabhängigen Plattenfirmen und Cassettenvertrieben, eine eigene (Jugend-) Club- und oft illegale Graffiti-Szene, Rapper, die wissen, wovon sie reden. Denn der durchschnittliche HipHop-Fan (und das ist, statistisch gesehen, nicht der Kreuzberger Gang-Nachwuchs, sondern das weiße Mittel- und Oberschichtenkind aus den Vororten) will nicht nur einen Rhythmus kaufen, sondern teilhaben an einem Stück Widerstandscooltur. Auf der Seite der Guten stehen. Gegen Rassismus und Neonazis.

„Der kommerzielle Siegeszug des HipHop (der längst zum Imagefaktor für andere Industrie-Schöpfungen wie Streetball geworden ist) wurde nur möglich, weil es nach wie vor auch den HipHop-Underground gibt.“

HipHop bringt ein wenig Abenteuerstimmung in das Leben gelangweilter Wohlstandskinder. Und so rappen auch der Arztsohn aus Hamburg-Pöseldorf und die Journalistentochter aus Berlin-Zehlendorf den »Ghetto-Blues«. Ganz authentisch.

Promo-Aufnahme für Aziza-As erste CD »Es Ist Zeit« (1997).

»HipHop ist für mich Wahrheit!«

Ein Gespräch mit der Berliner Rapperin Aziza-A (25)

Farin: Was ist an HipHop, der »Ghetto-Musik«, so faszinierend für Mittelschichtkids, die weder Rassismus noch Armut aus eigener Erfahrung kennen?
Aziza-A: Ich denke, das ist für die wie so'n Hollywood-Film. Unterhaltung. Bilder aus einer extremen Welt. Aber HipHop ist nicht nur Ghetto-Musik. In Amerika ist HipHop so entstanden, aber du kannst mir nicht erzählen, daß hier ein HipHop-Kid aus dem Ghetto kommt, weil in Deutschland gibt es kein Ghetto.
Farin: Aber eine Menge HipHop-Acts, die dieses Image pflegen ...
Aziza-A: Klar, weil sich HipHop so weit etabliert hat, daß man damit gut Kohle scheffeln kann. »Authentisch« sein ist da nicht wichtig. Ich würde nie behaupten, ich wäre im »Ghetto« aufgewachsen. Ich würde auch nie auf die Idee kommen, irgendwelche Tötungsakte zu beschreiben, weil ich das nie erlebt habe. Das wär nicht echt. Ich finde das Quatsch, über etwas zu rappen, was man selbst nicht durchlebt hat. HipHop ist für mich Wahrheit, Lebensstil. Eine Art, zu mir selbst zu finden, meine Aggressivität auszuleben, überhaupt meine Gefühle und Gedanken auszudrücken. Aber HipHop ist so breit gefächert, daß sich jeder hinsetzen und seine Texte schreiben kann. Das können bloße Fun-Texte sein, das können auch nationalistische oder sogar faschistische Statements sein. Es gibt eine HipHop-Gruppe, die sich »Harte Moslems« nennt. Aber HipHop ist halt im Moment so »in«, daß jeder HipHop nutzt, um sein Statement loszuwerden oder auch, um einfach Geld zu machen. Aber ich merke, wenn jemand HipHop macht, ohne das wirklich zu leben.

Farin: Woran?
Aziza-A: Das kann ich dir nicht in Worte fassen. Ich fühle es einfach. An der Musik, an den Texten, an den Ansagen zwischen den Songs. Ich kann's nicht beschreiben.
Farin: Das erste Mal - erinnerst du dich noch?
Aziza-A: Da war ich in der Grundschule. Mein älterer Bruder brachte eine Platte mit. *Grandmaster Flash*. Anfang der Achtziger. Ich wußte damals noch nicht, daß sich das HipHop nannte. Ich fand es einfach nur geil, weil, ich hatte schon immer ein Faible für schwarze Musik. Dann kam ja diese HipHop-Welle nach Deutschland, und auf einmal hast du ständig und überall nur noch Breaker gesehen. Das fand ich total abgefahren. Aber ich hab das nur von außen gesehen, nicht selbst mitgelebt. Ich war da noch ein braves türkisches Mädchen, bin brav zur Schule gegangen, immer schön für gute Noten gelernt. Aber ich fand das spannend. Und plötzlich war HipHop eine der größten Musikrichtungen.
Farin: Haben fundamentalistische und rechtsradikale Gruppen Einfluß im HipHop?

„Ich fand es einfach nur geil, weil, ich hatte schon immer ein Faible für schwarze Musik. Dann kam ja diese HipHop-Welle nach Deutschland, und auf einmal hast du ständig und überall nur noch Breaker gesehen. Das fand ich total abgefahren"

Aziza-A: Es gibt sie natürlich und das kotzt mich an. Aber bei vielen ist das glaube ich eher Kalkül. Sie wissen, in der Türkei sind viele Fromme. Und sie hoffen, wenn sie dann hier eine CD mit entsprechend fundamentalistischen Texten machen, haben sie Erfolg in der Türkei. Denn das ist der Traum jedes HipHoppers hier seit *Cartel*: im »eigenen« Land Erfolg zu haben. Das kann niemand abstreiten. Ich will mit meiner Sache auch Erfolg haben und Geld verdienen. Und ich werde auch damit Geld verdienen. Aber mit meinen Stücken, mit denen ich mich voll identifizieren kann, und mit nichts anderem.
Farin: Sind die rechtsradikalen HipHop-Gruppen erfolgreich?
Aziza-A: Noch nicht. Bisher werden sie noch von allen anderen HipHop-Gruppen ausgelacht. - Die kaufen deren CDs aus Neugier, hören sie sich an und sagen dann: »Was ist denn das für'n Scheiß?« Erstens wegen der schrägen Texte und zweitens, weil diese Jungs alle nicht rappen können.

Farin: Gibt es viele solcher Gruppen?
Aziza-A: Ich kenne nur eine, die ich als rechtsradikal einordnen würde. Was sehr viele bringen, ist dieser Stolz, ein Türke zu sein. Das ist eine Haltung, die viele Südländer bringen, nicht nur türkische Rapper oder Jugendliche. Aber das finde ich nicht schlimm. Es ist eine Reaktion darauf, eine Minderheit zu sein. Aber ansonsten sind die wirklich Rechten nicht populär. In Kreuzberg hören die Kids immer noch *Cartel* und *Islamic Force* und nicht die *Harten Moslems*. Es wird schon viel Wind darum gemacht, aber nicht wirklich ernst genommen.
Farin: Und *Cartel*?
Aziza-A: Ich kenne die Jungs, und von denen ist keiner rechtsradikal. *Cartel* besteht aus drei Nationalitäten. Ich weiß auch nicht, wieso die ganzen Rechtsradikalen die plötzlich gut finden, bei deren Konzerten aus dem Publikum die Zeichen der Grauen Wölfe hochgehen usw. Ich weiß, daß *Cartel* sich darüber tierisch aufregt. Aber *Cartel* sind eben erfolgreich, die ersten Stars des türkischen HipHop, auch in der Türkei. Die Grauen Wölfe haben keine eigenen Gruppen. Für mich sind die Grauen Wölfe sowieso ziemlich zurückgebliebene Menschen. Diese Scheißer benutzen unseren Glauben, um ihre Politik zu machen. Deren Jugendliche hören natürlich auch HipHop wie alle anderen, die tanzen in der Disco danach, und sobald in einem Song der Satz »Ich bin Türke« oder so auftaucht, heißt es gleich, der ist einer von uns.
Farin: Du hast einen Glauben?
Aziza-A: Ja, ich glaube an Gott. Und ich habe vor Religion Respekt. Das bedeutet nicht, daß ich sie selbst ausübe. Ich bin in keiner Hardcore-moslemischen Familie aufgewachsen. Meine Eltern sind sehr locker. Sie haben uns natürlich ihre Religion beigebracht, weil sie Angst hatten, daß unsere Kultur schwimmen geht, daß alles auseinanderdriftet. Aber sie haben nie gesagt: du mußt jetzt in die Moschee, du mußt jetzt den Koran lernen usw. Ich habe es gemacht, weil ich immer schon alles wissen wollte. Ich faste auch, wenn es geht.

„Ja, ich glaube an Gott. Und ich habe vor Religion Respekt. Das bedeutet nicht, daß ich sie selbst ausübe. Ich bin in keiner Hardcore-moslemischen Familie aufgewachsen."

Farin: Wann hast du zum ersten Mal überlegt, selbst Musik zu machen?

Aziza-A: Ich habe schon immer einen Drang gehabt, mir Shows anzugucken, mir Filme anzugucken, mir Platten zu kaufen. Dieses Glamouröse hat mich immer schon angemacht. Ich tanze, singe, spiele immer schon Theater. Für mich ist das Leben mein eigener Film. Wenn ich einen Film geguckt hab, in dem ein Kind krank war, dann war ich auch krank. Ich hab mich richtig in Filme reingefressen. Trotzdem war das immer ein Tabu für mich. Ich hab mir ge-

»Cora E.«, die erste Rapperin in Deutschland, im November '96 im »Pfefferberg«, Berlin

sagt, entweder mußt du das richtig studieren, damit du ernstgenommen wirst, oder du läßt es sein. Also hab ich immer nur auf Feten irgendwas gemacht und ansonsten ständig irgendwelche Jobs begonnen und nach einem Jahr wieder abgebrochen. Dann hat mich eine Freundin überredet und einfach angemeldet zu einem Gesangswettbewerb in der ersten türkischen Discothek hier in Berlin, den der Ünal Yüksel von Orient Express, mein jetziger Produzent, gesponsert hat. Ich hab den dritten Platz belegt und die Jungs sind an mir drangeblieben, haben mich immer wieder angerufen, wenn sie im Studio irgendwelche Vocals brauchten. Und irgendwann haben sie mich überredet und mir einen Arschtritt gegeben, mal selbst zu rappen.

Farin: Und wie hat dich dann das ZDF entdeckt?

Aziza-A: Über die Initiative »Medien gegen Rassismus«, bei der ich Mitglied bin. Die haben für ihr neues Teenie-Magazin »Dr. Mag« Amateurmoderatoren und -moderatorinnen gesucht, die aber Bühnenerfahrungen hatten. Was tut man, wenn man als konservativer Sender etwas Farbe in sein Programm bringen will: man sucht sich Ausländer. So bin ich da hineingeraten. Es ist mir wirklich in den Schoß gefallen, ich hab dafür nicht tierisch ackern müssen.

Farin: Und warum hast du nach neun Sendungen wieder aufgehört?

Aziza-A: Einmal lief mein Vertrag einfach aus. Und dann hatte die Sendung von Anfang an kein Konzept. Die wußten selbst eigentlich nicht, was sie wollten. Es gab drei Moderatoren für eine Neunzig-Minuten-Sendung. Das funktioniert nicht. Dann haben sie festgestellt, daß die Kids sowieso nur wegen des Aufklärungsteils »Dr. Mag Love« eingeschaltet haben, und beschlossen, das machen wir eben jetzt nur noch. Und das war nicht mein Ding. Selbst die Bands, die zu Besuch kommen, werden nur über ihr Sexleben ausgefragt. Sonst nichts. Das ist mir zu langweilig. Es geht nur noch um Sex. Und ich hatte kein Bock, die Aufklärungsfrau für Teenies zu werden. Ich kam mir vor wie ein Schauspieler, der immer nur Komödien gemacht hat und plötzlich eine ernste Rolle übernimmt. Dem nimmt man das nicht mehr ab. Und ich wollte auf der Bühne, als Musikerin *Aziza-A* ernstgenommen werden. Beides ging nicht mehr. Aber es war schon gut, ich hab in der Zeit gut verdient. Und ich würde auch wieder Fernsehen machen, wenn ich ein gutes Angebot kriege. Ich habe viel dabei gelernt.

„Was tut man, wenn man als konservativer Sender etwas Farbe in sein Programm bringen will: man sucht sich Ausländer.“

Farin: Wer hat dich denn aufgeklärt?

Aziza-A: Eine Freundin. *Bravo* natürlich. Und meine Mutter. Ich habe sehr offene Eltern. Ich versuche auch immer, meinen Eltern meine Handlungen verständlich zu machen. Ich hatte natürlich auch diese Phase, in der ich ständig länger wegbleiben wollte als meine Eltern mir erlaubten. Aber es wurde mir erklärt: sie hatten Angst, daß mir was passiert. Schließlich bin ich Frau und Ausländerin. Aber ich komme schon aus einer sehr offenen Familie. Meine Eltern haben von mir gelernt und ich habe von ihnen gelernt.

„Ich versuche auch immer, meinen Eltern meine Handlungen verständlich zu machen. Ich hatte natürlich auch diese Phase, in der ich ständig länger wegbleiben wollte als meine Eltern mir erlaubten. Aber es wurde mir erklärt: sie hatten Angst, daß mir was passiert. Schließlich bin ich Frau und Ausländerin."

Farin: Du bist 1971 in Berlin geboren, aber wo kommen deine Eltern her?

Aziza-A: Meine Eltern kommen aus Mittelanatolien. Meine Mutter kam so um '68 nach Berlin, als nur Frauen als »Gastarbeiterinnen« angeworben wurden, um bei »Sarotti« zu arbeiten, und mein Vater kam so zwei Jahre später nach und hat in einer anderen Fabrik angefangen.

Farin: Was hast du für eine Ausbildung gemacht?

Aziza-A: Realschule, zehn Jahre. Dann habe ich eine Ausbildung als Fotofachverkäuferin gemacht, danach erst mal zwei Monate Urlaub in der Türkei, dann ein Jahr wieder in Berlin in einem Plattenladen gearbeitet, dann hatte ich den Drang, in die Türkei zu gehen. Aber dort hab ich's dann doch nur vier Monate ausgehalten. Mit meiner Berufsausbildung konnte ich da nichts anfangen, und überhaupt war's dort nicht so einfach, wie ich es mir gedacht hatte. Ich bin also zurückgekommen, hab erst mal bei einer Versicherung gearbeitet und dann, als mir das auch nicht mehr gefiel, noch eine Ausbildung in Krankengymnastik gemacht. Die Prüfung hab ich allerdings geschmissen, doch einen Monat später kamen die Jungs aus dem Plattenstudio. Perfekt.

Farin: So wie du deine Familie eben dargestellt hast, scheinen deine Texte - zum Beispiel »Proleten Papa« - ja nicht gerade »authentisch« zu sein?

Aziza-A: Der bezieht sich natürlich nicht auf meinen Vater. Mein Vater ist jemand, zu dem ich aufschaue, einer der wenigen Männer, die sehr tolerant sein können. Aber in meinem Umfeld gibt es haufenweise welche von der Sorte

Proleten Papa

Kein Mädchen, ein Junge soll es werden
Der wartende Dervis erreicht sein Ziel
Mit der Zeit bekam er elf Mädchen
Am Ende waren es 12 -
und der Junge ist endlich da
Auf der Straße macht er jede Frau an
schaut ihr hinterher
stößt dabei gegen ein Laterne
Habe ich nicht gesagt
Männer denken nur bis zum Schwanz
Wenn er eine Frau sieht, schaltet er sein Hirn aus
Eßt doch mehr Süßes!

„Ein Gericht mit viel Tomatenmark ist genauso gut,
wie eine Frau mit runden Hüften"
Was für ein Vergleich!
Dieser Spruch kann nur von einem Mann stammen

Kauft sich einen BeEmWe
fährt los, um Frauen anzumachen
Tritt auf's Gas, der Rest der Welt ist ihm egal!
Er ist in seinem Element.
Das ist der Inhalt seines Lebens.

Stolz streichelt er seinen Oberlippenbart
Boh ey, was für ein Mann!
In der Hand einen Rosenkranz.
Sein Hemd aufgeknöpft bis zum Bauch
die Brust behaart
sein Blick wie ein Bär

Er rülpst und spuckt auf die Straße.
Wenn es um dicke Sprüche geht, ist er der Größte!
Wenn es drauf ankommt, haut er einfach ab!
Macht sich eine Zigarette an, schlürft seinen Tee

Was denkt er, wem er damit imponiert!
Kleiner Proleten Papa
von nun an kreuzt Aziza-A deinen Weg.

»Proleten Papa«. Ich kenne ja ziemlich unterschiedliche Leute, und denen höre ich zu, und deren Geschichten verarbeite ich. Ich schreibe nicht nur Texte über meine persönliche Geschichte.

Farin: Eine Textzeile von dir lautet: »Zwischen zwei verschiedenen Welten aufzuwachsen ist schwer«. Wirklich?

Aziza-A: Ja. Weil zunächst bist du ja nur in der Familie. Aber irgendwann gehst du raus. Und dann wirst du plötzlich damit konfrontiert, daß du schwarze Haare und braune Augen hast. Die Leute sehen dir an, daß du keine Deutsche bist, und reagieren darauf sehr unterschiedlich. Du sagst dir, wo ist das Problem, ich bin doch hier geboren, ich bin Deutsche. Aber dann überlegst du, das stimmt auch nicht ganz, und du hast türkische Eltern, die wieder ganz andere Dinge von dir erwarten als die Außenwelt. Du mußt mühsam ler-

Breakdancer beim HipHop-Konzert

nen, da das Gleichgewicht zu halten. Vieles, was für Dich selbstverständlich war, mußte ich mir erst mühsam erkämpfen. Zum Beispiel den deutschen Paß. Heute sag ich mir: Rechts von mir steht ein Stuhl, links von mir steht ein Stuhl, beide passen nicht ganz zu mir, baue ich mir eben einen eigenen.

„Und dann wirst du plötzlich damit konfrontiert, daß du schwarze Haare und braune Augen hast. Die Leute sehen dir an, daß du keine Deutsche bist, und reagieren darauf sehr unterschiedlich."

Farin: Dieses Zwischen-den-Stühlen-Sitzen drückt sich auch in deinen Texten aus. Du rappst zum Beispiel in deutsch und türkisch ...

Aziza-A: ...weil das beides meine Muttersprachen sind, die ich benutze, in denen ich mich ausdrücken kann. Sicher könnte ich auch in englisch rappen, aber das ist keine Sprache, mit der ich mich identifiziere. Und es geht ja um meine Texte, meine Erfahrungen, gut, auch um Dinge, die ich gehört, gesehen, erzählt bekommen habe. Aber letztlich schreibe ich alles aus meiner persönlichen Sicht, der Sicht einer in Deutschland aufgewachsenen türkischen Frau.

Farin: War dir auch ein gewisser Exotenbonus garantiert…?

Aziza-A: Sicherlich erweckt das sehr viel Neugierde. Allein schon, wenn die meinen Namen lesen: »Was, das ist keine Bauchtänzerin? Die macht Rap?« Diese Mischung, türkische Frau und HipHop, zeckt alle Leute. Und wenn die dann noch mitkriegen, was ich zu sagen habe und wie ich rede, dann entsteht erst mal Verwirrung. Weil in den Köpfen ist ja immer noch das Denken, eine türkische Frau ist zurückhaltend und dem Manne untergeordnet. Und ich demonstriere und erzähle in meinen Texten davon, daß es auch unter uns Frauen gibt, die ganz vorne im Rampenlicht stehen und powern. Ich will Deutschland - den Deutschen und den Türken - zeigen, daß wir türkische Frauen eine Menge Power haben.

Farin: Aziza-Abla - die »mächtige große Schwester«...

Aziza-A: Ja, genau. Mir war das von Anfang an wichtig, dicke Texte rüberzubringen, die erzählten, was in den Familien abging, in einem einzelnen Jugendlichen, einem Kind. Nicht nur LiebeHerzSchmerz, sondern richtig reelle Sachen. Natürlich gibt es im HipHop auch diese Konsumhaltung, diese »Immer nur Party & geile Weiber & Sex bis

„Heute sag ich mir: Rechts von mir steht ein Stuhl, links von mir steht ein Stuhl, beide passen nicht ganz zu mir, baue ich mir eben einen eigenen."

zum Verrecken«-Richtung. Aber das ist nicht so mein Ding.
Für mich ist HipHop die Möglichkeit, Statements loszuwerden. Und ich habe viel zu erzählen.
Farin: Wie reagieren die anderen Rapper auf dich?
Aziza-A: Sie prüfen genau, was ich kann. »Hey, woll'n wir doch mal sehen, was die drauf hat.« Manche finden es sofort geil, daß da jetzt auch eine Frau ankommt und rappt. Also ich bekomme auch viel Unterstützung. Es gibt nicht diesen Fight, den Männer oft austragen, wenn sie gegeneinander rappen. Also ich glaube, ich habe mir jetzt endlich mal einen Beruf ausgewählt, wo es ein Vorteil ist, eine Frau zu sein. Und natürlich nutze ich das auch.

„Diese Mischung, türkische Frau und HipHop, zeckt alle Leute. Und wenn die dann noch mitkriegen, was ich zu sagen habe und wie ich rede, dann entsteht erst mal Verwirrung."

Farin: Ist die HipHop-Szene in der Realität eigentlich die große Family, die sie in ihren Texten oft vorspiegelt, oder dominiert der Konkurrenzkampf?
Aziza-A: Für mich persönlich sehe ich im Augenblick keinen Konkurrenzkampf. Es gibt einfach noch zu wenige Rapperinnen. Frag mich in zwei Jahren noch mal. Im Moment finde ich es einfach geil, daß es in Deutschland so eine community gibt, eine Gemeinschaft auf Musikbasis, die zusammen total viele Projekte entwickelt. Ich finde das auch einfach bescheuert, wenn man eine Minderheit ist und dann auch noch innerhalb der Minderheit untereinander Kämpfe austrägt. Das ist krankhaft. Zieh dir mal die *Rödelheimer* rein, die dissen nur! Und erzählen, wie toll sie sind. Was ist das?
Ego-Steigerungstherapie?
Farin: Wie gefallen dir *Die Fantastischen Vier*?
Aziza-A: Ich bin ein großer Fan von *Fanta Vier*. Allerdings erst seit »Lauschgift«! Ich verstehe auch nicht, warum die HipHop-Szene so einen tierischen Haß auf die Gruppe hat. Ich finde es nicht so schlimm, wenn eine Gruppe kommerziell ist und von diesem Punkt aus langsam ihren eigenen Weg geht, als wenn eine Gruppe, die Szene ist, kommerziell wird. Ich finde, die *Fantas* machen echt geile, wunderschöne Texte, gute Grooves.
Farin: Wen kannst du überhaupt nicht ab?

„Für mich persönlich sehe ich im Augenblick keinen Konkurrenzkampf. Es gibt einfach noch zu wenige Rapperinnen. Frag mich in zwei Jahren noch mal. Im Moment finde ich es einfach geil, daß es in Deutschland so eine community gibt."

Aziza-A: *Schwester S., Rödelheim. Fettes Brot* ist auch nicht so mein Ding.
Farin: *Tic Tac Toe*?
Aziza-A: Die braucht man gar nicht erst zu erwähnen. Ich denke, das ist 'ne Band, die von irgendeinem Produzenten zusammengestellt wurde, weil es da eine Marktlücke gab. »Die deutsche Antwort auf *Salt 'n' Peppa*.« Ich glaube nicht, daß die jemals ihren eigenen Weg gehen.
Farin: Ist HipHop für türkische Jugendliche eigentlich noch die Musik? Mir ist aufgefallen, daß in türkischen Discotheken zumindest der HipHop-Anteil immer geringer wird.
Aziza-A: Nein. Wir Türken hatten schon immer eine Neigung für schwarze Musik. Vielleicht, weil wir ähnliche Tendenzen in der Türkei haben. Wir haben wahnsinnig viele Sänger, die tierisch aus der Seele singen, jaulen bis zum Verrecken.
Farin: Du meinst, eure Schlager sind noch kitschiger als die deutschen?
Aziza-A: Nein. Oh Gott, ich verabscheue Schlager! Deutsche Schlager sind Schmalz pur. Türkische Sänger haben oft ganz abgefahrene Texte, die benutzen richtig poetische Wege, ihre Liebe auszudrücken. Die Worte, die Sätze klingen ganz anders als bei deutschen Schlagern. Ich krieg' immer wieder eine Gänsehaut, wenn ich türkische Sänger höre. Das passiert mir bei deutschen Schlagern nie. Ich bin früher immer nur in Ami-Discos gegangen, wie fast alle Türken, bevor es türkische Clubs gab. In den Ami-Discotheken war es immer so, daß die eine Hälfte des Publikums Amis waren, dazwischen ein paar Deutsche, der Rest Türken. Wir haben immer schon schwarze Musik gehört. Ich kenne kaum welche, die *Eurythmics* toll finden, oder *Sting*. In den türkischen Discotheken spielen die deshalb nur HipHop, Soul, R & B, Funk und türkischen Pop.

„Ich finde es nicht so schlimm, wenn eine Gruppe kommerziell ist und von diesem Punkt aus langsam ihren eigenen Weg geht, als wenn eine Gruppe, die Szene ist, kommerziell wird."

Aziza-A beim Interview, März 1997.

Langnese
POLICE

Punk

„Die Punks schauten sich um.
Sie sahen die Arbeitslosigkeit. Die öde Zukunft, die ihnen in einer Industriegesellschaft offensteht, die ständig frisches Futter für ihre Fabriken und Werkhallen verlangt und als Alternative nur die nervende Routine des Schlangestehens vor dem Arbeitsamt bietet; sie sahen die Gewalttätigkeit, die von der Langeweile in der Isolation der Wohnsiedlungen/Schlafstädte, in den Hochhausblöcken genährt wird, in die ihre Familien in den sechziger Jahren gepreßt wurden, als ihre alten communities zerschlagen und in alle Winde versprengt wurden.
Sie sahen die monotonen Steinwüsten, die überfüllten Schulen; und sie sehnten sich nach einem Ausweg aus dem krankmachenden und ermüdenden Trott, den sie gezwungenermaßen ertragen mußten.
Sie sahen sich nach Unterhaltung um. Etliche fanden sie in der gemeinsamen Bambule bei Fußballspielen. Und unausweichlich wandten sich viele, die die trübe Realität satt hatten, den elektrischen Phantasien des Rock'n'Roll zu."[11]

Die fünf jungen Herren von ZK; Vorläuferband der Toten Hosen und der Mimmi's

(11) Allan Jones: »Punk - die verratene Revolution«, in Rock Session 2, S. 10

Punk war nicht wirklich neu. Schon sechs Jahre vor *Sid Vicious* zerschnitt sich *Iggy Pop* seine Hühnerbrust mit einer Glasscherbe, provozierte bei Auftritten in Nazi-Uniform, onanierte und kotzte auf der Bühne, beschimpfte das Publikum mit minutenlangen Haßtiraden und führte die hohe Kunst des Stage-diving ins Rockbusiness ein. US-Bands wie *Velvet Underground, MC Five* und die charismatische Dichterin *Patti Smith* zelebrierten ihre Orgasmen seit Jahren mit dilettantischen Drei-Finger-Akkorden und rüden Four-Letter-Lyrics. Selbst das Wort »Punk« war längst eingeführt: als Schimpfwort für Loser und Outsider - Huren, Schwule, Tramps, Penner, Gammler, kurz: Dreck - jeder Art. Schon *Marlon Brando* mußte sich 1953 in »The Wild One« von einem Kleinstadt-Redneck als »Punk« beschimpfen lassen. »Punk-Rock ist nichts Neues«, meinte denn auch lakonisch der *Kinks*-Drummer *Mick Avory* im Frühjahr '77. »Herumklotzen und an die Wand pissen, das hab ich schon vor acht Jahren gemacht.«[12]

Punk-Pate
Iggy Pop

Neu war allerdings das Ausmaß an Müll, Beton und Langeweile, Arbeitslosigkeit, Depression und Hass, dem Britanniens Großstadtkinder Mitte der '70er Jahre ausgesetzt waren.

Neu waren auch die Fronten. Die alte Kriegergeneration, mit der sich die studentischen AktivistInnen und Hippies der '60er Jahre auseinandersetzen mußten, war abgetreten. Auf ihren verwaisten Thronen hatten inzwischen die Rebellen von einst Platz genommen. Der »Marsch durch die Institutionen« hatte zwar nicht das kapitalistische System ernsthaft erschüttert, doch zahlreiche »68er« an der Macht beteiligt. Ob im Elternhaus (zumindest bei den Mittelschichtkids) oder in der Schule, der Universität, im Journalismus oder im Musikbusiness, es war nicht schwer, auf tolerante Langhaarige mit viel Verständnis für aufmüpfige Jugendliche zu treffen. Natürlich waren die meisten der »Straße« genauso entrückt wie den einstigen Utopien vom herrschaftsfreien Leben. Nur: sie merkten es nicht. Sie hörten schließlich noch die gleiche Musik wie früher, kifften weiterhin (schwer illegal!) mit *Neil Young*, ballten mit *Bob Dylan* die Fäuste gegen ein Establishment, dem sie längst angehörten. Doch ihre Kinder, den Geist seit der Pubertät rebellisch geschärft, sahen bald, daß von diesen Alten nicht mehr viel zu erwarten war. Und reagierten, indem sie erstmal das genaue Gegenteil von dem taten, für das ihre Eltern standen.

(12) zitiert nach: *'ran*, 8/1977

Das machten Generationen von Jugendlichen zuvor und danach auch. Um zu verstehen, warum die Teenager-Rebellion der '70er Jahre ausgerechnet im Punk explodierte, müssen wir einen Blick auf die Musikszene jener Jahre werfen.

In den Verkaufscharts gaben Superstars wie *Genesis, Yes, Supertramp, Pink Floyd* und *Emerson, Lake & Palmer* den Ton an. Zum Teil exzellente Musiker. Doch vor allem unerträglich satt. Fett wie ihr Sound. Meilenweit vom Lebensalltag der Jugendlichen entfernt.

Konzertpublikum bei Nick Cave am 21.Mai 1984 im Loft, Berlin

Künstliche Götter auf dem Weg in den Pop-Olymp. Die Zeiten, in denen sich die *Jagger*-Gang noch auf der Straße mit Teddyboys prügelte und *Rod The Mod* den Totengräber-Blues lebte, waren vorbei. Rock'n'Roll war, wie *John Cale* von *Velvet Underground* im Juli 1975 bemerkte, »noch so'n Amüsement« geworden, »das der Regierung hilft, den Mob von der Straße fernzuhalten«. Die Wilden der '60er waren tot - wie *Jim Morrison, Janis Joplin* und *Jimi Hendrix* - oder »alte, langweilige Fürze« geworden. Überlebende wie die *Rolling Stones, The Who* oder *Led Zeppelin* waren zu Cyberstars mutiert, die ohne Technik für einige hunderttausend Mark nicht mehr auftreten konnten. »Etwas Improvisation in das Spiel der *Rolling Stones* zu bringen, bedeutet soviel wie eine Boeing 747 mit der Hand festzuhalten«, offenbarte schon 1974 deren Tourmanager Peter Rudge einem Reporter.

„Der Rock war in Bars und kleinen Clubs geboren worden; jetzt wurde er in gewaltigen Hallen und Sälen geschändet, die besser für politische Kundgebungen oder religiöse Zusammenkünfte gepaßt hätten."

Allan Jones

»Der Rock war in Bars und kleinen Clubs geboren worden; jetzt wurde er in gewaltigen Hallen und Sälen geschändet, die besser für politische Kundgebungen oder religiöse Zusammenkünfte gepaßt hätten. Der Geist des Rock, sein Zorn und sein ungebärdiger Widerstand gegen konservative Emotionen, war bedroht von der Hygiene, vom Beharren der Gruppen auf einer Präsentation ihrer Musik ohne Ecken und Kanten, ohne die ungehobelte Inspiration und die unverhüllt Leidenschaftlichkeit, die den Rock'n'Roll immer so ausdrucksstark und aufregend gemacht hatten. Es war kein Gefühl des Zorns, der Verzweiflung, des Verlangens, der Gewalt, des Wahnsinns da: noch nicht einmal das Gefühl von Spaß, Heiterkeit, Ruhmseligkeit oder Lust. Es gab nur äußerst wenig, das einen zuhören machte, weil es teilweise für - oder über - einen sprach.« - So Allan Jones, Redakteur des *Melody Maker* und einer der wenigen etablierten Rockjournalisten, die sich wirklich vom Punk infizieren ließen.[13]

Der Rock war erwachsen geworden. Und damit - aus der Sicht der nachwachsenden Generation - rührselig, bieder, langweilig. Memorials für Eltern und Lehrer, ohne Bezüge zu UNSEREM Leben.

(13) ebenfalls in: Rock Session 2, S. 12f

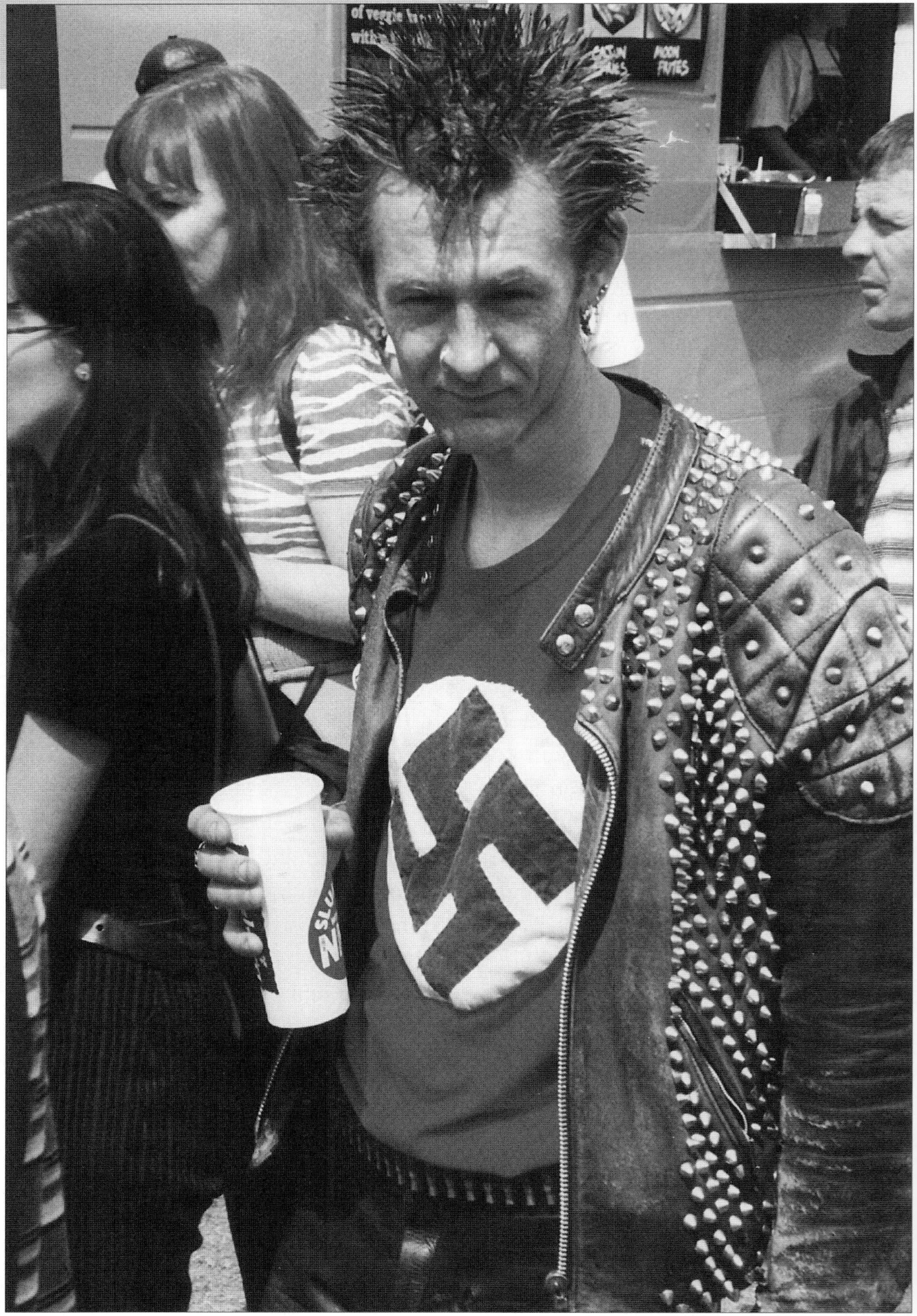

Fan beim Sex Pistols Konzert in London, Finsbury Park, Juni 1996

Auftritt Sex Pistols

Da springt eine Band auf die Bühne, quält ihre Instrumente eher, als daß sie sie beherrscht, läßt sich vom Publikum anspucken und mit Bier überschütten, beleidigt in monoton hintereinanderweg gepeitschten Songfetzen Königin und Regierung als »Fascist regime«, pöbelt auch ansonsten reichlich in der Gegend rum und nennt das Anarchie. Aus heutiger Perspektive, abgehärtet durch eine reichhaltige Palette schräger Vögel, die uns die '90er Jahre schon beschert haben, klingt das nicht besonders aufregend. Damit ließe sich derzeit wohl bestenfalls ein *Bravo*-Otto oder ein Auftritt bei Harald Schmidt einheimsen. Doch damals schlugen die *Sex Pistols* ein wie eine Bombe. Sie kassierten von ihren Plattenfirmen mehr Geld dafür, daß sie auf vertraglich vereinbarte Veröffentlichungen verzichteten, als für verkaufte Platten. Als im Juni 1977 die zweite *Pistols*-Single »God Save The Queen« die Top Ten der britischen Verkaufscharts enterte, dokumentierte in den Aushängen der Läden nur ein weißes Feld die jeweilige Position der Single. Offiziell wurde der Song nie erwähnt. Im Radio und im Fernsehen durfte er nicht gespielt werden. Die meisten Radiostationen boykottierten Punk-Rock sowieso aus Prinzip, ob verboten oder nicht. Ein Fernsehtalkmaster, der die *Pistols* einlud und sich von ihnen vor laufender Kamera widerstandslos beschimpfen ließ, fand seinen Redaktionsschreibtisch am nächsten Morgen von einem anderen besetzt vor. Tourneen der *Sex Pistols* wurden verboten, so daß sie unter Pseudonym auftreten mußten, Bandmitglieder wurden auf offener Straße zusammengeschlagen und von der Polizei verhaftet. In einem Land, in dem schon das Tragen eines T-Shirts mit der Aufschrift »FUCK« wegen Erregung öffentlichen Ärgernisses zur Inhaftierung führen konnte, war es wirklich nicht schwer, aufgeregte Reaktionen zu provozieren. Und die *Sex Pistols* wußten genau, was sie wollten. »Isses denn nich schön in England?« grinste *Johnny Rotten* nur in die stets präsenten Kameras, als Polizeiknüppel wieder einmal einen Auftritt beendeten.

„Ich hasse Hippies und alles, wofür sie stehen. Ich hasse lange Haare und ich hasse Pub Bands. Ich will das verändern."

Johnny Rotten

Johnny Rotten

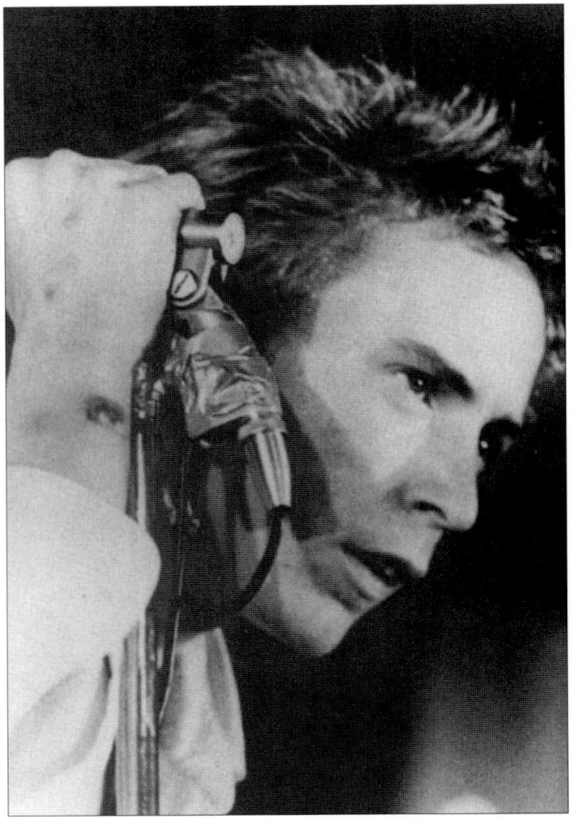

Punk

Das etablierte England war geschockt, doch die rebellische Jugend hatte neue Heroen. Als die Musikindustrie erstaunt feststellte, daß die Platten und Cassetten der überall aus dem Boden schießenden Punk-Bands ohne Airplay in Radio und Fernsehen reißende Umsätze machten, stiegen auch die Medien ein. Zuerst die Pop-Presse und die sensationsgeilen Boulevardblätter, schließlich auch die seriösen großen Nachrichtenmagazine und die Trendsetter der Modewelt. Punk war zu sensationell, zu schrill, zu skandalös, um ignoriert zu werden. »Drei der vier Musikzeitschriften haben Punk/New Wave-Gruppen auf dem Titel«, protokolliert das deutsche *Sounds* im Juli '77 eine ganz normale Medienwoche auf der Insel. »Die gewohnten Gerüchte darüber, bei wem die *Sex Pistols* demnächst unterschreiben. Die Sonntags-Schmonzetten mühen sich, vierfarbig die Punk-Menschen darzustellen, es wird über *Johnny Rottens* neueste Freundin oder dergleichen berichtet, und Londons radikalschickes Wochenmagazin *Time Out* bringt eine Geschichte darüber, wie *Capitol Radio* - die kommerzielle Radiostation - die Veröffentlichung der *Clash*-EP »Capitol Radio« verhinderte.« Im Dezember '77 nominiert das Modemagazin *Vogue Johnny Rotten* als »Überraschung des Jahres«.

Sex Pistols

Auch wenn es nie ganz richtig ist, die Explosion einer neuen Jugendkultur auf eine Band oder ein singuläres Ereignis zu reduzieren: die *Sex Pistols* waren der Funke, dessen es bedurfte, um den lang ersehnten Flächenbrand auszulösen. Die *Sex Pistols* gaben den zornigen Teenagern ein gemeinsames Outfit, eine gemeinsame Sprache, Symbole, Haltungen. Ihre (bzw. Manager Malcolm McLarens) cleveren Inszenierungen machten aus einer Kellerband, die wie die meisten Rock'n'Roll-Bands kaum mehr wollte als Sex, Drogen und Action, Schöpfer eines neuen Way of life für Zehntausende von Jugendlichen in aller Welt.

Johnny Rotten

„Don't know what I want
But I know how to get it
I wanna destroy passers-by
'Cos I wanna be anarchy."

Sex Pistols, „Anarchy in The UK"

Natürlich war Punk oppositionell. Subversiv. Anti-fascist trotz einiger Nazis in den eigenen Reihen. Links? Nicht unbedingt. Die ersten Punk-Generationen (in Großbritannien etwa 1975-79, in Deutschland 1977-80) waren eher anarchistisch oder antipolitisch als klassisch links orientiert. Sie wollten nicht (von jedem) verstanden, sondern in Ruhe gelassen werden. Nicht überzeugen, sondern provozieren. Nicht reformieren, sondern zerstören.

Natürlich war Punk destruktiv. Punk hatte keine Lösungen anzubieten. Und das nicht nur, weil die Suche nach Lösungen - nennen wir es Politik - einfach langweilig war. Obwohl Punks, in Deutschland vor allem ab 1981 im Zuge der Aufsplitterung in Punks und (rechte) Skins, durchaus in großer Zahl in verschiedenen politischen Zusammenhängen aktiv wurden (zu Anti-Nazi-Demonstrationen gingen, leerstehende Häuser besetzten, sehr rege in der Bewegung für autonome Jugendzentren mitmischten usw.), wehrten sie sich doch, wenn auch nur teilweise mit Erfolg, gegen zu aufdringliche Umarmungsversuche politischer Organisationen. Parteien und Kadersekten, aber auch

»Anarchistische Pogo-Partei Deutschlands« (APPD) bei den Chaostagen, München 1984

Bündnisse wie »Rock Against Racism« oder die in den '70ern erwachende (autonome) Antifa-Bewegung, haben die fatale Neigung, ihre Mitglieder und Sympathisanten zu disziplinieren. Doch Punks liebten viel zu sehr ihren Bürgerschreck-Status, um ihn irgendwelchen politischen Anliegen unterzuordnen; die nicht kalkulierbare Lust auf Provokation war ein unverzichtbarer Spaß-Faktor der Punks. Und um Spaß und Provokation ging es letztendlich. Punk war nie, selbst in seinen düstersten Facetten, so depressiv wie eine durchschnittliche Veganer-WG, so demonstrativ des Lebens überdrüssig wie Grunge, der alternative Elendsrock der '90er Jahre. NO FUTURE, das ultimative Markenzeichen des Punk, ist wohl eine der am meisten (auch von vielen Punks) mißverstandenen Botschaften überhaupt. »There's no future«, sangen die *Sex Pistols* in »God Save The Queen«, doch die Textzeile in dem Song geht weiter: »...for you«. Und an anderer Stelle heißt es, damit eigentlich jegliche Mißverständnisse ausräumend: »There is no future in England's dreamin«. Denn: »We're the future, your future.« IHR seid kaputt, IHR habt keine Zukunft. Wir sind nur eure Spiegelbilder. EURE Zukunft. Punk hieß nicht: »Die Welt ist traurig, laßt uns 'ne Runde heulen«, sondern: »Wenn's eh bald vorbei ist, laßt uns noch solange richtig Spaß haben. Und denen, die den Dreck zu verantworten haben, zeigen, was die uns können.«

„Ich will mehr Bands wie uns. Ich will, daß Leute rausgehen und was anfangen, daß sie uns sehen und dann selbst was starten, sonst verschwende ich hier nur meine Zeit."

Johnny Rotten im November 1975

Keine Jugendkultur zuvor hatte so viele eigene Bands, eigene Medien (Fanzines, Freie Radios), kreative Mode usw. hervorgebracht und sich gleichzeitig dem üblichen kommerziellen Warenkreislauf entzogen wie der Punk. Innerhalb weniger Monate waren Dutzende von Fanzines entstanden, die die Szene vernetzten, über neue Plattenlabel und Spielstätten informierten, neue Bands präsentierten und dabei ihre LeserInnen immer wieder anstachelten, selbst aktiv zu werden. »Nun sitz nicht da rum und glotz blöd, sondern mach auch was, fanzines, clubs, shops, bands! kauf keine zeitungen, die über 5000 stück auflage haben, keine platten von superstars wie *stones, rollers, beatles, genesis* etc. steckt den reichen wixern nicht noch mehr geld in den arsch! kauft keine klamotten über 20 mark, am besten überhaupt keine! (bei euch gibt's bestimmt auch eine altkleidersammlung, da gibt's bestimmt was gutes!) gestaltet eure klamotten selbst! habt eigene ideen! macht was IHR wollt, lasst euch nicht herumkommandieren!! SAGT eure meinung. glaubt nicht, was die *clash, chelsea, charley's girls, saints* und die anderen können, das könnt ihr nicht. macht bands. schickt tapes an kleine labels! gebt free concerts!

DON'T BE THE PROBLEM - BE THE SOLUTION!«[14]

Punk-Zeitschrift ZAP

Seit dem ersten Auftritt der *Sex Pistols* im November '75 gründeten sich in London und später auch anderen Städten fast täglich neue Bands. Discos und Pubs wurden wieder in Konzertschuppen umgewandelt. Wirklich gut war es nicht unbedingt, was da geboten wurde, ein rüder Kellerkindersound auf billigen Anlagen, von jedem im Publikum nachzumachen. Aber endlich wieder voller Kraft, Energie und Spiellaune. Beobachter fühlten sich an die Beat-Ära Anfang der '60er Jahre erinnert, als überall »Beat-Keller und Beat-Gruppen aus dem Boden schossen und Tausende von Jugendlichen allein im Raum Liverpool mit billigster Ausrüstung begannen, Musik zu machen« (Lindner). Der Punk hatte den Rock'n'Roll - wenigstens für eine kurze Zeit - aus den Fängen der Industrie-Giganten befreit und wieder auf die Straße getrieben.

(14) aus einem Fanzine um 1980, entdeckt in Ott/Skai

Doch die Bosse der Musikindustrie hatten aus ihren Fehlern früherer Jahrzehnte gelernt. So sehr sie diese neuen Bands auch haßten, begannen sie nun doch eifrig alles aufzukaufen, was nur Punk-Nähe suggerierte. Aus purer Angst, einen lukrativen Trend der Konkurrenz zu überlassen.

The Clash, die vermutlich politischste Band der frühen Punk-Tage, die viel Zeit und eine Menge Songzeilen darauf verwendet hatte, das Business zu beschimpfen, pöbelte nun im Auftrag der CBS - für eine Garantiesumme von 100.000 Pfund, meldeten die Schlagzeilen. Die *Buzzcocks, 999* und *The Stranglers* unterschrieben bei United Artists (Ariola), letztere für 160.000 DM.

»Ich denke, das Beste wäre, aufzuhören, Platten zu kaufen«, warnte voller Vorahnungen *Sniffin' Glue*, das erste Punk-Zine der Insel. »Ja, hört auf, Platten zu kaufen. Geht lieber hin und guckt euch die Bands live an, weil ich meine, daß Gruppen, sobald sie einen Vertrag mit einer Plattenfirma haben, nicht mehr bestimmen können, was läuft und was nicht. Mit dem Kaufen aufhören bedeutet, daß die fetten Manager keinen Pfennig aus uns rausholen können. Außerdem - mit dem ganzen Plattenmarkt sind wir voll drauf, Lehnstuhl-Punks zu werden, und all die kleinen Bands werden zugunsten einiger neuer Supergruppen in der Versenkung verschwinden. Wir brauchen Kommunikation. Wenn du was zu sagen hast, sag es, warte nicht solange, bis eine Schallplatte es für dich sagt. Geht in die Clubs, überallhin, tanzt, singt und brüllt, solange ihr miteinander kommuniziert. Laßt euch nicht ausverkaufen!«

Doch die Warnung verpuffte ungehört. Zumal nicht nur die böse Industrie auf den fahrenden Zug aufsprang, sondern auch die in-

Zeitschrift Plastic Bomb

> „Als wir unser erstes Interview überhaupt gaben, sagten wir, daß wir mehr Bands wie uns wollten. Wir meinten nicht, genau wie wir. Wir meinten damit: habt eine eigene Meinung."
>
> Johnny Rotten im Juni 1977

zwischen blühende Independent-Szene jeder Band eine Plattenveröffentlichung ermöglichte, und sei sie noch so schlecht und unoriginell. »Trotz ihres entschlossenen Enthusiasmus machten sich allzu viele von den unabhängigen Labels der Überfüllung und Sättigung des Marktes mit Unmengen von Schund schuldig, von dem das Lohnende und Vielversprechende oft nur mit Mühe zu trennen war. Mit Hilfe eines Trends, der sowohl "in" wie landesweit bekannt geworden war, wurde jetzt einfach überreichlich und ungeniert Kasse gemacht«, klagte Allan Jones schon im Sommer '78 über den »endlosen Strom der Mittelmäßigkeit, der auf den Dutzenden unabhängigen Labels hochgespült wurde, von Punk-Bands, die ihre Identität aus dem Image-Baukasten zusammengeschustert hatten und wieder und wieder ihre Klosprüche herunterleierten, die von einer derart erlesenen Wahrnehmungsfähigkeit zeugten, daß sich *Joe Strummer* dagegen wie einer der tiefsinnigsten Polit-Theoretiker der westlichen Hemisphäre ausnahm. Die Bands, die zwischen Wand und Tapete hervorgekrochen waren, ihrer Publicity sicher, wenn sie sich nur zu Punks ernannten, waren zumeist komplette Nachahmungstäter. All diese Gruppen machten aus dem Grundmuster des Punk ein Stereotyp, sie spielten dieselben irren Riffs mit der Geschwindigkeit eines Meteors und spuckten dazu Parolen aus zweiter Hand und hohle Propaganda aus. Der echte Zorn, den man beispielsweise bei den *Pistols* findet, fehlt heute weitgehend in der Musik. Er ist an den Klippen der Mode zu Bruch gegangen.«[15]

Die Konservierung des Punk auf Vinyl hatte die Möglichkeit eröffnet, an jedem beliebigen Ort und unabhängig von Szene-Zugehörigkeit und sozialen Zusammenhängen Punk-Rock zu kaufen - und damit den Weg des Punk von einer sozial und regional verwurzelten Jugendsubkultur zu einer Freizeitmode für jedermann unwiderruflich geebnet. Anfang '78, als der Punk gerade erst von der Insel auf's Festland überschwappte, standen die bekannten Bands bereits fest im Sold der Industrie.

Punks bei den Chaostagen, München 1984

(15) in: Rock Session 2, S. 20f

Punk in Deutschland

Anders als in Großbritannien war der Punk-Rock der ersten Generation hierzulande nie kommerziell erfolgreich. »Was die professionellen Pop-Auguren mit viel Ideologie und wenig Sachverstand aus den »verpickelt proletarischen Ecken« (*New York Times*) an Primitivsound zu weltumspannender Mode herauspauken wollen, spielt in der herben Merkantilrealität der internationalen Musikhändler-Messe nicht einmal den Anflug eines Hauchs von einer Rolle«, höhnt der konservative Business-Infodienst *Rundy* im Januar '78. »In Deutschland findet Punk nicht mal Platz am Katzentisch der Showszene: 1977 wurden kaum 100.000 Platten mit Punk und Punk-Verschnitt zwischen Kiel und Konstanz verkauft - etwa 0,4% vom Gesamtumsatz am deutschen Musikmarkt.«

Susi
April 1985, Berlin

CHAOS

Hannover 1994

Hannover 1994

Bremen, August 1996

TAGE

Hannover, August 1994

Skinheads, Punks da Hannover nagelt Fenster zu

»Bild« zu den Chaostagen in Hannover, 1994

Hannover, August 1994

Dennoch findet die schrille Begleitmusik der Medien auch in Deutschland ein Echo. Zunächst bei all denen, die noch auf der Suche waren nach einer Ausdrucksform für ihr DAGEGEN, die zeigen wollten, daß sie OPPOSITION waren, aber noch nicht wußten, wie. »Ich bemerkte früh, daß diese Welt gar nicht so war, wie sie uns als Kind geschildert wird, und daß hinter der Fassade aus Konsum und angeblicher Demokratie ein gewaltiger stinkender Scheißhaufen auf mich wartete, in den ich nur noch hineintreten mußte. Ich war DAGEGEN, das, was hier als normal galt, war nicht meine Welt. Ich spürte Hass und den Willen auszubrechen. Aber wie sollte ich meine Opposition äußern? Ganz sicher nicht, indem ich den rechten Arm hob und nach einem starken Führer brüllte, dazu hatte ich mir schon zu viele Gedanken gemacht. In meiner Dorf-Mofaclique ging es höchstens darum, wie man die MK2 auf 100 frisieren konnte, wer wann wieviel gesoffen hatte, wer mit wem geknutscht hatte oder wo die nächste Party war. Totale geistige Leere. Die örtliche Protestbewegung bestand aus einem Haufen Hippies, die zwar im Jugendzentrum aktiv, ansonsten aber wenig attraktiv waren, immer einen absoluten Kult um das Beschaffen von ein paar Krümeln Hasch machend. Ich wollte weder so aussehen wie die noch deren beschissene Musik hören, außerdem waren sie von der Gesellschaft voll akzeptiert. Wer störte sich 1980 noch an langen Haaren oder Blumenkinderoutfit. Das, wofür die ersten Hippies noch fast gesteinigt wurden, war längst akzeptiert. Es mußte was Neues her.

80er Jahre Flyer der DDR-Punk-Band Papierkrieg (Frankfurt/Oder)

In *Spiegel*, *Stern* und anderen Illustrierten hatte ich gelesen, daß es in England etwas Neues geben sollte. Punk. Punks waren gegen alles und eigentlich war ich auch gegen alles. Ergo mußte ich Punk sein. Da ich gerade Zoff mit einem Hippielehrer hatte, griff ich eines Nachmittags zur Schere, schnitt mir eine punkige Frisur und stellte meine Haare mittels Rasierschaum in alle Himmelsrichtungen. So blickte mich aus dem Spiegel der erste leibhaftige Punk an, den ich je zu Gesicht bekommen hatte«,[16] erinnert sich ein gewisser Michael Arndt an sein Coming-out als Punk. Seitdem dürfen wir ihn Moses nennen.

Ab 1979/80 wurden auch in der DDR die ersten Punks gesichtet. Einfach war es nicht gerade, das Punker-Leben im realsozialistischen Staat. Schon die Beschaffung der notwendigen Musik gestaltete sich mitunter recht abenteuerlich, setzte Kontakte zu Westpunks voraus, eine Reise nach Prag oder eine nette Oma, die bereit war, die entsprechenden Cassetten bei ihrer Wiederein-

(16) aus: ZAP, Sonderausgabe »Streetpunk« vom »Kampfblatt des internationalen Rotzlöffeltums« anläßlich der Chaos-Tage in Hannover, August 1994

reise aus der BRD einzuschmuggeln. Aus Staatssicht waren Punks keine Jugendkultur, die etwas Buntheit in das triste Alltagsgrau brachte, sondern »negativ-dekadente Jugend«, die mit allen Mitteln bekämpft werden mußte. Regelmäßige Hausdurchsuchungen, Festnahmen von der Straße weg, auch ohne Anlaß, waren an der Tagesordnung, und nicht selten verlor ein Punk dabei auf der Wache seinen Iro. Eine Punkerin, die in schüchterner Lyrik eine »Anklage« formulierte und an Häuserwände und Bäume klebte, wurde nach sechswöchiger Untersuchungshaft zu zweieinhalb Jahren auf Bewährung verurteilt.

So wurde kurioserweise die Kirche für viele frühe Punks ein wichtiger Schutzfaktor und Veranstaltungsort. »Was woanders in dunklen und verräucherten Räumen ablief, fand in der DDR in ehrwürdigen, gold- und marmorverzierten Hallen statt. Erschrockene Gekreuzigte und fassungslose Kutten bildeten den Background für die wilden Pogoparties in den Kirchen der evangelischen Landesgemeinden. Neben diesen klerikalen Orten waren Hinterhöfe, Dachböden, private Wohnungen, kleine Probenräume, aber auch Festsäle der jugoslawischen Botschaft oder Irrenanstalten die bevorzugten Plätze, an denen der Punk in der DDR "gemacht" wurde.«[17] Die Zahl der Punks war damals zwar so gering, daß »der bloße Anblick ähnlich Gekleideter ausreichte, um Verbrüderungsszenen auf der Straße auszulösen«, doch die Szene war gut vernetzt. Als die Polizei beim ersten großen Punk-Konzert - 1980 in der Erfurter Thomas-Kirche - die anreisenden Besucher gleich am Bahnhof abfing und die Personalien erfaßte, stellte sie erstaunt fest, daß die Punks aus allen Regionen des Landes angereist waren, um Bands mit so republikfeindlichen Namen wie *Schleimkeim* (aus Erfurt), *Wutanfall* (aus Leipzig, neben Berlin die DDR-Punk-Hochburg), *Unerwünscht*, *Planlos* und *Rosa Extra* (alle aus Berlin) zu lauschen.

Punker Fest Sommer 1986, München

(17) Stock/Mühlberg, S. 170f

Anders als auf der Insel, wo die meisten Punks tatsächlich der britischen Working class entstammten, wurde die deutsche Punk-Szene - West wie Ost - von Beginn an von Kindern aus gutbürgerlichen oder SED-privilegierten Elternhäusern dominiert. »Die kommen sattgefressen von zu Hause und schnorren.«[18]

(18) Punk Sascha über die »Nobel-Punks« in Hamburg: Hamburger Rundschau vom 29. September 1983

Punk in Deutschland war schon immer mehr oppositionelle Mode als eine soziale Protestbewegung. Obwohl im Zuge der Oi!/Streetpunk-Bewegung ab 1980/81 eine starke »Proll«-Fraktion den Oberschülern und Studenten die Vorherrschaft teilweise streitig machte, war die Entscheidung, auf Konsum zu verzichten, bei den meisten eine freiwillige Wahl, keine aus realer Not geborene Überlebensstrategie. Kein Wunder, war Punk in Deutschland doch von Anfang an auch ein Medien-Hype. Wie immer. Hier sind noch nie Jugendkulturen im Original entstanden. Die ersten Punks holten sich ihre Informationen über die neue schrille Szene aus England aus Medien wie *Rocky*, *Bravo*, *Stern* und *Der Spiegel*. Medien, die sie eigentlich aus guten Gründen verachteten. Denn Medien haben nun einmal die Angewohnheit, Dinge zu verfremden, zu verflachen, zu vereinfachen. Die bunten Blüten geraten unter den skandal- und exotiksüchtigen Augen des Medien-Transmitters zum Eigentlichen, die »langweiligen Wurzeln« werden gekappt. Überleben sollen sie sowieso nicht, denn irgendwo werden ja schon wieder neue, noch buntere Blüten gezüchtet.

***Punk* **
Berlin 1983

»Indem sie bestimmte Phänomene aus ihrem sozialen Zusammenhang reißt und die mit diesen Phänomenen verbundene Symbolik, wie sie sich in Kleidung, Haarschnitt, Schmuck usw. ausdrücken kann, hervorheben und zugleich verselbständigen (Punk = Sicherheitsnadel im Mundwinkel), hat die Presse zu einem Gutteil zur Punk-Bewegung bzw. zu deren Umänderung in eine Mode-Bewegung für Oberschüler(innen) beigetragen, indem sie Jugendlichen aus anderen Regionen "Leitbilder" des Punk vermittelt: du mußt dich so und so kleiden, den und den Haarschnitt haben, dich so und so benehmen, dann bist du ein Punk« , analysierte der Soziologe Rolf Lindner in seiner Studie "Punk Rock - oder: Der vermarktete Aufruhr"« schon 1977 den starken Medieneinfluß.

INTERVIEW

Wie sowas konkret funktioniert, demonstriert Rolf Lindner im Gespräch mit zwei 12- bzw. 13jährigen Mädchen, kurz nachdem *Der Spiegel* mit seiner Titelgeschichte »Punk-Kultur aus den Slums: brutal und häßlich« auf den Markt kam.
Rolf: Ich habe vorige Tage per Zufall mitgekriegt, daß ihr vom Punk gehört habt, als Geli ein bißchen als Punk verkleidet rumgelaufen ist. Ich habe mich gewundert, daß ihr Punk kennt. Woher habt ihr das denn?
Geli: Aus dem *Spiegel* und ein bißchen aus anderen Zeitschriften.
Rolf: Ihr habt euch doch als Punks verkleidet, da habt ihr doch ein bestimmtes Bild von einem Punk-Rocker. Wie sieht denn für euch ein Punk-Rocker aus?
Geli: Ja, auf den Bildern, da waren die hier (zeigt ans Kinn) blutig und mit den Sicherheitsnadeln, dann waren sie ganz dunkel angemalt, trugen altertümliche Brillen und so einen ganz dünnen Schlips, und alte Kleidung, aus den '50er Jahren so Sachen.
Rolf: Woran würdest du auf der Straße einen Punk erkennen?
Geli: Erstmal an der alten Kleidung und an den kurzen Haaren und eben an der dunklen Schminke, daß die dunkel geschminkt sind.

Marion: Also, was für Bilder ich gesehen habe, die Bilder, die im Spiegel waren, das waren eben so ganz dunkle Lippen, so geschminkt, daß es ziemlich häßlich und brutal aussieht.
Rolf: Habt ihr denn schon einen Punk hier in Berlin gesehen?
Marion: Ja, ich habe zwei gesehen, auf der Schlittschuhbahn. Der eine hatte so eine Jacke, 'ne Jeansjacke, hatte sich da eine Kette drangemacht und auf die Jacke hinten drauf *Sex Pistols* geschrieben. Der andere hatte ganz dunkle Haare, ganz zurückgekämmt und eine Brille aufgehabt, eine Sicherheitsnadel durch den Mundwinkel und die Lippen dunkel geschminkt. Er hatte ein Hundehalsband um den Hals und trug ein Hakenkreuz.
Rolf: Marion, du hast mir vorige Tage erzählt, der *Johnny Rotten* von den *Sex Pistols*, der wär gar kein richtiger Punk. Wie bist du in dem Moment darauf gekommen?
Marion: Da hatte ich noch das Bild von den brutal und häßlich geschminkten Leuten, die so aggressiv sind, und als ich dann gesehen habe, daß der gar nicht geschminkt war, sondern ganz normal, so wie andere Sänger aussehen, da habe ich mir zuerst gedacht: Was, das soll ein Punk sein?
Rolf: Was fehlte denn am Aussehen von *Johnny Rotten*?
Geli: Der sieht halt aus wie ein normaler Sänger von einer Gruppe, und unter Punks stellt man sich was anderes vor, wie solche Bilder eben mit der dunklen Schminke, den Sicherheitsnadeln und den aggressiven Sachen. Der sieht ja überhaupt nicht aggressiv aus, sondern so normal.
Rolf: Habt ihr überhaupt schon Punk-Musik gehört?
Geli: Ich habe noch keine gehört, glaube ich, jedenfalls bewußt noch keine.
Rolf: Also, ihr habt bis jetzt nur die Bilder gesehen, aber eigentlich noch keine großen Vorstellungen von der Musik. Welche Gruppen kennt ihr denn?
Geli: Nur die *Sex Pistols*.
Rolf: Wo hast du zum ersten Mal von Punk gehört?
Marion: Von einer Schulfreundin.
Rolf: Und was hat dir die Schulfreundin erzählt?
Marion: Sie glaubt, wie alle meine Freundinnen, was im *Spiegel* steht. Daß die Punks sich gegenseitig umbringen praktisch, die haben eine absolut schlechte Meinung davon. Sie meinen, daß sie es nur aus Angeberei machen und damit sie schön viel Geld verdienen. Die meinen eben, wenn man

geschminkt ist und so ziemlich häßlich und ausgeflippt aussieht, das mit der Sicherheitsnadel durch die Backe und Hundehalsbändern um den Hals und Hakenkreuze und sowas, das ist Punk.

Zu den wenigen, die Punk als ihren Way of life begriffen, oder auch als politisch-ästhetisches Konzept wie der *Sex Pistols*-Manager Malcolm McLaren, gesellten sich Mitläufer, die es als schick empfanden, mal eine Zeitlang ihre Eltern und Mitschüler durch bunte Haare und zerrissene T-Shirts zu schocken, für die Punk ein Wochenend-Kick blieb.

Auch die Musik änderte sich: Aus Punk wurde New Wave bzw. Neue Deutsche Welle, aus »White Riot« »Ich will Spaß«. Als *Nena*, *Hubert Kah* und *Markus* (der später konsequenterweise bei der CDU-Jugend landete) die ZDF-Hitparade stürmten, saßen die Eltern bereits mit vor dem Bildschirm, und selbst eine konservative Bank konnte es sich leisten, in Anzeigen mit einem Punk um junge Kunden zu werben: »Wir geben auch ihm ein Konto.«

ABO-Anzeige ZAP

»Im edlen Soho-Club "Prohibition" trifft sich das junge, hippe Publikum der Metropole. Die Gäste nippen ein wenig am Gin Tonic, nehmen ein paar Designerdrogen und begnügen sich damit, ihre feine Garderobe beim Tanzen nicht allzusehr zu zerknittern«, berichtet *Der Spiegel* am 4. April 1994 über die neueste Punk-Welle in London. »Heute, beim wöchentlichen Punk-Abend, trinkt und spuckt das Publikum Bier, wirft Speed in rauhen Mengen ein, und wer seine Jeans nicht schon für gutes Geld abgeschabt und zerrissen gekauft hat, dem werden sie beim Pogo automatisch gestylt. Manchmal trauen die Klubwächter ihren Augen nicht, wenn Stammgäste, per Sicherheitsnadeln und Irokesenhaar auf Punk getrimmt, mit ihrer goldenen Mitgliedskarte Einlaß begehren.«

Punk's dead.

- Dachte nicht nur *Der Spiegel* und wurde schon Monate später in Hannover eines Besseren belehrt. Auch in den späten ‘80er Jahren existierten Hunderte von Punk-Bands, vernetzten allein in Deutschland mindestens dreißig Fanzines die Szene. Punk war nicht tot, sondern abgetaucht und hatte sich weiter ausdifferenziert. Punk gibt‘s heute sowohl in der MTVIVA-kompatiblen Teenagermode-Variante als auch in der Chaostage-Version. Ähnliche Widersprüche lassen sich auch in allen anderen Jugendkulturen auffinden. Rebellion bis zur bewußten Opposition und Anpassung und Kommerzialität prägen sich parallel innerhalb jeder Jugendkultur aus, sobald sie eine gewisse Größenordnung erreicht hat und damit die Aufmerksamkeit politischer und finanzieller Interessenten von außen auf sich lenkt. Das Spektrum des HipHop reicht von politisch anspruchsvollen Rap-acts bis zu industriell geklonten Schüttelreimern. Techno ist ohne die millionenschwere Aufbauarbeit der Tabak-, Getränke- und Modeindustrie kaum denkbar, andererseits aber auch bis heute eine Independent-Szene geblieben: Die bedeutenden Mode-Kreationen und Party-Events entstammen nicht den Kreativlabors der großen Konzerne, sondern unabhängigen, von Szene-Angehörigen gegründeten Kleinstfirmen.

„Punk sind seit achtzehn Jahren tot. Sag daß auch diesen deutschen Pennern, die mt ihren häßlichen Irokesenköpfen wie alte Hippies in den Fußgängerzonen herumhängen und fragen: ‘Haste mal ‘ne Mark.“

Johnny Rotten im Juli 1996

Viele Techno-DJs sind äußerst stolz darauf, bei ihren nächtelangen Einsätzen keine einzige Industrieplatte zu benutzen. Skinheads, Psychos, Heavies, Hooligans etc. haben in ihren Reihen sowohl faschistoide als auch antirassistische »Fraktionen«.

Einfache Zuordnungen - etwa: Punk = links, Skinhead = rechts - stimmen heute noch weniger als früher. Rechte Jugendliche lieben die (linken) *Toten Hosen*, antirassistisch engagierte Jugendliche mögen die (rassistische) Band *Endstufe*. Wer wissen will, wie ein bestimmter Jugendlicher denkt, darf sich nicht mehr auf äußerliche Kennzeichen verlassen. Er muß genauer hinsehen. Und vor allem: zuhören.

zum Beispiel

I n de P en D ents

INTERVIEW

»Wie in einem Haifischbecken«

Die Independent-Szene kämpft um ihr Überleben - meinen *Ale Sexfeind*, Ex-Mitglied der *Goldenen Zitronen*, heute Schlagzeuger der Instrumental-Jazz-Formation *Naked Navy* und Betreiber der Labels Buback-Tonträger; *Michael Ochwart*, seit 1984 Mitglied der Kölner »Comedy-Punk-Piraten« *Heiter bis Wolkig*; *Nikel Pallat,* ehemals Mitglied der wohl politisch einflußreichsten Band der 70er Jahre, *Ton Steine Scherben*, heute bei dem von ihm mitbegründeten Independentvertrieb Indigo; und *Claus »Fabsi« Fabian*, Ex-Mitglied der Bands *ZK* und *Mimmi's*, heute *Fabsi & der Peanutsclub*, und Betreiber des Bremer Weser Label. Das Gespräch fand am 31. Oktober '97 in der Hamburger Markthalle am Rande der »15-Jahre-Weser-Label«-Festivaltour statt.

Farin: Wie seid ihr ins Musikbusiness gekommen?
Ale: Ich habe angefangen in Punkbands, deren Namen ich gar nicht mehr weiß. Irgendwann die *Goldenen Zitronen*. Die Entscheidung zwischen Musik und einem grauenhaften Sozialpädagogikstudium fiel mir leicht. Als es möglich wurde, zumindest auf niedrigem Lebensstandard von der Musik zu leben, war die Entscheidung eine Sekundensache.
Fabsi: Zumal der Unterschied zwischen einem Musiker auf Tour und einem Sozialtherapeuten ja nicht groß ist. Auf Tour bist du immer Sozialtherapeut, in jeder Situation. Ich erinnere mich noch an ein sehr schönes Erlebnis, als wir mit den *Zitronen* in Mainz auf einem open air auftreten sollten, für die höchste Gage, die die *Zitronen* je gekriegt hatten, 3 500 DM. Auf dem Gelände gab es so Waschräume, und *Ted Geier* mußte sich rasieren. *Ted Geier* wohnt so, der erwacht manchmal im Winter in fließendem Wasser, und jetzt kam er unten aus dem Waschraum, tobte rum wie ein Wahnsinniger, er würde nicht auftreten, wenn hier kein Warmwasser wäre. Weil, er rasiere sich grundsätzlich nur mit Warmwasser. Das hat sich dann so hochgespielt, bis ich gesagt habe: »Okay, wir packen alles wieder ein«. Dann wurde sich doch noch kalt gewaschen und es wurde ein sehr schönes Konzert.

Heiter bis Wolkig

Michael: Ich bin seit '84 dabei, der Geburtsstunde von *Heiter bis Wolkig*. Wir sind ja alle Oberschüler. Wir sind in Kerpen auf's selbe Gymnasium gegangen, haben da zusammen Schülerzeitung gemacht und uns vom Oberschülerkabarett zum linksautonomen Szeneprojekt bis zu irgendeiner komischen Mischform heute entwickelt. Wir können heute alle mehr oder weniger davon leben, machen aber auch noch andere Sachen nebenher. Marcel hat noch einen Jugendtheaterbetrieb, Marco versucht gerade, seine Magisterarbeit zu beenden, ich habe noch ein Bandprojekt und arbeite für das WDR-Fernsehen.
Nikel: In Berlin Anfang der 70er Jahre, als ich zu *Ton Steine Scherben* kam, mußte man als Band einfach nach Westdeutschland fahren, das ließ sich nicht mit einem normalen Beruf vereinbaren, weil du gar nicht soviel Urlaub bekommen würdest, um ständig diese Fahrten zu machen. Bei uns fiel so die Entscheidung, als professionelle Musiker leben zu wollen, sehr schnell. Wir waren ja auch nicht nur eine Band, sondern gleichzeitig auch die Plattenfirma.
Michael: Also uns ging es einfach immer zu gut, wir hatten nie so harte Zeiten. Als wir noch studiert haben, sind wir von Mami und Papi unterstützt worden oder haben Bafög gekriegt und die Musik so nebenbei betrieben, bis es dann plötzlich eine Dimension angenommen hat.... Obwohl, wir sind ja zumeist durch die autonome Szene getingelt, und da war der Anspruch, davon leben zu können, sowieso illusorisch.
Fabsi: Ich lebe von der Bank. Ohne die Bank würde...
Ale: Nun komm mal nicht so romantisch daher. Dir geht es schon nicht so richtig scheiße.
Fabsi: Es geht richtig scheiße, und ohne die Bank würde das ganze Geschäft nicht funktionieren. Im Moment ist es nämlich so, daß der ganze Independent-Sektor dermaßen am Absinken ist, außer man verkauft irgendwas an die Industrie, was ja viele machen, sogar von sich aus schon an die Industrie herantreten, das Weser Label hat das nie gemacht, deswegen geht's uns heute auch nicht so gut, und wir müssen immer auf verschiedenen Wegen versuchen, den Kopf aus der Schlinge zu ziehen. Der ganze Independent-Sektor ist meiner Meinung nach im Moment am kollabieren.
Ale: Das stimmt. Für kleine und mittlere Bands war es früher einfacher.
Fabsi: Wenn du heute als Label eine Platte herausbringst, hängt die Band meistens in den Deals mit drin. Mit Vorschuß und so läuft das nicht mehr.

Früher hat man eine Platte mit 1 000 Auflage gemacht, davon 100 als Promoexemplare verschickt. Heute hast du einen Sack voll von Fanzines, die um CDs betteln für ihre 200er Auflagenhefte, die ich alle an die Wand klatschen könnte. Ich habe mit einem gesprochen, der meinte, ich verdiene super. Ich habe 2 000 Mark netto im Monat. Wovon? Ich kriege 150 bis 200 CDs im Monat und die verkaufe ich alle. Und wenn du dir die Zines anguckst, da ist ständig das gleiche Gesülze drin, Labersacktexte und Anzeigenhascherei. Es gibt keine Radiosender mehr, die unsere Sachen spielen, es wird alles umgestellt auf Computersysteme.

Ale: Früher gab es neben dem großen Markt sowas wie ein Paralleluniversum, mit dem du klarkamst. Das ist weggebrochen. Da spielen Sender wie MTV und VIVA eine große Rolle.

Fabsi: Klar. Guck dir doch mal an, auf welchem Niveau sich VIVA bewegt. Da ist nichts mit Independentbands, Talentförderung. Deren Regionalbüros wie in Bremen dienen doch in Wirklichkeit nur dazu, den 'Müll' schon vorher abzufangen, als Prellbock, nicht als Talentscout.

Nikel: Eine Alibiveranstaltung.

Fabsi: Genauso beim *Rolling Stone*. Da schickst du sechs CDs an drei Redakteure raus, rufst an und mußt dir von irgendso einem Praktikantenarsch sagen lassen, »wir hatten das im Gremium drin und haben das abgeblasen.« - »Okay, sollen wir euch aus dem Verteiler streichen?« - »Ja, ist wohl besser so.« Früher war's auch viel schwieriger, einen Tonträger auf den Markt zu bringen, heute kann jeder seine CD brennen und an seinem Computer ein Cover machen. So entsteht eine Schwemme.

Farin: Das kann man auch positiv interpretieren: Unabhängigkeit von teuren Produktionsmitteln, Demokratisierung der Musikkultur...

Fabsi: Ich kann dir aber auch sagen, was das Schlechte daran ist: Früher haben Punkbands eine Single gemacht, und wenn es die Band nach einem Jahr immer noch gab, haben sie eine LP gemacht. Heute wollen alle gleich einen Longplayer machen. Aber wer kauft von einer jungen Band im Jugendzentrum einen Longplayer für 20 Mark!

Ale: Das Gute an der Entwicklung, da gebe ich dir recht, ist, daß Leute heute keinen Übungsraum etc. mehr brauchen, sondern nur noch eine gute Idee und erschwingliche Hardware. Dadurch ist eine Menge kreativer Musik entstanden.

Nikel Pallat, ca. 1972 mit Ton Steine Scherben

Nikel Pallat, 1997

Farin: Wie stellt sich denn die Auftrittssituation dar? Gibt es noch eine reichhaltige Clubszene für Newcomerbands?
Nikel: Auch die Clubs kämpfen ums Überleben, und die Risikobereitschaft geht immer mehr gegen Null. Garantiegagen kriegst du nirgendwo mehr.
Fabsi: Das kannst du vergessen. Spritgeld, 'nen Hunderter und Prozente vom Umsatz. Das heißt, du bist darauf angewiesen, daß der Promoter Bock auf dich hat und deine Plakate aufhängt und alles andere macht. Denn er hat ja finanziell nichts zu verlieren, wenn du vor leerem Saal spielst.
Nikel: Es ist offensichtlich, daß innerhalb der Clubszene weniger Geld im Umlauf ist. Die Konzerteintritte sind in den letzten Jahren rapide gestiegen, und da bleiben viele Zuschauer permanent weg.
Fabsi: Durch die ganze Computerwelt ist die Musikbranche dermaßen gekillt worden. Der Tonträger an sich ist keinem mehr heilig seit der CD. Beim Vinyl war das anders, die hast du gehegt und gepflegt. Dann der CD-Preis, der für uns im Independent-Bereich absolut tödlich ist. Wer zahlt 34 DM für eine *Peanuts*-CD! Wenn ich aber dem Vertrieb sage, verkauft die CD für 15 DM, dann sagen die, damit kommen wir nicht ins normale Angebot, sondern in den Nice-Price-Bereich. Und das bedeutet, ich stehe dann in irgendeiner Kiste mit *Eric Clapton*, und wenn die georderten Exemplare verkauft sind, ist Feierabend. Wenn einer hereinkommt und nach der *Peanuts*-CD fragt, weiß der Verkäufer nicht mal, daß sie die haben, weil sie nicht unter Neuheiten steht.

Ale (2 v.l.), 1997 mit Naked Navy

Nikel: Tatsache ist, daß der Konkurrenzdruck ungemein zugenommen hat. Es hält sich keiner mehr an eine halbwegs vernünftige Kalkulation, zwischen den Mailordern geht es wirklich wie im Haifischbecken zu...
Fabsi: ...weil eben jede Band heute ihren eigenen Mailorder startet.
Nikel: Für den Konsumenten mag es ja nett sein, wenn er bei einem Mailorder eine CD für 25 DM bekommt, die im Laden eigentlich 34,90 DM kosten müßte. Daß dadurch aber die Produzenten vielleicht nicht überleben können, ist den wenigsten bewußt.
Farin: Gibt es einen Ausweg aus dieser verfahrenen Situation?

Fabsi: Alle Mediamärkte sprengen, Saturn auch, Karstadt sowieso. WOM lassen wir leben.
Ale: WOM ist immerhin einer der wenigen Vollsortimenter, die es noch gibt, und da arbeiten Leute, die von ihrer Sparte Ahnung haben.
Nikel: Die grundlegenden Rahmenbedingungen haben sich von Jahr zu Jahr verschlechtert, und da ist keine grundsätzliche Besserung absehbar. Es wird weiterhin Shootingstars geben, dieses Jahr *Rammstein*, vor ein paar Jahren *Die Ärzte*, die *Toten Hosen* oder die *Böhsen Onkelz*, aber darauf zu hoffen, das ist wie Lottospielen. Das ist keine realistische Perspektive für eine Band.
Farin: Habt ihr diese Krise wirklich in eurer eigenen Label-Arbeit gemerkt, oder ist das jetzt nur das Jammern alter Männer?
Ale: Ganz klar. Nikel verkauft heute von unseren Platten weniger als vor drei Jahren, und das liegt nicht an Nikel. Wir sind dadurch auch gezwungen, weniger Produktionen zu machen.
Nikel: Die Selektion ist härter. Du mußt ja sehen: Es kommen immer mehr Tonträger auf den Markt, aber die Zeit, sich diese anzuhören, ist die gleiche geblieben. Also fällt immer mehr weg, und es findet nur noch das Beachtung, was wirklich gepuscht wird.
Michael: Es gibt auch nicht mehr diesen Stamm von Fans, der eine Band über Jahre trägt.
Ale: Das liegt aber auch daran, daß die Musik inzwischen in dermaßen viele Subszenen zersplittert ist, daß manche nur noch Selbstversorger für sich und ihre engsten Freunde sind. Manche House- oder Techno-Produzenten kennen jeden, der ihre Musik hört und kauft, persönlich.
Nikel: Der Musikgeschmack wird ja geformt. Du wirst nicht mit einem Hörbewußtsein geboren. Guck dir an, welche Hörmuster Jugendliche heute lernen. 90 Prozent werden sowieso immer durch den sog. Massengeschmack vorgegeben, in allen Generationen. Und der Spielraum für die restlichen 10 Prozent, die Möglichkeiten, andere Musik zu entdecken, sind gering.
Farin: Aber größer als z.B. in meiner Jugend. Da gab es außer »Beatclub« und »Rockpalast« keinen einzigen Fernsehsender, der jugendrelevante Musik spielte. Da gab es die *Bravo*, *Sounds* und *Musikexpress*, und das war's auch schon im Printbereich. Die musikalische Alternative bestand aus Schlager auf

Zitronen-Kult-Single aus dem Jahre 1987 (Weser Label).

Fabsi

der einen und Rockmusik auf der anderen Seite. Heute gibt es HipHop, House, Techno in sämtlichen Spielarten und zig Kombinationen, und am Kiosk habe ich die Wahl zwischen fünf Heavy-Metal-Magazinen, diversen HipHop-, House-, Techno-, Dark- u.a. Magazinen. Mit Ausnahme des Radiosektors, wo die Vielfalt der neuen Sender musikalisch den Trend zum Einheitsbrei befördert hat, ist die Vielfalt größer geworden:
Ale: Die Kehrseite der Vielfalt heißt Überangebot, das, kombiniert mit der Preispolitik auf dem CD-Markt, dazu führt, daß trotzdem weniger Vielfalt gekauft wird. Guck dir mal diese semiprofessionellen Magazine an: Da findest du in jeder Ausgabe 200 oder noch mehr Plattenreviews, und das jeden Monat.
Farin: Habt ihr eigentlich einen politischen Anspruch? Ich erinnere mich an *ZK*-Zeiten, wo ihr, Fabsi, absolut 'unpolitsch' wart...
Fabsi: Damals gab es noch keine Politik für uns. Wir wollten Bier trinken, einen draufmachen, Freunde treffen. Ich komme aus Düsseldorf, nicht aus Hamburg oder Berlin. Die Düsseldorfer Szene hat sich immer von der anderer Städte unterschieden. Schon alleine darin, daß bei uns Punks, Oi!-Skins, Teddyboys, Mods und alles united waren. Und wenn wir nach Hamburg kamen, mußten wir unseren Teddyboy bei *ZK* vor den Punks beschützen, daß er keinen auf die Schnauze kriegte. Genauso in Berlin. Da gab es ständig Diskussionen darüber, ob ein Teddyboy jetzt rechtsradikal ist, weil er ein Südstaaten-Tattoo auf dem Arsch hat. In der Ratinger Straße in Düsseldorf sind alle Bands aufgetreten. Aber die Zeiten haben sich geändert. Früher wollten wir unser Ding durchziehen und ansonsten in den Tag hineinleben. Da mußtest du dich z.B. mit Rechten nicht groß auseinandersetzen. Heute erfährst du, daß Leute Raubkopien von den *Toten Hosen* produzieren, um damit rechte Parteien zu unterstützen. Oder du bekommst, wie es uns jetzt gerade passiert, fast jeden Tag anonyme Anrufe, die dir drohen, dein Haus anzuzünden, während du auf Tour bist. Dazu kommt noch der ständige Ärger mit der Polizei und der Justiz. Gerade neulich wurde irgendwo ein Bursche verhaftet, der das »Deutschland verrecke«-T-Shirt anhatte, und der hatte nichts besser zu tun als zu sagen, »das habe ich beim Weser-Label gekauft«. Da merkt man schon, wie schwachsinnig diese Szene sein kann. Wenn ich verhaftet werde und irgendwas anhabe, dann sag ich doch, »ich hab das Teil auf dem Trödelmarkt gekauft«. Also die Szene verblödet zum Teil unglaublich. Bei dieser Tour bin

ich echt schon froh, wenn ich überhaupt mal auf Leute treffe, die wirklich Bock haben auch auf die ganze Politik drumherum. Diese Szene ist dermaßen am Absterben in eine asoziale Form, das gibt es gar nicht. Man schüttet sich voll und Feierabend. Da hab ich echt schon schönere Zeiten erlebt.

Farin: Wollt ihr denn überhaupt was anderes bewirken als Spaß zu machen?

Michael: Es ist nicht mehr so wie früher, daß man in erster Linie eine Ideologie verkauft. Es gibt ja auch keine Linke mehr, unter der ich mir was vorstellen kann. Wenn man bei uns überhaupt von einem politischen Kontext reden kann, dann allenfalls in dem Sinne, daß wir versuchen, in dem Wust an neuen Informationen und neuer Medienwelt Irritationen zu schaffen, Stichwort Kommunikationsguerilla.

Ale: Es ist nicht einfach, als Band politische Inhalte zu transportieren. Da gibt es auf der einen Seite einen Pool von älteren Herrschaften, die immer noch dieses Parolending machen, aber das ist Predigen zu den bereits Bekehrten. Ich habe damit auch kein Problem, aber ich hör mir das nicht an. Um nicht falsch verstanden zu werden: Wenn *Die Ärzte* eine Single wie »Arschloch« machen, finde ich das total super, weil es *Die Ärzte* waren. Aber eine Band wie die *Goldenen Zitronen* müßte an das selbe Thema ganz anders herangehen, auf viel feinere Art, auf richtig hohem Niveau, weil die beiden Bands nämlich ein völlig anderes Publikum erreichen.

Fabsi: Allerdings mußt du bei den ganzen jüngeren Bands, und wir kriegen im Moment massenhaft Tapes angeboten, berücksichtigen, daß die oft in dem gleichen Alter sind wie wir, als wir angefangen haben, 16, 17 Jahre vielleicht, und deshalb klingen die auch ähnlich. Musikalisch und textlich hat sich seit '78 da kaum etwas verändert, nur einzelne Wörter wurden ausgetauscht. Aber das ist okay, weil das immer noch deren Erfahrungen heute sind.

Ale: Das stimmt leider nur zur Hälfte, Fabsi. Ich kriege ja auch diese Demos, und die hören sich wirklich wie '78 an, da gebe ich dir voll recht. Nur, es hat sich ja einiges geändert. Die Mauer ist weg, die Sowjetunion existiert nicht mehr usw.. Aber davon höre ich nichts in den Songs. Es sind immer noch die gleichen Standardissues, die abgehakt werden: Bullen, Kirche, Staat in verschiedenen Variationen. Die Realität hat sich verändert. Aber auf den Demos höre ich alte Musik mit alten Texten von jungen Leuten. Und da stimmt für mich irgendwas nicht.

Nikel: Ich finde den Vorwurf an junge Musiker, daß sie keine eigenständigen musikalischen Ideen, keine neuen Formen entwickelt haben, zunächst nicht richtig. Es dauert immer eine Zeit und bedarf einfach bestimmter Erfahrungen, bis man komplexeres Material selbst erarbeiten kann. Das war bei den *Zitronen* genauso.
Michael: Mir fehlt eine Vision in irgendeiner Form. Die Neunziger sind davon geprägt, daß alles wieder aufgekocht wird, was schon mal da war. Der Punkrock von heute ist immer noch der von '78. Nicht, daß es eine schlechte Tradition wäre, aber es gab keine innovativen Neuerungen.
Nikel: Punkrock ist so vereinnahmt worden, daß die Leute heute das, was mal Punkrock als erstes Hörerlebnis bedeutete, mit Drum & Bass haben. Punkrock als Stilmittel ist völlig integriert ins normale Hörbewußtsein.
Farin: Das kommt immer auf die Enge der eigenen Definition an. Vielleicht ist *Prodigy* der neue Punk der Neunziger.
Michael: Klar, früher war eine verzerrte Gitarre was revolutionär Neues, heute ist es...
Ale: *Alec Empire.*
Farin: Überhaupt diese Kombination von alten Rocksounds und modernstem Techno.
Ale: Ja, aber das ist in den meisten Fällen doch nur Rechenschieberkunst. Jede zweite amerikanische HipHop-Single, die sich in den Billboardcharts auf den vordersten Plätzen plazieren konnte, dealt mit so einer Rock-Hookline. Da wird vorher gerechnet, dann komponiert.
Farin: Aber es entstehen auch wirklich spannende neue Produkte und musikalische Konzepte. Guck dir an, was so ein Altpunk wie Upstart mit Disco B heute macht.
Ale: Ganz toll, gebe ich dir recht.
Nikel: Mir kommt es so vor, daß heute weniger Begeisterungsfähigkeit da ist. Ich habe natürlich meine Visionen und lebe sie auch im Alltag aus, aber sie anderen zu vermitteln, zu sagen, das wäre vielleicht auch was für euch, kommt mir heute schwieriger vor. Obwohl ich auch sagen muß, daß zum Beispiel unsere alte »Keine Macht für Niemand« heute noch bei vielen Jüngeren gut ankommt und immer wieder gekauft wird. Vielleicht ist ja doch was da.

1997: Junge deutsche Bands veröffentlichen einen Tribute-Sampler für Ton Steine Scherben (Tollshock Rec./Indigo).

MusiK ist ein Lebens-gefühl

von Klaus Farin

Ein Gespräch über Stars, Musik, Aggressionen und die Notwendigkeit einer täglichen Soap opera

Einmal jährlich lädt die bayerische Hypo-Bank 250 Schülerzeitungsredakteure und -redakteurinnen aus ganz Deutschland ein, drei Tage lang in ihrer Münchener Zentrale miteinander und mit zahlreichen ExpertInnen aus Politik, Wirtschaft und Wissenschaft über Probleme der Gegenwart und mögliche Zukünfte zu diskutieren. Die »Jugendforen«, -festivals und -parties, die einst Parteien, Gewerkschaften und Jugendverbände anboten, organisiert heute die Wirtschaft - mit enormem Zulauf auch und gerade von kritischen Jugendlichen und ReferentInnen, die vor zwanzig Jahren nicht eine Sekunde darüber nachgedacht hätten, ob sie bereit wären, ihre alternativen ökologischen und antikapitalistischen Utopien ausgerechnet im Auftrag einer Großbank zu verbreiten. The times they are a-changin'...

Ein Gespräch am Rande des »Jugendforum '96« mit Cornelia (16) und Stefanie (15), beide aus dem brandenburgischen Dorf Klepzig stammend und Redakteurinnen der Schülerzeitung *Spion*, Anja (17) aus Sevelen in Nordrhein-Westfalen, Redakteurin der Schülerzeitung *Klartext*, Uli (18) aus dem bayerischen Straubing, Jugendzeitungsmacher und Schlagzeuger der Postpunk-Band *Commercial Trash*, und Natalie (25) aus München, Mitarbeiterin der Hypo-Bank und in ihrer Freizeit Schlagersängerin.

Die 1. Veröffentlichung des 17jährigen Maximilian Lenz alias Westbam »Schulhorror« (Basis Verlag, 1982)

Farin: Was für Musik hört ihr in eurer Freizeit am liebsten?
Cornelia: Ich steh am meisten so auf Rock. Eigentlich ist *R.E.M* so die einzige Band, der ich treu geblieben bin seit ein paar Jahren. Nicht ab kann ich so Bands wie *Scooter*, weil ich bin der Meinung, daß die überhaupt nichts drauf haben.
Stefanie: Also ich höre am liebsten Musik, wo ich gut nach tanzen kann. Aber es kommt halt total auf meine Stimmung an. Wenn ich traurig bin, dann höre ich auch gerne langsame Musik.
Anja: Ich hör am meisten Radio. Also nicht so ‘ne bestimmte Musikrichtung, aber auf gar keinen Fall Heavy Metal oder härtere Musik. Eher so ruhigere Sachen.
Uli: Punk. Vor allem amerikanische Bands. *NOFX. Dead Kennedys.*
Natalie: Jazz, manchmal Klassik, Schlager natürlich. Ich höre extrem viel Radio. Also eigentlich alles. Nur von Volksmusik kriege ich augenblicklich Würgreiz.
Farin: Wie wichtig ist Musik für euch?
Cornelia: Ich finde, Musik ist auch da zum Ausspannen, wenn man gestreßt ist von der Schule oder so, dann beruhigt es auch ganz schön. Wenn ich Depressionen hab, dann muß ich meine Gefühle richtig ausleben und schmeiß dann auch mal richtig harte Musik, auf jeden Fall was Emotionales in den CD-Player. Irgendwie ist Musik für mich auch wie ‘ne Droge. Wenn ich jetzt ‘ne Woche ohne Musik bin, dann mach ich selber Musik, dann klopf ich dauernd so zappelig auf den Tisch oder so. Irgendwie brauch‘ ich Musik.

„Musik ist mittlerweile das Wichtigste in meinem Leben geworden, weil man über Musik seine ganzen Gefühlsregungen einfach erfahren kann, Aggressionen abbauen kann, und damit auch andere Menschen erreicht und Botschaften vermitteln kann.“

Uli

Natalie: Also ich brauche es nicht, wenn ich Depressionen hab, sondern es ist eine gewisse Lebenseinstellung, die man hat, dafür zu leben oder das zu beherzigen, was in den Texten vorkommt, das find‘ ich gut. Musik ist ein Lebensgefühl.
Uli: Musik ist mittlerweile das Wichtigste in meinem Leben geworden, weil man über Musik seine ganzen Gefühlsregungen einfach erfahren kann, Aggressionen abbauen kann, und damit auch andere Menschen erreicht und Bot-

schaften vermitteln kann. Musik ist so eine Art Selbsttherapie für mich, wenn ich schlecht drauf bin und spiel dann Schlagzeug, dann geht's mir gleich wieder besser.

Anja: Musik ist für mich, wenn überhaupt, dann um die Stimmung so ein bißchen zu untermalen. Wenn ich schlechte Laune hab', such ich mir meistens Musik aus, die mich noch depressiver macht, um mich da richtig 'reinzusteigern.

„Orte sind auch wichtig. Zu Hause höre ich nicht gerne HipHop. Wenn ich abends unterwegs bin, aber sehr gerne. Das macht es aber auch wieder interessant. Deshalb ist Musik auch nie einseitig. Ich höre an verschiedenen Orten verschiedene Musik."

Cornelia

Farin: Wie habt ihr gerade die Musik entdeckt, die ihr jetzt hört?

Uli: Ich hab einen älteren Bruder, der hat mir zu Weihnachten irgendwann mal die ersten *Toten Hosen* und andere Punksachen geschenkt. Dann irgendwann kauft man sich mal was Härteres so in der Phase der Pubertät. Wenn man richtig schlecht drauf ist und alles Kacke ist, dann braucht man eben mal *Slime* oder irgendwas richtig Staatsfeindliches. Und später, wenn man dann selber Musik macht, dann sucht man sich halt Vorbilder, die technisch bißl besser sind, um sich irgendwelche Techniktricks abzuschauen, dann sucht man sich halt bessere Bands aus, die aus Amerika kommen und einfach mehr Ideen haben als die deutschen Bands, die sich immer im Drei-Akkord-Rhythmus bewegen. Also Punk ist vielfältig. Das reicht von Doom-Punk, mehr so düstere Texte und Stimmungen, bis zum Deutsch-Punk und Polit-Punk mit linksradikalen Parolen, bis hin zum englischen oder amerikanischen Punk, der mehr Wert auf Musik legt als auf Texte. Und je nach Gefühlsregung sucht man sich halt das aus, was man braucht. Aber ich kann mir auch nicht jeden Tag Punkrock anhören, weil es irgendwann mal zuviel wird, Reizüberflutung. Irgendwann braucht man mal wieder Abwechslung.

Cornelia: Orte sind auch wichtig. Zu Hause höre ich nicht gerne HipHop. Wenn ich abends unterwegs bin, aber sehr gerne. Das macht es aber auch wieder interessant. Deshalb ist Musik auch nie einseitig. Ich höre an verschiedenen Orten verschiedene Musik.

> „Manche Songs sind ja auch Erinnerungen. Man hat die irgendwann gehört, als man mit 'nem Freund eine richtig tolle Zeit hatte, und dann hört man den Song jetzt noch mal, und dann kommt das alles richtig wieder hoch"
>
> Stefanie

Farin: Setzt du Musik auch gezielt ein, um deine Stimmung zu beeinflussen, zum Beispiel, um Aggressionen abzubauen?
Cornelia: Aggressionen abbauen versuche ich nicht mit Musik. Eher wenn ich depressiv bin. Dann lege ich auch bestimmte Platten auf. Irgendwas Langsames, wo man dann richtig heulen kann. Und wenn ich irgend'ne Kuschelrock-CD 'rauskrame. Hilft auch. Und wenn man dann ausgeheult hat, dann ist es auch wieder okay.
Stefanie: Manche Songs sind ja auch Erinnerungen. Man hat die irgendwann gehört, als man mit 'nem Freund eine richtig tolle Zeit hatte, und dann hört man den Song jetzt noch mal, und dann kommt das alles richtig wieder hoch.
Anja: Also ich hab' zwei Lieder, die ich nur hör', wenn ich schlechte Laune hab. Die würde ich nie hören, wenn es mir total gut geht. Weil, die hab ich zum ersten Mal gehört, als es mir total schlecht ging, und schon die Erinnerung daran würde mir wieder hochkommen. Das eine Lied ist 'Someone always hates someone' von *Mike & The Mechanics*, das andere ist 'In The Ghetto' von *Elvis Presley*. Die höre ich dann ewig oft.
Uli: Ich setze Musik bewußt ein, um mich zu manipulieren. Zum Beispiel, wenn ich schlecht drauf bin, dann suche ich mir irgendwelche Lieder, wo der Sänger auch irgendein Problem von sich beschreibt, wo es ihm schlecht geht und er das anprangert. Denn gemeinsames Leid ist geteiltes Leid. Und das hilft einem irgendwie dann, über das Problem hinwegzuspringen.
Anja: Du machst das also dann genau andersrum wie wir. Du nimmst extra gute Musik, die dich positiv stimmt, um dein Gefühl in die Gegenrichtung zu lenken.
Cornelia: Legt einer von euch auch irgendwelche fröhliche Musik auf, wenn er deprimiert ist?
Uli: Nein. Zumindest keine Schlager.
Anja: Es gibt aber auch Musik, die würde ich mir zu Hause niemals auflegen, so Karnevalslieder, aber wenn man die im Karneval hört, so mit der passenden Stimmung und den passenden Leuten, ich weiß nicht, aber dann finde ich das sehr passend. Sonst finde ich die ziemlich schwachsinnig eigentlich.

Natalie: Mein absoluter Favourit ist ja *Zarah Leander*. Das hat was Nostalgisches. Man fühlt sich zurückversetzt. Mir kommt es teilweise vor, als würde ich selber in der Zeit gelebt haben. Also ich gehe lieber in der Zeit zurück als nach vorne.

> „Ich hab' früher auch gemeint, ich müßte alles mitmachen und immer vorne mit dabei sein, also immer das Neueste. Mittlerweile ist es nicht mehr so und ich bin auch eigentlich froh drum. Ich hab damit kein Problem."
>
> Natalie

Anja: Vielleicht hängt das mit deinem Alter zusammen. Wenn man so eine gewisse Grenze, so Mitte zwanzig, überschritten hat ... Bei uns ist das ja immer noch so, um so einen Trend mitzumachen vielleicht, weil, man muß ja wenigstens wissen, was gespielt wird. Ich glaube, ab einem bestimmten Alter ist das nicht mehr so wichtig, da läßt das Up-to-date-sein nach.
Natalie: Da geb ich dir total recht. Ich hab' früher auch gemeint, ich müßte alles mitmachen und immer vorne mit dabei sein, also immer das Neueste. Mittlerweile ist es nicht mehr so und ich bin auch eigentlich froh drum. Ich hab damit kein Problem. Aber ich bin auch kein so fanatischer Schlager-Fan, das hängt mehr damit zusammen, daß ich selber Schlager singe und daß man sich gerade bei so Veranstaltungen auch selbst darstellen kann. So blöd das klingt, aber es ist halt nett, auf einer Bühne zu stehen und zu singen.
Farin: In welcher Zeit möchtest du denn gerne leben?
Natalie: Wenn ich könnte, wie ich wollte, würde ich gerne in den fünfziger Jahren jung sein. Ich steh auch auf alte Filme aus der Zeit, auf Schwarz-weiß-Filme. Mein Lieblingsfilm ist „Frühstück bei Tiffany", den hab ich jetzt schon 29mal gesehen. Audrey Hepburn ist mein großes Vorbild, ich wäre gern so wie sie. Mit ihrer Rolle in diesem Film kann ich mich total identifizieren.
Farin: Aber konsequent auf Fifties gestylt bist Du ja nicht...
Natalie: Meine Wohnung ist schon in die Richtung gestylt. Ich selbst nicht, weil, ich möchte nicht so einen Stempel aufgedrückt bekommen. Außerdem gibt es da so einen netten Spruch: „Wer nicht mit der Zeit geht, geht mit der Zeit." Deshalb versuche ich doch noch etwas dranzubleiben und das eher so etwas versteckt und im Hintergrund für mich zu machen, zum Beispiel in meiner Wohnung, wo nur Leute hinkommen, die mich besser kennen. Es muß ja nicht jeder wissen.

Farin: Es gibt ja rund um den Schlager wieder eine richtige Fan-Szene. Gehörst Du dazu?
Natalie: Ich würde nicht sagen, daß ich direkt in der Szene bin, weil, dazu bin ich wieder viel zu individuell. Ich bin froh, wenn ich da singen darf, ich kleide mich auch zu bestimmten Parties so, aber ich richte nicht meinen ganzen Alltag danach aus.
Uli: Ich würde auch nicht sagen, daß ich in einer Szene bin, sondern es sind alles Leute, die sich gut verstehen, die alle die selbe Ideologie haben, die dem Punkrock zugrunde liegt, aber was uns verbindet, ist doch vor allem Freundschaft. Und nachdem Punk ja sowieso total ausverkauft ist, weil durch die Medien eben so ein gewisses nettes Bild vermittelt worden ist, sieht man immer total verschiedene Charaktere auf unseren Konzerten, die man einfach nicht als Szene beschreiben kann. Die definieren sich auch nicht über ihr Aussehen, sondern über gewisse moderne Einstellungen, Offenheit, gute Musik... Die ganze Musikgeschichte hat sich sowieso gewandelt. Man geht auf ein Grunge- oder Punk-Konzert, wenn man eine gute Band hören will, in der Disco hört man Techno, um abzutanzen, zu Hause dann Klassik, um sich zu entspannen. Also diese harte Kategorisierung findet in unserer Zeit sowieso nicht mehr statt. Es ist alles offener und vermischter. Früher hatte ich Probleme, mir eine Levi's-Hose zu kaufen, weil im Punk ja die Haltung zum Kommerz ziemlich radikal ablehnend ist.

„Ich wüßte gar nicht, wo ich eine Szene finden sollte. Wir wohnen ja auf dem Dorf, da geht sowieso nichts ab."

Stefanie

Stefanie: Ich wüßte gar nicht, wo ich eine Szene finden sollte. Wir wohnen ja auf dem Dorf, da geht sowieso nichts ab, und die nächste Stadt ist Belzig mit 8.000 Einwohnern, da geht auch nichts Besonderes ab. Da kann man gar nicht beschließen, ich gehe nur Punkrock hören, weil es da nur Läden gibt, wo alles gemischt gespielt wird.
Cornelia: Die haben nicht einmal 'ne Rave-Szene. Nur so'n paar kleene Satanisten, die gerne mal auf Black Metal machen. Aber das ist nichts für mich.
Farin: Warum nicht?
Cornelia: Ich bin Christ.

Farin: Und White Metal mit christlichen Botschaften?
Cornelia: Das gibt es? Muß ich mir mal anhören. Hab' ich noch nie was von gehört.
Anja: Für mich ist Metal keine Musik, sondern Lärm. Ich könnte mich da nie mit anfreunden.

> „Für mich ist Metal keine Musik, sondern Lärm."
>
> Anja

Cornelia: Wie lange kannst du dir eigentlich so Punkrock hintereinander anhören? Also ich kenn' das von mir, daß ich eine CD von einer neuen Band nur eine bestimmte Zeit ertrage und dann ausmache.
Uli: Sicher. Irgendwas wäre falsch mit mir, wenn ich mir das tagtäglich anhören könnte. Obwohl Punk, wie gesagt, äußerst vielfältig ist. Besonders die neuen Sachen, wo dann mal ein bißl Jazz dazwischen ist, obwohl es das natürlich früher auch schon gegeben hat mit den *Dead Kennedys*. Es ist nicht nur dieser Doof-Punk, den man bald auswendig kann. Aber ich höre mir zwischendurch schon andere Sachen an, um ein bißchen Abstand zu gewinnen.
Cornelia: Stehst du auch auf dieses Gegrunze und Geschrubbe, wo man den Text überhaupt nicht mehr verstehen kann?

Heavy-Metal-Fans aus Celle

Uli: Manchmal schon. Ich finde es zum Beispiel herrlich, wenn mit der Stimme Aggressionen erzeugt werden. Das ist viel besser, als wenn es auf dem Schlagzeug gedroschen wird oder mit der Gitarre. Ich kann's nicht beschreiben, aber das löst einen irgendwie. Man fühlt sich dann einfach besser. Ich kann's mir nicht anhören, wenn ich total happy bin, die Freundin im Arm...
Cornelia: Was ist dir eigentlich wichtiger am Punkrock: der Text oder die Musik?
Uli: Beides ist gleich wichtig. Ich würde mir keine Band anhören, die irgendwelche christlichen Texte macht. Es muß schon beides stimmen. Und die Texte sollten halt sozialkritisch sein, gegen Kommerz, gegen Faschismus.
Natalie: Du bist also ein Rebell. Das hört sich jetzt ganz blöde an, aber ich war früher auch so. Aber mittlerweile denke ich mir, wenn ich irgendwo auftauche, eigentlich gehörst du da nicht mehr hin. Die sind zu jung, du bist nicht mehr so. Die Vierzehnjährigen sind heute so, wie ich mit 17, 18 war. Die sind viel schneller als ich damals.
Ich bin in gewisser Weise heute immer noch rebellisch, das gibt man nie auf,

aber ich halte mich öfter bedeckt ... Ich sage schon meine Meinung, wenn ich grundsätzlich anderer Meinung bin, aber ich finde, es gibt wichtigere Dinge als grundsätzlich zu rebellieren. Musik ist zum Beispiel für mich kein Mittel mehr, um Rebellion auszudrücken.

Anja: Aber man versucht ja doch irgendwie, zu Hause so ein bißchen Aufstand zu machen, und da ist Musik ein Mittel für. Um vielleicht ein bißchen zu schocken, Widerstand zu zeigen, zu zeigen, daß man sich noch nicht anpaßt, weil man das ja später im Beruf sowieso muß.

Natalie: Du siehst das total richtig. Ich hatte früher alle möglichen Haarfarben usw., weil ich die Leute damit provozieren wollte. Aber sobald du zu arbeiten anfängst, geht das nicht mehr. Ich hätte nie mit meinen roten Haaren zum Vorstellungsgespräch kommen können. Ich finde das gut, wenn die Kids das nach wie vor machen. Aber ich selbst brauche das nicht mehr. Ich kann mich heute auch selbstdarstellen, ohne die Leute zu provozieren.

„Eigentlich brauchte ich nie Rebellion machen. Weder bei meinen Eltern noch bei meinen Freunden. Mich sieht man immer als ausgeflippt an, obwohl ich das selber gar nicht so sehe."

Cornelia

Uli: Haare oder sowas sind sowieso ein zu schwaches Mittel, um Leute zu provozieren oder Rebellion auszudrücken. Man braucht da schon eine gewisse Geisteshaltung, sonst ist das nur ein Modegag.

Natalie: Natürlich. Aber wie du denkst, kann man ja nur erfahren, wenn man mit dir spricht.

Cornelia: Eigentlich brauchte ich nie Rebellion machen. Weder bei meinen Eltern noch bei meinen Freunden. Mich sieht man immer als ausgeflippt an, obwohl ich das selber gar nicht so sehe. Aber ich brauche keine Musik dazu. Ich hebe mich durch meinen Charakter von den anderen Leuten schon so ab. Das ist bei uns im Ort sowieso leicht, als rebellisch zu gelten. Wenn ich morgen bloß mit grünen Haaren in die Schule komme, würden die schon gucken, aber wie.

Stefanie: Typisch Kleinstadt.

Anja: Das erlebe ich ganz anders. Ich komme auch quasi aus einem Dorf, wo jeder jeden kennt. Aber eben deshalb wäre das nicht so schlimm, wenn man plötzlich anders aussieht. Natürlich gucken die alle, wenn ich mit meinen leuchtenden blauen Fingernägeln und meiner orangenen Lieblingshose durch die Gegend laufe, aber ich empfinde diese Blicke nicht als schlimm. Ich trage die ja auch, um etwas abzustechen.

Stars

Cornelia: Wenn ich im Radio Musik höre, und ich finde die toll, und die halbe Welt findet die auch toll, das ärgert mich. Ich finde das so langweilig, zu der großen Masse dazuzugehören. Ich bin schon ganz froh, daß ich diese Boy groups, die immer auf Platz 1 sind, nicht mag. *Oasis* finde ich voll cool, aber viele andere aus meiner Klasse eben auch, das ist echt nervig.
Uli: Und ich hab immer geglaubt, das wär nur bei der Punkrock-Szene so. Dieses Haschen nach irgendeinem Exclusivitätsstatus. Neueste Band, neuestes T-Shirt.
Farin: Wie findest du das, wenn deine Eltern plötzlich deine Musik auch toll finden?
Cornelia: Das fände ich eher cool, daß die noch nicht ganz so verrostet sind. Aber daß zum Beispiel niemand aus meiner Klasse *R.E.M.* cool findet, find ich toll.
Anja: Also mir macht es nichts aus, wenn viele Leute die Musik hören, die ich gut finde, denn je mehr Leute das hören wollen, umso öfter spielen die das ja auch bei Eins live, das ist der Sender, den ich immer höre.

Cornelia: Ich finde das immer blöd, wenn man überall die Lieder hört, die man wirklich mag. Die sind dann so schnell ausgeleiert. Unsere Radiosender spielen schöne Lieder immer tot.
Natalie: Also da fällt mir gerade eine Anekdote aus meiner Jugend ein: Als ich so zwölf, dreizehn war, war ich völlig verliebt in *Shakin' Stevens*. Das war echt mein Traummann. Als ich dann irgendwann mal erfahren hab, daß der verheiratet war und drei Kinder in meinem Alter hatte, da war's sofort aus. Ich hab' sofort alle Poster von der Wand gerissen. Mein nächster großer Schwarm war dann *Madonna*. Ich war selbst *Madonna*. Ich sah aus wie *Madonna*, ich hatte überall Kreuze wie *Madonna*, ich hatte Spitzenhandschuhe bis oben hin wie *Madonna*. Ich muß dazu sagen, ich war damals in einem Klosterinternat. Unsere Erzieherin, die war schon ungefähr 75 Jahre alt, ist auf die Barrikaden gegangen. Die hat auch schließlich dafür gesorgt, daß ich dann gegangen worden bin. Wegen *Madonna*. Aber es tut mir bis heute nicht leid.

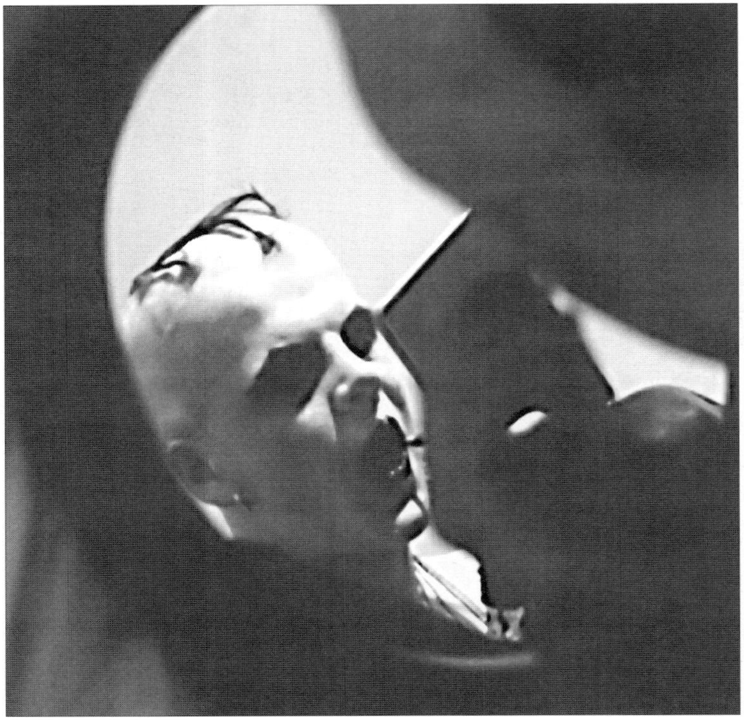

Beim Pfingsttreffen der Gothic-Szene bei Leipzig im Mai 1997: Schminken für den Abend.

Disco-Queen im »Basement«, Berlin, Mai 1988

Cornelia: Also ich hatte nie das Bedürfnis, mich so mit den Stars zu identifizieren. Idole hatte ich eigentlich nie.
Anja: Als ich unter zehn war, war mein großes Idol *Tommy Steiner*. Den hat meine Mutter damals gehört und das hat sich einfach auf mich übertragen. Heute habe ich einen abgrundtiefen Haß auf diese Musik. Einfach schrecklich!
Cornelia: Mein Vater steht auch auf so ultraharte Musik, *Ernst Mosch* und so. Obwohl der noch gar nicht so alt ist. Find ich schon irgendwie krass. Meine Mutter hört sich sogar manchmal Techno an, was ich überhaupt nicht toll finde. Da bin ich manchmal richtig überrascht.

„Mir machen schlechte Texte eigentlich nicht soviel aus. Das ist vielleicht Scheiße, aber... Ich glaube, es gibt sowieso nur wenige Bands, die wirklich eine Botschaft 'rüberbringen wollen. Bei den meisten geht es doch ums Geldverdienen."

Anja

Uli: Ich glaube, für mich war das Unverständnis der Masse schon ausschlaggebend, warum ich beim Punkrock geblieben bin. Man ist ständig auf Ablehnung gestoßen.
Anja: Das ist mir mal mit den *Toten Hosen* passiert. Wir haben im Auto eine Cassette von mir gehört, da war deren Lied 'Sascha' drauf, und die Mutter, die uns gefahren hat, hat den Text nur so nebenbei gehört und nicht ganz verstanden und mich nachher darauf angesprochen, was ich da eigentlich für rechte Musik höre und was das sollte.
Natalie: Gerade bei den *Toten Hosen* sollte man ganz genau hinhören.
In deren Texten steckt soviel drin.
Anja: Mir machen schlechte Texte eigentlich nicht soviel aus. Das ist vielleicht Scheiße, aber... Ich glaube, es gibt sowieso nur wenige Bands, die wirklich eine Botschaft 'rüberbringen wollen. Bei den meisten geht es doch ums Geldverdienen.
Cornelia: Diese ganze Boy groups-Verarschung. Daß da so viele Mädchen drauf reinfallen - Wahnsinn! Ich finde die nicht mal hübsch. Und wenn ich mir diese Videos ansehe, wo die immer alle mit freiem Oberkörper stehen, da müßte doch spätestens auffallen, daß das alles nur Verarschung ist.
Anja: Das solltest du aber nicht bei uns in der 8. oder 9. Klasse laut sagen. Aber das ist ja so ähnlich wie bei den täglichen Soap operas. Die sind dafür da, wenn man nicht denken will, wenn man sich mal ein kurzes Glücksgefühl geben will. Ich guck mir zum Beispiel jeden Tag »Gute Zeiten, schlechte Zeiten« an.

Cornelia: Ich auch. Jeden Morgen.
Anja: Da weiß ich, daß es garantiert immer ein Happy end gibt. Da kriegt man sein Glück.
Cornelia: Ich krieg da kein Glück. Bei mir ist es eher Zeitvertreib, weil ich am Morgen nicht weiß, was ich machen soll. Dann nehm ich mir mein Müsli und ess es vor'm Fernseher. Und weil gerade nichts anderes kommt, gucke ich das.
Anja: Dann guckst du ja nicht richtig!
Cornelia: Schnulzen finde ich auch toll, aber diese daily soap operas sind mir zu billig. Wie Boy groups.

Fans beim »Backstreet Boys« Konzert

Farin: Wie wichtig ist euch denn das Image der Stars, ihre Haltungen, die sie zum Beispiel in Interviews äußern? Wenn sich zum Beispiel *R.E.M.* als Satanisten outen würden...
Cornelia: Ich denke, dann würde ich mich distanzieren. Aber wenn das sich nicht in der Musik niederschlägt, würde ich die wahrscheinlich weiterhören.
Stefanie: Ich mag deren Musik eigentlich auch. Dann hab ich mal ein Interview mit dem Sänger gesehen, und da hat der auch seine Meinung über Drogen abgelassen, eigentlich sollten das doch alle mal probieren und so, ich fand das total blöd, was der da 'rausgehauen hat. Aber das ist eben seine Meinung. Deswegen find' ich die Musik trotzdem noch cool.

„Also für mich ist das am Schlimmsten, wenn eine Band aus Geld- oder opportunistischen Gründen eine Haltung von sich zum Beispiel bei Konzerten verbreitet und in Wirklichkeit ganz anders denkt und lebt. Weil man sich da verarscht vorkommt."

Uli

Anja: Man weiß ja bei den Presseberichten auch nie, ob das so hundertprozentig stimmt. Aber ich glaube, wenn es mir zu arg gegen den Strich gehen würde, würde ich die Musik nicht mehr hören. Das mach ich auch bei Produkten so. Wenn mir die Werbung absolut gegen den Strich geht, kauf ich die nicht mehr. So fand ich zum Beispiel die Bennetton-Kampagne absolut Scheiße, und seitdem war ich in dem Laden nicht mehr drin. Ich denke, das ist halt meine Macht als Käufer, ob ich das unterstützen will oder nicht. Da bin ich manchmal ziemlich konsequent.
Uli: Also für mich ist das am Schlimmsten, wenn eine Band aus Geld- oder opportunistischen Gründen eine Haltung von sich zum Beispiel bei Konzerten verbreitet und in Wirklichkeit ganz anders denkt und lebt. Weil man sich da verarscht vorkommt. Aber beim Punk ist das ja nur schwer möglich, weil Ideologie beim Punkrock ja sehr wichtig ist und eine Band, die dem nicht entspricht, nicht akzeptiert werden würde.
Farin: Hörst du *Exploited*?
Uli: Ja. Ich habe auch schon gehört, daß die Geld an rechte Parteien geben sollen und auch sonst Kontakte zu Nazis pflegen. Aber ich habe es noch nirgendwo schwarz auf weiß bewiesen gesehen. Wenn du mir jetzt sagst, du kannst diese Vorwürfe beweisen, würde ich meine *Exploited*-CDs sofort wegschmeißen.

Farin: Dann schmeiß sie weg.
Uli: Scheiße!
Farin: Wie informiert ihr euch überhaupt über Musik?
Cornelia: Radio. MTV krieg' ich leider nicht. Ich informiere mich auch nicht gezielt. Ich höre halt mal da und mal da ein paar Fakten. Hauptsächlich im Radio.

Bravo-Titel vom 17.12.1997.

Farin: Dein *Bravo*-Abo hast du also gekündigt?
Cornelia: Noch nie eins gehabt. *Bravo* kaufe ich mir mal, wenn wir auf Klassenfahrt gehen oder so.
Farin: Ihr geht jede Woche auf Klassenfahrt?
Cornelia: Nein, einmal im Jahr. *Bravo* ist nur zum Amüsieren da.
Farin: Alle *Bravo*-Leserinnen sagen, daß sie *Bravo* nicht ernstnehmen, und heulen doch bei der Love-story.
Cornelia: Nein, die ist mir immer zu lang. Oder welche meinst du jetzt, die mit Fotos?

(Allgemeines Gelächter)

Stefanie: Ich lese keine *Bravo*. Nur auf Klassenfahrten. Bei mir ist es Radio Fritz, da gibt es eine Serie, „The Story of Pop", die höre ich immer.
MTV kriege ich kein Bild rein, aber wenigstens den Ton einigermaßen. Dann sitze ich immer vor den Streifen, aber ich hör' eben noch was.

> „Also ich informiere mich auch nicht gezielt über Medien, sondern das läuft eher über Mundpropaganda und Fanzines. Sobald eine Band auf MTV oder VIVA kommt, ist sie sowieso tot, weil... ich kann das nicht erklären, aber es ist nichts mehr für Liebhaber, wenn es einer größeren Masse zugänglich gemacht wird."
>
> Uli

Anja: Bei mir ist auch das Radio am wichtigsten. Zeitungen auch, aber keine *Bravo*. Ich lese *Young Miss*, die Jugendausgabe der *Brigitte*. Da steht immer ein wenig über Musik drin. Dann kriegen wir in unserer Schülerzeitunq manchmal Infos und CDs direkt von den Plattenfirmen zugeschickt, von eher unbekannten Bands. Aber Musik ist nichts, wo ich mir unbedingt viel Wissen aneignen muß.

Uli: Also ich informiere mich auch nicht gezielt über Medien, sondern das läuft eher über Mundpropaganda und Fanzines. Sobald eine Band auf MTV oder VIVA kommt, ist sie sowieso tot, weil... ich kann das nicht erklären, aber es ist nichts mehr für Liebhaber, wenn es einer größeren Masse zugänglich gemacht wird. Dann verliert es für mich irgendwo den Reiz.

Farin: Also wenn MTV zu euch kommt, wir wollen eure Band präsentieren, dann sagst du : „Nein, danke."?

Uli: Auf jeden Fall. Fernsehen - nein, danke! Aber natürlich ist das ein tolles Gefühl, berühmt zu sein. Auch wenn das keiner gern zugibt. Wir haben schon vor 250 Leuten gespielt, die das total geil fanden, und im ‚Roxy' in Prag, da kam fast keiner und denen, die da waren, hat's nicht gefallen. Das war echt Scheiße.

Es ist schon befriedigend, wenn du einer Menge von Leuten einen schönen Abend machen kannst, deine Messages rübergebracht hast.

Tote Hose Campino (aus Bravo vom 17.12.1997).

DDR

EIN DOO-WOP-HAPPENING IM SOMMER 1990 IM POTSDAMER HINTERHOF.

FLIEGENDE PETTICOATS UND SWINGENDE BOYS.

EIN FIFTIES ROCKER HAT ZWEI LIEBEN:

SEIN MOTORRAD UND SEINE FREUNDIN

Rock'n'Roller

1990

DDR

Rock'n'Roller

1990

Punkrock aus Sarajevo

Jugend in Jugoslawien

von
Frank Hofmann
und
Rüdiger Rossig

»Zählt nicht auf uns!«

Musik aus Ex-Jugoslawien hält bis heute die junge Generation vom Balkan zusammen: Rock gegen den Nationalismus der Teiler und Kriegstreiber

Tanz auf dem Vulkan

Belgrad, Juni 1992. Ein Jahr nach Beginn des Krieges um die ehemalige Sozialistische Föderative Republik Jugoslawien ist das UNO-Embargo gegen Serbien und Montenegro beschlossene Sache. In der serbischen Hauptstadt überträgt das staatliche Fernsehen ein Rockkonzert, - man will vergessen machen, daß keine 200 Kilometer weiter westlich im benachbarten Bosnien-Herzegowina geschossen wird. Die Parole der Polit-Clique um Präsident Slobodan Milosevic: Normalität simulieren. Das Rockkonzert soll den Belgradern zeigen, daß das System die Lage im Griff hat, daß für loyale Bürger keine Gefahr besteht.

Doch der Plan des Medien-Manipulators Milosevic geht nicht auf - im Gegenteil. Gegen Ende der TV-Übertragung betritt ein massiger Kerl die Bühne. *Rambo Amadeus* ist den meisten ex-jugoslawischen Jugendlichen als offener, oft zynischer Kritiker des Milosevic-Regimes bekannt. Mit stockender Stimme beginnt der Sänger und Gitarrist zu sprechen: »Während Ihr Euch amüsiert, sterben keine hundert Kilometer von hier Menschen. Während Ihr Euer Bier trinkt, bombardieren die Schweine Sarajevo und Tuzla.«

Jugend in Jugoslawien

> „In Belgrad ist der Kampf gegen den Krieg ein Kampf gegen Windmühlen."

Abschiedsparty bosnischer Jugendlicher in Berlin
Die ersten Abschiebebescheide werden »gefeiert«

Jugend in Jugoslawien

Rambo Amadeus steht im Sommer 1992 nicht alleine da. Überall in den Republiken, die bis 1991 zu Jugoslawien gehörten, hatten sich schon bald nach Beginn der Kämpfe im Frühsommer 1991 Rockmusiker und Fans organisiert, um gegen den Wahnsinn des Krieges Widerstand zu leisten. Auch wenn sich die Aktionen in den verschiedenen Teilen des zerfallenden Landes in der Form unterscheiden - in Kroatien, das zu einem Drittel von serbischen Milizen und der von Belgrad kontrollierten »Jugoslawischen Volksarmee« besetzt ist oder im umkämpften Bosnien heißt Widerstand etwas anderes als in Belgrad, der Stadt, aus der die nationalistische Aggression kommt - im Ziel ist die Rockszene einig: Wer in der politischen Auseinandersetzung den Weg der Gewalt geht, kann auf die Rocker nicht zählen.

Es sind vor allem junge Menschen, die gegen Krieg und Diktatur protestieren. Das von den Hardlinern der Regierung propagierte Schaffen von ethnisch reinen Volksstaaten finden sie so absurd wie ein eigenes serbisches Raumfahrtprogramm.

In Belgrad ist der Kampf gegen den Krieg ein Kampf gegen Windmühlen. »Unser Publikum ist nach unseren Auftritten genauso gegen diesen Krieg wie vorher«, sagt *Rambo Amadeus* im Frühsommer 1992, »die anderen hören nichtmal zu.« Trotzdem: Jedes Wochenende und manchmal auch öfter finden im Sommer 1992 in Belgrad Demonstrationen statt. Bis zu 50.000 gehen dann auf die Straße, organisiert von kleinen Bürgerkomittees, ohnmächtigen Oppositionsparteien und rebellischen Studenten.

Es sind vor allem junge Menschen, die gegen Krieg und Diktatur protestieren. Das von den Hardlinern der Regierung propagierte Schaffen von »ethnisch reinen« Volksstaaten finden sie so absurd wie ein eigenes serbisches Raumfahrtprogramm. Der Gedanke, nun auf Kroaten und Bosnier schießen zu müssen - auf Menschen, denen sie bis vor kurzem noch staatlich verordnet »Brüderlichkeit und Einheit« hatten schwören müssen, ist ihnen fremd.

Jugend in Jugoslawien

Im Kampf gegen den nationalistischen Wahnsinn kommt es zu merkwürdigen Allianzen. So stehen im Zentrum der serbischen Oppositionsbewegung Rockmusiker, die sich bis vor kurzem gar nicht oder nur am Rande um Politik gekümmert hatten und nun offen zum Widerstand gegen die Kriegspolitik aufrufen. Die großen Bands der 80er Jahre setzen ihre Popularität ein, um auch unpolitische Rockfans auf die Straße zu bringen.

In Kroatien darf sich schon als Held fühlen, wer ein paar verlassene serbische Häuser gesprengt hat.

Am 25. Mai, dem Geburtstag des 1980 verstorbenen Präsidenten Josip Broz Tito, den nicht nur sozialistische Betonköpfe nach wie vor als »Tag der Jugend« feiern, findet in Belgrad ein Mammutkonzert zugunsten des »Zentrums für Antikriegsaktionen« statt. Motto: »Zählt nicht auf uns!«. Tatort: Der Platz der Republik, unmittelbar vor dem Parlament. Während sich fünf Autostunden entfernt der Belagerungsring um die bosnische Hauptstadt Sarajevo schließt, postulieren Bands wie *Ekatarina Velika* (»Katherina die Große«), *die Partibrejkers* (»Ungebetene Gäste«), *Obojeni Program* (»Buntes Programm«) oder *Elektricni Orgazam* (»Elektrischer Orgasmus«), Sängerinen wie *Baby Doll* und Sänger wie *Rambo Amadeus* auf einer Bühne unterhalb der Parlamentsfenster verzweifelt: »Nein!« quasi direkt ins Ohr des Serbenführers Milosevic.

»Ich hatte mich als Jugoslawin gefühlt«

Seit *Rambos* Auftritt im staatlichen Fernsehen sind Rock-Live-Übertragungen erstmal auf Eis gesetzt worden. Schlimm genug, daß großserbische Politiker durchs Fenster des Parlaments Volkes Stimme vernehmen müssen - alle derartigen Aktionen finden in der veröffentlichten Meinung Serbiens quasi nicht statt. Politische Konzerte wurden seitdem in den staatlichen Medien totgeschwiegen.

Die Rockszene ist nicht repräsentativ für Serbien. Außerhalb der Clubs und Kneipen schlägt dem Besucher im Sommer 1992 in ganz Ex-Jugoslawien eine gewaltige Propaganda-Welle entgegen. Andere Information als die regierungsamtliche existiert nur in Form von Gerüchten. Da glaubt der Taxifahrer im kroatischen Zagreb zu wissen, daß Deutschland seine Truppen an der österreichischen Grenze zusammenziehe. Daß die Nato demnächst Belgrad bombardieren werde, gilt in der serbischen Hauptstadt vielen als beschlossene Sache.

In Serbien feiern die Medien die »Tschetnik«-Milizionäre des Vojislav Seselj. In Kroatien darf sich schon als Held fühlen, wer ein paar verlassene serbische Häuser gesprengt hat. In Bosnien herrscht Krieg, im serbisch besetzten Teil des Landes werden Menschen mit muslimischen Nachnamen von selbsternannten »Befreiungs-Milizen« in Arbeits- und Folterlager getrieben - die »ethnische Säuberung« geht auf ihren Höhepunkt zu.

Währenddessen kann »ethnische Säuberung« auch anders aussehen: Die damals 18jährige Tatjana Duric flieht 1992 aus dem zentralbosnischen Zenica in die serbische Hauptstadt Belgrad, weil sie als Serbin in ihrer von der muslimischen »Partei der Demokratischen Aktion« SDA regierten Heimat zur Bürgerin zweiter Klasse degradiert worden ist. Ihre Familie wird bei der Ausgabe von Lebensmittelrationen in der von serbischen Truppen belagerten Stadt benachteiligt. Als sie nachfragt, wird ihr beschieden, »sie als Serbin solle sich nicht wundern«. »Bis zu diesem Zeitpunkt hatte ich noch gedacht, Staatsbürgerin Jugoslawiens zu sein«, sagt sie heute, »ab diesem Tag war klar, daß das nicht mehr so war.«

Sänger der Moronbrothers aus Sarajevo

Nach einer abenteuerlichen Flucht durch die so gar nicht eigenen serbischen Linien lebt Tatjana eineinhalb Jahre lang in der serbischen Hauptstadt. Sie geht auf die Konzerte gegen den Krieg, sieht all die großen Anti-Kriegs-Aktionen der jugoslawischen Rock- und Punk-Größen. Das Motto - »Zählt nicht auf uns!« - ist ihr nicht nur vertraut, es ist das ihre. Sie streunt an den Kiosken vorbei, überwältigt von der Masse an Jugo-Rock-Musik, die hier durch die Boxen dröhnt.

Entscheidende Erlebnisse.

Doch Belgrad war nur eine Zwischenstation, »das war für mich von Anfang an klar.« Schon 1992 gab es in Serbien für Flüchtlinge kaum noch Möglichkeiten, sich ein normales Leben aufzubauen. Im Frühjahr 1994, kurz nach ihrem 20. Geburtstag, kommt Tatjana in Berlin an, wo ihr heute 26jähriger Freund Robert lebt. Robert ist auch aus Zenica, war aber schon vor dem Krieg nach Berlin gezogen. Heute sagt Robert, er habe »schon viel früher Lunte gerochen. Ich habe mich lange vor dem ersten Schuß in Sicherheit gebracht.«

Die 21jährige Alisa und der gleichaltrige Mario sind wie Tatjana während des Krieges nach Berlin gekommen. Beide waren 17, als der Krieg 1992 von Kroatien auf Bosnien-Herzegowina überschwappte. Ihr Leben war zu diesem Zeitpunkt vor allem von ihrem Schulalltag bestimmt - balkanische Normalität vor 1992.

Alisa ist Muslimin und wurde aus der heute bosnisch-serbisch kontrollierten Kleinstadt Derventa vertrieben. Für Muslime - das heißt in Ex-Jugowlawien meist Bürger mit muslimischen Vorfahren - wurde das Leben im serbisch beherrschten Teil Bosniens vom ersten Tage des Krieges an unerträglich. Bald gingen die Nationalisten von der versteckten Diskriminierung der zu »Minderheiten« degradierten nicht-serbischen Bosnier zur offenen »ethnischen Säuberung« über.

Derweil war im Süden des Landes, in der Herzegowina, 1993 ein weiterer Krieg ausgebrochen - diesmal zwischen muslimischen und kroatischen Extremisten. Bugojno wurde zum Zentrum einer dritten ethnischen Säuberung - Kroaten wie Mario sind dort bis heute nicht gerne gesehen. Während Tatjana den Weg über Belgrad genommen hatte, flüchteten Alisa und Mario zunächst in die kroatische Hauptstadt Zagreb, bevor auch sie in Berlin strandeten.

Jugend in Jugoslawien
INTERVIEW

Protest mit dem Kassettendeck

Ein Gespräch mit Tatjana (22), Robert (26), Mario (21) und Alisa (21).

Was für Musik habt Ihr zu Hause, im ehemaligen Jugoslawien gehört?
Tatjana: Das war vor allem Punk, Neue Deutsche Welle und vor allem die New Primitives, diese Bewegung aus Sarajevo, die hat viel Einfluß hinterlassen.
Mario: Die New Primitives waren 1984 oder so. Das ist zu vergleichen mit der Neuen Slowenischen Kunst. Und in Zagreb gab es die Leute der sogenannten Crna Ruza (»Schwarze Rose«) - das war eine Darkwave-Bewegung. Und Belgrad war immer auf Rock und Punk.
Robert: Es gab verschiedene Einflüße, also: Belgrad, Zagreb, Sarajevo, was Jugo-Musik angeht.
Mario: Mit 16 habe ich angefangen, Punk zu hören und zu konsumieren, ja, auch zu genießen. Bugojno war eine Kleinstadt und wir waren eine Attraktion in unserer Stadt. Es gab zehn, zwölf Punks in Bugojno, zu denen ich auch gehörte. Manche Leute hatten Angst vor uns, manche Leute haben uns geschlagen (Lachen). Also - wir hatten viele Probleme damit, Punk zu sein.
Alisa: Ich habe am meisten Rock konsumiert. Aber nicht nur aus Jugoslawien, auch aus England, sowas wie *The Cure*.

Jugend in Jugoslawien

Mario: Also, Punk hat bei uns in Slowenien und den Hafenstädten von Kroatien begonnen, das war '79 oder so. Und auf diese Bands stehe ich auch: wie Pankerti (slowenisch für »Bastarde«) oder *Termiti* (kroatisch für »Termiten«). Dann *K.U.D. Idijoti* (Kultur- und Kunstverein »Die Idioten« aus Pula, Kroatien), die kamen etwas später. Aber richtiger Punk war ganz am Anfang erst in den Hafenstädten: In Rijeka und Pula und so. Und dann hat sich das verbreitet nach Süden - so wie eine Welle. Und natürlich ist es auch nach Bosnien gekommen.

Wann hast Du für Dich begonnen, Punk zu sein?

Mario: So mit 16, das war 1989. Jetzt bin ich 21. Damals waren schon ein paar Punks in meiner Stadt, und so bin ich auch dazugekommen.

Tatjana, wie war das bei Dir?

Tatjana: Ich hab auch mit 15, 16 angefangen, Punk, Rock und Dark zu hören. Und bei uns gab es viele Bands, die Musik gemacht haben, das war eine gute Szene in Zenica. Wir hatten einen Club, dort konnten wir Konzerte machen. Wir haben damals auch viele Konzerte in Sarajevo besucht.

> „Ich brauchte etwas Freies, einen Ort, wo ich keine Angst hatte. Dabei meine ich nicht die Angst vor dem Krieg. Ich hatte ganz konkret in Berlin Angst etwas zu sagen, ich hatte Angst vor der Reaktion anderer Leute hier auf der Straße."
>
> Alisa

Wie war das bei Dir, als Du nach Berlin gegangen bist?

Tatjana: Naja, in Berlin höre ich jetzt viel mehr jugoslawische Musik, weil früher - es war nicht so wichtig für mich. Ich habe immer versucht, ausländische Musik zu hören, weil die jugoslawische ohnehin immer da und zugänglich war. Die Musik aus Westeuropa und Amerika war unter anderem interessant, weil man die Platten und Kassetten nur schwer bekommen konnte. Das hatte eine gewisse Attraktivität. Und heute ist das gerade andersherum. Hier höre ich fast nur jugoslawische Rock- und Punk-Musik. Ich mag es, diese Musik zu hören. Diese Musik gibt mir ein ganz bestimmtes Gefühl. Die Sprache, die Mentalität - ich kann es besser verstehen. Ich vermisse es, das ist wie Heimweh.

Robert: Es ist heute einfacher, Jugo-Rock-Kassetten in Berlin zu bekommen als früher westliche Rock-Platten in Jugoslawien.

Mario: Ja, Du mußtest das alles bestellen, in Zagreb.

Tatjana: Und die Platten, die offiziell vertrieben wurden, waren nur von den großen Bands wie *Metallica*.

Mario: Das, was im Fernsehen lief, konnte man alles bekommen.
Tatjana: Das konnten wir kriegen, nichts anderes.
Mario: Ich verfolge, während ich hier in Berlin lebe, noch immer die jetzige Underground-Szene aus Jugoslawien. Ich höre neue Bands aus Jugoslawien, die Anfang der '90er aus den Kellern gekommen sind. Ich habe ein paar Freunde in Zagreb und sie verfolgen diese Szene, und dann berichten sie mir alles.
Was bedeutet die Musik für Dich hier? Du hättest ja auch andere Interessen entwickeln können, gerade hier in der Musiker-Stadt Berlin?
Mario: Ja. Wir haben von Berlin geträumt, als ich in Bosnien war. Das war für uns eine Traumstadt. Also wegen *Nick Cave*, weil er hier Mitte der '80er war. Wir haben nur die Filme gesehen. *Einstürzende Neubauten.* Doch als ich dann hierhergekommen bin, war das eher eine Enttäuschung für mich. Das Berlin heute war nicht, was ich erwartet hatte. Das war alles viel schöner im Fernsehen. Jetzt ist das nicht mehr so interessant für mich. Und die jugoslawische Musik wurde für mich zu so etwas wie einer Verbindung zwischen mir und meinen Freunden, von denen auch manche im Krieg gestorben sind. Die Musik als Verbindung zwischen Heimat, meiner Stadt und zu den Freunden. Meine Freunde sind jetzt überall. In England, in Deutschland, in Belgrad und Zagreb. Wir hören uns sehr selten. Vielleicht einmal in zwei Monaten oder so. Und dann ist das erste Thema immer Musik. Was gibt's Neues, was gibt's Neues? Wir tauschen auch Kassetten aus, per Post.
Alisa: Also, ich habe auch am Anfang ganz, ganz viel jugoslawische Musik gehört. Und das war für mich wie eine Verbindung zwischen Vergangenheit und Gegenwart. Das war etwas wie ein Leben in Vergangenheit, weil - mir ging es am Anfang hier nicht so gut. Ich kannte nicht viele Menschen. Oder nicht die richtigen. Ich hatte die ersten zehn Monate in Deutschland niemanden, nicht zum Musik hören, nichts.
Mario: Die Jugorock-Szene hier in Berlin hat sich sehr spät aufgebaut, vielleicht seit zwei Jahren. Zuvor waren wir alle in kleine Gruppen zerteilt.
Wie habt Ihr Euch gefunden?
Alisa: Durch die Kneipen, denke ich. Ich habe ein paar Leute, die für mich interessant waren, kennengelernt und wir sind dann irgendwann mal alle ins

Arcanoa gegangen (Kneipe in Berlin-Kreuzberg, Anm. d. Verf.). Und da gab's auch noch eine Menge interessanter Leute aus Jugoslawien. Mir hat das geholfen: Ich brauchte etwas Freies, einen Ort, wo ich keine Angst hatte. Dabei meine ich nicht die Angst vor dem Krieg. Ich hatte ganz konkret in Berlin Angst etwas zu sagen, ich hatte Angst vor der Reaktion anderer Leute hier auf der Straße. Im Arcanoa sah das alles anders aus.

Mario: Das Arcanoa war ein Versammlungsort.

Lief das auch über die Musik?

Robert: Nein, zunächst nicht, die Musik kam erst später. Im Arcanoa hat man sich andere Musik angehört. Und irgendwann ham wir halt versucht, eine Kassette rüberzureichen, ob der Thekenchef sie spielen läßt. Und ..., ja, also ich bin sicher, daß wir alle uns besser fühlten, wo man unsere Kassette eingelegt hat. Da ging's uns besser (alle lachen) ... ja, das Verlangen nach unserer Musik hat uns dann eben noch mehr zusammengebracht.

Mario: Es gibt viele Leute, die erst hier angefangen haben, jugoslawische Musik zu hören. Und so ist diese Berliner Jugo-Rock-Szene gewachsen.

Sarajevo Rock
Damir, Sänger von Protest

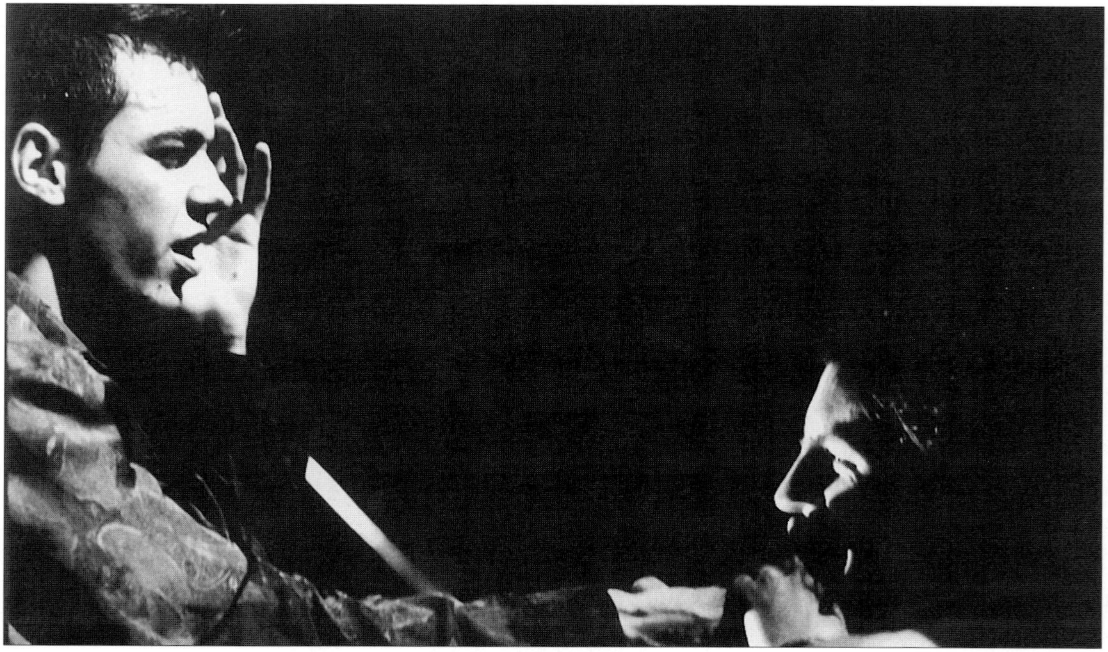

Flüchtlinge und Belagerte rocken gemeinsam

Berlin im Frühjahr 1996:

Bert'z Rache, *Raggatacke*, *Time Tough* und die Berlin-St.Petersburger-Formation *C.W. Moss*, allesamt Bands aus dem Umfeld einiger besetzter Häuser im Ostteil Berlins, organisieren die Tournee »Berliner Bands für Bosnien«. Die Partner in Ex-Jugoslawien: Humanitär-politische Organisationen wie das unabhängige »Radio Zid« (Radio Mauer) in Sarajevo und Antikriegsgruppen im früheren Jugoslawien - unter anderem das Belgrader »Zentrum für Antikriegsaktionen«, für das die jugoslawischen Rockgrößen 1992 in Belgrad gespielt hatten. Hinzu kommen Hilfsorganisationen und zahlreiche Leute aus der Ostberliner Besetzerszene, in Zagreb schließt sich die Zeitung der kroatischen Antikriegskampagne, *ARKzin*, an, die auch unter den jungen Ex-Jugoslawen in Berlin gelesen wird.

Die Idee zu der Tour ins gerade mal halbwegs befriedete Kriegsgebiet[1] ist ein Produkt der Bekanntschaft von Berliner Rockmusikern mit Menschen wie dem 26jährigen Robert aus Zenica oder dem 19jährigen Vedran Sitnica aus Banja Luka. Sie sind bei allen Arbeiten zur Vorbereitung und Durchführung der Tournee nach Kroatien und Bosnien-Herzegowina dabei. Die Aktion wird so zu einer echten deutsch-jugoslawischen Co-Produktion.

Im Dezember des Vorjahres hatten sich die Kriegsparteien in Dayton/Ohio auf einen Friedensplan geeinigt und zu dessen Durchsetzung 60.000 Nato-Soldaten bewilligt bekommen.

Nach dem erfolgreichen Abschluß der Tour trägt diese Zusammenarbeit weitere Früchte: Im Anschluß an den Besuch der Berliner Bands auf dem Balkan kommen im Sommer 1996 die beiden Punk-Rock-Bands *Protest* und *Moron Brothers* aus Sarajevo nach Berlin - die jungen Musiker sind das erste Mal seit Frühjahr 1992 außerhalb Bosnien-Herzegowinas. Der Tenor der beiden Bands, die in ihrer Heimat zum Teil bei Kerzenlicht in Schutzkellern geprobt hatten: »Im Krieg hat die Musik uns den Kopf hochgehalten« - mehr als 30 neue Gruppen haben sich während der vierjährigen Belagerung der bosnischen Hauptstadt zusammengefunden, - »jetzt bringt die Musik uns zu neuen Leuten, an neue Orte.« Zu dem Berliner Konzert kommen 400 junge Men-

(1) Im Dezember des Vorjahres hatten sich die Kriegsparteien in Dayton/Ohio auf einen Friedensplan geeinigt und zu dessen Durchsetzung 60.000 Nato-Soldaten bewilligt bekommen.

schen aus den unterschiedlichsten Republiken des früheren Jugoslawiens, die heute in Berlin leben. In Deutschland stehen sie nun plötzlich jenen Landsleuten gegenüber, die dreieinhalb Jahre lang ihr Leben damit verbracht haben, jeden Tag Wasser an einer nur unter Lebensgefahr zu erreichenden Stelle zu holen. Die im Krieg gelernt haben, dünnste Kerzen aus ein paar Wachsresten zu drehen, bei deren Konzerten in Sarajevo verbrennende Plexiglasplatten als Beleuchtung dienten. Im Berliner »Pfefferberg« im Stadtbezirk Prenzlauer Berg, wo die *Moron Brothers* und ihre Kollegen von *Protest* am 25. Mai 1996 - vier Jahre nach den Anti-Kriegs-Konzerten in Belgrad - spielen, werden die Bands aus Sarajevo von 500-Watt-Lampen angestrahlt. Ihr Publikum besteht aus Leuten, die Krieg nur aus dem Fernsehen kennen - und Landsleuten, die sich zum Teil seit Jahren mit Ausländerämtern und Sozialbehörden herumschlagen.

Als *Damir Nevesinjac*, der 19jährige Sänger der Gruppe *Protest*, das Mikrofon aus der Halterung reißt und den *Sex-Pistols*-Titel »United! United!« kreischt, tobt vor der Bühne der Pogo. »United Rakija (Schnaps), United Pizza, United Pivo (Bier), United, United«, - alles nur vereinigt, wir akzeptieren keine Teilungen und die der bosnischen Hauptstadt Sarajevo schon gar nicht.

Damir von Protest mit bosnischen Fans

Die Sprache ist dieselbe geblieben, doch die Worte sind irgendwie anders als vor vier Jahren in Belgrad. Die jungen Musiker von *Protest* und *Moron Brothers* vermitteln einen ganz anderen Eindruck als noch der massige *Rambo Amadeus* 1992. Der serbische Rockstar protestierte gegen das, was anderen angetan wurde. Die 20jährigen Nachwuchsmusiker der Kriegsgeneration in Sarajevo sind für sich ein Protest gegen das Verbrechen, das die Verantwortlichen auf dem Balkan dieser Generation angetan hatten. Sie sind die Opfer - und doch: Sie spielen weiter.

Panik im Exil

Ein Ortswechsel: Die rote Kunsthandwerk-Lampe, die sich auf dem alten Plattenspieler im Arcanoa in Berlin-Kreuzberg dreht, erinnert an eine Alarmanlage. Es ist ein Freitag abend im Herbst 1996, und eigentlich könnte es einer jener Party-Abende werden, wie sie hier schon oft stattgefunden hatten in den vergangenen drei oder vier Jahren, als in Bosnien-Herzegowina die Granaten flogen und Robert versucht hat, sich hier mit seiner Freundin Tatjana, mit Mario und Alisa oder auch Faruk und Suljo, Bosnier wie die anderen hier auch, zu betrinken. »Wir saßen in den vergangenen Jahren meistens ganz hinten, wo die Kneipe ein wenig wie zu einer Höhle wird«, erzählt Robert. »Dort haben wir uns immer getroffen, wenn es unten geknallt hat, - um zusammenzusein, um nicht daran zu denken oder - um vielleicht doch daran zu denken.« Für einige der Anwesenden hatte die Kerzenbeleuchtung in den Ecken des Arcanoa etwas von der Kriegsbeleuchtung zu Hause in Bosnien, wo sich die Menschen in Kellern versteckten. Robert war einer der ersten, der hier jugoslawische Rock- und Punkmusik auflegte. »So vor drei oder vier Jahren kamen dann irgendwann einmal immer mehr junge Leute aus Ex-Jugoslawien hierher. Deserteure, Menschen, die mit der ganzen Scheiße nichts am Hut haben wollten«, erzählt er. Das Ambiente - mitten unter Kreuzberger Künstler-, Musiker- und Säuferexistenzen - war offen für die jungen Leute mit den malträtierten Biographien. »Den meisten ging es darum, diesen nationalistischen Wahnsinn einfach nicht anhören zu müssen«, erinnert sich Robert. Hier spielt die Religion keine Rolle. Ganz anders als in so manchen Normalo-Kneipen, die sich früher »jugoslawisch« nannten und sich heute plötzlich »kroatisch«, »serbisch« oder »bosnisch« nennen. Was andere für unmöglich erklären, setzen die jungen ex-jugoslawischen Kriegsgegner im Berliner Exil fort: Das gemeinsame Zusammenleben.

Heute ist die Stimmung im Arcanoa gedämpft. Die Tresen-Lampe wirft ihr rotes Licht, während Faruk vom DJ-Balkon grüßt; mit einer Flasche Beck's aus den beiden Kästen, die er spendiert hat. »Er macht eine Abschiebungsparty«, sagt Suljo und versucht dabei zu lachen. Abschiebung. Ein Begriff findet sich innerhalb von wenigen Tagen in den Wortschatz eines jeden in Berlin lebenden Deserteurs aus Ex-Jugoslawien ein.

Jugend in Jugoslawien

Faruk ist Muslim und kommt aus Bosanski Brod, mitten im serbisch kontrollierten Teil Bosniens. Am 3. November solle er die Bundesrepublik verlassen, wurde ihm heute schriftlich mitgeteilt. »Eine Rückkehr dahin ist nicht drin«, unterstreicht Suljo, was eigentlich alle wissen. »Wie soll das denn gehen?« Sechzig Prozent des Landes zerstört, das gesamte Territorium in unnatürliche, nationale Zonen eingeteilt, die von Wahnsinnigen beherrscht würden, so einfach wie passend die kurze Erklärung der meisten über den Stand der Dinge in Bosnien-Herzegowina fünf Jahre, nachdem die Implosion Jugoslawiens begonnen hatte.

Seit 1994 lebt der 30jährige in Berlin. Von seinem letzten Wohnsitz, dem nordbosnischen Banja Luka, der größten Stadt in der sogenannten »Serbischen Republik«, ist er vertrieben worden. »Die wollten mich zum Arbeitsdienst mobilisieren, aber ich konnte rechtzeitig abhauen«, sagt er. Er ging nach Serbien, doch auch in Belgrad fahndete die serbische Polizei zu diesem Zeitpunkt bereits in Flüchtlingskneipen nach Deserteuren aus Bosnien, um sie den serbischen Waffenbrüdern in Bosnien zu überstellen.

Abschiebung. »Was da unten jetzt entstanden ist, hat nichts mehr mit dem Land zu tun, in dem ich einmal aufgewachsen bin«, meint ein anderer. Die vergangenen zwei, drei oder vier Jahre in Berlin dafür umso mehr. »Hier ist schon etwas gewachsen, denke ich. So etwas wie eine Szene, eine relativ große Anzahl von Leuten, die in ein paar wenige Kneipen gehen, wo sie vor allem "ihre" Musik hören können«, präzisiert Robert. Aus den Boxen dröhnt Musik der Belgrader *Partibrejkers* und das Lied »Sarajevo feeling« von *Protest*. Aus dem Sarajevo feeling ist für viele das eigene, ex-jugoslawische Berliner Lebensgefühl geworden. Und zu dem gehören mittlerweile neben der Musik aus Ex-Jugoslawien auch all die Klänge, die aus den Clubs zwischen Oranienstraße (West-) und Oranienburgerstraße (Ost-Berlin) oder auch den Kellerhöhlen der besetzten Häuser klingen.

»Ich denke, die meisten der jüngeren Leute möchten gerne hier bleiben.« Die Alternative wäre im Moment ein Leben unter dem nationalistischen Wahnsinn der Geldabzocker und Kriegsgewinnler auf dem Balkan. Die kriminellen Cliquen, gegen die 1992 der zornige *Rambo Amadeus* in Belgrad anbrüllte, gegen die die Rockmusiker auf dem Balkan erfolglos anliefen, sind heute in ganz Ex-Jugoslawien fest im Sattel.

Abschiebung. »Das ist doch kompletter Wahnsinn«, sagt der 19jährige Vedran. Der junge Bosnier, ebenfalls aus Banja Luka, war auch 1994 nach Berlin gekommen, »nachdem hier bereits mein Bruder war«. Vedran rückt sich seine gepolsterte schwarze Lederjacke zurecht und erzählt. Sein Bruder habe sich früh in Berlin verliebt - und geheiratet, seine Existenz hier ist gesichert. Vedran hingegen hat niemand dergleichen gefunden, die Aufforderung, Deutschland zu verlassen, hat er bereits bekommen. Er konzentrierte sich viel mehr auf das Musikmachen, auf seine Band. »Wir haben uns den Namen *Smells Rotten* gegeben«, weil das ganze einfach nur noch stinke, und er wiederholt: »Alles.«

Mehr als zwei Jahre hat Vedran es gemeinsam mit seiner Familie in Banja Luka ausgehalten. Der Vater Muslim, die Mutter Kroatin, eigentlich waren die beiden als gemischtes Ehepaar schon zu Beginn der »ethnischen Säuberung« des serbisch besetzten Teiles von Bosnien Kandidaten für den Rausschmiß. Doch Vedrans Vater hatte Glück im Unglück: »Die brauchten ihn, er war in der Produktion der nationalistischen serbischen Zeitung von Banja Luka unabkömmlich.« Pragmatismus vor Vertreibung. »Meine Mutter wäre einmal allerdings fast erschossen worden, als zwei Typen in dem Laden, wo sie arbeitete, das Feuer eröffneten.« Die Mutter entkam, doch von da an war klar, daß auch der jüngere der beiden Söhne die Stadt verlassen sollte. »Ich bin dann über Belgrad rausgekommen«, genauso wie Tatjana zwei Jahre vor ihm. »Später in Berlin habe ich wieder begonnen, Musik zu machen. Das war beeindruckend - ich konnte drei Jahre lang keine Musik mehr machen, weil meine ganzen Freunde nicht mehr in Banja Luka waren und weil dort sowieso nichts mehr ging.«

Und dann sei er plötzlich in der Musiker-Stadt Berlin angekommen. Rockmusik als Therapie gegen die Alpträume. Die serbokroatischen Texte der Flüchtlingsband handeln von der Verachtung gegenüber den Verbrechern auf dem Balkan, von dem Zynismus über die kriegstreibende Rolle der westlichen Welt. »Natürlich, wir sind keine Profis«, gibt Vedran zu, aber er habe schließlich auch vier Jahre seiner Karriere verloren. Dafür soll es jetzt, von Berlin aus, endlich abgehen. Die jungen Flüchtlingsbands wie *Smells Rotten* haben große Pläne - Jugo-Rock soll von nun an auch aus Berlin kommen, oder aus Hamburg, Osnabrück, Bielefeld, Stuttgart. Da hat sich ein Kreis geschlossen.

Die Autoren:

Frank Hofmann
geb. am 28. Oktober 1971 in Stuttgart, Journalist seit 1988, von 1991 bis 1994 Volontär und später Redakteur bei der *Cannstatter Zeitung* in Stuttgart. Lebt seit 1994 in Berlin als freier Journalist und arbeitet unter anderem für den *Tagesspiegel*, Berlin, für verschiedene ARD-Hörfunksender sowie Magazine und Wochenzeitungen, darunter *ARKzin*, die Zeitung der Antikriegskampagne Kroatien. Schwerpunkte sind Ex-Jugoslawien und Themen in den Bereichen Wirtschaft-Umwelt-Soziales vor allem in den neuen Bundesländern.

Rüdiger Rossig
geb. am 26. August 1967 in Mannheim, Journalist seit 1987, studierte Balkanologie und Südosteuropäische Geschichte an der Freien Universität Berlin, von 1993-95 Osteuropa-Redakteur der *tageszeitung* (taz), dann Rechercheur und Redakteur beim Unprofor-Fernsehen (UN TV) in Zagreb/Kroatien, heute Redakteur und Moderator bei UN Radio in Sarajevo/Bosnien-Herzegowina. Lebt in Sarajevo und Berlin.

Quellen & Literatur

Anz, Philipp/Walder, Patrick (Hrsg.): techno. Ricco Bilger, Zürich 1995

Blask, Falko: »Ich will Spaß«. Eine Generation jenseits von Gut und Böse. Das Zeitalter der kreativen Willkür. Heyne, München 1996

Büsser, Martin: »...if the kids are united...« Von Punk zu Hardcore und zurück. Dreieck-Verlag (3. überarbeitete und erweiterte Auflage), Mainz 1996

Deese, Uwe/Hillenbach, Peter/Kaiser, Dominik/Michatsch, Christian (Hrsg.): Jugend und Jugendmacher. Das wahre Leben in den Szenen der Neunziger. Metropolitan, Düsseldorf/München 1996

Diederichsen, Diedrich: Freiheit macht arm. Das Leben nach Rock'n'Roll 1990-93. Kiepenheuer & Witsch, Köln 1993

Gottlieb, Joane/Wald, Gayle: Riot Grrrls. Smells like Teen Spirit. In: Die Beute. Politik und Verbrechen, Ausgabe 4/94 (Themenschwerpunkt: Subkultur), Edition ID-Archiv, Berlin 1994

Graves, Barry/Schmidt-Joos, Siegfried: Rock-Lexikon. Rowohlt Taschenbuch, erweiterte Neuausgabe, Reinbek 1990

Gülden, Jörg/Humann, Klaus (Hrsg.): Rock Session. Magazin der populären Kultur. Band 2. Rowohlt, Reinbek 1978

Helsper, Werner: Okkultismus. Die neue Jugendreligion? Leske und Budrich, Opladen 1992

Henkel, Oliva/Wolff, Karsten: Berlin Underground. Techno und HipHop zwischen Mythos und Ausverkauf. FAB, Berlin 1996

Hillenkamp, Sven in: Farin, Klaus (Hrsg.): Die Skins. Mythos und Realität. Chr. Links, Berlin 1997

Ice T: Who gives a fuck? Knaur, München 1995

Jakob, Günther: Agit-Pop. Schwarze Musik und weiße Hörer. Edition ID-Archiv. Amsterdam/Berlin 1993

Janke, Klaus/Niehues, Stefan: Echt abgedreht. Die Jugend der 90er Jahre. C.H. Beck, München 1995

Jugendwerk der Deutschen Shell (Hrsg.): Jugend '97. Zukunftsperspektiven - Gesellschaftliches Engagement - Politische Orientierungen. Leske + Budrich, Opladen 1997

Quellen & Literatur

Karrer, Wolfgang/Kerkhoff, Ingrid (Hrsg.): Gulliver. Deutsch-Englische Jahrbücher, Band 38: Rap. Argument, Berlin/Hamburg 1995

Lau, Thomas: Die heiligen Narren. Punk 1976-1986. de Gruyter, Berlin/New York 1992

Lindner, Rolf (Hrsg.): Punk Rock - oder: Der vermarktete Aufruhr. Freie Gesellschaft, Frankfurt 1977

Ott, Paul/ Skai, Hollow (Hrsg.): Wir waren Helden für einen Tag. Aus deutschsprachigen Punk-Fanzines 1977-1981. Rowohlt Taschenbuch, Reinbek 1983

Rumpf, Wolfgang: Stairway to Heaven. Kleine Geschichte der Popmusik von Rock'n'Roll bis Techno. C.H. Beck, München 1996

Savage, Jon: Der Trans-Europa-Amerika-Express. Grunge und Techno - Der Soundtrack der Generation X. In: Spiegel Spezial Nr. 2/1994. Pop & Politik

Schmidtchen, Gerhard: Wie weit ist der Weg nach Deutschland? Sozialpsychologie der Jugend in der postsozialistischen Welt. Leske + Budrich, Leverkusen 1997

Schwarzkopf, Oliver: Graffiti Art Deutschland - Germany. Schwarzkopf & Schwarzkopf, Berlin 1994

Stock, Manfred/Mühlberg, Philipp: Die Szene von innen. Skinheads, Grufties, Heavy Metals, Punks. Christoph Links/LinksDruck, Berlin 1990

Toop, David: Rap Attack. African Jive bis Global HipHop. Heyne, München 1994

Zaimoglu, Feridun: Kanak Sprak. 24 Mißtöne vom Rande der Gesellschaft. Rotbuch, Hamburg 1995

Zimmermann, Gerald: Punk und Hardcore in den achtziger Jahren. Ihre Bedeutung für Jugendkultur und Jugendarbeit. Diplomarbeit, Universität Essen 1992

Bildnachweise

Die Zahlen beziehen sich auf die entsprechenden Seiten im Buch.

Gall, Petra: 13, 20, 21, 22, 54, 56, 73, 85, 90, 112, 114, 120, 121, 122, 123.

Geilert, Boris (G.A.F.F.): 15, 16, 24, 34, 42, 69, 76, 86, 113, 116.

Jansson, Ann-Christine: 65.

Kaiser, Andree (G.A.F.F.): 8, 43.

Kozlowski, Siegbert: 110.

Neumann, Anna: 58.

Potschka, Bernd: 70, 124, 126, 129, 134, 136.

Saß, Marco: 45, 48, 62, 66.

sowie Archiv Farin, ZAP, private Leihgaben. Die Abbildungen auf Seite 51 entstammen dem Buch »Graffiti-Art. Deutschland - Germany«, erschienen im Schwarzkopf & Schwarzkopf Verlag, Berlin 1994.

Kritiken, Anmerkungen, Beschimpfungen, gerne auch Einladungen, Fanzines, Flyer usw. bitte an:

Klaus Farin,
Fidicinstraße 3
10965 Berlin
Fax: 030/6913016.

INTERVIEW

»Warum darf Michael Jackson nicht seinen Affen ficken?«

Ina Deter und Diane Weigmann (*Lemonbabies*) im Gespräch über Image- und andere Fragen

Ina Deter (Jahrgang 1947) gründete 1962 ihre erste Mädchenband *Lucky Girls*, schrieb 1974 ihren ersten Song »Ich habe abgetrieben«, landete zwei Jahre später mit dem Lied »Wenn du so bist wie dein Lachen« beim Grand Prix de la Chanson auf dem zehnten Platz und schuf in den 80er Jahren mit »Neue Männer braucht das Land« die definitive Hymne der deutschen Frauenbewegung. Nach mehrjähriger musikalischer Pause veröffentlichte sie 1997 überraschend auf ihrem eigenen Label ihr 13. Album »Mit früher ist heute vorbei«.
Diane Weigmann (Jahrgang 1973) gründete 1989 mit zwei Freundinnen die Berliner Trash-Pop-Band *Lemonbabies,* die keine »Girlie-Band« sein wollen und deshalb auch ohne Plattenvertrag unermüdlich durch die Lande tourten, bis sie eine Plattenfirma fanden, die das akzeptierte. 1998 erschien ihr neues Album »Porno« auf dem Fanta-4-Label Four Music.

Ina: Spielt bei euren Texten die spezifische Sicht des Frau-Seins eine Rolle?
Diane: Ich glaube, daß unsere Generation es so selbstverständlich nimmt, Frau zu sein, und zu machen, was sie will, daß sie gar nicht mehr darüber nachdenken. Ich schreibe einfach über das, was mir passiert. Es hängt von der aktuellen Gefühlslage ab, ob ich mich z.B. als liebes Anhängsel fühlen will oder als starke Frau. So entstehen genauso Anschmachttexte ('ich liebe dich, komm doch zurück zu mir') wie Texte über Waschlappen, die einem hinterherlaufen und alles für mich machen und es nicht wert sind, ernst genommen zu werden.
Ina: Die Zeiten haben sich geändert. Wir mußten ja damals erst einmal klarstellen, LiebeTriebeHerzSchmerz läuft nicht mehr, ich bin nicht *Mary Roos* oder *Wenke Myhre*, ich habe ein anderes Selbstverständnis.
Diane: Ich denke, jedes Mädchen unserer Generation weiß das zu schätzen, daß es Frauen gab, die gesagt haben, 'scheiße, ich bin jetzt nicht mehr die liebe süße Blonde, die softe Lieder singt, oder die lustige Hausfrau', daß Frauen wie du Vorreiterinnen waren, und dafür gesorgt haben, daß wir ernst genommen werden.

Ina Deter

Ina: Leider habe ich andere Erfahrungen gemacht. Wenn ich an die Diskussion über die sog. Girlies denke, da kam mir der kalte Kaffee hoch, wenn ich Heike Makatsch im *Spiegel* verbreiten höre, 'wieso muß ich was dazulernen, ich brauche doch keinen Autoreifen zu wechseln, ich stell mich einfach an den Straßenrand, und dann hält schon irgendein Typ an'. Mit den Girlies wurden Powerfrauen geschaffen, die den Männern nicht weh tun, die mit lästigen 'zickigen Emanzen' nichts zu tun haben wollen.
Diane: Das hat man uns auch immer gefragt, zwei Jahre, nachdem der Trend vorbei war: 'Seid ihr Girlies?' Klar tragen wir Miniröcke auf der Bühne, weil wir uns darin schön finden. Warum soll ich mich in schwarze Säcke hüllen

oder bewußt unfeminin anziehen, nur um ernst genommen zu werden. Wenn mir jemand bei einem Auftritt die ganze Zeit nur auf die Beine starrt, statt auf die Musik und die Texte zu hören, ist das sein Problem, nicht meines. Natürlich haben wir anfangs auch unsere Körper eingesetzt. Wir hatten den Erfolg, weil wir Frauen waren, nicht weil wir besonders gut gespielt haben. Aber es war uns egal. Genau das ist Selbstbewußtsein: sich auf die Bühne stellen und Musik machen, weil man Spaß daran hat, nicht erst monatelang im Probenraum zu hocken, um den Jungs zu beweisen, 'ich kann auch spielen, ich kann mehr als drei Akkorde'. In dem Moment, in dem du meinst, jemandem etwas beweisen zu müssen, drückst du dich selbst in die untergeordnete Rolle. Wenn mir heute jemand sagt, 'ihr hättet wohl mehr üben müssen', dann sage ich dem: 'Halt du erst mal acht Jahre durch, du kannst dudeln wie ein Verrückter, aber Musik machst du nicht'. Guck dir diese unzähligen Männerbands an, wo ein Solo das nächste jagt, und einer posed wie der andere, und jeder ist gut, und der Song dauert sieben Minuten, und du hast davon nichts wirklich mitbekommen, weil jeder jeden ausstechen will.

Ina: Also ihr wollt nicht in die Girlie-Schublade?

Diane: Nein, natürlich nicht. Es nervt uns, jedes Mal neu erklären zu müssen, 'wir liefen schon Jahre so rum, bevor die ersten Girlies auftauchten'. Aber ist Feminismus nicht auch so eine Schublade? Unter Feministinnen stellt man sich doch Frauen in lila Klamotten vor, die Männer Scheiße finden.

> „Ich bin der männlichen Presse genauso ohnmächtig ausgeliefert. Wir haben damals das Image 'Zickigkeit bekommen, weil wir den Männern lästig wurden mit unseren Forderungen."
>
> Ina Deter

Ina: Natürlich. Ich bin der männlichen Presse genauso ohnmächtig ausgeliefert. Wir haben damals das Image 'Zickigkeit' bekommen, weil wir den Männern lästig wurden mit unseren Forderungen. Wenn ihr in eurem neuen Selbstbewußtsein sagt, 'leck mich am Arsch', aber keine Forderungen mehr stellt, dann seid ihr für die Männer natürlich pflegeleichter und weniger gefährlich. Deshalb lieben es Männer, uns gegeneinander auszuspielen.

Diane: Aber genau da irren die Männer. Ich bin so selbstbewußt, daß ich es nicht mehr nötig habe, herumzuzicken, sondern ich kann Männer manipulieren. Wenn Girlies sich dumm stellen und von Männern helfen lassen, dann heißt das nicht, daß sie wirklich dumm sind, sondern daß sie Männer manipulieren. Das mache ich auch. Wenn ich zu faul bin, irgendwas Bestimmtes zu machen, dann mache ich auf die Naive, und in dem Moment macht es jemand für mich. Ich habe nicht immer das Bedürfnis zu beweisen, daß ich es auch selbst kann. Wenn mich jemand näher kennt, rafft der eh, daß ich nicht doof bin. Ich weiß, was ich kann und muß das niemand beweisen.

Ina: Ich bin zu stolz dazu, mich dümmer zu geben als ich bin. Ich habe schon immer das Ding im Kopf, mich beweisen zu müssen. Uns hat man ja früher nichts zugetraut. Deshalb habe ich schon immer das Maul doppelt aufgerissen. Vielleicht auch, weil ich ja ansonsten nicht die Größte bin. Aber ich kenne das noch, erst geliebt zu werden, wenn man sich die Liebe erarbeitet hat. Wenn ich nur an unsere Geburtstagsfeiern denke, wo Onkel Heinz allen immer was zugetraut hat, nur seinen weiblichen Familienmitgliedern nicht. Da habe ich Trotz entwickelt, 'jetzt gerade, ihr Arschlöcher!'.

Diane: Das ist okay. Aber das ist eine Erfahrung deiner Generation. Ich glaube, das ist heute viel einfacher als vor zwanzig oder dreißig Jahren. Warum gibt es denn heute so viele Scheidungen? Weil die Frauen eben nicht mehr die Beine breit machen wollen für Männer, die sie schlagen oder sonstwie mies behandeln.

Diane Weigmann

Ina: Es hat sich sehr viel geändert, das ist richtig. Es gibt heute diverse Frauenverlage, es gibt überall Kinderläden, es gibt Frauenhäuser usw., aber dennoch stagniert es seit Jahren. Es geht nicht voran. Frauen sind noch nicht wirklich in allen Bereichen gleichberechtigt. Im Bundestag kannst du die Frauen an den Händen abzählen. In den Aufsichtsräten mächtiger Konzerne sitzen so gut wie keine Frauen. Nenne mir in Deutschland eine Chefin einer großen Plattenfirma. Sie dringen langsam vor, werden Promotion- oder Marketingchefin, aber ganz oben angelangt sind sie noch nicht. Wenn du heute dein Demo-Tape zu einer Major-Company schickst, entscheiden Männer aus ihrem Blickwinkel über dein Produkt und dessen Vermarktung.

Diane: Aber das ist eher ein Generationskonflikt als eine Geschlechterfrage. Die jungen Männer sind uns gegenüber sehr emanzipiert eingestellt. Aber in den Plattenfirmen entscheiden alte Männer. Und es wird nicht dadurch besser, daß sie durch alte Frauen ersetzt werden. Oder dadurch, daß uns Frauen Nischen geöffnet werden. Ich will nicht in einer Frauen-Reihe veröffentlicht werden oder nur auf Frauen-Festivals auftreten. Ich möchte völlig gleichberechtigt unter den selben Bedingungen produzieren und auftreten wie männliche Musiker auch. Ich habe viel Kontakt mit 15- bis 18jährigen Frauen, gehe oft in Jugendclubs, um mir dort die Bands anzuhören, und glaube mir, in immer mehr Bands spielt eine Frau. Es wird normal. In zehn oder vielleicht erst zwanzig Jahren achtet niemand mehr darauf, ob da eine Frau oder ein Mann spielt.

Ina: Die dann aber wahrscheinlich immer noch vom Goodwill der Männer in den Chefetagen der Plattenfirmen abhängig sein werden.

Diane: Das ist mir scheißegal, ob das Männer oder Frauen sind, die meine Tapes beurteilen. Das Problem ist, daß es so wenig Junge in Führungspositionen gibt. Ein dreißigjähriger Product-Manager lehnt heute keine Band mehr ab, weil darin Mädchen spielen. Ich möchte jemanden, der so denkt wie wir und nicht noch an alten Rock-Standards hängt. Diese ältere Generation muß erstmal aussterben. Sorry, Ina, aber die Leute aus deiner Generation, egal ob Frau oder Mann, können mit unseren Sachen nichts anfangen. Die müssen erstmal weg. Und so wird es kommen. Und es werden auch mehr Frauen folgen, denn die jüngeren Frauen von heute, die jetzt unten anfangen, und da gibt es eine ganze Menge, die werden gut sein, und im Endeffekt zählt ja auch nur das, und sich hocharbeiten.

> „Das Problem ist, daß es so wenig Junge in Führungspositionen gibt. Ein dreißigjähriger Product-Manager lehnt heute keine Band mehr ab, weil darin Mädchen spielen. Ich möchte jemanden, der so denkt wie wir und nicht noch an alten Rock-Standards hängt. Diese ältere Generation muß erstmal aussterben."
>
> Diane Weigmann

Ina: Aber sehr langsam. Viele Frauen machen einzeln ihr Ding, aber es entsteht kein Flächenbrand, keine breite Bewegung.

Diane: Ihr hattet mehr Probleme als wir. Unsere Generation hat eigentlich nicht mehr wirklich große Probleme, aber wenn was Großes kommt, werden sich die Leute auch wieder zusammenfinden.

Ina: Wir hatten wirklich noch ein Feindbild, gegen das wir aufmüpfen konnten. Ob das der Vietnamkrieg war oder die Verstrickungen unserer Eltern und Großeltern in der Nazi-Zeit. Heute sind die Feindbilder weg, und jeder wurschtelt so vor sich hin, konsumiert so vor sich hin und kümmert sich nur noch um seine ganz persönlichen Sachen. Politik ist kein Thema mehr.

Diane: Mir fehlen auch keine Feindbilder. Das einzige, was ich wirklich abgrundtief hasse, sind Leute, die so egoistisch sind, daß sie ihr Ding ohne Rücksicht auf Verluste durchziehen. Aber ich muß zugeben, daß ich nicht so hochgradig politisch interessiert und informiert bin, daß ich Bescheid weiß. Vieles ist mir einfach zu undurchsichtig, um mich ernsthaft darauf einzulassen. Ich habe auch meinen Kopf so voll mit meinem Beruf und Spaß daran, daß ich weder Zeit noch Lust habe, mich auf längere Zeit politisch zu engagieren.

Ina Deter

Ina: Aber das ist schade. Denn wenn alle darauf verzichten, politisch Einfluß zu nehmen, bleibt alles beim Alten, das heißt, es wird schlechter.

Diane: Das glaube ich nicht unbedingt. In meinem Freundeskreis, in den Clubs, in die ich gehe, wird zum Beispiel höllisch darauf geachtet, daß da keine Nazis oder irgendwelche Schläger reinkommen. Ich weiß noch, früher gab es in Spandau immer eine Discothek, in die wir alle gerannt sind; es gab eben nur die eine. Irgendwann haben wir mitgekriegt, daß die keine Türken und keine Schwarzen reinlassen. Es ist keiner mehr hingegangen. Wir haben den Laden echt boykottiert, wir haben sogar Handzettel verteilt, um die anderen zu informieren. Bei unseren Konzerten haben wir das auch so gehandhabt. Ich habe mal mitbekommen, daß da eine Gruppe Nazis im Club war, und bin sofort zu dem Besitzer gegangen und habe ihm gesagt, entweder er schmeißt die raus oder ich trete nicht auf.

Ina: Trotzdem bin ich der Meinung, daß es nicht reicht, wenn die politischen Themen und Strukturen außen vor gelassen werden. Manchmal habe ich das Gefühl, die Leute weigern sich einfach, erwachsen zu werden. Wie anders läßt sich die ganze Comedy-Kacke erklären, angefangen von den *Doofen* über *Blümchen* bis hin zu *Bärbel Schäfer* und *Ilona Christen.*

Diane: Es ist eine Sache, ob du das ernstnimmst und glaubst, was im Fernsehen gesagt wird, oder ob du es als Spaß nimmst. Ich bin ein Fernsehkind. Ich bin mit dem Fernsehen großgeworden, hatte schon in meinem Kinderzimmer einen eigenen Fernseher. Ich gucke gerne Fernsehen. Ich erhalte einen Großteil meines Wissens aus dem Fernsehen. Aber ich gucke auch Fernsehen, während ich meine Suppe esse, zum Ablenken. So wie andere Leute einen Comic lesen, gucke ich fern und amüsiere mich dabei über die schlechtesten Sendungen. Ich liebe soap operas. Ich lache auch gerne über gute Witze, die eigentlich nicht korrekt sind, die auf Kosten irgendwelcher Leute gehen. Ich denke, das ist auch ein Generationsunterschied: Unser Humor ist viel größer und ganz anders als der deiner Generation. Unsere letzte Platte hieß »Pussypop«, und eigentlich sollte sie sogar »Fotzenbonus« heißen. Hättest du's verstanden? Wahrscheinlich hättest du uns gehaßt dafür. Aber wir haben uns gedacht, wir rennen jetzt ständig in Interviews gegen dieses Klischee an und werden doch immer wieder in diese Girlie-Tussy-Schublade gesteckt. Mit dem Titel war denen, die etwas intelligenter sind und unsere Musik auch genauer anhören, klar, wie wir dazu stehen, und bei den anderen, *Bild, BZ* usw., die's nicht geschnallt haben, wußten wir, daß wir für die nun keine Energie mehr verschwenden müssen, um denen was zu erklären.
Ina: Aber gerade die haben am meisten Macht...
Diane: ...aber nur für Doofe, und doofe Leute interessieren mich nicht. Ich will nicht jeden ansprechen. Ich will nur intelligente Menschen in meinem Publikum. Die anderen können mich ruhig hassen, für doof halten und zu *TicTacToe* gehen.
Ina: Aber du wirst immer wieder mit dem einmal gefestigten Image konfrontiert. Ich bin immer noch die Lila-Latzhosen-Trägerin, die Emanzenzicke', die 'Kindsmörderin'.
Diane: Aber möchtest du wirklich ein Positivimage haben wie Claudia

„Ich bin ein Fernsehkind. Ich bin mit dem Fernsehen großgeworden, hatte schon in meinem Kinderzimmer einen eigenen Fernseher. Ich gucke gerne Fernsehen. Ich erhalte einen Großteil meines Wissens aus dem Fernsehen. Aber ich gucke auch Fernsehen, während ich meine Suppe esse, zum Ablenken. So wie andere Leute einen Comic lesen, gucke ich fern und amüsiere mich dabei über die schlechtesten Sendungen. Ich liebe soap operas."

Diane Weigmann

Schiffer, die immer nur lächelt und lieb ist? Du hast immerhin Hunderttausende von Platten verkauft und damit Leute erreicht, die dich richtig verstanden haben. Sicherlich gibt es auch genauso viele, die dich hassen. Aber genau das ist doch das Ding: Auch über negative Sachen regen sich die Leute auf, setzen sich damit auseinander. Wenn ich ein Image habe von der kleinen Schlampe, die sich nackt in der Zeitung abbilden läßt, und trotzdem genauso viele Leute auch wissen, ich stehe angezogen auf der Bühne und kann inzwischen sogar gut Gitarre spielen und habe auch sonst eine Menge drauf, dann ist das okay. Früher habe ich mir bei jedem Interview den Mund fusselig geredet, um denjenigen zu überzeugen, wie ich die Dinge sehe, und dann stand im Blatt doch nur der selbe Mist drin. Heute sage ich dem Manager, 'mit dem mache ich in Zukunft kein Interview mehr'. Aus. Damit ist die Angelegenheit für mich erledigt, ich rege mich nicht mehr ewig darüber auf. Entweder jemand will es begreifen oder nicht. Warum darf Michael Jackson nicht seinen Affen ficken wie er will? Warum muß er sich so einen Kopf um sein Image machen? Auch wenn ihn alle möglichen Leute ständig fertigmachen, weil er nach jeder Schönheitsoperation blasser aussieht, Michael Jackson hat Musikgeschichte gemacht.

Ina: Da muß ich schon sagen, da seid ihr, eure Generation, uns einen Schritt voraus. Mich hat das schon verletzt, daß Feministinnen stets als schrecklich, absolut unerotisch...

Diane: ...mit Haaren unter den Armen bis zu den Knien...

Ina: ...und männerhassend dargestellt wurden. Daß ihr euch daraus einfach nichts mehr macht, ist schon ein großer Vorteil.

Diane: Ich weiß doch selbst am besten, was stimmt und was nicht, was ich kann und was nicht. Ich weiß, wir haben schlechte Musik gemacht, wir haben Auftritte gemacht, die sind so in die Hose gegangen, weil wir nicht richtig spielen konnten, aber warum soll ich mich heute noch dafür schämen? Kein Künstler sollte sich für ein Bild schämen, das er mit 15 gemalt hat, nur weil er mit 35 besser ist. Ich weiß, daß wir jetzt immer noch nicht so gut sind, wie wir sein könnten, aber ich merke, wie wir jeden Tag, jede Woche ein Stück besser werden, das, was wir im Kopf haben, immer besser mit unseren Instrumenten und Kompositionen ausdrücken können. Das ist doch ein tolles Gefühl zu wissen, ich bin heute noch nicht so gut wie morgen.

PREACHER

Ein seltsames Trio auf einer blutigen Reise quer durch die USA: Jesse Custer, ein dubioser Prediger, der den Glauben an Gott verloren hat. Tulip O'Hare, eine junge Frau auf der Flucht vor ihrer Vergangenheit. Und Cassidy, ein Vampir, der Abwechslung in seinen Speiseplan bringen möchte.

»Eine theologisch nicht immer ganz korrekte Suche nach Gott ist der Comic des Jahres...« (Die Woche)

PITT®

Er kommt aus dem All und landet in der großen Stadt, aber er hat nichts vom niedlich-süßen E.T. mit großen Kulleraugen.

Er ist eine lebende Kampfmaschine, ein riesiger, grauer Klotz aus Sehnen, Muskeln und Ketten, bestückt mit Klauen, die einen Grizzly winseln lassen, und Zähnen, die sich vor denen eines T-Rex nicht verstecken müssen. Er ist PITT, und er ist auf der Flucht. Auf seinen Fersen sind die CREED, außerirdische Soldaten von erlesener Zähigkeit und Bösartigkeit. Sie wollen PITT auslöschen, denn er ist ein fehlgeschlagenes genetisches Experiment, ein Hybrid aus einem Creed und einem Menschen.

Bei Ihrem Comic-Händler!
Verlag Thomas Tilsner • Postfach 1829 • 83637 Bad Tölz

Speed

Klaus Farin

Musik und Rebellion

Jugendkulturen zwischen Kommerz und Politik

– Part 2 –

TILSNER

Originalausgabe
Verlag Thomas Tilsner

TILSNER

Herausgeber:
Archiv der Jugendkulturen e.V.,
Fidicinstr. 3, 10965 Berlin.
Berlin 1998

Umschlaggestaltung:
Graphik-Studio Scholz, München
unter Verwendung der Fotos
von Boris Geilert und Pierre Adenis, G.A.F.F.
Bildnachweise auf Seite 145
Satz und Layout:
Graphik-Studio Scholz, München
Druck und Verarbeitung:
Erdl, Trostberg

Die deutsche Bibliothek - CIP-Einheitsaufnahme

Jugendkulturen zwischen Kommerz und Politik /
[Hrsg.: Archiv der Jugendkulturen e.V.].
Klaus Farin. - Bad Tölz: Tilsner,1998
ISBN 3-910079-41-5

ES TRETEN AUF:

Donots
Chaosfront
Loikaemie
Sabotage-Q.C.Q.C.?
Heiter bis Wolkig
Agent Olsen
burning batter
Fotofon
Allgemeines Chaos Kommando
Karsten Drohsel
The Pig Must Die
Kick La Luna
Die Kellox
Lemonbabies
Mars Moles
Die Cadizier
Bernd Karner
Dog Food Five
Stefan Kleiber
Fluchtweg
Hannes Wader
Angela Ballhorn
Even Cowgirls get the Blues
Action Team
Terrorgruppe
Karl Nagel
Pillbox
Vulture Culture
Klaus N. Frick
Six Pack Riot
Bdolf
Crack Smokin' Aids Junkies
Gedankent.Raum
Blind Passengers
Martin Büsser
Moabit Musik
A.M. Music
Hyperium & Hypnobeat Records
Sigi Pop
Incognito Records
T(H)REEE
Krankheit der Jugend
Mr. Ebu
Die Traktor
The Hinks
elbtonal
Rodrec
Oxymoron
BSC Music
Der Verlag
elf attn industries
Twisted Chords
Covergirls!
Das Auge Gottes
Christian Paier
Florian Brauch
Die schwarzen Schafe
Untoten
Tom Rocker
Clit Cops
Materialschlacht
Alcatraz
Olaf Schweitzer
No Respect
Plastic Bomb
Janine Bahrke
Celi Productions

SOWIE DIVERSE ÜBERRASCHUNGSGÄSTE.

Conférencier: Klaus Farin

Der Herausgeber:

Das Berliner *Archiv der Jugendkulturen e.V.* existiert seit 1997 und hat es sich zur Aufgabe gemacht, vor allem authentische Zeugnisse aus den Jugendsubkulturen selbst (Fanzines, Flyer, Musik etc.) zu sammeln, auszuwerten und der an einem differenzierten Blick interessierten Öffentlichkeit zugänglich zu machen. Zu diesem Zweck gibt das *Archiv der Jugendkulturen e.V.* auch im Verlag Thomas Tilsner zwei Buchreihen mit vier bis sechs Titeln jährlich heraus, in denen sowohl sachkundige WissenschaftlerInnen, JournalistInnen u.a. über Jugendkulturen Forschende als auch Szene-AktivistInnen zu Wort kommen sollen. Das *Archiv der Jugendkulturen e.V.* legt großen Wert auf eine enge Kooperation mit Angehörigen der verschiedensten Subkulturen und ist daher immer an entsprechenden Angeboten, Reaktionen und Material jeglicher Art interessiert. Das *Archiv der Jugendkulturen e.V.* finanziert seine Arbeit vor allem durch die Beiträge seiner Vereinsmitglieder. Der Jahresbeitrag beträgt für Einzelpersonen 240,- DM. Mitglieder erhalten sämtliche Bücher und Publikationen des Archivs (z.B. dieses Buch) kostenlos zugeschickt.

Kontakt: Klaus Farin, Fidicinstraße 3, 10965 Berlin

„Es wird immer weitergehen,
Musik als Träger von Ideen."
Kraftwerk

Intro

Der deutsche Offizier Rudolf Höss hörte gerne *Wagner*, während er neue Todeslisten studierte und abzeichnete. *Natural Born Killer Mallory* brachte sich mit »Shitlist« von *L7* in Fahrt, wenn sie einem Trucker, der sie zu sexy fand, das Genick brechen wollte. Wenn es mir richtig dreckig geht, kommen meine Nachbarn in den umliegenden Wohneinheiten in den Genuß von *The Clash*. Musik beeinflußt unser aller Leben. Musik zeugt Identität. Wut. Haß. Trauer. Liebe. Musik hat Macht. Und wird deshalb mächtig ernst genommen. Oft mehr, als es ihr gut tut. Vor allem von denen, die die jeweilige Musik gar nicht mögen. Dann wird Musik plötzlich Verantwortung untergeschoben. Für all die Wut und den Haß in dieser Welt. Für die große Drogenflucht. Manchmal auch für zuviel Liebe & Sex.
Musik mache aggressiv, heißt es dann. Musik verherrliche Drogen und Sex statt Liebe und Anpassung. Musik wecke das Böse im Menschen, die mühsam in jahrhundertelanger Zivilisierung verdrängten Triebe, anstatt das Gute zu propagieren. Dabei wird das Offensichtliche oft vergessen: Musik ist selbst Liebe und Sex und Droge. Wer sich voll auf Musik einlassen kann, braucht keine weiteren Transportmittel aus den Küchen und Labors der Tranquilizer-Industrien. Und: Musik ist ein Katalysator. Sie kann Prozesse beschleunigen und verstärken, auch relativieren, doch sie benutzt dazu ausschließlich Grundstoffe, die bereits vorhanden waren. Musik kann nur wecken, was schon im Inneren schlummerte. Sie ist ein Medium, Überbringerin und Fokussiererin, aber nicht Verursacherin guter wie schlechter Nachrichten. Musik ist ein Spiegel, der die inneren und äußeren Realitäten einfängt und abbildet - im besten Falle ungeschminkt. Und unzensiert.
Wer »böse« Musik bekämpft, hat es aufgegeben, die Zustände zu verändern, und bannt stattdessen die Bilder, die vielleicht deutlichsten Warnzeichen. Und beraubt damit sich und andere eines wichtigen Ventils. Musik, jegliche Kultur, dient stets auch der Ka-

tharsis: dem virtuellen Ausleben aller Bösartigkeiten, sodaß reale Opfer überflüssig werden. Musik ist ein Weg der Befreiung. Wir sind verliebt und manchmal verlassen, traurig, wütend, frustriert. Und all diese Gefühle wollen ausbrechen, dürfen sich nicht in unseren Körpern festfressen. Musik öffnet die Poren nach draußen. Musik ist ein Mittel der Gesundung. Auch und gerade in härteren Zeiten und Frequenzen. Ausnahmen bestätigen die Regel.

Zur Abfuhr böser Energien eignet sich Klassik genauso gut wie Hardrock oder Techno. Jazz. Blues. HipHop. Sogar Country. Schlager und »Volksmusik« vielleicht weniger. Obwohl: Ich bin zugegeben kein Experte in Sachen *Heino, Guildo* und *Roy Black*. Ich habe diese Musik immer gehaßt. (Und deshalb werden in diesem Buch trotz Korruptionsversuche ästhetisch degenerierter FreundInnen auch die »neuen« Schlager-Apostel, *Dildo Horn, Kuhn & Konsorten,* nicht vorkommen. Irgendwo hat selbst meine Liberalität Grenzen.) *Ricky Shayne* einmal ausgenommen. Aber der hatte was Besonderes an sich. Auch wenn ich damals, als Zehnjähriger, noch nicht erklären konnte, was mich an diesem fremden Wilden mit der Löwenmähne so faszinierte. Elvis kannte ich da noch nicht; und sowieso war ich zu jung, um das Wesen des Rockin' & Rollin' zu begreifen. Dennoch wurde *Ricky Shaynes* erste Single »Ich sprenge alle Ketten« auch meine erste, die ich mir vom eigenen Taschengeld leistete. (Daß sie aus der Feder von *Michael Holm* stammte, entdeckte ich erst zwanzig Jahre später.) Daß zur gleichen Zeit wenige hundert Kilometer weiter französische StudentInnen unter der Rädelsführerschaft eines gewissen Daniel Cohn-Bendit in den Straßen von Paris eine Revolte starteten, deren Flammen wenig später auch auf Deutschland übergreifen sollten, mag ein historischer Zufall sein, eine unbeabsichtigte Gleichzeitigkeit. Als ich zum ersten Mal bewußt von den »Apo«-Unruhen Kenntnis nahm, waren die längst wieder vorbei. Daß ich Berichte über Aufstände jeglicher Art zukünftig mit großer Sympathie verfolgte, mag auch an *Ricky Shayne* gelegen haben. Obwohl sich das im Nachhinein ja nie genau beantworten läßt: Hat dich die Musik geprägt oder hast du dir nur die Musik ausgewählt, die zu deiner Lebenseinstellung paßte?

Mit Delius gegen jugendliche Vandalen

London (dpa) – Das Spielen klassischer Musik auf U-Bahnhöfen in der nordenglischen Stadt Newcastle hat nach Angaben der britischen Polizei zu einem dramatischen Rückgang von Vandalismus und Rowdytum im Netz der öffentlichen Verkehrsmittel geführt. Seitdem statt heißer Poptöne sinfonische Dichtungen des deutschstämmigen Komponisten Frederick Delius (1862–1934) über die Lautsprecheranlage klingen, kann sich die Stadt über eine Reduzierung ihrer jährlichen Schadensbilanz von rund 500.000 Pfund (1,4 Millionen Mark) freuen. „Es scheint, als könnten die Jugendlichen diese Musik einfach nicht ausstehen. Sie hören eine Weile lang zu und gehen dann woanders hin", sagte Polizeichef Allan Curry dem *Daily Telegraph.*

die tageszeitung vom 31. Januar 1998

Die Henne oder das Ei

Was war zuerst da? Ich erinnere mich jedenfalls, daß ich mit 12, 13 Jahren begann, mich von meinem alltäglichen Umfeld abzusetzen, und daß Musik dabei eine wichtige Rolle einnahm. Ich spielte zwar weiterhin mit den Rowdys aus der Nachbarschaft auf der Straße und zwischen den Wäschestangen Fußball, besiegte abends in der »Trinkhalle« meiner Eltern die alten Männer beim Kickern und verdoppelte so mein Taschengeld, lernte »auf Lunge« rauchen, ohne verräterisch zu husten, und verbrachte mit den anderen Jungs Stunden schweigsamer Andacht im Gebüsch vor dem Schlafzimmerfenster einer opulent ausgestatteten Nachbarin, um die wenigen Sekunden des Glücks in den folgenden Nächten, zu wahren Spielfilmszenen aufgeblasen, wieder und

Jimi in Heaven
„Ich hatte mein Ding gefunden, weißt du, die Musik. Ich wollte den Menschen auf eine höhere Art und Weise bewegen, sie spirituell bewegen und ihnen vielleicht etwas zeigen, was ich zu einer bestimmten Zeit für Wahrheit gehalten habe. Aber es ist so schwer, Mann, es ist so schwer, auf sich aufmerksam zu machen. Also habe ich meine Gitarre gevögelt oder mit den Zähnen gespielt oder mein Haar in Brand gesteckt oder sonst irgendwas, und die Leute haben gesagt: 'Oooooh, das ist der Wilde Mann aus Borneo', aber sie haben zugehört, wenigstens eine Weile. Und das war es, worauf ich aus war, diese kleine Sache, weißt du? Es lag nicht an mir, die Welt zu retten, im Alleingang, nur meine Gitarre und ich. Wieso dachtest du, ich könnte es?"
„Weil du wie ich bist", sagte ich. „Du wolltest die Welt retten, egal, was du jetzt sagst. Darum ging es bei First Rays Of The New Rising Sun. Musik, um die Welt zu retten, um all die Risse zwischen Männern und Frauen zu kitten, zwischen Schwarzen und Weißen, zwischen Müttern und Töchtern und Vätern und Söhnen. Weil Musik das einzige ist, was es schaffen kann, weil Musik kein Land und keine Sprache hat, nur sich selbst."

wieder abzuspulen. Aber irgendwie konnte das nicht alles sein. Ich schloß mich der Schülerzeitungsredaktion an, gründete später sogar mit ein paar anderen Freaks und sonstigen Außenseitern ein eigenes Zine mit dem provokanten Namen *Gasmaske,* wurde Schülersprecher und gewöhnte mir diesen arroganten Blick an, den ich Jahre später bei Marlon Brando in »The Wild One« wiederentdecken sollte. Wie Johnny wollte ich die Spießerwelt der Erwachsenen und ihre Epigonen, 90 Prozent meiner MitschülerInnen, auf Distanz halten. Ich wußte zwar (damals wie heute) nicht, was ich wollte, aber ganz sicher, daß ich nichts mit »denen« gemein hatte: den Poppern, die sich für was Besseres hielten, weil sie aus anderen Stadtteilen kamen, den Strebern aus den ersten Reihen, den »Rechten«, die es damals auch schon gab, die nachplapperten, was sie zu Hause von ihren Alten hörten, zum Beispiel, daß man den Vaterlandsverräter Brandt an die Wand stellen sollte, was bei uns logischerweise dazu führte, daß wir uns »Willy wählen«-Buttons besorgten und die trotz Verbot der Schulleitung stolz im Unterricht trugen. Daß wir unsererseits nur nachplapperten, was unsere Alten, traditionell sozialdemokratische Arbeiterfamilien, erzählten, ist natürlich eine bösartige Unterstellung!
Die Pubertät trennte uns endgültig. Während die Mehrheit meiner MitschülerInnen im Laufe eines Schuljahres begannen, die Tanzschulen der Umgebung zu stürmen, um dort gesittetes Benehmen zu lernen und nebenbei ihre Zungenkuß- und Anmachetechniken zu perfektionieren, stand ich ungeduldig wartend hinter der Gardine, bis mein älterer Cousin mit seinem Opel vorfuhr, um mich in die Essener Gruga oder Bochumer Ruhrlandhalle zu entführen. Zu *Deep Purple, Rory Gallagher, Eric Clapton, Frank Zappa, Rod Stewart & The Faces* und immer wieder *Joe Cocker*. Rock hard. Und ich immer in der ersten Reihe, ganz nah an den Boxen, wo die Bässe Körperteile massierten, die ich erst Jahre später richtig zu schätzen wußte. Und so headbangte ich mir, während ich synchron zu den Langhaarigen auf der Bühne meine Air guitar quälte, die letzten Reste bravbürgerlicher Sehnsüchte aus dem Schädel. Musik & Rebellion waren eine Einheit geworden, eine extrem sinnlich erlebbare, lautstarke Symbiose eingegangen.

Selbstverständlich verstanden wir uns als »Linke«. Denn »rechts« waren ja die anderen, die, die wir noch nie leiden konnten: die Streber, die Jung-Unionisten, die Kurzhaarigen, die aufstiegsgeilen Ex-Proleten, die Tanzschüler, die autoritären Lehrer, die »Geh-doch-nach-drüben-wenn-es-dir-hier-nicht-paßt« - und »Solange-du-deine-Füße-unter-meinen-Tisch-stellst«-Väter. Mit Politik hatte das zunächst nur am Rande und für wenige zu tun. »Links« sein war einfach das heißeste Ding in diesem verklemmten, paranoid-antikommunistischen Bunker namens BRD. Wir wußten genau, was wir nicht wollten, unsere positiven Utopien blieben dagegen eher gefühlsmäßig-schwammig: Freiheit, wenig Staat, kein unten und kein oben, keine Kriege und keine Armut; eben das, was alle halbwegs intelligenten Menschen in jungen Jahren auch heute noch wollen. »Links« war ein Lebensstil, keine Ideologie. Marx, Karl habe ich bis heute

nicht gelesen, die Götter der Studenten - Reich, Marcuse, Habermas und wie sie alle hießen - nie verstanden. »Wenn Marx recht hat mit seiner Analyse der Verhältnisse, dann brauche ich ihn nicht zu lesen, dann werde ich das sehen«, hielt ich jedem trotzig entgegen, der mich für einen der irgendwann in Mode gekommenen Theoriezirkel gewinnen wollte. Und ging lieber weiterhin zum Fußball, zur Schülerzeitungs- und Zine-Redaktion oder zur »Schülermitverantwortung« (das war wenigstens etwas Konkretes). Oder eben - ins Konzert.
Die Idee, wir könnten dabei auch an eine Band geraten, die »rechts« war, kam uns nicht einmal theoretisch in den Sinn. Wirklich »rechts« waren wohl auch in der Tat die wenigsten Musiker damals wie heute, eher erlebnishungrig, auf fast pubertäre, vorpolitische Art rebellisch. Und der große Mammon floß schließlich erst ein paar Jahre später. Überfettete Forever-Fourties waren auf den Rockbühnen der frühen 70er Jahre noch rar. Wir waren gegen Spießer, Konsumtrottel und »links«, damit war klar, daß alles, was wir mochten, auch so sein mußte. Ein Image, das die Rockmusik nie mehr los wurde. Trotz »Rechtsrock« und rassistischer Eskapaden von *Bowie, Clapton, Stewart, Steele* und vielen anderen, trotz kommerziellen Ausverkaufs (VW »Rolling Stones«, »Bon Jovi« usw.) der einstigen Heroen, trotz der eigentlich gar nicht zu übersehenden Doofheit und politischen Blindheit des Gros der Musiker.
Vielleicht sind uns die Widersprüche damals nur nicht so aufgefallen. Medien, die pausenlos entlarvende Interviews mit MusikerInnen veröffentlichen, uns akribisch über deren Lebenspraxis informieren konnten, gab es damals noch kaum. Zudem kamen alle bedeutenden Rockbands aus den angloamerikanischen Ländern. Keine Chance, ihnen in der Stammkneipe über den Weg zu laufen und auf den Zahn zu fühlen. Oder nach dem Konzert weiter zu reden. Und auch die Texte waren in englisch verfaßt, also eher unverständlich. Bis Er kam.

Udo Lindenberg

Ich weiß noch heute, wie ich in meinem Zimmer saß, radiohörenderweise irgendwelche lästigen Hausaufgaben machte, und plötzlich spulte da einer *meine* Gedanken ab, erzählte von *meinem* Alltag und *meinen* Gefühlen. Und das in deutscher Sprache. Rockmusik mit deutschen Texten! Eine Revolution, bis dahin einfach unvorstellbar: Deutsche Sprache bedeutete Schlager und »Volksmusik«, *Dieter Thomas Heck* und bierselig schunkelnde Ewiggestrige. Deutschsprachige Musik bedeutete eine kaum erträgliche Gesinnung und schrecklich alt sein. Und plötzlich kam aus dem Radio diese unglaubliche Nuschelstimme, die bereits derart vulgär klang, daß sie schon allein deshalb von den Alten als »Hottentottenmusik« verabscheut wurde.
Udo L. wurde unser erster Gott. Seine Songzeilen flossen in unsere Alltagssprache ein, seine Lässigkeit versuchten wir zu kopieren. Sogar der Stil unserer Schülerzeitungsbeiträge änderte sich. Alles wurde lockerer, lässiger, cooler. *Udo Lindenberg* bedeutete

„Nein, Mann, ich meine, das ist eine wunderschöne Idee und alles, aber du mußt verstehen, daß du es bist, der hier redet, daß es etwas ist, was du dir von der Platte erhofft hast. Du kannst nicht von mir erwarten, daß ich für dich die Welt rette. Glaub mir. Ich hätte die Welt nicht retten können, selbst wenn ich es gewollt hätte. Nicht mit einer Platte."
Aus: Lewis Shiner: Schattenklänge. Goldmann 1996. (Lesetip: Ein erstklassiger Roman für Fans von *Jimi Hendrix*, den *Beach Boys* und den *Doors*.)

> **Ein Leserbrief:**
>
> „Liebe ***Hör Zu***,
> ich schaue mir die 'Hitparade' seit zehn Jahren an. Aber seit die Hausbesetzer und Kommunisten singen dürfen, macht es gar keinen Spaß mehr."
>
> R. aus Nürtingen

nicht nur Rock mit deutschen Texten, sondern auch - zum ersten Mal - personalisierte Identität. Seine Haltung zu Sex & Frauen, Alkohol und Leistungszwängen wurde auch unsere - oder brachte unsere diffusen Gefühle auf den Punkt, bestätigte uns in unserem Anders-sein. Damit ebnete *Udo Lindenberg* in Deutschland den Weg für eine Subkultur, die Ende der 70er Jahre über uns hereinbrach und all unsere Ideen, unsere identitätsstiftende, fundamentalistische Anti-Haltung - Anti-Staat, Anti-Konsumzwang, Anti-Spießbürger... - explosiv bündelte.

Punk

Punk war heftiger, körperlicher als alles, was wir je zuvor gehört hatten. Aber Punk war nicht nur genau die Musik, nach der unsere jungen, männlichen, aggressiven Körper lechzten. Punk lieferte uns auch einen ideologischen Unterbau, eine Begründung für all das, was wir sowieso dachten und machten. Die Lust an der Provokation, am Hervorkitzeln faschistoider Reaktionen allein durch Passivität und Outfit, unsere alten, abgetragenen, löcherigen Jeansjacken und Hosen - eine Stilmischung aus Hippietum, Fußball-Fandom und Metal-Hardness - waren über Nacht keine individuelle Marotte einiger weniger Sonderlinge mehr, sondern Teil einer breiten Jugendsubkultur. Die Forderung nach einem selbstverwalteten Jugendzentrum war plötzlich ebenso selbstverständlich wie die Besetzung eines leerstehenden Hauses (und das in Gelsenkirchen-Buer!). Punk bedeutete für uns Aufbruch und Distanz.
Doch der Traum endete schnell und jäh. Unser Domizil, das nie wirklich selbstverwaltete Jugendzentrum »Pappschachtel«, wurde eines Nachts von Nazis professionell abgefackelt, die absolutistisch herrschende Sozialdemokratie war froh, uns los zu sein, die Energie, ein neues Haus aufzutun, nicht mehr da. Und der Punk tanzte sowieso woanders. Vor allem in der Stadt der zeitweilig über 200 besetzten Häuser und unzählbaren Bands und Clubs, dank alliierter Präsenz von keiner polizeilichen Sperrstundenverordnung behindert. Als ich irgendwann merkte, daß ich fast an jedem Wochenende, meist für irgendein Punk-Konzert, die 520 km nach Berlin trampte, blieb ich einfach da. Daß ich mir, als Totalverweigerer mit noch schwebendem Verfahren, durch den Rückzug hinter den antiimperialistischen Schutzwall eine längere Unterbringung auf Kosten des Steuerzahlers ersparen und dem Staat den Mittelfinger zeigen konnte, empfand ich als passendes Willkommensgeschenk.
Punk in Berlin war etwas völlig anderes als Punk in GE-Buer. Punk in Berlin bedeutete, inmitten einer gut ausgebauten, den ganzen Alltag bestimmenden, vom Leben der Restbevölkerung quasi vollkommen separierten Infrastruktur existieren zu können. Die SZENE. Und Punk-Musiker waren einfach Leute, die man schon kannte, bevor man erfuhr, daß sie in der oder der Band spielten, weil sie, wenn sie nicht auf der Bühne standen, hinter'm Tresen standen und Bier ausschenkten oder irgendwo in der Nachbarschaft, oft in Platten- oder Klamottenläden, jobten. Zeitweise schien es so, als

hätte jeder irgendeine Band oder ein »Projekt« zumindest »in Planung«. Punk war, von den britischen Helden der ersten Stunde einmal abgesehen, zum ersten Mal eine Musik ohne Stars.

Und noch etwas war neu: Vor Punk kam alle gute Musik von den Majors, den sechs oder damals acht großen Musikkonzernen. Das war so selbstverständlich, daß es nicht einmal der Kritik würdig war. Punk führte vor, daß es auch anders ging, gar nicht so selbstverständlich sein mußte. Selbstgemachte Musik hieß nun nicht mehr nur, selbst zur Gitarre und zum Mikro zu greifen, sondern auch selbst zu produzieren, zu bewerben, zu vertreiben. Schon bald reichten der Sound und eventuell die Texte nicht mehr aus, um eine Musik zu beurteilen, sondern der zweite Blick fiel auf das Label-Etikett. Industrie oder »Indie« war nun ein zusätzliches (und für manche gar erstrangiges) Kriterium zur Bewertung von Musik. Schlecht war plötzlich gut, miese Aufnahmequalität, kaum verständliche Texte und Billigcover, zumeist aus G.Klaut-en Fotos und selbstgemalten »Illus« zusammengestückelt, wurden zum stilbildenden Qualitätsmerkmal. Die Musik war vielleicht (und viel zu oft) grottenschlecht, dafür aber *ehrlich. Authentisch. Anti-kommerziell.* Attribute, von denen sich heftige Musik, sobald sie aus dem subkulturellen Urschlamm kroch, bis heute nicht befreien konnte.

Das Image vom rebellischen Geist in der Musik oder zumindest in der Musik bestimmter Subkulturen pflanzte sich im Punk - und später im Hardcore - fort und setzte sich bald auch in anderen Genres (HipHop, Grunge, Acid) fest. Und überlebte selbst die technologischen Revolutionen der 80er und 90er Jahre, die neue Musikstile wie House, Techno, Industrial etc. aufkommen ließen, wo handmade Kriterien wie »authentisch« nur schwer durchzuhalten sind, von der Prüfung der Texte ganz zu schweigen. Doch je widersprüchlicher, uneindeutiger, verwirrender die Vielfalt der Ansichten, Musik- und Lebensstile sich entwickelte, desto mehr rückte die Political correctness als Anforderungsprofil und Grenzposten in den Vordergrund. Ein verzweifeltes Mauern Ewiggestriger und fundamentalistischer Pubertierender? Middle-class-fantasies von einer wohlgeordneten Welt? Oder ein Versuch, in Zeiten zunehmender Faschisierung Widerstandsnester gegen den rechten Mainstream zu bauen? Eine notwendige Positionierung, um inmitten verwirrender Szenen- und Modenvielfalt durch ein klares, eindeutiges Image seine Marktnische zu finden? Oder ein letztes Aufbegehren gerade gegen die alles durchdringende Verkommerzialisierung?

Ich wollte es wissen und fragte also die, die es wissen müssen, nicht im Sinne absoluter Wahrheiten, sondern eigener Positionen: MusikerInnen aus verschiedensten Subkulturen (von Punk und Hardcore über HipHop und Reggae bis zu Techno und Industrial), fast alle aus dem Independentsektor, dann einige engagierte Szene-AktivistInnen (Veranstalter, Label- und Mailorder-Betreiber, DJs), Musikkritiker (dämliches Wort für Leute, die über Musik schreiben, weil sie sie lieben!) und Fanzine-Macher. Die Interviews wurden zwischen März '96 und Dezember '97 geführt, zum Teil zu Hause, zum Teil am Rande von Konzerten, zumeist aber schriftlich mit vorgegebenen Fragen. Mir ging es um die Vergleichbarkeit der Standpunkte, um das Ausloten von

Punk rockers
They won't notice anyway / They're all too busy fighting / For a good place under the lighting
The new groups are not concerned / With what there is to be learned / They got Burton suits, ha you think it's funny / Turning rebellion into money
All over the people changing their votes / Along with their overcoats / If Adolf Hitler flew in today / They'd send a limousine anyway
I'm the all night drug-prowling wolf / Who looks so sick in the sun / I'm the white man in the palais / Just lookin' for fun
I'm only
Lookin' for fun.
The Clash, "(White Man) In Hammersmith Palais"

Gemeinsamkeiten und Gegensätzen. So habe ich mich auch von Anfang an für die Form der Collage entschieden, eine Sampling-Technik, die John Dos Passos mit seinem Meisterwerk »Manhattan Transfer« (und in dessen Folge: John Brunner, »Schafe blicken auf«) in die Literatur einführte. Die letzte Ermutigung, sie auch auf Gespräche über Musik anzuwenden, erhielt ich durch Judith Amman, die das selbst einmal in ihrer Bestandsaufnahme von Punk, Hardcore und Artverwandtem Anfang der 80er Jahre mit ihrem wunderbaren Buch »Who's been sleeping in my brain« versuchte. Die Form der O-Ton-Collage reizt mich, weil sie es möglich macht, unterschiedliche MusikerInnen in einer virtuellen Gesprächsrunde zusammenzubringen, miteinander zu konfrontieren und streiten zu lassen, die sich im realen Leben nie begegnen würden. Es ist zudem eine Redigiertechnik, die in idealer Weise Spannungsmomente aufbaut, konträre Ansichten deutlich macht und doch Kommentare meinerseits überflüssig werden läßt (und gleichzeitig reizvolle Möglichkeiten der Ironie eröffnet). Eine Form, die Widersprüche präsentiert und nicht durch Erklärungen glättet - und daher wache, mitdenkende LeserInnen verdient hat. In diesem Sinne hoffe ich, es gefällt. Bei Beanstandungen (Kritik, Anmerkungen, Vorschläge, Beschimpfungen) jeglicher Art wenden Sie sich vertrauensvoll an den Autor.

Klaus Farin, Berlin 1998

Das Musik-Manifest: Die 12 Gebote.

Polemisches Pamphlet

für eine freie rebellische Musik!

1. Rebellion ist kein Programm. Rebellion ist ein Lebensgefühl!

Unser Programm ist, daß wir kein Programm haben. Wir sind gegen das, was wir hassen, und für das, was wir lieben. Der Ausdruck dieses Lebensgefühles ist Musik. Rebellion ist Musik und Musik ist Rebellion. Doch hüte Dich davor, die Rebellion an den Grenzen des Musikghettos zu vergessen, wenn Du in das wirkliche Leben zurückkehrst: Sei rebellisch. Immer und überall. Denn so ein ordentlicher Aufruhr hat noch keinem geschadet.

2. Musik ist Ausdruck von Emotionen, Gedanken, Träumen und Ideen. Musik ist Leben. Musik ist Politik.

Das geschriebene gesungene Wort und der Sound drücken das aus, was Du sonst nur denkst und Dich nicht zu sagen traust. Musik sind die Splatterbilder in Deinem Kopf. Musik sind Deine Haßgefühle. Musik sind Deine Leidenschaften, Dein Ertrinken im Glück, Dein Strudel der Gefühle, Deine geliebte Melancholie. Musik ist der Rhythmus des verdammten Lebens. Verarbeite Deine Realität. Aber verarbeite auch das, was Du siehst. Beziehe Stellung. Mach das Maul auf, wenn Dir was nicht paßt. Musik verarbeitet Realität. Musik ist Agitation.

Wir sind Piraten, Punks und Freaks und Clowns, und wir sind verrückt. Wir sind Gaukler, Spieler, Träumer und wir suchen unser Glück. Wir lieben unser Leben und wir lieben noch viel mehr. Das alles würde ich machen, wenn ich König von Deutschland wär!

3. Musik und Kunst muß provozieren. Geschmacksgrenzen gehören verboten. Doch Provokation ist kein Selbstzweck.

Solange es unnütze Grenzen gibt, müssen wir sie überschreiten. Überschreiten, bis sie fallen. Grenzen beginnen zu fallen, wenn die Schranken in den Köpfen verschwinden. Für Katholiken brauchen wir einen devoten schwulen Jesus Christus. Für Deutschland eine kettensägenmordende Mulattin Mutter Beimer. Für Harald Schmidt und Wigald Boning einen kotzenden Kaktus. Für verklemmte Mitbürger einen durchgefickten Papst.

4. Musik braucht Bewegung, um zu bewegen.

Musik ist Bewegung. Musik macht Bewegung. Musik braucht Bewegung. Denn der Stillstand ist der Tod. Wer sich bewegt, bewirkt auch was. Musik bewirkt was in den Köpfen. Laßt den Worten Taten folgen!

5. Die Verantwortung übernimmt das Publikum. Jede Haftung ausgeschlossen. Gesucht wird: Der mündige Konsument. Denn es gibt keine Eindeutigkeit!

Hundert Zuschauer sehen bei einem Konzert achtzig verschiedene Konzerte. Hundert Zuhörer hören achtzig Versionen eines Stückes. Jeder Konsument verbindet die konsumierte Kunst mit seinem Leben und seinem subjektiven Erfahrungshorizont. Tauscht Euch aus und vereint Eure subjektiven Gemeinsamkeiten! Eltern haften nicht für ihre Kinder und Betreten der Baustelle erlaubt.

6. Musik ist ein Trieb. Laß Dich gehn, Marlene!

Wir sind narzißtische, exhibitionistische Triebtäter. Da ist der Drang auf die Bühne und an die Öffentlichkeit. Du kannst ihm nicht widerstehen, wenn Du ihm einmal nachgegeben hast. Beim Ausprobiern, Proben, EinsingenImStudio, vor allem aber beim AufderBühnestehn gibt Dein Körper Dir den ultimativen Adrenalinkick. Vorsicht Suchtgefahr! In der digitalisierten Konsumwelt, die versucht, Deine oberflächlichsten Bedürfnisse normiert hervorzukitzeln und zu befriedigen, suchen wir nach immer neuen Kicks. Triebhafte rebellische Musik ist kulturelles bunjeejumping, snowboardfahren und wie der Scheiß noch heißt. Laßt uns den Trotteln auf der Nase herumtanzen! Laß Dich gehn, leb Dich aus, dafür ist die Bühne da! Hurra!

7. Zuhälter, Huren und Freier. Laßt uns anschaffen gehn, Marlene!

Wir sind freiwillig willige Objekte. Wir formulieren die schmutzigen Phantasien des Publikums. Wir sind die willenlosen Marionetten der Musikindustrie. Wir sind Musikhuren, die anschaffen gehn für die klingenden Kassen der Musikproduzenten. Wir sind Musikhuren, die die nicht ausgelebten Bedürfnisse des Publikums befriedigen. Wir sind die Pin-ups der Gegenwart, das Konzert ist ein visuelles Bordell. Aber auch wir haben unseren Orgasmus dabei.

8. Ich habe sieben Leben, alle sieben leb ich hier.

Rebellische Musik ist nur ein Teil des Lebens. In den anderen Leben sind wir alles andere. Und das alles jeden Tag. Hauptsache, es gibt ein Leben vor dem Tod? Haha! Hauptsache, es gibt sieben Leben vor dem Tod! Es lebe die Vielfalt, denn Vielfalt ist das Gegenteil von Einfalt.

9. Humor ist eine Waffe!

Kunst ist, zu lachen, wo es nichts zu lachen gibt. Spott und Zynismus sind Waffen im Kampf gegen die Wirklichkeit. Rebellische Konsumkultur als Waffe im Kampf gegen das grellbunte Grau der Einheitskultur. Leichte, sinnentleerte Unterhaltung ist Sondermüll und gehört in den Giftschrank.

10. Musiker sind humorlose Spießer.

Der, für den der Auftritt eine religiöse oder sogar spirituelle Erfahrung ist, der hat sie nicht mehr alle. Das Schlimmste sind Musiker, die sich ernst nehmen. Noch schlimmer sind Musiker, die ihre Musik ernst nehmen. Am allerschlimmsten sind labernde, picklige Gymnasiasten, die Dich hiphop-artig zulabern mit naseweisen Schulweisheiten. Die Aufgabe des Narren ist es, dieser traurigen Wirklichkeit den Zerrspiegel vorzuhalten. Lacht kaputt, was euch kaputtmacht, Kollegen!

11. Politisch korrekte Kunst ist ein Krebsgeschwür von verklemmten intellektuellen Moralaposteln. Allein der Versuch ist strafbar.

Wer die Welt und die Musikwelt einteilt in politisch korrekt und politisch unkorrekt, hat nicht mehr alle Tassen im Schrank und soll erst mal seine persönlichen Probleme lösen, bevor er sie auf kulturelle Phänomene projiziert. Intoleranz ist der Tod der Freiheit, und der Tod der Freiheit ist der Tod der Kultur. Trotzdem mußt Du immer wissen, auf welcher Seite Du stehst, und immer wissen, welchen Weg Du gehst. Sei kein hirnloser, verklemmter Speichellecker von humorlosen Moralaposteln! Lebe wild und gefährlich, und:

12. Beweise Dein Rückgrat!

Marco, Heiter bis Wolkig

Heiter bis Wolkig, live

»Manchmal gehen wir aber lieber bowlen«

Über Sex, Drugs & Rock'n'Roll.

Hanke (Vocals) und ***Rafi*** (Gitarre) sind Mitglieder der Schweizer Punk-Band ***Die Cadizier***, die 1992 ihr Live-Debut vor rund 10.000 ZuschauerInnen auf dem brennenden Dach einer besetzten Kleiderfabrik gaben. Aktuelle Veröffentlichung: „Alles klar?" (CD/MC, 1998).

Hanke: "Für mich war Musik schon immer ein faszinierendes Medium, irgendwie bin ich da einfach reingewachsen. Ich könnte mir allerdings gut vorstellen, mal was anderes auszuprobieren, denn unsere Musik grenzt ja auch an andere Bereiche wie Theater und politische Aktivitäten."
Rafi: „Ich mache Musik, solange ich denken kann. Wurde bereits als Kind früh gefördert, genoß eine Top-Ausbildung an der Musikhochschule, war im Orchester und all der Bimbam. Mit 18 war's dann klar: keine Klassik mehr. Hanke und ich machen nun 15 Jahre zusammen Musik, und wir sind der Punker-Sache stets treu geblieben. Daneben schreibe ich aber auch gerne mal und zeichne."

Farin: Musikmachen bedeutet einerseits intellektuelle Arbeit, andererseits Körper, Gefühl, Sex. Vor allem Auftritte beschreiben manche MusikerInnen als geradezu spirituelle Erfahrung. Was sind für dich beim Musikmachen die intensivsten Momente?
Öli (The Pig Must Die): Beim Texten ist natürlich Kopfarbeit gefragt, auf der Bühne läuft nichts mehr über den Kopf. Du läßt dich einfach treiben, läßt für zwei Stunden alles raus. Wenn du merkst, das Publikum teilt mit dir dieses Gefühl und vergißt auch die Welt um sich herum, ist es ein unglaublich intensiver Moment. Genauso kriege ich allerdings meine Kicks auch im Stillen beim Komponieren, wenn bestimmte Harmonien mit einem guten Text verschmelzen.
Ingo (Donots): Intensive Momente? Der Sex im Backstage-Raum.
Luki (Six Pack Riot/Die schwarzen Schafe): Kopf- und Körperarbeit kann man nicht trennen. Beim Spielen verschmelze ich mit meiner Gitarre und der Musik, ich weiß wirklich nicht, wo da der Kopf oder Körper ist. Live auf der Bühne bin ich wie im Rausch und kriege meistens gar nicht mit, daß der Gig zuende ist, und werde erst langsam wach. Nach einem Konzert kann ich nie sagen, ob's gut war - es ist ein Rausch.
Arne (Oxymoron/The Hinks): Der geilste Moment ist die Wechselwirkung zwischen Band und Publikum, wenn die ersten Takte erklingen und der Mob schon tobt - absolut geiles Gefühl!
Stefan Kleiber: Am schönsten ist es natürlich, wenn die Leute beim Konzert gut abgehen. Dennoch steht bei mir die Kopfarbeit im Vordergrund. Mir sind meine Texte auf alle Fälle wichtiger als auf der Bühne rumzuhüpfen und für die Zuschauer den Hampelmann zu machen.
Rafi (Die Cadizier): Ich bin der bühnengeilste Typ der Band. Es ist für mich das Größte, oben zu stehen, meine Riffs zu spielen und zu sehen, wie die Leute drauf abfahren - besser als jede Droge.
Jörg (Vulture Culture): Einen Auftritt als spirituelle Erfahrung zu bezeichnen, finde ich zwar übertrieben, kommt der Sache aber schon sehr nahe. Es gibt keinen Auftritt, bei dem ich nicht mindestens zwei Pfund Gewicht verliere.
Karsten Drohsel: Beim Auftritt wird der Kopf zur Droge, die meinen Körper bedingungslos steuert. Meine Eltern meinten mal, daß ich, wenn ich auftrete, immer einen total blöden Gesichtsausdruck habe. Das ist gleichzeitig der intensivste Moment, wo sich die Anspannung löst und ich in einem Moment der Plattenspieler und im anderen Moment die Platte bin.
Bernd Karner: Der Mensch ist meiner Meinung nach kein wirklich durch den Verstand bestimmtes Wesen; eigentlich bestimmen ihn doch nur seine Gefühle, und er ist letztlich unfähig, seine Existenz und seine Umwelt zu erklären oder zu verstehen. Nir-

gends wird das so offensichtlich wie bei Musik. Jeder spricht zwar von guter Musik, aber keiner kann Kriterien angeben, wie gute Musik aussieht oder warum Musik Menschen so sehr in ihrem Innersten berühren kann, oder warum unterschiedliche Musik Menschen auf unterschiedliche Weise berührt. Letztendlich sagt eine Minute Musik doch mehr aus als tausend Seiten Text darüber. Die Erfahrung von Musik ist sinnlich, nicht intellektuell, Musik spiegelt den ganzen Menschen wider. Es gibt zwei Pole, an denen für meinen Begriff Musikmachen am intensivsten ist: einmal der ganz private Moment, für sich ganz alleine, und wenn man den persönlichen Trip vollständig auf andere übertragen kann. Wenn sich mein persönlicher Trip beim Auflegen zufällig entwickelt, sich die Musik in eine völlig andere Richtung entwickelt, wie ich es mir am Anfang vorgestellt habe, und das Publikum sich vollständig darauf einläßt, ich also gewissermaßen mit dem Publikum zusammen auf eine Reise jenseits der alltäglichen Wirklichkeit gehen kann, und ich spüren kann, daß es die Menschen auf ganz besondere Weise berührt hat, füllt mich ein Glücksgefühl manchmal noch mehrere Tage aus. Aber erklären, wie und warum es passiert, kann ich nicht.

Carsten (Mr. EBU/Die Traktor): In meiner Musik wirken Kopf- und Emotionsarbeit eng zusammen. Dadurch ergibt sich eine Gesamtästhetik, deren Qualität ich jedoch letztlich rein gefühlsmäßig beurteile. »Emotionale Intelligenz« nannte ein Freund das mal. Verlieren kann ich mich im Rausch einer spontanen, psychedelischen Gitarrensession wie auch im fast magischen Austausch mit der Computer- und Synthesizer-Technologie. Eins ergibt das andere und die Resultate klingen manchmal ganz schön bekifft.

Frank (Clit Cops): Sich mittwochs mit der Band zu treffen, kann Glücksgefühle auslösen. Manchmal gehen wir aber lieber bowlen.

Angela Ballhorn: Intensivste Momente in der Musik? Kommunikation und Interaktion in der Band und vielleicht noch mit dem Publikum. Zusammenspiel, das einem einen Lift gibt, so daß man über seine Fähigkeiten hinausgetragen wird. Oder wie es der Bassist von *Miles Davis* gesagt hat: Es wird durch mich etwas weitergegeben, nichts von mir, diesen Egoismus muß man als Musiker ablegen.

Greta (Untoten): Die Inspiration - das ist der coolste Moment, das kannst du dir nicht kaufen. Das Schlimmste ist, wenn du keine Inspiration hast und wartest, warten mußt! Ich glaub, Hegel hat gesagt, »Langeweile ist die Voraussetzung, um Kunst zu schaffen«, und das ist wahr.

Chris (No Respect): Die intensivsten Momente sind die seltenen, wo es im Übungsraum funkt, eine Idee Gestalt annimmt, verschiedene Leute zu einer Einheit werden und das Gefühl stimmt.

Sigi Pop: Wenn ich meine Musik komponiere, aufnehme oder live spiele, bin ich völlig eins mit ihr. Ich bin dann selbst die Musik und es gibt keinen Unterschied mehr zwischen Kopf und Körper.

Marc (Gedankent.Raum): Mein Musikmachen ist stets eine Symbiose aus beidem. Während mein Körper Musik macht, befühlt sich mein Kopf, bewertet und interpre-

Die Cadizier, v.l.n.r.: Robidog (Drums), Stöfer (Bass), Rafi (Gitarre) und Hanke (Vocals).

tiert das, was da zurückkommt, bemerkt sich beim Inszenieren eines Gefühls oder vergißt sich meist ganz. Ich denke, das sind die intensivsten Momente für mich, wenn ich mich selbst beim Musikmachen vergesse und nur noch erstaunt über die pulsierende Struktur, das immer gegenwärtige, in stetiger Veränderung begriffene Klanggewebe bin: Wenn Musik und Worte einfach aus mir herausfließen, ohne daß ich ein Gefühl von Kontrolle habe, ohne daß ich je wußte, daß etwas Ähnliches in mir sein könnte.
Jan (Alcatraz): Spinnereien und Wichtigtuereien... mal abgesehen von John Coltrane u.ä.. Die intensivsten Momente eines deutschen Rockmusikers sind die, wenn er denkt, die angesoffenen Manta-Fahrer, Dart-Spieler und Päderasten im Publikum würden ihn beneiden und ihn womöglich für etwas halten, was er gar nicht ist, niemals war, aber jetzt zu sein glaubt.
King Kranz (Dog Food Five/Action Team): Auftritte haben für mich nichts Spirituelles. Meist bin ich auf der Bühne betrunken und amüsiere mich ziemlich gut. Ich versenke mich beim Singen auch weniger in mich selbst, sondern beobachte das Publikum. So kann man aber trotzdem auch vom Singen ganz gut high werden. Musik als solche zielt sicher erst mal auf den Körper, nicht so sehr auf den Geist. Rhythmen wecken bei fast jedem sexuelle Triebe.
Farin: Manche sagen ja auch, auf der Bühne zu stehen sei besser als Sex.
Hanke (Die Cadizier): Also Orgasmen hatte ich beim Musikmachen noch nie. Nee, Musikmachen geht bei mir im Kopf ab.
King Kranz: Ich könnte nicht sagen, daß ich mich auf der Bühne als Sexgott fühlen würde. Allerdings schreie ich sehr laut. Das rückt vielleicht ein bißchen die körperliche Präsenz in den Vordergrund.
Stefan Kleiber: Also die Band, die behauptet, Musikmachen sei besser als Sex, die müßte schon verdammt gut sein - oder äußerst negative sexuelle Erfahrungen gesammelt haben.
Chris: Besser als Sex? Wer sagt das? Die Krishna-Bands? Sex ist weitaus schöner, aber das mag auch daran liegen, daß wir keine Band sind, die auf der Bühne wild rumzappelt und vom ersten Akkord an hin und herspringt. Wild bewegen kann ich mich persönlich eigentlich nur, wenn ich nicht selbst spielen und mich konzentrieren muß. Ist klar, es gibt Combos, die saufen, kiffen und sonstwas für Drogen nehmen und dann erst richtig in Fahrt kommen, aber bei uns ist das anders, ohne Konzentration spielen wir Chaos. Das bedeutet allerdings nicht, daß wir was gegen einige Drogen hätten...
Karsten Drohsel: Sex ist tausendmal besser als Musik, denn beim Sex ärgere ich mich nicht so oft, und um ganz sicher zu gehen: Monosex rules!
Bdolf: Wer sagt, Musik sei besser als Sex, sollte vielleicht sein Sexualleben einer kritischen Überprüfung unterziehen. Da muß es sich schon um arg kümmerlichen Sex handeln.
Greta: Musik ist eine wahnsinnig erotische Angelegenheit. Ein Musiker, von dem man sich nicht vorstellen kann, daß er/sie guten Sex machen kann, hat auf der Bühne eigentlich nichts verloren. Allerdings fand ich diese Sexvergleiche - »Kochen ist wie Sex«, »Musikmachen ist besser als Sex« - schon immer ziemlich banal und phallisch.

„Revolutionäre sind sexy! Die Black Panther, die Weathermen, die Chicago Seven waren sexy. Heute haben wir Grunge und Teenager-Angst. Das soll sexy sein?"
Lydia Lunch

»Wie, eine Frau und Kontrabass?«

Eine Gesprächsrunde mit Musikerinnen.

Farin: Gibt es wirklich noch unterschiedliche Erfahrungen von Musikern und Musikerinnen im Musik-Business, im Clubwesen, mit Plattenfirmen usw., sodaß es Sinn macht, Musikerinnen-Runden wie diese heute zusammenzusetzen?
Anne: Aber hallo. Wenn ich wie vor drei Monaten aus einem Club in Düsseldorf eine Antwort kriege, 'aha, *Kick La Luna*, Frauenband, da müssen wir eine Frauenparty drumherum organisieren, da haben wir keinen Bock zu, also könnt ihr nicht spielen', dann denke ich, macht es sehr wohl Sinn, sich damit zu befassen.
Angela: Wenn man sagt, 'ich mache Musik', kommt oft gleich, 'ach, du singst, wie schön'. Ich singe nicht, ich spiele ein Instrument. Ich habe in Holland Jazz studiert, da waren auch ein paar Schlagzeugerinnen und Bassistinnen an der Schule, nicht viele, da ist immer ganz komisch geguckt worden: 'Wie, eine Frau und Kontrabass, wie kann das denn sein?'
Barbara: Aber es hat sich schon einiges verändert. Es gibt ja inzwischen diese ganze Schwemme von Mädchenbands, Riot-Girls usw., die ganz selbstverständlich Bass und Gitarre in die Hand nehmen oder sich hinter das Schlagzeug setzen. Da guckt keiner mehr doof. Aber es ist immer noch so, daß denen nicht zugetraut wird, daß sie richtig gut sein können.
Anne: Such mal eine Gitarrenschule, die von einer Frau geschrieben wurde, da gibt es keine einzige. Oder Professorinnen: Es gibt eine einzige Schlagzeugprofessorin mittlerweile, in Weimar, und damit ist dann Schluß. Außer natürlich Gesang. Sag mir ein Plattenlabel, das von einer Frau geleitet wird.
Farin: Was wäre denn anders, wenn die Absage von der EMI für eure Produktion von einer Frau unterschrieben wäre?
Anne: Es geht nicht darum, daß es besser ist, eine Absage von einer Frau zu kriegen. Aber Bünde funktionieren, indem man Machtpotentiale schafft. Ich sage nicht, daß Frauen besser, schöner, toller sind. Aber daß es einen anderen Umgang gibt. Das habe ich in der Band erlebt. Ich habe mit drei Männern gespielt, das war heftig. Es wurde sofort anders, als noch zwei Musikerinnen dazukamen. Da war es gleichgewichtiger, da haben wir gemerkt, es geht nicht mehr mit so Fronten.
Uli: Es ist natürlich die Frage, ob die Frauen, die sich in so eine Position hochgearbeitet haben, nicht genauso knallhart drauf sind.
Anne: Was aber diese *TicTacToe*-Welle in Bewegung gesetzt hat, ist ein irrer Medienwirbel, so daß viele Mädels endlich auch mal Musik machen wollen. Gut, natürlich wollen sie alle erstmal singen und tanzen und einen Videoclip machen, aber es gibt auch ganz viele, die sagen, 'ich will jetzt auch 'ne richtige Band machen'. Unser Frauenmusikbüro stand mal in der Zeitschrift *Mädchen* als die Talentschmiede über-

Angela Ballhorn, Anne Breick (v.l.n.r.)

Anne Breick (Percussion), *Jutta Keller* (Gitarre, Vocals), *Uli Pfeiffer* (Bass) und Elke Voltz (Vocals, Gitarre) bilden die Frankfurter Ethno-Funk-Band *Kick La Luna*; *Angela Ballhorn* (Querflöte, Saxophon) macht diverse Projekte mit wechselnden KünstlerInnen und Stilrichtungen und arbeitet als Musikjournalistin u.a. für *Gitarre & Bass*, *Solo*, *Jazz Thing* und *Melodiva*; *Janine Bahrke* macht demnächst ihr Abitur und moderiert im Offenen Kanal in Berlin die TV-Jugendsendung Bubblegum; *Barbara Colloseus* spielt Gitarre bei der Country-Band *Even Cowgirls Get The Blues* und den *Covergirls!*.

haupt, das war ein Hammer. Wir kriegten Liebesbriefe, fast täglich Kassetten, drei Videos wurden eingesandt, 'wir haben einen Song gemacht, kann man bei euch berühmt werden'. Aber da waren auch viele, die sagten, 'ich möchte singen lernen, wo kann ich mich überhaupt hinwenden, wenn ich das machen möchte'. Das fand ich schon toll. Das war eine irre Welle.

Janine: Wenn man jetzt die *TicTacToe*-Sachen sieht, dann denkt man eben, man wird einfach in einem HipHop-Laden entdeckt und plötzlich ist man ein Star. Bei denen steht ja nichts dahinter. Da sind die Produzenten, die schreiben denen Songs, die sagen, 'so und so seht ihr aus, das sollt ihr sein, so alt seid ihr'. Dann denkt man natürlich, 'cool, das ist ja total leicht, das kann ich auch.' Zum Beispiel die Sängerin von *Mr. President*, die kann überhaupt nicht singen, das ist total schrecklich. Dann hörst du im Hintergrund Tausende von Chören und irgendwelche Frauenstimmen, die extra eingesungen wurden, die keine von denen da sein kann. Das ist einfach merkwürdig.

Barbara: Aber diese Retortenbandmasche beschränkt sich ja nicht nur auf Mädels. Die ganzen Boygroups sind auch Retorte hoch drei.

Anne: Auch bei *Melodiva* werden wir seit einem Jahr mit CDs von Frauen überschwemmt. Als wir anfingen, die ersten Rezensionen zu machen, mußten wir richtig recherchieren: Wo kommt mal wieder eine CD von einer Frauenband raus, oder wo wenigstens eine Komponistin ist, wo Instrumentalistinnen mitspielen. Mittlerweile werden wir richtig überschwemmt. Wir hatten zu Anfang 8 CD-Rezensionen pro Ausgabe, jetzt haben wir über 30.

Farin: Vielleicht wäre es noch besser, wenn diese 30 Reviews nicht in einer Frauenmusikzeitschrift, sondern im *Rolling Stone* oder im *Fachblatt* erschienen?

Anne: Wenn die Frauenbands überhaupt zur Kenntnis nehmen, dann eher mit dem Zusatz 'hätte gar nicht gedacht, daß die so spielen können'.

Elke: Das liest man wirklich oft.

Angela: Ich schreibe in Fachblättern über E-Gitarre und E-Bass und bin bei allen die einzige im Impressum, die einen weiblichen Vornamen trägt. Außer den Layout-Frauen und den Anzeigensachbearbeiterinnen.

Anne: Wir haben einen Auftritt gehabt, da sagt der Techniker, 'die PA reicht'. Da sage ich, 'wieso reicht die, das sind doch Monitor-Boxen'. Da sagt der, 'wir hatten letztens auch eine Frauenband, das reicht'. Bei einer Rockband mit fünf Typen hätte der nicht mal 'so' gemacht, da hätte der schon 'ne dicke Fresse gehabt. Also mußt du dich vorher präparieren, schaffst dir die blöden Namen der Mikros druff, weil, wenn du sagst, ich will 'nen Sennheiser C 441, dann sagt der 'hui', also machste das Spielchen. Ich sage ihm genau, welche Box ich will, ich sage immer die besten Mikros, extra. Das ist ein Spiel, und ich spiele es mit.

Uli: Sonst wirst du verarscht.

Barbara: Ich finde nicht, daß das ein Spiel ist. Wenn man Musik macht, muß man auch wissen, was man macht. Die Fachbegriffe kennen. Unsere beiden Sängerinnen, Schauspielerinnen eigentlich ja, hatten vom Live-Musikmachen keine große Ahnung.

Melodiva

Interviews mit Musikerinnen, Band- und Einzelporträts, CD- und Buchbesprechungen, viele Informationen über Workshops, Frauenmusikinitiativen, Festivals, Tourneen und andere Veranstaltungen sowie eine Fülle von Kontaktadressen präsentiert vierteljährlich das von Anne Breick redaktionell verantwortete Frauenmusikjournal *Melodiva*. Erst im März 1996 vom eher „familiären" Rundbrief für frauenbewegte Musikerinnen zum publikumsorientierten, semiprofessionellen Magazin mit 5 000er Auflage gewandelt, belegt die im Popsektor immer noch einzigartige Frauenmusikzeitschrift, daß die Unterrepräsentanz von Musikerinnen in der Öffentlichkeit nicht daran liegen kann, daß es keine musizierenden Frauen gäbe, sondern diese in anderen Medien einfach zu wenig Beachtung finden. *Melodiva* ist in vielen Frauenbuchläden oder direkt über das Frauen-Musikbüro, Roßdorfer Straße 24, 60385 Frankfurt/M., Tel. 069/4960-848, Fax -800, erhältlich.

Denen haben wir ganz klar gesagt, wenn wir live spielen, müssen wir uns so benehmen, daß die Leute nicht denken, wir sind dumme Hühner. Paßt auf, wie ein Soundcheck geht. Die haben gelernt, einen Soundcheck zu machen.
Uli: Du mußt erstmal viel mehr zeigen. Wir haben oft mitgekriegt, daß die uns erstmal Blödsinn erzählen. Dann mußte denen viel klarer kommen, was ich mit Männerbands nie erlebt habe.
Farin: Ist das eigentlich Zufall, daß ihr eine reine Frauenband seid, oder eine bewußte Entscheidung?
Angela: Mir ist das eigentlich völlig egal, solange die Leute gut sind. Es geht darum, daß man sich auf der musikalischen Ebene versteht.
Anne: Mir ist das überhaupt nicht egal.
Jutta: Wenn es nette Männer sind, kann ich mich auch mit netten Männern arrangieren. Wenn es blöde Frauen sind, möchte ich mit denen auch nicht auf der Bühne stehen. Musik ist wichtig, und die menschliche Wellenlänge ist wichtig, dann kann man zusammen auf der Bühne stehen. Natürlich mache ich viel mehr Projekte mit Frauen.
Farin: Warum 'natürlich'?
Anne: Aber das ist doch klar. Wenn du suchst, dann suchst du dir doch nicht einen sympathischen Mann als Ersatz, sondern du suchst wieder in der Frauenecke.
Uli: Für mich ist das nie Thema gewesen. Ich war 18, als ich angefangen habe, den Bass zu spielen. Da mußte ich nie beweisen, daß ich als Frau trotzdem Musik machen kann. Ich wurde genommen, weil ich besser war als die Männer. Ich habe meinen Bass gespielt, habe den gut gespielt und mich nie um dieses geschlechtsspezifische Ding gekümmert. Obwohl ich es vermißt habe, daß ich keine Instrumentalistinnen kannte. Für mich ist es viel mehr zum Thema geworden, seit ich mit *Kick La Luna* Musik mache, da merke ich, daß es einfach was anderes ist, nur mit Frauen Musik zu machen, weil man eine andere Ebene zusammen hat, und seitdem habe ich erlebt, wie man als reine Frauenband behandelt wird. Plötzlich zweifeln die Leute an meinen musikalischen Fähigkeiten, und ich muß erstmal beweisen, was ich kann, bevor ich ernstgenommen werde.
Barbara: Ich habe auch schon in reinen Männerbands gespielt, das war zum Teil musikalisch sehr spannend und hat sehr viel Spaß gemacht. Aber irgendwie waren die mir zu sehr diese typischen Keller-Männer-Bands, die einfach nie weiterkommen, weil sie keine Disziplin haben und keinen Ehrgeiz.
Anne: Warum spielst du denn in einer reinen Frauenband?
Barbara: Weil es mir mehr Spaß macht, mit Frauen zu spielen, da kriege ich schneller einen Draht, schneller ein Gemeinschaftsgefühl, und für mich entsteht da mehr Energie. Immer war es so, daß die Frauenbands erfolgversprechender waren, weil wir uns zusammen eher zu einem gegenseitigen Ehrgeiz anstacheln konnten.
Janine: Die erste Band, in der ich gesungen habe, war 'ne gemischte Band, da hatte ich 'nen Schlagzeuger und zwei Gitarristen, und das war ganz gut, die fanden auch das, was ich gemacht habe, gut. Sicher auch, weil die keine eigenen Einfälle hatten.

Melodiva 3/98

Janine Bahrke

Vokalensemble präsentiert anspruchsvolle Unterhaltungsmusik im Stil der 20er. Unvergessene Melodien für besondere Gelegenheiten zum lachen, weinen, träumen auch für sie unter 0177-2642726

Sehr gute Sängerin, 20 J., hübsch (fast alle Musikstile)) sucht Anschluß an Band. 5-6Jahre Gesangs- & Klavierausbildung. Kann 2 Tapes senden, singe schwieriges! Wie hit dont speak-no doubt, komponiere selbst!!! Tel: [illegible]

Elke Volz

Letztlich war es aber so, daß unsere Vorstellungen von einer Band total auseinandergingen. Ich wollte immer auftreten, die aber nie aus dem Probenraum raus. Nach einem Jahr habe ich dann gesagt, 'das bringt mir nichts mehr, wenn wir eh nicht auf die Bühne gehen, dann laßt uns das beenden.' Ich bin gegangen und die Band hat sich kurz danach aufgelöst. Dann habe ich angefangen, Schlagzeug in einer Mädchenband zu spielen. Die haben zufällig auch die gleiche Musik gutgefunden wie ich, aber das Menschliche hat zum Schluß nicht mehr hingehauen. Jetzt fange ich wieder in einer gemischten Band an, als einziges Mädchen Bass zu spielen.

Farin: Warum hast du überhaupt angefangen, Musik zu machen?

Janine: Weil Musik das beste ist, was es gibt. Wenn ich von der Schule nach Hause komme, dann ist das erste, was ich tue, Musik anzumachen, um einfach abzuschalten. Da kann man seine ganze Vorstellungskraft reinhängen und Spaß haben. Deswegen habe ich angefangen, Musik zu machen. Ich war total oft auf Konzerten, fand das superklasse, was die Leute da oben gemacht haben, und nach Tausenden von Konzerten, die ich gesehen habe, habe ich dann selber total den Anstoß bekommen. Vor allem, als ich die Lemonbabies kennengelernt habe, und die immer gesagt haben, 'hey, mach was, so haben wir auch angefangen, geh in den Probenraum', spätestens da habe ich gedacht, 'jetzt ist der richtige Zeitpunkt dafür'. Also habe ich angefangen, Gitarre zu spielen, da Songs drübergeschrieben, die waren nicht superperfekt, aber haben mir Spaß gemacht.

Barbara: Bist du schon mal auf die Idee gekommen, Workshops mitzumachen, um weiterzulernen?

Janine: Nee, nicht wirklich, weil, ich kriege sowas immer nicht mit. Ich bin viel unterwegs, aber so Workshop-Sachen krieg ich nie mit. Bin ich noch nie drauf gekommen.

Farin: Wie lernst du denn?

Janine: Die Keyboarderin der *Lemonbabies* spielt noch in einer anderen Band Bass, und die bringt mir jetzt so ein paar Sachen bei. Einfach so, learning by doing. Ich werde irgendwann vielleicht mal Unterricht nehmen, wenn's wichtig wird.

Farin: Willst du das denn professionell machen?

Janine: Ja. Ich weiß nicht, ob Bass das Instrument ist, das ich mein Leben lang spielen will, aber auf jeden Fall will ich singen, auf die Bühne.

Farin: Wie ist das mit euch? Wartet ihr auch auf den großen Major-Deal?

Anne: Klar, mit unseren Bedingungen. Aber wahrscheinlich würden wir mit unseren Bedingungen keinen Major-Deal kriegen. Wer will das nicht, so'n Tophit schreiben und dann endlich mal nicht mehr so'n Stundenlohn von 2,50 DM zu haben oder nach einem Gig mit 35 DM nach Hause zu gehen. Davon träumt doch jede, daß du adäquat bezahlt wirst, daß du 'ne richtige Tour hast, daß endlich mal dieses Knechten aufhört. Und dazu gehört auch ein Major-Deal, weil, du brauchst diese Räder im Hintergrund.

Barbara: Wir hatten ja einen Major-Deal, und deshalb sehe ich das heute etwas skeptischer. Unsere erste Single haben sie noch super promotet, die war in den Radiocharts, hat sich gut verkauft. Die zweite haben sie regelrecht verschnarcht. Wir hatten ein Video, das lief auf VIVA, aber die Single stand nicht in den Läden, die wurde nicht im Radio gespielt, weil die Radiopromoterin von der Plattenfirma krank war und der Vertrieb geschlafen hat. Wir kamen uns echt vor wie ein Abschreibeprojekt. Da sind so viele ärgerliche Sachen passiert, daß wir mittlerweile sagen, eigentlich wäre es besser gewesen, 'ne kleine feine Platte bei einem Independent-Label mit einem guten Vertrieb zu machen.

Anne: Wir machen das mit einem eigenen guten Vertrieb und einem eigenem Label. Aber trotzdem ist es schon so, daß du in deiner Independent-Ecke bleibst. Du hast nicht die Radiopromoter, du kommst da nicht rein. Wenn du von Sony oder Eastwest kommst, dann kriegen die gleich solche Ohren und spielen das Zeug. Wie viele Sender haben wir bemustert! Aber sie spielen uns nicht.

Farin: Wenn man keine Musik macht, die charttauglich ist, kann man sich auch nicht beklagen, daß man nicht in die Charts kommt. Da nützt auch ein Major nichts.

Barbara: Ich muß zugeben, wir haben uns damals zu sehr reinreden lassen und versucht, zwanghaft charttaugliche Songs zu schreiben. Davon haben wir die Schnauze voll.

Farin: Was für mich immer noch nicht geklärt ist: Warum gehört *Kick La Luna* in ein Buch, das sich mit Musik & Opposition beschäftigt? Bisher habe ich nur gehört, ihr wollt reich werden und schafft es nicht so richtig.

Jutta: Ich bin die personifizierte Opposition.

Anne: Klar sind wir ein Politikum als Frauenband. Ich mache Musik, weil ich das ein Leben lang machen will, aber ich mache auch bewußte Musik. Natürlich ist das eine politische Aussage, wenn wir auf einer Lesbenparty, auf einer Frauenparty, zum 8. März spielen. Ich möchte ein Politikum sein und ein Teil dieser politischen Kultur, die ich mit fördere, für die ich viel tue. Die Vernetzung und Förderung von Musikerinnen ist eine politische Arbeit.

Elke: Ich komme aus der Friedensarbeit und meine Intention war, 'ich will singen, weil ich Inhalte in die Welt setzen will'. Das mache ich mit *Kick La Luna* auch. Unsere Texte handeln zum Beispiel von der Gewalt gegen Frauen auf der Straße, vom Widerstand der Wendländer. Ich sehe mich nicht als große Revolutionärin mit *Kick La Luna*, aber wir sind ohne Kompromisse unseren Weg gegangen. Wir haben unser eigenes Label gegründet, das haben wir geschafft, und das ist eine kleine Opposition.

Angela: Ich habe keine Texte, aber für mich ist ein politischer Anspruch wichtig. Wir haben zum Beispiel eine Gedenkveranstaltung gemacht zu einer Saalschlacht zwischen Sozialdemokraten und Nazis. Wir haben eine Performance gemacht, die an die Kriegswirren in Bosnien erinnern sollte, und da spiele ich nicht nur, da mache ich viel Vorarbeit. Ich mache Klangcollagen, ich sitze stundenlang und suche Tonmaterial, seien es alte Reden aus den 30er Jahren.

Uli: Du trittst ja auf, gehst vor ein Publikum, und plötzlich ist man in der Situation, wo man Macht hat. Die Leute hören dir zu. Man steht da oben und hat eine Verantwor-

Uli Pfeiffer

Jutta Keller

Barbara Colloseus

tung, damit umzugehen und sich bewußt zu machen, was man damit auch machen kann.

Elke: Wir würden nie bei der CDU spielen, aber wir spielen für Projekte im Wendland, wir spielen auf dem Welt-Aids-Tag und für so viele Sachen, die wir unterstützen.

Barbara: Die Cowgirls haben sich immer als Unterhaltungsband verstanden, aber als Frauenband bei einem Bikerfest zu spielen, es denen zu zeigen und die Buh- oder Ausziehrufe zum Verstummen zu bringen, das ist auch schon ein politischer Akt. Vor allem aber sind unsere Konzerte berühmt dafür, mit schlechter Laune hinzugehen und mit guter wieder nach Hause zu gehen.

Elke: Wie bringe ich politische Themen rüber und habe trotzdem noch Spaß? Da diskutieren wir ständig drüber. Wie kann man das machen?

***Rockbitch** in Concert: Sex sells?*
Berlin 1997

»Ich will keine zehntausend kreischenden Idioten«

Über das Songschreiben und die Notwendigkeit eines Publikums.

Farin: Woher bekommt ihr eure Anregungen, wenn ihr einen Song schreibt?

Marc Range (Blind Passengers): Grundsätzlich sind unsere Texte eher kritischer, vielleicht sogar etwas philosophisch. Herz-Schmerz-Attitüden interessieren mich beim Texten eigentlich kaum. Wir leben in einer sehr interessanten Zeit. Man hat das Gefühl, wir haben uns mittlerweile daran gewöhnt, daß uns der wissenschaftlich-technische Fortschritt von Jahr zu Jahr immer rasanter überrollt. Unser letzter Longplayer »The Trash Inside My Brain« hat sich mit dieser Entwicklung beschäftigt, denn besonders gnadenlos ist diese Flutwelle im Multimediabereich. Es scheint mir einfach unmöglich, daß der Mensch, als Evolutionsprojekt einer Entwicklung von hunderttausenden Jahren, in der Lage sein wird, sich ohne Nebenwirkungen in so kurzer Zeit voll auf diesen multimedialen Infarkt einstellen zu können. »The Trash Inside My Brain« beschrieb in erster Linie den erdrückenden Datenmüll in unser aller Köpfe, der keinen Platz mehr für das wirklich Wichtige läßt. Wir fühlen uns jedoch nicht als eine Art Maschinenstürmer, die den technischen Fortschritt verdammen. Ganz im Gegenteil, wir sind froh, Zeitzeugen dieser spannenden Epoche sein zu können. Den Trend zum 'Negativerlebnis Mensch' möchte ich auch nicht der Multimedia-Bewegung in die Schuhe schieben, sondern eher der Abkühlung unseres Gesellschaftssystems. Der technische Fortschritt bringt zum einen unglaubliche Risiken mit sich, könnte dem Menschen aber auch eine Chance geben, genau so zu leben, wie er es sich immer erträumt hat. Die steife Denkweise unserer Herren Politiker verhindert das. Eigentlich sollte Technologie dem Menschen dazu dienen, ihn zu entlasten, damit mehr Zeit bleibt, das Bewußtsein zu erweitern, Kultur zu genießen, miteinander zu kommunizieren. Stattdessen kommt die Technologie nur den Industriellen zugute, die dadurch immer mehr Leute entlassen können, um noch größere Profite zu erzielen. Es wäre kein Problem, die verbliebene Arbeit so aufzuteilen, daß jeder seinen Job hat, aber nur noch 20 Stunden arbeiten bräuchte, ohne Abstriche am Lebensstandard zu machen. Es gibt genügend wissenschaftliche Studien, die beweisen, daß es funktionieren würde. Man zieht es aber vor, sich die einen mit Überstunden zu Tode schuften zu lassen, und die anderen aufs Abstellgleis zu stellen. Das ist der Grund für die Ellbogengesellschaft, Egoismus und die Evolution des Menschen zu einer gefühlskalten Maschine. Hoffentlich wachen die Politiker nicht erst auf, wenn der Mensch durch dieses unnötige Konkurrenzsystem zu einer von Egoismus zerfressenen, verabscheuungswürdigen Kreatur verkommen ist. Natürlich sind meine Songtexte keine Plattform, solche Probleme tiefschürfend zu durchleuchten, aber mein Zorn auf die Unfähigkeit dieser alten Männer ist eine meiner kreativen Hauptantriebsfedern.

Ole Falck, Jahrgang 1969, lebt in Hannover und trommelt seit zehn Jahren bei der Punkband ***Die Kellox.*** Aktuelle Veröffentlichung: „Sicher ist Sicher" (Nasty Vinyl, 1997).

„Angefangen hat alles im Frühjahr '88, als mich ein paar Kumpels ansprachen, ob ich nicht Bock hätte, bei ihnen Schlagzeug zu spielen. Wir wollten so richtig schön heftigen und dreckigen Punk machen, waren im Prinzip alle mehr oder weniger Anfänger, und deshalb war das Ergebnis auch nicht so klasse. Anfangs haben wir versucht, Bands, die uns gut gefielen, im Stil zu imitieren, wobei das ab einem gewissen musikalischen Niveau an unserem Können scheiterte und zum Teil auch heute noch scheitert. Keiner von uns ist ein begnadeter und genialer Musiker, dem die Ideen und das Können in den Schoß fallen. Was wir heute machen, kann jeder halbwegs musikalische Typ mit etwas Übung auch. Bei uns ist das Besondere, daß wir schon so lange in der Originalbesetzung spielen und deshalb fast blind aufeinander eingespielt sind. Jeder von uns hat seine feste Position in der Band, nicht nur am Instrument. Der eine ist der ständige Ermahner, der nächste der Organisator, der dritte der Quatschkopp und der vierte der Querschießer. Merkwürdigerweise paßt das ganz gut zusammen."

Öli van Pelt, Jahrgang 1971, singt und textet seit fünf Jahren für die niederrheinische Punk-Combo ***The Pig Must Die***, die sich trotz deutscher Texte sehr stark am alten, britischen '77er Punk orientiert und zuletzt im Sommer 1997 ihr Konzeptdoppelalbum „Die Geschichte von Richie und andere Schicksalsmelodien" veröffentlichte.

„Rückblickend glaube ich, daß für mich die Musik eine Art Selbsttherapie war und auch heute noch ist. Für einen Texter und Songwriter ist die Musik immer ein Spiegelbild der Seele; egal, ob du Fun-Texte schreibst oder dein Herzblut gibst. Es ist einfach der Spaß, auf der Bühne zu stehen und gemeinsam mit dem Publikum die Party deines Lebens zu feiern – und das immer und immer wieder. Du stellst dir einfach selber nie die Frage nach dem Warum; denn da ist ein Gefühl, ein(An)Trieb, ein Glaube an irgendwas, und das läßt dich nicht mehr los. Ich weiß nicht, was mich nachts um vier nicht mehr schlafen läßt, sodaß ich dann bis in die Morgenstunden wach bleibe und an neuen Songs schreibe. Ich könnte mir momentan auf keinen Fall vorstellen, die Musik aufzugeben."

King Kranz (Dog Food Five/Action Team): Ich verarbeite beim Texten meist irgendwelche Rock'n'Roll/Garage Beat/Punkrock-Textklischees. Denen versuche ich dann neue, originelle Aspekte abzugewinnen, Sachen also aus ungewöhnlichen Perspektiven zu betrachten. Oft schlüpfe ich in Rollen, die mir vollkommen fremd sind, zum Beispiel die des ultraprimitiven Asozialen, des pedantischen Ordnungssüchtigen, des geistig Zurückgebliebenen, dessen, den keiner liebt und der genau weiß, warum, oder dessen, der so klasse ist, daß jede Frau, die ihn sieht, gleich in Ohnmacht fällt. Das sind so die Hauptfiguren in King Kranz' kleinem Universum. Thematisch geht es meistens um Liebe, Sex und Liebeskummer. Hier mal ein lustiges Beispiel, wie einer meiner Texte entstanden ist, ausnahmsweise ganz direkt aus meiner eigenen Perspektive geschrieben: Meine damalige Freundin hatte mir Hörner aufgesetzt, und ich habe ihr also gesagt, daß sie abhauen soll. Sie meinte darauf, daß ich, wenn ich sie wirklich geliebt hätte, um sie kämpfen würde, und ich habe geantwortet: »Dieser Kerl hat mir mein Mädchen weggenommen und mir ein Stück Scheiße wiedergegeben, und dieses Stück Scheiße verlangt jetzt von mir, daß ich um es kämpfen soll?« Ich war am Heulen, aber mein erster Gedanke war, 'hey, einen guten Satz hast du da eben gesagt, der müßte sich gut in einem Song machen'. Dann bin ich weggegangen und habe den Song geschrieben. Danach habe ich weitergeflennt.

Öli (The Pig Must Die): Du schreibst immer die besten Texte, wenn du von Geschichten erzählst, die du selbst erlebt hast und dir nicht ausdenken mußt. Du kannst nur über Drogen schreiben, wenn du die Wirkung kennst. Wenn du Gewaltthemen aufgreifst, mußt du auch damit deine Erfahrungen gesammelt haben, um ehrlich zu wirken.

Stefan Kleiber: Aber natürlich muß ich nicht das millionste Liebeslied schreiben, wenn ich gerade zufällig verliebt sein sollte. Ich kann es mir auch verkneifen, Parolentexte zu verfassen, weil ich es einfach peinlich oder lächerlich finde, »Fickt das System« oder sonstige Plattheiten abzulassen. Ob es ein Thema wert ist, behandelt zu werden, merkt man, wenn einen etwas länger beschäftigt.

The Pig Must Die, Öli (2.v.r.)

Farin: Gibt es da einen konkreten Anlaß, einen letzten Kick, ein bestimmtes Thema anzupacken?
Öli: Dieser Moment der ersten Idee ist sehr schwer festzulegen. Manchmal reicht ein kurzer Augenblick, ein gesprochenes Wort, eine erlebte Situation, manchmal ist es ein Fernseh- oder Zeitungsbericht. Du mußt eigentlich nur die Augen offenhalten oder dich ins Leben schmeißen, um genug Stoff für neue Songs zu bekommen.
Sabotage-Q.C.Q.C.?: Filme können ausschlaggebend sein, ein Gespräch, ein Konzert von anderen Künstlern, Bücher sind oft Anlaß für bestimmte Themen. In unserer Musik geht es immer um Emotion.
Johnny Bottrop (Terrorgruppe): Ein Thema gärt meistens monatelang im Hinterkopf, irgendwann kommt in der Kneipe, auf dem Klo, in einem Streitgespräch oder auf einer Party die Idee für eine einzige Zeile, und das ist dann der Start für die 'Songproduktion'. Der Text ist innerhalb von einer Viertelstunde fertig, das Melodiegerüst steht auch ganz schnell, die eigentliche Arbeit fängt dann aber erst richtig an...
Hilmar (Pillbox): Meine Texte sind oft eine Auseinandersetzung mit dem eigenen Verhalten, dem der 'Szene' oder über den Bereich Gesellschaft/Zivilisation/System. Formuliert sind meine Gedanken dann doch sehr oft punktiert und plakativ - oder besser, sie scheinen es zu sein. Mir geht es oft so, daß ich nach einer Weile selber tausend Sachen hineininterpretieren kann, das heißt, ich jongliere mit den Worten vom Sinn her und vervollständige den Text.
Raidy (Chaosfront): Wir schreiben unsere Texte eigentlich immer aus dem Bauch raus. Wenn doch mal einer sagt, »da müßte man mal 'nen Text zu schreiben«, sind es meistens aktuelle Sachen wie zum Beispiel Castor oder die Kurdenproblematik. Da mache ich meiner Wut halt Luft, indem ich ein paar Zeilen zum jeweiligen Thema schreibe.
Ole (Die Kellox): Bei uns entsteht ein neues Stück immer äußerst zäh. Beim Proben spielen wir einfach drauflos, bis mal eine gute Grundidee auftaucht. An der wird dann so lange herumgefeilt, bis alle einigermaßen zufrieden sind. Die Texte kommen fast immer zum Schluß. Wer meint, 'ne gute Idee zu haben, schlägt das Thema vor, bringt vielleicht auch schon einige Zeilen oder manchmal sogar den kompletten Text mit, die anderen machen Verbesserungsvorschläge, und zuletzt glättet der noch die Kanten, der das Ganze singt. Das ist oft echte Arbeit, bei der wir uns ständig zoffen, am Schluß ist es dann aber um so geiler, daß was fertig geworden ist. Unsere Texte waren von Anfang an fast nur deutsch, einfach, weil wir ja auch vor deutschem Publikum spielten. Das ist auf Dauer nicht ganz leicht, weil so die Texte jeder auf Anhieb verstehen kann, und dadurch der Anspruch total hoch ist. Irgendwelche Dumpfbackentexte kann sich ja jeder ausdenken, aber gerade die versteckten Doppeldeutigkeiten und Wortspielereien machen für mich den Sinn aus.
Diane (Lemonbabies): Bei den *Lemonbabies* geht es vor allem um Dinge, die dir mit 20, 23 Jahren in deinem Leben so passieren. Natürlich Liebeslieder (klar, sowas beschäftigt doch jeden), aber auch Situationen, in denen du dich behaupten mußt, um

Ole (Die Kellox)

Ingo, Jahrgang 1976, lebt in Ibbenbüren und singt bei der 1995 dort gegründeten Punkkapelle **Donots**, die eher zur lustigeren Fraktion zählt, unermüdlich Auftritte sammelt und ihre Debut-CD „Pedigree Punk" 1996 D.I.Y. im Eigenvertrieb herausbrachte.

„Es ist cool, mit der eigenen Kreativität zu experimentieren, um damit Emotionen auszuleben/zu verarbeiten. Man trifft viele Leute und lernt dabei aus verschiedenen Einstellungen."

Freundschaften, in die du investieren mußt, um Sachen, die dich aufregen... einfach alles! Nachdem einem irgendetwas Seltsames passiert ist, setzt man sich hin und verpackt es in einen Song. Ist so ähnlich wie Tagebuch schreiben - bloß mit Musik.

Karsten Drohsel: In meiner Musik geht's um Hass - Liebe - Faschismus - Sex - Wissen - täglicher Kampf - Gefühle, um das Leben an sich. Die Themen ergeben sich aus dem Alltag, aus Stimmungen, Empfindungen, Lust, aus Bruchteilen einer Sekunde, in denen sich in meinem Kopf irgendwas abspielt, mein Gehirn sich einklinkt und über den Tag hinweg eine Geschichte spinnt. Der erste Moment einer Idee ist daher sehr interessant (auch für mich), denn der Zufall regiert mich innerhalb der Möglichkeiten, die mir zur Verfügung stehen, den anderen diese Geschichte zu erzählen. Der letzte Kick dabei ist, Menschen kennzulernen, die bei meinen Auftritten ein Stück des Weges mit mir gehen und mir so das ihnen wertvollste zur Verfügung stehende Gut, die Zeit zuzuhören, schenken. Es gibt zwar sehr wenige, die das a) beherrschen und b) wissen, daß sie das tun, aber genau auf die Wenigen lege ich sehr großen Wert.

Greta (Untoten): Unsere Themen sind Tod, Teufel, Sex & Gewalt, Auflehnung - eskapistische Sachen eben. Ich war eigentlich immer schon mit recht 'düsteren' Themen und Orten konfrontiert. Ob's meine ungarische Verwandtschaft ist (bei denen hängt der Knoblauch tatsächlich noch an der Haustür und das Kruzifix über'm Bett) mit ihren mystischen Geschichten oder meine Zeit im Internat, in der wir zum Zeitvertreib Tischrücken 'geprobt' haben, um dann schreiend und hysterisch durch die Gänge zu rennen, wenn's tatsächlich funktioniert hat (wir hatten nie Angst, aber es war ziemlich cool und unheimlich).

Ingo (Donots): Extreme Gefühle lassen sich immer besonders gut umsetzen, weil sie viel Stoff für einen Songtext hergeben.

Donots, Ingo (r.)

Bdolf: »Ich mache Kunst, weil ich gerade keinen Krieg gegen die Bourgeoisie führen kann«, sagte ich mal. Ich bin gegen die Verhältnisse, gegen die Ausbeutung des Menschen durch den Menschen. Immer noch Steinzeitkommunist/Panzerfraktion. Ideen kommen aus dem Hass auf alles und jedes: Politiker, ideologische Gegner, Alltagsikonen, Popstar-Deppen, eine kranke Gesellschaft, verblödete Menschen etc. Treibstoff ist die persönliche Obsession: ein Gesicht, eine Person nicht ertragen zu können (Ästhetik der Beschimpfung!), Gefühlsausbrüche beim Ertragenmüssen der psychopathischen Scheiße um einen rum usw.

Sauer (No Respect): In unserer Musik geht es hauptsächlich um offensichtliche Themen - Nazis sind Bastarde, Arbeiten ist Mist, der Staat muß weg etc. - und um etwas subtilere Dinge wie zwischenmenschliche Probleme oder die Frage, warum Menschen es sich miteinander oft so schwer machen, auch jene, die doch eigentlich andere Ansprüche formulieren. Auch die Auseinandersetzung mit dem eigenen Ich ist wichtig in den Texten, nur immer an anderen rummäkeln, das ist zu einfach.

Farin: Wenn du in einem Song ein politisches Thema aufgreifst, stellst du dann lieber Fragen oder vermittelst du lieber klare Positionen, Antworten?

Johnny Bottrop (Terrorgruppe): Bin ich der Messias? Ich weiß selbst zu so vielen Dingen keine Lösung, aber zumindest merke ich, wenn irgendetwas nicht stimmt.

Luki (Six Pack Riot/Die schwarzen Schafe): Lieber Fragen - wozu haben die Leute denn ihr Gehirn?

Nejc (Mars Moles): Fragen stellen ist einfacher, und darum läuft es auch meistens so. Man will ja keine politischen Programme in Songs umsetzen, »nächstes Jahr machen wir das und das...«. Das funktioniert nicht.

Oliver (Allgemeines Chaos Kommando): In der Regel schreibe ich eher Lieder zu Themen, wo ich eine klare Meinung habe und die transportieren möchte.

Öli (The Pig Must Die): Ich versuche mich textlich meistens in meiner eigenen kleinen Welt umzuschauen und gebe der Politk beim Stückemachen gar nicht so einen großen Stellenwert. Ich bin ein Träumer und Optimist, der zwar ganz genau weiß, daß er garantiert nicht die Welt verändern wird, aber es wenigstens versucht. Wenn es mehr Leute geben würde, die sich bemühten, sich selbst und ihr eigenes Leben in den Griff zu bekommen, säßen wir heute nicht auf einem Faß voller Scheiße.

Arne (Oxymoron/The Hinks): Ich stelle lieber Fragen mit offenem Ausgang, da es keine 'Wahrheit' gibt, sondern nur viele kleine Wahrheiten, die sich je nach Blickwinkel ändern können.

Jörg (Vulture Culture): Lösungen können wir nicht anbieten und wollen das auch gar nicht. Fragen stellen wir aber auch nicht, sondern wir beschreiben in unsereren Texten die Dinge, die uns durch den Kopf gehen.

Hilmar (Pillbox): Oft habe ich eine klare Position, lasse aber bewußt, meist aus einem Denkprozeß heraus, die Aussage des Textes offen. Grundsätzlich ist es sehr einfach, Fragen zu stellen, doch die Lösungen von Problemen sind meistens so komplex und gar nicht auf andere Menschen übertragbar.

Ingo (Donots): Man stößt sowieso meistens auf völlig taube Ohren, wenn man jemandem seine Meinung aufzwingen will.

Raidy (Chaosfront): Manchmal schreibe ich einen politischen Text, nur weil ich dazu meine eigene Meinung sagen will, und manchmal nur, weil ich meine Wut und Ratlosigkeit zum Ausdruck bringen will. In der Regel gebe ich aber lieber Antworten und stelle Dinge einfach fest.

Nejc (Mars Moles), Dezember 1994

Nejc Jakopin ist Mitglied der Band ***Mars Moles*** (bzw. *Sexy Bacterias*), deren Songs auf mindestens 15 Samplern vertreten sind. Nejc gehört aber auch zum *Plastic Bomb*-Stamm und gibt sein eigenes Zine *Njam* heraus, ist Redakteur beim kroatischen Fanzine *Zivjela Komercijala* und ansonsten derzeit Zivildienstleistender.

„Musik berührt mich, macht mich fröhlich, traurig, beeinflußt einfach meine Gefühle - die Faszination von Musik kann man eigentlich nicht erklären. Man braucht einfach einen Soundtrack, um nicht stumm zu sein."

Luki, Jahrgang 1965, lebt in Düsseldorf. Nach dem unfreiwilligen Abgang vom Gymnasium wg. Fehlstunden und einer abgeschlossenen Ausbildung zum Schilder- und Lichtreklamehersteller folgten hauptsächlich Jobs, weil die Musik doch zum „Hauptberuf" wurde. ***Luki*** spielt(e) seit 1980 Gitarre/Bass in diversen Bands (*Gefriergetrocknet, Wellblech Untergrund, Lieutenant Uhura, Six Pack Riot*), zur Zeit in der Garage Rock'n'Roll-Kapelle Thee Trashcan Diddleys und bei der Düsseldorfer Punklegende ***Die Schwarzen Schafe***.

„Warum Punk? Ich kann nix anderes. Im Ernst: Punkrock ist mein Leben und das wird sich auch nicht mehr ändern!"

Carsten (Mr. EBU/Die Traktor): Meine Texte sind oft zynisch. Das ist zwar nicht sonderlich respektvoll, zeigt aber auf letztlich witzig gemeinte Weise diese und jene Mißstände auf, zum Beispiel zum Thema Musik & Outfit im Mode-Mainstream-Klischee. Ist es nicht superwitzig, wie Iropunx mit ihren 400-DM-Lederjacken und Markenjoints im Maul wie die Poser in manchen Clubs rumhängen? Doch wenn ich mir zum Beispiel meine Haare golden färben würde, würde ich von genau den Randgruppen diffamiert, die selbst unter irgendwelchen Spießern zu leiden haben. Weil jede Gruppe sich zunächst mal absondert und ihr eigenes Ghetto schafft. Wahre Andersartigkeit hat da keinen Platz.

Sabotage-Q.C.Q.C.?: Wir reden nur über Themen, zu denen wir selbst eine klare Position haben, die wir natürlich vermitteln wollen. Das heißt aber nicht, daß wir zwangsläufig auch die Antworten mitliefern müssen, was auch Unsinn wäre, denn jeder muß selbst für sich entscheiden und selbst neue Fragen stellen. Das ist ja eben unsere Antwort! Wenn das funktioniert, ist das für uns als Künstler viel befriedigender.

Greta (Untoten): Fragen stelle ich mir privat permanent, aber wenn ich einen Text interpretiere, sollte der unsere momentane Position klarmachen, etwa: Berlin bleibt Schmierstadt!

Bdolf: Parteiprogramme kann man nicht singen, man muß sie durchsetzen, sie leben. Wie die Menschen in ihrer allergrößten Zahl so sind, muß man ihnen nicht Gemeinschaft stiften, sondern den Boden unter den Füßen wegziehen.

Farin: Machst du dir Gedanken darüber, welche Wirkungen deine Musik bei Leuten auslösen kann?

Luki (Six Pack Riot/Die schwarzen Schafe): Sobald man live spielt, macht man sich immer Gedanken - stell dir 300 Leute vor und keiner tanzt oder klatscht. Im Probenraum spielt man für sich, okay, aber wenn ich eine Bühne betrete, bin ich nicht mehr allein, also spiel ich natürlich nicht nur für mich. Für mich gibt's fast nichts Schlimmeres als 'ne Band, die in sich versunken, introvertiert auffer Bühne steht und es passiert - nichts.

Johnny Bottrop (Terrorgruppe): Leute, die auf der Bühne nur »sich selbstverwirklichen« wollen, sind dumme Egozentriker und Instrumental-Wixer, die lebenslänglich in den Probenraum eingesperrt gehören, denn sie verschwenden die Zeit ihrer Mitmenschen. Natürlich habe ich soetwas wie 'Sendungsbewußtsein'. Ich mache Musik, um den Leuten mein Verständnis von Spaß und Anarchie zu vermitteln, nicht um mir selber darauf einen 'runterzuholen!

Archi »MC« Alert (Terrorgruppe): Ich bin mir völlig darüber im Klaren, welche Wirkung unsere Songs und unsere Liveauftritte auf das Publikum haben. Es ist mir auch sehr wichtig, Musik für das Publikum zu machen. Ich provoziere die Kids oder gebe ihnen dieses Gefühl, sich mit bestimmten Texten

Luki (Die Schwarzen Schafe)

identifizieren zu können, oder ich manipuliere sie einfach mit einer versteckten Nachricht.
Arne (Oxymoron/The Hinks): Jeder, der behauptet, er macht Musik für andere, lügt oder will einfach nur Kohle machen. Ich muß Musik machen; wenn es den Leuten gefällt, können wir zusammen eine Menge Spaß haben. Ohne Publikum ist eine Band ziemlich sinnlos (gerade bei Oi!-Punk). Als Band hast du einen gewaltigen Einfluß auf das, was im Saal und danach passiert.
Oliver (Allgemeines Chaos Kommando): Vielleicht nimmt der eine oder andere einen gewissen Eindruck mit, eventuell ist er bereit, sich mit den geäußerten Ansichten einmal näher auseinanderzusetzen, wenn ihm die Musik gefallen hat, aber ich denke nicht, daß Musik grundsätzlich sein Verhalten ändern wird.
Arne: Meiner Meinung nach dient Punk sowieso dazu, sich als 'Außenseiter' ein wenig selbst zu feiern, sich und dem Publikum Kraft und Durchhaltevermögen zu geben und in erster Linie einfach Spaß zu haben und einen geilen Abend zu erleben.
Thomas (Loikaemie): Eine Wirkung zu erzielen, ist der Sinn des Ganzen - sowohl textlich als auch musikalisch. Wenn meine Musik und meine Texte keine Sau interessieren würden, wäre das ein Zeichen, daß ich aufhören sollte. Selbstverständlich mache ich mir Gedanken darüber, was ich für eine Wirkung erziele. Musik kann verschiedene Stimmungen erzeugen, auch mit meinen Texten kann ich Leute beeinflussen.
Nejc (Mars Moles): Ich freue mich sehr, wenn Leute sich von meiner Musik so angesprochen fühlen wie ich von manchen Liedern. Die eigenen Songs sind ja sozusagen mein bzw. unser eigenes Baby: wir haben ihre Entwicklung von Anfang an verfolgt, von einer kleinen Idee über das Zusammensetzen des Stückes, die Parts der anderen Instrumente, das Proben, Veränderungen, die Aufnahmen, bis zum fertigen Ergebnis auf einem schick gestalteten Tonträger. Das ist etwas völlig anderes als sich eine Platte einer anderen Band reinzuziehen. Selbstbefriedigung ist schön, aber andere mitbefriedigen noch besser.
Farin: *Lydia Lunch* hat mal in einem Interview erklärt, daß ihr das Publikum lästig ist, »ein Nebenprodukt und als solches irrelevant. Ich will keine zehntausend kreischenden Idioten.«
Chris (No Respect): Dann soll sie doch alleine im Wald singen. Wozu tritt sie auf?
Bdolf: *Lydia Lunch* meinte ja wohl etwas anderes: Wenn man das Pech hat, eine Amerikanerin mit einem funktionierenden Gehirn zu sein, kommt frau sich doch recht einsam vor. Was sollte also die Idee eines Publikums, wenn man/frau auch eine Kollektion von Unfallforschungsdummies hinstellen könnte?
Diane (Lemonbabies): Mir kann keiner erzählen, daß es ihm nicht schmeichelt, wenn andere Menschen seine Musik hören und gut finden!
Chris: Ursprünglich haben wir auch nur für uns musiziert, aber irgendwann will man ja auch mal raus aus dem Keller, nicht wahr? In dem Moment ergibt sich die Frage nach der Wirkung zwangsläufig. Ein Grund, weshalb wir uns musikalisch verändert haben, war u.a. die Tatsache, daß zu unserer alten Musik eigentlich nur Brutalpogo

Arne Marenda, Jahrgang 1965, lebt in Erlangen, spielt seit 1992 bei ***The Hinks*** (Ska) und seit 1994 bei ***Oxymoron*** (Oi!-Punk). 1994 gründete er auch zum Vertrieb der eigenen Produktionen Rough Beat Records.

„Ich höre diese Art von Musik seit mittlerweile 19 Jahren (scheiße, so lang schon?!) und das prägt einfach. Punkrock und sämtliche angrenzenden Stile sind einfach 'mein Ding'!"

Arne

Bernd Karner, Jahrgang 1972, lebt in Ulm, studiert dort seit 1994 Elektrotechnik, absolviert Gastauftritte als DJ und Radiomoderator (Sendung „Funky Way" auf dem freien Radio free fm), seit 1996 Veranstaltungsreihe Bewegungsgruppe , eine der wichtigsten Adressen für freie elektronische Musik.

„Musik ist eine Droge. Wer einmal davon infiziert ist, den läßt sie nicht mehr los. Musik unterscheidet sich von künstlichen Drogen dadurch, daß der Kick 'echt' ist, soll heißen, ein Eindruck, dessen Kraft dem Menschen von der 'Natur' vorgegeben wurde, weshalb Musik sich auch nicht verbraucht, also immer wieder mit gleicher Intensität berühren kann. Freie experimentelle Musik scheint sich zur Zeit am schnellsten weiterzuentwickeln, und die Suche nach neuen musikalischen Entwicklungen ist für mich der zentrale Antrieb beim Musikhören."

möglich war, und deshalb die Zahl der Leute, die sich amüsieren konnten, immer recht gering war. Ein Problem, das leider viele Punk/Hardcore-Bands haben, sie ist 'ne Einladung an Machos, sich zu produzieren und allen anderen das Konzert zu versauen.
Öli (The Pig Must Die): Ich mache mir keine Gedanken darüber, ob das, was ich vermittle, jedem schmeckt oder paßt, vielleicht sogar wehtut. Ich schreibe über Gefühle, Gedanken und Stories aus meinem Leben. Gut, wenn sie verstanden werden, schlecht, wenn sie die Wirkung verfehlen oder irgendjemand meint, er müßte das alles genauso nachempfinden, und sich vielleicht wegen irgendeinem Song selbst in die Scheiße reitet. Ich erwarte, daß unsere Zuhörer Freidenker sind und sich nicht von mir oder irgendjemand anderem zulallen lassen.
Stefan Kleiber: Wenn ich jemanden zum Nachdenken bewegen könnte, wäre ich zufrieden. Auf Bekehren wie »Trinkt keinen Alkohol« oder »Fickt keine Tiere« hab ich keinen Bock. Diese Bekehrertypen sind mir selbst immer äußerst suspekt. In erster Linie ist für mich Musikmachen ein schönes Hobby, bei dem man viel rumkommt und nette Leute kennenlernt.
Hilmar (Pillbox): Ich will Wirkung erzielen und habe auch keine Lust, jetzt sagen zu müssen, »aber nicht wie von der Kanzel runter«, das ist selbstverständlich.
Christian (T(h)reee): Ich glaube, das ist das Grundanliegen von jeder Band, die Texte schreibt. Aber wenn wir auf Tour sind, spielen wir in der Regel in autonomen Läden und besetzten Häusern, und denen brauchen wir nicht mehr zu erzählen, daß die gegen Nazis sein sollen. Ich denke, die Wirkung von Texten wird oft überbewertet.
Hilmar: Ich bin mir durchaus bewußt, daß Texte bei vielen überhaupt keine Wirkung haben, weil sie nicht gelesen werden - aber einige erreicht mensch vielleicht doch. Leute, die schon lange 'dabei' sind, empfinden es als lästig, wenn Themen immer wieder neu aufgeworfen werden, das kann ich sogar teilweise nachvollziehen. Aber es kann wichtig sein, bestimmte Themen immer wieder aufzuwerfen, gerade für Jüngere, die gerade erst dazu kommen, sich über bestimmte Sachen ihre eigenen Gedanken zu machen.
Marc Range (Blind Passengers): Ich weiß natürlich, daß es immer eine Minderheit ist, die sich auch für die Songtexte einer Band interessiert. Auf der anderen Seite ist es auch beeindruckend, wenn Fans einem schreiben, daß sie beschlossen, Vegetarier zu werden, nachdem sie sich intensiv mit einem unserer Songtexte befaßten. Grundsätzlich ist es aber ganz und gar nicht mein Anliegen, mich als Schulmeister aufzuspielen. Ich halte unsere Fans für intelligent genug, sich ihre eigene Meinung zu den angesprochenen Themen zu bilden. Die Songtexte sehe ich nicht als den Versuch, die Welt zu verbessern, sondern als Bewältigung meiner eigenen Emotionen.
Raidy (Chaosfront): Wir machen uns sehr viel Gedanken darüber, was für eine Wirkung unsere Musik hat, denn wenn unsere Musik keine Spuren hinterlassen sollte, könnten wir genausogut deutsche Schlager singen. Schön ist es immer, wenn nach dem Gig Leute kommen und uns ihre Meinung zum einen oder anderen sagen, denn daran können wir feststellen, ob die Leute überhaupt zuhören.

Karsten Drohsel: Selbstverständlich mache ich mir Gedanken über die Wirkung meiner Musik. Es ist mir sehr wichtig zu wissen, was meine Musik in Menschen auslöst. Stundenlange Gespräche nach dem Auftritt sind mir wichtig, um zu erfahren, ob ich verstanden wurde, obwohl es mir gleichzeitig scheißegal ist, ob Menschen verstehen, was ich tue. Es gibt zwei Arten von Gigs: zum einen solche, wo das Publikum dir die Freiheit gibt, Gedanken zu entwickeln, und dich immer weiter herausfordert, zum anderen solche mit anspruchslosem Publikum, das meint, Musik wäre nur die Basis für einen willenlosen Drogentanzabend, so nach der Aussage *Kurt Cobains*: »Here we are, now entertain us!« So ein Publikum suckt total, also beschränke ich mich darauf, ein gutes Demotape zu machen oder lustlos daherzunudeln und das Publikum zu reflektieren.

Michael (elf attn industries): Je abstrakter, zweckfreier die Musik ist, um so mehr hat sie die Chance, sie selbst zu werden, sich dem Mißbrauch zu entziehen. Erstmal mache ich Musik, für wen ist im Augenblick der Entstehung irrelevant. Jeder Musiker weiß, daß die Intensivität, mit der man die Musik macht, sich auch auf das Publikum überträgt.

Bernd Karner: Der wesentliche Unterschied zwischen einem Bandkonzert und Auflegen ist, daß die Gruppe vor allem an ihrer Musik gemessen wird, der DJ an der Wirkung, die er erzielt. Wer sich für das Auflegen, insbesondere für Publikum, das tanzen will, entscheidet, unterwirft sich automatisch dem Diktat und ist damit bereit, sich über die Wirkung der Musik Gedanken zu machen. Aufzulegen heißt auch, die Wirkungen von Musik verstehen zu lernen und sich das dann zunutze zu machen (was übrigens etwas anderes ist, als sich beim Publikum anzubiedern): Wer gegen das Publikum oder dem Publikum gegenüber gleichgültig auflegt, fällt durch und bekommt erst gar nicht die Chance, Musik weitergeben zu können, die ihm am Herzen liegt. Und das ist es doch letztendlich irgendwie.

Frank (Clit Cops): Wir haben früher mit *Beton Combo* den bevorstehenden Atomkrieg zwischen USA und UDSSR in unseren Songs aufgegriffen. Nichts ist passiert. Der No-Future-Slogan ist Scheiße. Es geht immer weiter. Auch ohne dich. Unser Song »Nazis raus« wurde eine Art Hit und von *Slime* und diversen anderen Bands gecovert. Doch was nützt es, wenn heute Jugendliche Texte mitgröhlen, die die politische Situation von 1980 widerspiegeln?

Angela Ballhorn: Wenn's die Leute anspricht oder abstößt, ist es prima, wenn meine Musik das Publikum gleichgültig läßt, finde ich es schade.

Greta (Untoten): Sagen wir mal so: Die Kunst beginnt da, wo du dich nicht mehr 'bewirbst'.

Bdolf: Ich bin selbst oft über das ausgelöste Befremden erstaunt, was nicht weiter verwunderlich ist: Verstand ist keine Mehrheitsentscheidung, eine kranke Gesellschaft produziert kranke Menschen. Natürlich freue ich mich über Resonanz, am meisten würde ich mich freuen, wenn das auch angemessen honoriert würde, finanziell gesehen, auch wenn es hochgezogene Brauen produziert: Ich denke, ich produziere ange-

Bernd Karner

Stefan Kleiber, 1967 in Karlsruhe geboren, lebt in Weingarten. Nach seinem Studium (Germanistik, Politik und Medienwissenschaften) läßt er sich derzeit zum Fachzeitschriftenredakteur weiterbilden. Er schreibt für diverse Fanzines (*Trust, Zoff*) u.a. Zeitungen, spielte Bass bei den *Fucking Schildknechts* und gründete 1993 die Punk/HC-Kapelle *Simuinasiwo* mit. Veröffentlichungen u.a.: „Die Joe Starfuck Story" (Buch und Tape, 1996), „Fanzines. Wissenschaftliche Betrachtungen zum Thema" (Dreieck Verlag Jens Neumann, 1997) „Was weiss ich" (mit Zeichnungen von Till Geiger, Puffotter Platten, Lübeck 1997). Dort erschien auch 1997 die EP „Bleib sauber!" der Weingartener Allstars-Band *Warmduscher*.

„Ich mache Musik, weil ich gerne kreativ bin und keine Lust habe, mir nur das anzuhören, was mir andere vorsetzen. Zudem macht es einen Höllenspaß, mit anderen Leuten zusammen was auf die Beine zu stellen und für/vor Menschen zu spielen, die ähnlich drauf sind wie man selbst. Etwas anderes als Musik machen kann ich mir dennoch gut vorstellen – zum Beispiel Bücher schreiben."

nehme Unterhaltung, die ihren korrekten Gegenwert haben sollte. Würde ich etwas nur für mich selbst tun, wäre es ja wohl leicht irre, Platten und Bücher zu produzieren bzw. vor einem Publikum aufzutreten.

Sauer (No Respect): Wenn wir sehen, daß unterschiedlichste Menschen mit dem, was wir machen, etwas anfangen können, dann ist das eine feine Sache, denn es bedeutet auch, daß mehr Leute sich mit den Inhalten auseinandersetzen. Das ist allerdings erst dann eine zentrale Frage, wenn du einen Tonträger rausbringst, denn auf Konzerten versteht eh kein Mensch die Texte.

Sabotage-Q.C.Q.C.?: Unsere Musik entsteht natürlich erstmal für uns, aber sie dient nicht unserer Selbstbefriedigung allein. Als Künstler hat man zwar schon eine gewisse Verantwortung dafür, was man der Öffentlichkeit kredenzt, aber sich darüber in dem Maße Gedanken zu machen, um dann eventuell etwas zu verwerfen, ginge zu weit.

Sigi Pop: Sicherlich hat man eine Verantwortung. Man kann einfach nicht wie z.B. die *Rolling Stones* Brown Sugar oder Morphium verherrlichen und dann sagen, 'das geht uns nichts an, was die Leute daraus machen', wenn sich *Stones*-Fans zu Tode gefixt haben. Genauso mit faschistischem Liedgut oder Aufrufe zu Mord, Selbstmord oder Gewalt. Wenn nur einer von tausend Zuhörern labil ist (und es sind ja viel, viel mehr) und das durchzieht, was die Band predigt, dann hamma den Dreck im Schachterl. Ich sage: Wenn die Musik hundertprozentig echt ist, so wird sie auch eine hundertprozentige Wirkung erzielen!

Farin: Glaubst du, daß Musik Menschen wirklich verändern kann?

Sigi Pop: Einen Menschen ändern durch Musik kann man nicht, aber etwas in ihm ansprechen, zum Schwingen bringen, was eine Änderung nach sich ziehen kann.

Öli (The Pig Must Die): Obwohl die *Beatles* zur '68er Zeit kaum an Demonstrationen teilnehmen konnten und nie auf der Straße waren, sondern nur im Studio, lieferten sie den Soundtrack für die damalige Revolution und veränderten Millionen Menschen in ihrem Denken und Fühlen.

Stefan Kleiber: Mit Sicherheit kann Musik auch Lebenseinstellungen ändern. Wer die Texte von Bands wie *But Alive* oder *Graue Zellen* liest, wird doch für viele Themen sensibilisiert und macht sich Gedanken über Probleme, von denen er vorher vielleicht noch nicht einmal was wußte.

Michael (Plastic Bomb): Da fast jedem Menschen irgendeine der unzählbaren Musikrichtungen und -stile gefällt, ist er auch empfänglich für die Aussagen und Gefühle, die mit jener Musik transportiert werden. Das beginnt bei Volksmusik, die dem Hörer eine heile

Welt vorgaukelt, und deren Interpreten schon alleine optisch Sauberkeit und Ordnung nach bewährter Biedermanntradition demonstrieren. Wer sich mit dieser Art Musik identifiziert, gehört auch zu den Prachtexemplaren des Wählerpotentials bestimmter Parteien, die eben diese vermeintlichen Tugenden in ihren Programmen propagieren. Versuchen Punk- und Hardcorebands in ihren Lyrics gesellschaftliche Mißstände, Faschismus und schreiendes Unrecht offenzulegen und eine möglichst breite Front dagegen zu bilden, versucht die Politik, die in der Volksmusik unterschwellig betrieben wird, die Dinge eher zu verharmlosen und die Augen der Konsumenten vor der Wirklichkeit zu verschließen. Im Punk hingegen sollen Kritikfähigkeit und Individualismus gefördert werden, um sich eine eigene Meinung anzueignen und nicht wie ein totes Schaf mit dem Strom zu schwimmen. Nicht wenige Punks sind durch Bands wie *Slime* massiv beeinflußt worden, einmal gewisse Dinge zu hinterfragen und die Realität nicht als so makellos, sauber und schön hinzunehmen, wie sie dargestellt wird.
Ingo (Donots): Das kann ich an meiner eigenen Person bestätigen. Musik vermittelt Denkanstöße, und viele verschiedene Eindrücke helfen einem, eine eigene Perspektive zu finden, in meinem Fall zum Beispiel Vegetarismus.
Johnny Bottrop (Terrorgruppe): Musik ist ein Indikator, bringt nur auf den Punkt, was sowieso schon in den Köpfen vieler vorgeht, nie das wirklich auslösende Moment.
Sibylle (burning batter): Ein politisch uninteressierter Mensch wird sich kaum Widerstandslieder anhören.
Hilmar (Pillbox): Ich denke, daß Musik nicht wirklich etwas oder jemanden verändern kann, eher eine schon vorhandene Einstellung bekräftigen. Ich zum Beispiel habe auch schon vorher bestimmte Positionen vertreten und die im Punk/HC wiedergefunden. Ich würde es mal so formulieren, daß Musik eine Art 'Lebensbegleiter' ist, sprich die jeweiligen Lebensabschnitte einer Person widerspiegelt.
Raidy (Chaosfront): Ich muß sagen, daß ich durch Musik sehr beeinflußbar bin. Musik kann Emotionen wecken und richtig angewendet und dosiert als Waffe dienen. Das ist auch unsere persönliche Motivation: Musik als Waffe zu benutzen!
Martin Büsser: Wenn ich mir ansehe, wie Leute sich oft völlig einer Gruppe verschreiben, also Punks, Skins, Raver etc. werden, dann kann Musik sicher sehr viel im Menschen prägen.
Maldo: Ror (Krankheit der Jugend): Musik wirkt immer dann, wenn Bilder und Gefühle bei Menschen angesprochen werden, mit denen sie sich identifizieren können. Wenn Musik innerhalb einer sozialen Bewegung auftritt, kann sie schon mal eine ganze Lebenseinstellung beeinflussen.
Martin Büsser: Allerdings denke ich, daß die Musik in solchen Fällen nur Einstiegsdroge ist, um zu einer solchen Gruppe zu gelangen - der wichtigere Grund ist wohl die Sehnsucht nach Abgrenzung, nach Orientierung, Identifikation und am Ende vielleicht sogar nach einer Art Ersatzreligion. Andere nämlich, die sich nur für die Musik interessieren, nicht aber für das Lebensumfeld einer Szene (u.a. die ominöse Masse der

Hannover 3. August 1996, Plastic Bomb on tour

Dieses Land lehn ich ab / mit all dem wofür es steht / Meine Wut täglich neu / Auf den Dreck der hier passiert / Und das Geile ist / Daß der Dreck nicht ewig bleibt / Und ich weiß genau / Daß der Dreck sich selbst aufreibt / Macht das Sinn was ich sing / Hab ich mich schon oft gefragt / Wer will's hörn Standpunkt klärn / Hab ich mich schon oft gefragt / Und ich merke dann, daß das keine Rolle spielt / Denn ich sing für mich, weil ich gar nicht anders kann / Vielleicht auch mit dem Rest / Der vielleicht ein Anfang ist / Vielleicht auch mit dem Rest / Der vielleicht ein Anfang ist.

Graue Zellen, „Oft Gefragt", vom Album „nichts bleibt stehen" (Rodrec 1998).

Angela Ballhorn, Jahrgang 1969, lebt in Berlin. Sie hat am Hilversumer Konservatorium Querflöte (Jazz) studiert mit Abschlußdiplom als Instrumentalpädagogin für Jazz und Klassik und beteiligt(e) sich seit 1993 an diversen Performances und Bandprojekten mit brasilianischer Musik, Funk, Jazz und HipHop.

„Ich mache Musik nicht so sehr, um auf der Bühne zu stehen oder ein Ventil zu haben, und schon gar nicht, um berühmt zu werden. Mich interessiert Musik, wie sie funktioniert, und das in jeder Form und in allen Musikrichtungen. Deswegen bin ich nicht festgelegt - Performances, Jazz, Latin, Rock, Klassik - I love music. Durch meine Instrumente Querflöte und Saxophon habe ich nicht die Möglichkeit, meinen Lebensunterhalt damit zu verdienen. Und mit Jazz sowieso nicht. Deshalb unterrichte ich - und das gerne - und schreibe über Musik (u.a. für *Solo, Gitarre & Bass, Jazzthetik und Melodiva*). Aber ich habe auch schon als Tippse oder Briefträger gearbeitet."

MTV/VIVA-Konsumenten), lassen sich von Musik nicht wirklich prägen, sondern wechseln den Geschmack je nach Trend.

Ole (Die Kellox): Ich schätze mal, daß fast jeder von uns zu seiner Musik über irgendwelche Kumpels gekommen ist und dann auch wieder andere auf den Geschmack gebracht hat. Das ist doch immer so: Man findet an einer Gruppe eine bestimmte Sache (Musik, Outfit, Image) cool, lernt die Leute kennen, rutscht ins Ganze rein und übernimmt auch andere Eigenarten dieser Gruppe: die einen politische Meinungen, die anderen Klamotten, und die meisten den Musikgeschmack. Deshalb wechseln doch so viele Leute ständig das Lager, mal Punk, mal Skin, mal Mod, Ted oder sonstwas. Man wird älter und ändert seine Meinung, aber im Grunde geht's immer um Gruppenzugehörigkeit. Die Vorstellung, daß Musik jemanden 'prägen' kann, halte ich für übertrieben, aber ich glaube, daß wir über den Weg der Musik manchmal Kontakt zu einer neuen gesellschaftlichen Richtung bekommen. Natürlich entwickelt sich jeder über die Erziehung, das Umfeld und alle möglichen Einflüsse so, daß für jeden nur bestimmte Musikrichtungen in Frage kommen. Der 16jährige, der seinen Eltern mal zeigen will, wo der Hammer hängt, wird wohl eher Metal, Oi! oder Punk hören als das Muttersöhnchen mit Klavierunterricht. Man sucht sich also die grobe Richtung, in welcher Sparte man dann hängenbleibt, ist Zufall, eben je nach dem, was das Umfeld so hört. Die Texte spiegeln im Grunde auch nur die Meinung einer Gruppierung, die schon besteht, wider. Es ist wohl noch nie eine Jugendbewegung aufgrund einer bestimmten Musik(band) entstanden, sondern Bands entstehen aus Jugendbewegungen und beeinflussen diese höchstens leicht. Die Weiterentwicklung von Kult und Musik findet immer zusammen statt.

Carsten (Mr. EBU/Die Traktor): ... was jedoch auch zur Ghettoisierung führen kann. Ich bin seit frühester Schulzeit immer anders gewesen als die anderen. Darunter hatte ich verdammt zu leiden und kapselte mich deswegen eher ab. Natürlich hatte ich auch Freunde, doch als die plötzlich anfingen, die frühen *Onkelz*-Texte auf dem Schulhof zu gröhlen, war ich eben wieder alleine. Ein Teufelskreis, aus dem ich aber auch nicht ausbrechen wollte, weil ich genau wußte, daß ich recht hatte. Bei mir war und ist immer Individualität angesagt, und an Musik hat mich seit je her das Besondere und eine gewisse Tiefe geprägt. Traurig ist, wie wenige Menschen das bis heute wirklich verstehen.

Angela Ballhorn

Michael (elf attn industries): Musik kann ganz grundsätzlich den Menschen die Möglichkeit verschaffen, ihr Denken und Fühlen zu intensivieren (nicht nur mit den Ohren; siehe Taubstumme beim Tanzen!), und das ist eine wertfrei schöne Sache.

Christian Paier: Musiktherapie... Nada Brahma - Die Welt ist Klang... Die kosmische Oktav... Für mich bedeutet Musik Fluß, und das bedeutet für mich immer Veränderung. Musik hat meine Welt immer geprägt und verändert, meine Gedanken, meine Ansichten, meine Attitüde.

Olaf Schweitzer (Agent Olsen): Musik sollte Grenzen sprengen, sollte den Leuten die Augen öffnen, ein positives Gefühl für Toleranz, Respekt etc. zurückgeben. Musik ist die universale Sprache, ist aber auch Trägerin von Ideen...

Bernd Karner: Sich auf Musik ganz und gar einzulassen, so daß die Musik mich total ausfüllt, gibt mir innere Stärke und auf eine gewisse Weise Gelassenheit. Für mich heißt das, innere Freiheit und Kraft gewinnen. Genau das kann Musik vielleicht bewirken: etwas mit Sinn und Bedeutung finden, was das Leben auch weniger ernst und verbissen erscheinen lassen kann. Wen Musik wirklich erreicht, der wird durch diese Erfahrung wohl auch geprägt, verändert in seinem Fühlen und Denken, in seiner Lebenseinstellung.

Angela Ballhorn: Logo hat Musik einen Einfluß auf die Gesellschaft und andersrum. Die Gesellschaft ist träge und apathisch und möchte die guten alten Zeiten wieder, und man findet in den Charts Easy Listening (ehemalige Fahrstuhl-Musik, einfach unglaublich!) und die Schlager der 70er wieder (grauenhaft)...

Barny (Incognito Records): Schalte Fernseher und Radio ein, dann erkennst du recht schnell, welchen Stellenwert Musik in der Werbung einnimmt. Jeder Schokoriegel hat seine eigene Erkennungsmelodie. Wenn man davon ausgeht, daß clevere Werbemanager genau wissen, was sie tun, kann man alleine schon an diesem Beispiel belegen, daß sich über Musik verschiedenste Inhalte transportieren lassen, natürlich auch Politik. Die Bedingungen hierfür verbessern sich durch Unterstützung aus anderen Medien - und natürlich ganz wichtig: die Clique! Freunde beeinflussen ungemein.

Greta (Untoten): Musik ist fähig, dein Leben zu 'vertonen', und wenn sie das kann, ist sie natürlich auch fähig zu beeinflussen. Es kommt auf einen selbst an, wie weit man das zuläßt. Wenn man z.B. traurig, unglücklich oder einsam ist, kann Musik sehr tröstlich sein, und wenn man kämpfen will, macht sie ordentlich Dampf und vertreibt die Angst.

Bdolf: Kunst in allen Ausformungen kann nur biographische Anstöße liefern - in der Biographie einer Person gibt es unter Umständen den Moment, wo eine Begegnung mit Musik eine Art Schlüsselerlebnis hervorrufen kann. Sonst funktioniert sie sozial, das heißt, Gleichgesinnte formieren sich um ihre Fetische.

Sauer (No Respect): Musik kann und sollte Gefühle auslösen, von Liebe bis Hass, aber sie ist in unseren Augen auch dazu da, um wichtige Themen anzusprechen, aufmerksam zu machen. Auf jeden Fall kann die richtige Musik zur rechten Zeit ein ganzes Leben verändern, leider zum Guten wie zum Schlechten, siehe Nazi-Rock.

Eiche (Das Auge Gottes): Ich glaube, daß es von Grund auf in jedem selber steckt, welchen Dingen man sich zuwendet. Aber ein Song, der einen in einem bestimmten Maß trifft, kann sicher auch mal eine Entscheidung beeinflussen.

D.J. (Das Auge Gottes): Musik verändert die Menschen, prägt sie. Jeder denke nur daran, was vorgeht, wenn man seine Lieblingsscheibe auflegt!

„Incognito Records ist spezialisiert auf Punk, Punkrock, Pop-Punk, Garage-Rock'n'Roll und solche Sachen. Ich produziere auf meinem Label nur Tonträger, die mir persönlich gefallen. Es ist mir dabei völlig egal, wie gut sie sich später verkaufen werden (und mache deshalb u.a. eine Singles-Serie in 333er-Mini-Auflage). Obwohl nahezu 100 verschiedene Titel erschienen sind, sucht man größere Namen vergeblich in der Liste der Veröffentlichungen. Ich bevorzuge kleine Bands mit Biß. Man kann wahrscheinlich lange suchen, um ein Label zu finden, das bei einem solch großem Output so wenig auf (wirtschaftlichen) Erfolg ausgerichtet ist. Musik ist meiner Auffassung nach Kunst (abgedroschenes Wort) und sollte keinen wirtschaftlichen Zwängen unterliegen. Ich sehe deshalb das Label lediglich als eine Art Hobby an, mit dem kleinen Nebeneffekt, daß es ein Werbeträger für den Mailorder ist. Den Vertrieb mache ich zusammen mit einem Freund, und wir beide verdienen unseren Lebensunterhalt damit. Hier führen wir auch Sachen, die uns musikalisch nicht 100%ig zusagen, zu denen wir aber trotzdem stehen, weil sie artverwandt sind und stilistisch ins Gesamtbild passen. Auf keinen Fall vertreiben wir rechtsradikalen, rassistischen etc. Müll."
Barny, Incognito Records

Jan (Alcatraz): Eher andersrum: Starke Musik ist geprägt vom Denken, Fühlen und von der Lebenseinstellung der Musiker. Deshalb ist die Musik in diesem Land ja auch zum größten Teil so beschissen, weil die Lebenseinstellung der meisten Musiker dieselbe ist wie die eines Kassierers in der HASPA.
Frank (Clit Cops): Musik, die keine Lebenseinstellung verkörpert und niemanden zum Denken anregt, ist überflüssig und bereichert nur die Plattenindustrie.
Chris (No Respect): Ohne Punk und Ska wären einige von uns heute nicht die Menschen, die sie glücklicherweise geworden sind. Wer sein Leben damit verbringt, seichten Scheiß wie *Phil Collins* zu hören und den ganzen restlichen Weichspülerdreck aus dem Radio, der hat den Knall nicht gehört. Das ist das klassische Beispiel, wie mit Musik die Menschen verblödet und ruhiggestellt werden, ähnlich wie bei Techno. Alles Mist.
Tom Rocker: Ich bin mit der Rock'n'Roll-Musik von Leuten wie *Chuck Berry, Jerry Lee Lewis* und *Link Wray* großgeworden, und die Wirkung der Musik hallt heute noch nach. Daß Musik Menschen bis hinein in ihre Lebenseinstellung beeinflussen kann, ist eine nicht zu leugnende Tatsache. Teddyboys, Punks und Skinheads wären ohne entsprechende musikalische Beeinflussung kaum denkbar. Rastafarians und Rocker gab es zwar schon früher als 'ihre' Musik (Reggae bzw. Rock'n'Roll), dennoch wurden auch sie vornehmlich durch Musik getragen und haben sich nicht gänzlich ohne musikalischen Einfluß entwickelt. Dies ist auch schon früher so gewesen. Die brachialen und hysterischen *Wagner*-Sinfonien haben ihren Einfluß in nationalsozialistischem Gedankengut, aber auch in Militärmärschen gefunden. Musik kann schon ein Übel sein, wenn's die falsche ist.

Tom Rocker (l.) und Stoney Pete, The Deutsche Industrie Rockers

Farin: Manche behaupten ja, Rock'n'Roll (oder auch Punk/Hardcore) sei grundsätzlich Rebel music. Also: Wer eine bestimmte Musik hört, neige zum Widerstandsgeist... Wie siehst du das?
Luki (Six Pack Riot/Die schwarzen Schafe): Hmhm... gräßliche Frage. Eigentlich ja, aber... Schwer, klar zu beantworten. In der Zeit, wo zum Beispiel Rock'n'Roll entstand, war es sicherlich 'Rebel sound' - you know: »Junge, mach diese gräßliche Negermusik aus«. Alles Neue trifft auf Widerstand und muß sich durchsetzen, bedarf der Rebellion gegen das Alte. Aber seit Punkrock und Rap hat es eigentlich nix Neues gegeben - wogegen sollen die Kids aufbegehren, wenn die Eltern die selbe Musik hören?
Michael (elf attn industries): 48 Jahre Rock'n'Roll sind nichts mehr als ausgetrampelte Pfade. Eine so große Masse kann wohl kaum ein frisches Pflänzchen sein.
Jörg (Vulture Culture): Da muß man natürlich differenzieren. Es gibt immer noch Rock'n'Roll-Bands, die ihre Art von Musik als rebellisch bezeichnen und sich dementsprechend ablehnend der Gesellschaftsordnung gegenüber präsentieren. Ob das dann wirklich authentisch ist, bleibt eine andere Frage.

Es gibt aber auch die Art von Rock'n'Roll, welcher 'nur' unterhalten möchte, was absolut möglich ist, da Rock'n'Roll ein riesiger, machtbeeinflußender Wirtschaftszweig geworden ist. Und dann gibt es Bands, die beides schaffen, nämlich unterhaltend zu rebellieren.

Tom Rocker: Was für ein Widerstandsgeist ist gemeint? Der Widerstandsgeist allein ist ja recht passiv, weil gedanklich getragen. Gedanken allein machen und wecken noch gar keinen aktiven Widerstand. Wie viele Arbeitslose gehen morgens zu ihrem Sachbearbeiter beim Arbeitsamt mit einem wirren 'Widerstandsgeist', noch mit dem Walkman und einem 'Böhse-Onkelz-Sound' im Ohr, und sind im Amt vor dem sadistischen Behördenfritzen lammfromm und harmlos. Rock'n'Roll ist in seiner ursprünglichen Form selbstverständlich Rebel music. Das leugnen selbstvergessene Musiker und Musikmanager zwar allenthalben, weil sie Musik für nichts anders halten als ein Produkt oder einen Verkaufsartikel. Aber Mitläufer, Trittbrettfahrer und Flachwichser waren ja auch nie die genialen Rebellen. In Deutschland ist Rock'n'Roll oft falsch verstanden, falsch interpretiert und in den seltensten Fällen authentisch rübergebracht

Rio Reiser »Winterzauber«, Offenbach 1987

Tom Rocker lebt in Hamburg und seit über zwanzig Jahren den Rock'n'Roll auch im Musikbusiness. Er war Mitbegründer der Initiative „Rock gegen Rechts" und der „Musiker Opposition", Namensgeber der Zeitschrift *Metal Hammer*, Veranstalter, Promoter u.v.m., veröffentlicht heute regelmäßig in diversen Musik- und Szene-Magazinen (z.B. im amerikanischen *Reggae-Report* und in der *Biker News*) und arbeitet derzeit an einer neuen Veröffentlichung seiner Band *The Deutsche Industrie Rockers*.

„Sicher kann ich mir auch etwas anderes als Musik vorstellen. Ich mache permanent etwas, was nicht unbedingt nur und immer auch etwas mit Musik zu tun hat. Musik ist für mich persönlich eine Droge. Zwar eine akustische Droge. Aber sie muß auch die gewisse Vibration beinhalten, weil sie sonst auf mich nicht sehr berauschend wirkt."

worden. Ich spreche von Leuten wie *Heinz-Rudolf Kunze, Peter Maffay, Ina Deter, Marius Müller-Westernhagen* und ähnlich gearteten schwülstigen Schlagerfuzzis. Das sind durchweg angepaßte Musiker mit der Aura eines Leierkastenmannes an der Drehorgel. Nur besser bezahlt, was ich nun überhaupt nicht nachvollziehen kann.

Eines der seltenen Beispiele guter deutscher Rockbands waren in meinen Augen *Ton Steine Scherben*. Als sie 1971 in Hamburg vor etwa 150 Rockern aufspielten, mußten sie sich mit der 'brenzligen Situation' abfinden, eben nicht vor politisch motivierten Linken zu spielen, sondern ein auf die Rocker zugeschnittenes Rock'n'Roll-Konzert abliefern. Ihre Politsongs wollte keiner hören. Und dennoch haben die *Ton Steine Scherben* ihre Sache erstaunlich gut gemacht, und die Rocker waren zufrieden.

Ein Gegenbeispiel ist *Udo Lindenberg*. Bei einem Rock'n'Roll-Festival in Köln mit lauter Teddyboys im Publikum wollte sich der anwesende *Lindenberg* die Ehre geben und bestieg die Bühne, um dem Publikum seine Variante von Rock'n'Roll darzubieten. Er wurde einfach von der Bühne gepfiffen und zog sich wie eine beleidigte Leberwurst aus der Affäre. *Udo Lindenberg* ist nun mal kein Rocker, auch wenn er es gerne sein möchte. Es war klar, daß ihn die Teddyboys daher auch nicht als Rock'n'Roller akzeptieren würden. Trittbrettfahrer sind halt nicht überall gern gesehen, auch wenn sie so prominent wie *Lindenberg* sind.

Aufbegehrende Musik war in seinen Ursprüngen der Blues, und der 'wahre' Rock'n'Roll ist als »Bad boys Blues« nach wie vor Rebel music. Es ist doch bezeichnend, daß man gute Rock'n'Roll-Musik heute nur noch auf Veranstaltungen wie zum Beispiel den Swap Meets der Hells Angels hören kann. Diese Musik führt gegenwärtig wieder ein Nischendasein. Andererseits wird oft genug Gefälligkeitsmusik von *Peter Kraus* bis *Pur* als Rock'n'Roll mißverstanden - was nicht selten an den ebenfalls gefälligen und inkompetenten Musikjournalisten (die allzuhäufig auch noch Sozialpädagogen von Beruf sind) in Deutschland liegen mag.

Jan (Alcatraz): Ich vermag selbst in Musik, die mir gefällt (Hardcore, Punk, Reggae, Funk, Jazz-Fusion etc.), selten etwas Rebellisches zu erkennen im politischen Sinne. Die guten Leute werden entweder sehr schnell vom System eingefangen oder man kriegt sie gar nicht erst zu hören. Für Rebellion ist da kein Raum mehr. So sind die Leute mit Widerstandsgeist permanent auf der Suche nach authentischen Bands.

Christian Paier: Widerstandsgeist - wogegen? Gegen die Gesellschaft, von der hier jeder abhängig ist? Krankenhäuser, Schulen, Arbeitsplätze, Nahrungsmittel etc. Ich kenne absolut keinen Konsumenten ungehobelter Musik, der konsequent und engagiert genug ist, auszusteigen bzw. sich für etwas Wertvolles einzusetzen. Im Endeffekt wird nur gemault und passiv rumgehangen. Den meisten 'Rebellen' tragen die Mütter mit 25 noch das Frühstück zum Arsch. Unselbständigkeit ist für mich schon mit ein Grund, gewisse Menschen in ihren Aussagen absolut nicht ernst zu nehmen.

Eiche (Das Auge Gottes): Widerstand reduziert sich doch bei den meisten darauf, 'nicht teilzunehmen'. Also mehr diese 'Ohne-mich'-Haltung. Oder es geht um bloße Abgrenzung.

„Als Künstler soll ich die Welt retten? Wie komm' ich denn dazu! Der Künstler, auch der marxistische, hat Anarchist zu sein. Poesie und Musik sind anarchisch. Musik ist das Rätselhafteste überhaupt an künstlerischer Hervorbringung. Ich bin Kommunist, ja. Ich wehre mich aber gegen diese Pflichten, die Forderungen nach mehr politischem Engagement. Wir müssen uns mal von dem ganzen Schrott freimachen. Ein guter Künstler nimmt die Widersprüche in dieser Welt wahr und setzt sie auf seine eigene Art und Weise um. Ich habe lange Jahre gedacht, ich müßte ständig auf den Klassengegner einprügeln, die Revolution predigen und zum Eintritt in die DKP aufrufen. Das war objektiv falsch, aber eine für mich subjektiv sehr wichtige Entwicklung. Ich mußte da durch. Heute lasse ich mich nicht mehr festlegen. Ich weiß, daß meine marxistische Weltanschauung mir erlaubt, jeden Gegenstand dieser und anderer Galaxien zum Gegenstand eines Liedes zu machen. Und nachher gehe ich hin und mache über diese Kerze hier auf dem Tisch einen Text."
Hannes Wader, 1986

D.J. (Das Auge Gottes): Der Schluß, daß Menschen, die Rebel music hören, auch grundsätzlich zum Widerstandsgeist neigen, ist ein Kurzschluß. Das »Zeige mir deinen Bücherschrank, und ich weiß, wer du bist«, funktioniert hier nicht. Die Entscheidung, die Musik, die man hört, auch zu leben, trifft jeder Tag für sich allein und immer aufs Neue.
Hilmar (Pillbox): Persönlich bin ich über diese 'Widerstandsschiene' dazu gekommen. In meiner jugendlichen Naivität habe ich erst mal alles aufgesogen, was 'politisch' war, was HC ausmachte. Aber irgendwann kam der Punkt, an dem ich gesehen habe, daß Veränderungen sehr schwer durchzusetzen sind, weil sich in der Punk/HC-Bewegung vieles zu dem entwickelt hat, wogegen Punk und HC eigentlich immer war.
Sauer (No Respect): Punk und Hardcore werden mittlerweile genauso vermarktet wie HipHop, Techno oder Bombastrock, sogar von denselben Multis. Die Inhalte sind beliebig geworden, oberflächlich, Hauptsache, Sound und Marketing stimmen. Unzählige Kids hören Ami-Hardcore, und das bedeutet keineswegs, daß sie deshalb eine Art Widerstand in der Politik oder im Alltag betreiben, sondern nur, daß sie für eine mehr oder weniger kurze Zeit ihrem Konsumverhalten in dieser Richtung freien Lauf lassen. Eine großartige Bedeutung hat das nicht mehr.

Hardcore aus Italien: Cheetah-Chrome-Mother-fucker

Archi „MC" Alert (Vocals) und ***Johnny Bottrop*** (Gitarre) sind Mitglieder der Berliner Punk-Heroen ***Terrorgruppe***, die man wohl musikkundigen Menschen nicht weiter vorstellen muß.

Johnny Bottrop: „Es war das Zeitalter von *Sweet, Hello, Bay City Rollers, Smokie, Suzi Quatro* und *Gary Glitter*, ich ging als kleiner vorpubertierender Jeans-Boy über den Deich des Urlaubsortes Büsum spazieren... als ich auf eben diesem Deich eine Gruppe hübscher langhaariger (es waren die 70er), wenig bekleideter und schon gar nicht gut entwickelter Teenie-Girls entdeckte. All diese hübschen Mädchen umringten einen eher durchschnittlich aussehenden jungen Mann, der auf einer Wandergitarre Lieder von *Bob Dylan, Beatles* und *Creedence Clearwater Revival* vortrug. Direkt nach den Ferien kaufte ich mir meine erste Gitarre (Höfner). Zwei Jahre später begann Punk Rock..."

Stefan Kleiber: Viele Kiddies kommen nur zur Szene, weil es gerade in ist, Bands wie *Rage Against The Machine* zu hören; sie markieren meist nur kurzfristig den dicken Max, weil sie es mal schick oder gar rebellisch finden, sich eine Mütze verkehrt herum aufzuziehen oder die Haare kurzzuscheren. Also die sind mit Sicherheit keine Rebellen und meist auch ziemlich schnell wieder weg vom Fenster. Eine Revolution wird es mit solchen Leuten niemals geben.

Archi »MC« Alert (Terrorgruppe): Wenn Kids anfangen zu rebellieren, fangen sie auch an, Rock'n'Roll zu hören (Heavy Metal, Punkrock, HC). Es ist harte Musik, die nicht besonders schön klingt, und je öfter die Eltern gegen die Jugendzimmertür klopfen und sich beschweren, desto lauter und intensiver werden die Kids sich den Lärm reinziehn. Bei den meisten ist das allerdings nur die vorübergehende Phase der »Abkapselung vom Elternhaus«. Die Kids werden sich nach kurzer Zeit wieder ändern, und wie die anderen auch in die Disco rennen und zu Techno tanzen. Dort können sie ihren noch jungen Sexualtrieb besser ausleben. Leute, die die meiste Zeit ihres Lebens gegen den Strom schwimmen, kommen sehr selten vor.

Christian (T(h)reee): Mit Sicherheit ist nicht jeder, der Punk hört oder Punk ist, damit auch rebellisch.

Bdolf: Punk ist, wie jede andere Form der populären Musik, eine ästhetische Haltung. Die Behauptung, irgendeine Form von Musik sei per se Rebellion, ist kindisch. Es geht nie um die Freiheit, immer nur um die Freiheit, lange Haare oder bunte oder gar keine zu tragen... So wichtig diese Rebellion der Haltung/Form/Ästhetik auf der individuellen Ebene auch ist (Ich-Konstitution durch besonders heftiges Pubertieren), im Sinne einer echten, die Verhältnisse in Frage stellenden Subversion gibt es keinen 'rebellischen' Stil, keine 'rebellische' Musikform. Selbst selbstvermarktete, ultra-avantgardistische Musik ist keine Infragestellung der gesellschaftlichen Verhältnisse, sondern lediglich der ästhetischen Rezeption.

Jörg (Vulture Culture): Daß Musik aus dem Punk/Hardcore-Bereich längst nicht mehr ein Garant für Widerstandsgeist ist, beweist das große Punkrock-Revival in den Neunzigern. Da geht es in erster Linie um dicke Plattenverträge und nicht mehr ums Rebellieren. Aber was ist nun wirklich sinnvoller: ein dicker Vertrag, um möglichst viele Leute mit seiner Musik erreichen zu können, oder sich bedacht gegen alles Etablierte zu stellen? Oder sollte man sogar beides versuchen zu verbinden?

Karsten Drohsel: Jede Szene unterdrückt und fordert zugleich den Widerstandsgeist; jede Szene, die entsteht, ist wert, daß sie zugrunde geht. Die meisten verlaufen sich im Widerstandsgeist. Viele Menschen nehmen sich viel zu ernst und sehen in jedem Scheiß eine politische Aussage, merken aber oft nicht, daß schon die einfache Tat, eine bestimmte Musik zu kaufen oder zu hören, eine höhere Dimension von Politik sein kann.

Martin Büsser: Ich denke, daß die verschiedensten Stile/Szenen sich rebellisch gebärden können. Bleibt nur die Frage, ob die Rebellionsgeste an sich immer sinnvoll und begrüßenswert ist. Es sollte auch danach gefragt werden, wofür und wogegen etwas rebelliert. Der Glaube, daß Rockmusik an sich rebellisch sei, dürfte endgültig der Geschichte angehören. Innerhalb einzelner Szenen gibt es immer wieder politisch radikale Kleinstgruppen (das gilt für die Punk/Hardcore-Szene ebenso wie für Elektro und House), die allerdings nicht repräsentativ für einen Stil an sich sind. Das Modell vom rebellischen Pop ist wohl immer auf Sand gebaut worden, denn es hat stets vergessen, daß Pop eine Ware ist, also ein gewinnträchtiges Produkt, über das sich das gesellschaftliche System erhält. Darum konnte *Elvis* zur Ikone der USA werden, und der Wirtschaftsminister von Nordrhein-Westfalen die Popkomm als »Innovation der Wirtschaft« begrüßen.

Frank (Clit Cops): Rock'n'Roll, Punk und Hardcore haben in ihrer jeweiligen Dekade zur Selbstfindung ihrer Anhänger beigetragen. Man gesellt sich mit Gleichgesinnten, man zieht sich nicht jede Scheiße rein. Man entscheidet selbst - jedenfalls solange, bis man unterwandert wird, der Ausverkauf beginnt, und der Mainstream der Bewegung das Knochenmark aussaugt.

Greta (Untoten): Ein 15jähriger, der old school Hardcore hört, neigt wahrscheinlich eher zum 'Widerstand' als ein Gleichaltriger, der sich *Blümchen* reinzieht; das Problem ist, diese Form von Rebellion ist fast immer auf zwei bis drei Jahre begrenzt (bis nämlich das 'Erwachsenenleben' anfängt), und ich weiß echt nicht, ob man das dann 'Rebellion' nennen kann... Es kommt immer darauf an, was für'n Hardcore oder Punk die Leute hören. Aber solange Musiker diese Rebellion auch tatsächlich leben, wird's immer Leute geben, die dem folgen.

Christian (T(h)reee)

Christian, Jahrgang 1973, schreibt für diverse Fanzines (*Plastic Bomb, Blurr*) und spielt Gitarre - von 1989-93 bei *Syndikat*, seitdem bei den Kulmbacher Melodic-Punk/Emocore-Heroen ***T(h)reee***. Nach diversen Sampler-Beiträgen und einem Live-Tape (1998) ist für Sommer '98 das erste Album geplant.

„In die Musik, die ich jetzt mache, bin ich eher durch die Punk-Szene reingerutscht. In Kulmbach gab es damals so 20, 30 Leute und drei, vier Bands, und irgendwann hab' ich auch mal selbst zum Instrument gegriffen. Ich mag ziemlich viele Sachen, Roots-Reggae, Ska, Punk, usw., aber ich mache zur Zeit am liebsten die Musik von *T(h)reee*. Das liegt sicher auch daran, daß ich *T(h)reee* mit Leuten mache, die ich seit zehn Jahren kenne, und da hat sich unser Musikstil natürlich entwickelt."

Andreas Bethmann, Jahrgang 1970, lebt in Braunschweig und spielt seit neun Jahren bei **Materialschlacht** (Gitarre, Text und Komposition). Aktuelle Veröffentlichung: „Tatort Braunschweig".

„Früher habe ich mich in Zeichnungen ausgedrückt, seit zehn Jahren mache ich Videos und Musik. Dadurch, daß sich viele Phantasie-Welten in meinem Kopf abspielen, was mich im täglichen Leben oft ablenkt und behindert, bin ich gezwungen, dies rauszulassen. Deshalb werde ich wohl immer Musik machen (egal ob nur für mich oder auch mit der Öffentlichkeit)."

Andreas (Materialschlacht): Man kann heutzutage Musikrichtungen nicht mehr als grundsätzlich Rebel music bezeichnen. Es gibt mittlerweile in jeder Richtung Bands, die durch rebellisches Verhalten oder Komponieren auffallen – oder auch das Gegenteil bewirken können. *Europe* haben zum Beispiel aus Metal Pop gemacht, *Green Day* aus Punk Pop, *Die Krupps* oder *Prodigy* haben hingegen mit Elektronik rebellische Ansätze geschaffen. Das Musikspektrum ist mittlerweile einfach zu vielseitig.
Sabotage-Q.C.Q.C.?: Nicht das Genre an sich ist der Gradmesser für Widerstandsgeist, sondern die jeweilige Umgangsweise mit dem musikalischen und textlichen Material. Institutionalisiert wird der größte Nonkonformismus zur Norm.
Bdolf: Mit dem 'Widerstandsgeist' ist es so eine Sache. Was die meisten für 'Widerstand' halten, paßt besonders gut in die Landschaft, gut kapitalistisch; wo die sogenannte 'Linke' ihre Potentiale entfaltet, handelt es sich überwiegend um übelsten Obskurantismus, fixe Ideen von Marginalisierten, materiell wie ideell, die direkt von ihrer bürgerlichen Herkunft über Pubertätsideen ins gesellschaftliche Aus driften, verschuldet wie unverschuldet. Daraus resultiert ein häufig völlig pathologisches Sich-Verrennen. Was tatsächlich 'Widerstand' ist, müßte Gegenstand einer eigenen, rationalen Klärung sein, was die 'Linke' tut und läßt, ist immer - Folklore!

Materialschlacht, Andreas 2.v.l.

»Musik kann ein ganzes Leben verändern. Leider auch zum Schlechten, siehe Nazi-Rock.«

Über Grenzen und Abgrenzungen.

Farin: Welche Bedeutung hat für dich persönlich, in deiner Musik, Politik, also der Wunsch, in den Köpfen der Fans etwas zu bewegen, mehr als Spaß & Tanz zu bieten?
Tom Rocker: Diese Frage wäre in den 70er Jahren angebracht gewesen. Zu der Zeit war das Konzertpublikum ein andersgeartetes als etwa seit Beginn der Punk-Ära. Seither ist zunehmend eine eher dekadente als rebellische Hörerschaft auf Konzerten anzutreffen. Man sollte Dekadenz aber nicht mit Rebellion verwechseln, so wie es die Punks bis zum heutigen Tage getan haben. Es reicht eben nicht aus, radical chic auszusehen und von Rebellion oder gar Revolution zu faseln und im Kopf von inhalierten Pattex-Dämpfen benebelt zu sein oder gröhlend auf Schlagerparaden mitzumarschieren. Für manchen Punk ist ja schon die »Lindenstraße« rebellisch. Was will man da als politisch bewanderter Musiker einem völlig hirnrissigen Publikum noch vermitteln? Vielleicht »Bommerlunder, Bommerlunder« wie die 'rebellischen' *Toten Hosen*?
Carsten (Mr. EBU/Die Traktor): Die *Toten Hosen* fördern den Widerstandsgeist in den Teenie-Kinderzimmern. Das ist pubertär und legitim. Viele nicht-kommerzielle Menschen wirken in ihrer elitären Haltung hingegen affektiert und machen sich lächerlich. Da sie dies aber nicht merken wollen, verpesten sie mit ihrer Zwanghaftigkeit das Leben ihrer Mitmenschen. Damit meine ich auch die Anwendung von Gewalt gegen Lebewesen jeglicher Art. Das nenne ich Negativ-Rebellion, und das kritisiere ich. Positiv-Rebellion muß viel übergreifender, respektvoller, vorausschauender sein. Darum hüte ich mich auch vor dem Schmettern irgendwelcher ernstgemeinten Plump-Parolen. Ein Anti-Faschismus-Song stellt nämlich geradezu den Anspruch auf die Existenz von Faschisten, da ansonsten ja das Feindbild weg wäre. Natürlich ist Faschismus Scheiße, aber Aggressionen dagegen bedienen sich genau der selben Mittel. Es ist ein trauriger, zum Teil blutiger Ringelreih-Tanz, und keine dieser Marionetten will kapieren, wie man damit aufhört. Also schraubt sich die Aggressionsspirale immer weiter nach oben, und wie soll so jemals das Problem gelöst werden?
Jan (Alcatraz): Das politische Engagement kommt selbst von den Bands, die es vielleicht sogar ehrlich

Jan Rieck, Jahrgang 1950, lebt in Wedel, betätigt sich als Autor (zuletzt: „Das Arschloch des Kuriers", Roman, „Von Angestellten umzingelt", Gedichte, beide JRPR-Verlag) und trommelt seit 1970 bei der „Rock-Jazz-Fusion-Core"-Band ***Alcatraz,*** deren sechstes Album noch 1998 erscheinen soll, falls sich die Band auf einen Titel einigen kann: „Aufgrund Deiner Anfrage, die ich idiotischerweise an die Jungs weitergegeben habe, haben wir jetzt eine Streiterei in der Band, das letzte Üben ist ausgefallen und Bassist und Gitarrist haben sich in einem Anfall von Altersstarrsinn sinnlos vollaufen lassen..."

Jan (3.v.l.), Alcatraz

„Das alternative Musikspektrum bietet neben Punk auch eine Menge anderer interessanter Stile. Wir sind prinzipiell bemüht, aus der jeweiligen Sparte aktuelle, gute und repräsentative Veröffentlichungen anzubieten. Bei faschistoiden oder sonstwie irgendwie totalitär ausgerichteten Tonträgern, Büchern oder Magazinen hört bei uns die Toleranz schlagartig auf und wir nehmen solchen Mist auf keinen Fall ins Programm auf."
Marian Horsky, A.M. Music

„An Kultur, Kunst und Musik interessiert uns alles, was über die reine Unterhaltung möglichst weit hinausgeht. Am liebsten Musik mit viel Bewegung (Rhythmus), viel Informationen, also verständlichen und meinungsfreudigen Texten und mit einem universellen Kulturbewußtsein. Das suchten wir, und gefunden haben wir Reggae-Musik. Es mag noch viele andere Möglichkeiten geben, aber wir sind bei Reggae geblieben."
Robi Scheermann, Fotofon

meinen, nur rüber als leere Pose (mit ganz wenigen kurzfristigen Ausnahmen: *Rage Against The Machine, No Means No, Rollins Band*). Der entscheidenden Frage gehen sie alle ängstlich aus dem Weg: Kann man innerhalb dieses kapitalistischen Systems überhaupt irgendwas auf die Reihe kriegen oder sollte es zerschlagen werden? Vor dieser Frage scheißen sich die Musiker aller stilistischen Schattierungen ins Hemd. Sie machen dann lieber ein bißchen in Antirassismus, weil das viel sympathischer wirkt - und sich besser verkaufen läßt.

Ingo (Donots): Ich habe da auch große Probleme, alle mir wichtigen Aspekte in einen Text einfließen zu lassen. Meiner Meinung nach können politische Statements besser ohne Musik abgegeben werden, da man sich erstens viel differenzierter mit einem politischen Thema beschäftigen sollte als in durchschnittlichen 2 Minuten 30, und zweitens das Statement oft hinter dem Schleier/Unterhaltungscharakter der Musik verschwindet.

Thomas (Loikaemie): Leider ist es so, daß man in der Punk- und speziell in der Oi!-Musik klar politisch Stellung beziehen muß, sonst wird man Leuten zugerechnet, mit denen man nicht das Geringste am Hut hat. Das Problem ist: Wenn man als Skinhead gegen Nazis singt und für die linke Seite genausowenig übrig hat, wird man als 'unpolitsch' abgestempelt, obwohl man das gar nicht ist.

Luki (Six Pack Riot/Die schwarzen Schafe): Ich bin nicht unpolitisch! Zu Deutschpunkzeiten waren meine Texte eindeutig und äußerst staatsfeindlich - jetzt hab ich die Parolen nicht mehr nötig, und ich denke, daß meine Art zu leben eindeutig genug ist, und ich hoffe, daß die Leute genug Grips haben, das zu kapieren, und auch ihre eigene Meinung haben. Jeder weiß, wo die Scheisse dampft, und kann also gucken, nicht reinzutreten. Außerdem bin ich nicht das schlechte Gewissen der Nation.

Sibylle (burning batter): Politische Fans wünsche ich mir schon, aber unsere Musik ist nicht unbedingt politisch. Politisch ist unser Selbstverständnis, als Lesben-Band offen aufzutreten und Stellung zu beziehen (z.B. in Interviews).

Oliver (Allgemeines Chaos Kommando): Jede Lebenseinstellung ist politisch, und Musik und Lebenseinstellung gehören für mich untrennbar zusammen.

Marian (A.M. Music): Sieht man von ganz persönlich gehaltenen Liebesliedern einmal ab, ist jeder Song, der sich kritisch mit der Umwelt und den eigenen Lebensverhältnissen auseinandersetzt, auf Mißstände aufmerksam macht oder eine ganz bestimmte Lebenseinstellung besingt, ein klares individuelles und somit politisches Statement. Speziell in den kleineren, alternativen Jugendkulturen ist die Musik mit die konstituierende Komponente, über die sich die jeweilige Szene identifiziert. Über die Liedtexte werden Ansichten, Meinungen und Verhaltensmuster transportiert. Somit ist Musik eine der Hauptfaktoren für die Lebenseinstellung der Mitglieder einer Szene. Und wenn das nicht politisch ist, was dann?

Robi (Fotofon): Würden Diktaturen etwa Musik verbieten, wenn sie die Politik nicht beeinflussen würde? Eine Politik, die nicht von Kunst und Musik berührt werden will, ist unmenschlich.

Raidy (Chaosfront): Keiner kann von sich behaupten, daß er 'unpolitisch' ist, und gerade für uns als Punkband ist Politik in den letzten drei Jahren zum Thema Nr. 1 in unseren Liedern geworden, vor allem die Überwachung durch unseren Staat, die Gewalt gegen Minderheiten und die zunehmende Vermarktung des Punk. Ich habe keinen Bock, mich auf die Bühne zu stellen und irgendwelche Sauf- und Ficklieder zu spielen. Das geht den anderen bei uns auch so. Wir halten es für wichtig, politisch Stellung zu beziehen, auch wenn das, was wir sagen, einigen nicht paßt. Wir möchten uns abgrenzen von intoleranten, konsumgeilen Arschlöchern, die den Hals nie vollkriegen können. Trotzdem lassen wir uns nicht von irgendwelchen Parteien oder Vereinen vor den Karren spannen. Ich denke, mit bissigen Texten und klaren politischen Statements kann man doch schon was erreichen. Von daher würde ich uns schon als politisch motivierte Band einstufen.

Ole (Die Kellox): Als Band haben wir uns keine bestimmte politische Richtung auf die Fahne geschrieben, jeder hat halt seine eigene Meinung, wobei wir uns schon einig sind prinzipiell, aber wir sind eben keine politische Band mit Bekehrungs- und Belehrungsauftrag. Wer Parolen hören will, kann ja auf Parteitage gehen. Musik hat mit Politik erst einmal gar nichts zu tun. Für mich liegt der Schwerpunkt guter Musik auf guter Stimmung, erst durch den Text kann man Musik politisieren. Ich finde es sauschwer, einen politischen Text zu bringen, wenn ich mit meiner Musik in erster Linie Spaß haben und geben will. Politik ist zwar wichtig, kann einem aber auch den Spaß verderben. Wenn ich 'ne gute Band sehen will, habe ich keine Lust, mir vorher Gedanken darüber zu machen, ob ich da eventuell politisch unerwünscht bin und 'ne dicke Lippe riskiere. Wenn beim Ska-Festival oder bei Klassikern wie *The Business* 'Rechte' und 'Linke' zusammenkommen, ist das ja fast die einzige Möglichkeit zum Austausch, weil die Fronten sonst zu verhärtet sind. In meinen Kopf will halt nicht rein, daß man sich gegenseitig aufs Maul hauen muß, wenn man sogar den gleichen Musikgeschmack hat. Ich kenne einige 'Politbands', auf die ich total stehe, aber selber machen will ich das nicht. Natürlich hatten auch wir viele Jahre einen Anti-Nazi-Song im Programm, aber irgendwann nervt's einfach. Jeder, der uns kennt oder schon mal gesehen hat, weiß sowieso, daß wir mit Faschos nix am Hut haben, das muß man ja nicht immer noch plakativ vor sich hertragen. Mit 18 oder 19 fand ich's noch geil, auf jeder Antifa-Demo mit dabei zu sein, irgendwann reicht es dann auch.

Bdolf: Das Einnehmen politischer Positionen passiert nicht als Musiker, sondern diese existieren vor der ästhetischen Praxis. Person und Politik sind quasi identisch. Niemand auf der Welt würde mich brauchen, um »Spaß & Tanz« zu bieten; mein Job ist es eher, daß genau das im Hals stecken bleibt. Die Beeinflußbarkeit von Menchen durch Kunst

Bdolf

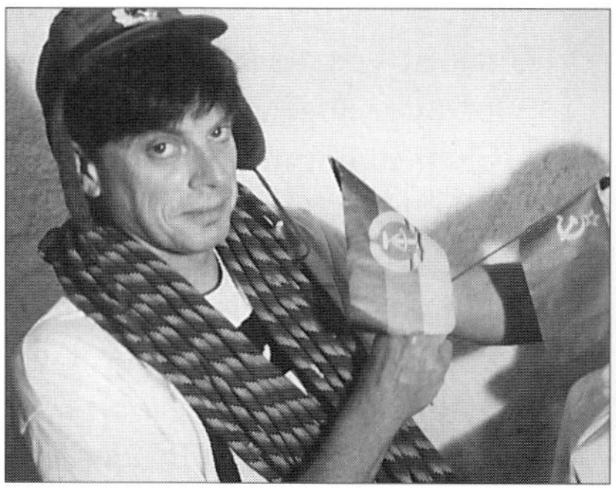

Der ***Bdolf*** entstand Ende der 50er Jahre im Süddeutschen, verbrachte seine Jugend zwischen alkoholabhängigen Pfarrern und dem Dorfpäderasten sowie tausenden Stunden unbezahlter Sozialarbeit als Thekendienst im örtlichen selbstverwalteten Jugendzentrum. Seit 1978 ungezählte Veröffentlichungen, u.a. als Texter, Gitarrist und Sänger von *FleischLego* sowie als Autor verschiedener Zines *(Trust, Plastic Bomb, Neid...)*. Veröffentlichungen u.a. mit *FleischLego „Töten Und Essen“* (Teenage Rebel Rec., 1992), „Reiche Schweine“ und „Kein Schlaf bis Tromsö“ (Flight 13, 1994 u. 1995), solo die MCs mit Begleitheft „Noize Rocker“ 1 u. 2 (1996f). Zur Zeit ist *Bdolf* auf der Suche nach einem Label für eine CD-Veröffentlichung und einem Verleger für ein Romanmanuskript.

„Wenn man Musik in einer Band macht, ist das Faszinierende, daß es unter vier Leuten schon mindestens ein Arschloch gibt. Oft liegt die Quote noch höher. So kam ich nach langen langen Jahren in/mit Bands, den Passionsspielen des gut-draufen Undergrounds, dem Kleinhandels-Musikgewerbe etc. zu dem Entschluß, es statt mit wackeligen Menschen mit treuen Maschinen zu probieren. Seitdem bin ich allein tätig, zusammen mit meinem treuen Radiorekorder, der den Musikpart übernimmt. Von den meisten Stücken existiert nur ein grobes Skelett, am besten ist es, wenn es gelingt, die Texte frei zu improvisieren. Wenn man genau hinschaut, könnte man meine jetzige Präsentationsform auch als – allerdings sehr mutiertes – elektronisch untermaltes Kabarett sehen.“

Jörg studiert Sportwissenschaft, arbeitet nebenbei als Präventions- und Rehabilitationstrainer und ist Gitarrist der 1989 in Paderborn gegründeten Punkrockband ***Vulture Culture***. Ihr erster Longplayer „Artificial“ erschien 1996 bei BitzCore, 1997 folgte die EP „Hypocrite“ (Flight 13).

„Ich mache Musik, weil sie mir ein Gefühl von Individualität verleiht und mich süchtig gemacht hat.“

Vulture Culture

bezweifle ich allerdings. Politisches Engagement kann im Augenblick nichts anderes sein als Denkkonditionierungen aufzubrechen.

Sigi Pop: Manchmal ist es sogar mehr Politik, Spaß und Tanz zu bewirken, um neue Energien freizulegen. Jeder Schlagersänger macht mittlerweile 'politische' oder kritische Texte. Das ist in. Wenn ich gegen etwas singe, dann absolut gegen jegliche Form von Gewalt!

Öli (The Pig Must Die): Ich möchte Musik machen, die der Gesellschaft in den Arsch tritt und sich gegen jegliche Normen ausspricht. Unsere Fans brauchen aber keine Besserwisserparolen oder ständige politische Statements, die sie womöglich noch auf den 'richtigen' Weg führen. Ich hasse gewisse Dinge in diesem Leben und leide auch darunter; und an diesem Leid und Hass lasse ich unsere Zuhörer teilnehmen, und vielleicht treffen wir uns dabei irgendwo hin und wieder.

Andreas (Materialschlacht): Anstatt von Bekehren versuche ich lieber, Leute mit ähnlichen Ansichten 'aufzuspüren'.

Diane (Lemonbabies): Es ist schon wichtig klarzustellen, wo du selbst stehst - wer du bist und was du willst. Du mußt nicht in deinen Texten 'rausschreien: ich bin links oder rechts oder sonstwas, aber man sollte sich nicht scheuen, seinen eigenen Idealen und Vorstellungen vom Leben Ausdruck zu geben.

Johnny Bottrop (Terrorgruppe): Bei uns geht es eher um eine grundsätzliche Lebenshaltung als um exakte politische Positionen. Dennoch beschäftigen sich wohl so zwei Drittel unserer Lieder mit mehr oder weniger politischen Themen. Wir achten dabei aber schwer darauf, niemals mit erhobenem Stinke.. - äh, Zeigefinger zu predigen, denn wir halten unser Publikum für schlau genug, selber die richtigen Schlüsse zu ziehen.

Greta (Untoten): Wenn man bei den Leuten Interesse an Musik (und auch an Kunst, Literatur...) überhaupt zu wecken vermag, hat man schon sehr viel erreicht. Ich bin nicht bereit, den Leuten zu sagen, hört dies, hört jenes, seid rechts, seid links... Du kannst ein Lebensgefühl anbieten, ja, aber du kannst niemanden wirklich und auf Dauer beeinflussen. Ich mein, bin ich 'ne Sekte?

Stefan Kleiber: Natürlich hat man seine politische Position, ob ich die nun aber in jedem Songtext kundtun muß, ist eine andere Sache - das kann nämlich auch nerven. Manche Themen eignen sich auch besser dazu, in einem Fanzine behandelt zu werden. Themen wie die Asylproblematik sind einfach zu komplex, um in einem neckischen Vierzeiler abgehandelt werden zu können. Die Korrektheit einer Band zeigt sich ja auch nicht nur in den Texten, sondern auch darin, wo sie auftreten, zu welchen Preisen sie ihren Kram verkaufen, ob sie freundlich oder eher auf dem Rockstartrip sind etc. Es ist auch nicht jedem gegeben, gute politische Texte zu machen, und deshalb lasse ich meistens die Finger davon. Solange es Bands gibt, die das besser machen, kann die Menschheit auf meine Ergüsse zum Thema Politik verzichten. Im Grunde bin ich dadurch, daß ich in besetzten Häusern spiele und Solikonzerte gebe, schon ein 'Politikum an sich', wie es Bruder Max vom *Zoff* einmal so treffend formulierte.

Jörg (Vulture Culture): Politik ist für mich in erster Linie ein schmutziges Geschäft. In zweiter Linie sollte jeder demokratisch denkende Mensch seine individuelle politische Grundhaltung entwickeln und eventuell auch verändern können. Jedoch finde ich es faschistoid, politische Leitsätze in Rock'n'Roll-Texten zu verwenden. Texte sind freier und demokratischer, wenn ein politischer Gedanke nicht beim Namen genannt wird. Die frühe Punk-Bewegung war nicht sonderlich politisch orientiert, hatte aber eine großartige Auswirkung auf das politische Denken der damaligen Zeit - genial!
Michael (elf attn industries): Wir machen ja Musik und nicht Politik. Die Rezeption von Musik ist sehr subjektiv, was Politik wohl kaum sein sollte. Wenn es gelingt, mit Musik in den Köpfen der Menschen etwas anderes als Spaß und Tanz zu erwecken, so ist dies schon mal ganz gut., aber nicht bindend für alle. Grundsätzlich dürfte ein entspannter, offener Umgang mit Musik einem ebenso offenen und konstruktiven Umgang mit Politik entsprechen (Zulassen von unterschiedlichen Standpunkten). Mich selbst hat die Offenheit für andere Musik auch empfänglicher für den Umgang mit anderen Menschen gemacht.
Karsten Drohsel: Natürlich mache ich nicht Musik, um politisch tätig zu sein (da gehört ein bißchen mehr dazu). Aber ich versuche, in unsere Musik oder Artwork (z.B. Flyer) schon eine politische Dimension hineinzubringen. Ich denke, daß es wichtig ist, das allgemeine Geschehen sowie Vergangenes in den Köpfen der Menschen wachzuhalten. Ich versuche, mit Symbolen und Bildern zu spielen, denn inhaltslose Flyer und Musik finde ich eher langweilig. Ein Flyer läuft durch so viele Hände und Köpfe und ist somit ein wunderbares Medium, Aufmerksamkeit zu erreichen. Die meisten, die auf irgendwelche Partys gehen, denken natürlich in erster Linie daran, sich aus dem Alltag zu schießen und abzuschalten, was ja an sich nicht schlecht ist. Deswegen kann man aber trotzdem versuchen wachzubleiben. Viele Menschen vergessen, welche Macht ein DJ in dem Moment hat, in dem man sich so fallen läßt. Es gibt DJs, die sich dessen bewußt sind und versuchen, dagegen zu wirken, und es gibt DJs, die genau das ausnutzen. Gegen diesen Faschismus gilt es anzugehen.
Frank (Clit Cops): »Politik ist Scheiße« (aus »Nazis raus«) gilt für mich immer noch. Wenn ich was zu sagen habe, dann sage ich es. Ich vermeide Slogans und Parolen. Die Zeiten sind vorbei. Auf political correctness pisse ich. Wenn das in unserer Musik rüberkommt, okay.
Carsten (Mr. EBU/Die Traktor): Meine Welt ist nicht die der Fehden, Betrüger, Kleingeister, Zwänge etc., sondern die des geistigen Fortschritts, der wahren Liebe und der Produktivität. Also bin ich weder rechts, links, noch Mitte und schon gar nicht unbeteiligt, sondern darüber hinaus. Ich beziehe sehr wohl Stellung, aber aus einem ganz anderen Blickwinkel. Das ist die einzig wahre Konsequenz - nicht die Flucht, die Verdrängung oder die Verstrickung, sondern die Weiterentwicklung!

Michael Zimmermann, Jahrgang 1956, und **Karsten Drohsel,** Jahrgang 1964 (siehe auch das Interview im anderen Teil), beide gelernte Schreiner, bilden die musikterroristische Vereinigung **elf attn industries.** Als Veröffentlichungen liegen diverse selbstproduzierte CDs vor, u.a. ein Live-Mitschnitt ihres Auftritts beim '97er Donaufestival in Krems/Österreich.

Karsten: „Wir versuchen mit elf attn industries, neue Wege zu beschreiten, keinen Konventionen zu entsprechen und täglich Neues zu lernen."
Michael: „Wir machen sehr viele Sorten Musik und hören völlig unterschiedliche Sachen. Unterschiedliche Musiken beinhalten allerdings oft ähnliche Lebensinhalte, siehe Barock/Punk. Die schönste Musik machen alle zusammen: Die Steineklopfer, die Musiker, die Computermänner, die Maschinen und die Menschen."

Michael Zimmermann (l.) und Karsten Drohsel

Christian Paier: Wieso soll man dem Konsumenten alles vorkauen. Ich mag Leute mit einem Fragezeichen auf dem Kopf. Sie sollten selbst erkennen, wie weit ihre Verantwortung reicht, wenn sie aufgrund von Musiktexten ihr Leben zu ändern beginnen. Das ist ja gerade das Schöne an Kunst, der Künstler weiß nie wirklich, was bzw. wen er bewegt - alles ist sehr subjektiv und deshalb so interessant. Ich vertrete keine politische Einstellung. Politik ist für mich immer Machtanspruch: Du mußt! Ich hasse Zwang.

Sabotage-Q.C.Q.C.?: Politisches Engagement spielt bei uns eine große Rolle. Ob das bei den Hörern etwas bewegt, ist dagegen wieder nicht so wichtig. Natürlich wollen wir etwas bewirken, etwas verändern. Wir weigern uns jedoch, dies auf so eine platte Art und Weise zu tun. Wir bevorzugen eine mehr poetische Ausdrucksweise. Und gemäß unserer politischen Einstellung ist diese auch nicht ausschließlich zu deuten. Ein Gedicht ist erst dann gut, wenn es nicht schlüssig ist.

Farin: Ist es für euch wichtig, euch von bestimmten Leuten abzugrenzen?

Sabotage-Q.C.Q.C.?: Das wiederum ist sehr wichtig und kann beim ausgereizten Falschzitieren von Nietzsche nicht beendet sein. Das gerade in der sog. »Gruft-Szene« gezeigte Wischi-Waschi-Gelaber um »wir-sind-doch-gar-nicht-so-rechts«-eingestellte Bands bringt uns regelmäßig zum Kotzen! Der Leni-Riefenstahl-Sampler, bei dem Bands mitwirkten, weil sie dachten, »Stahl = EBM« (Originalzitat eines Mitwirkenden), sagt eigentlich alles. Und der Sampler findet sich ja auch im selben Mailorder-Katalog wie Schriften des Ober-Volksverhetzers Rudolf Hess. Soviel dazu...

Greta: Durch meinen Lebenswandel grenze ich mich ganz automatisch ab, weil ich selten tagsüber unterwegs bin. Wenn mir trotzdem mal jemand begegnet, mit dem ich 'nicht kann', sorg ich dafür, daß ich den nicht noch mal treffe (je nach Ätzgrad). Und für Nazis sind die *Untoten* eh zu verquer.

Carsten Olbrich, Jahrgang 1969, Gründer von ***Ebus Music,*** Gründer und Gitarrist bei ***Die Traktor,*** diverse musikalische (Solo-)Projekte und Mitarbeit bei unterschiedlichen Druckerzeugnissen seit Mitte der 80er Jahre. Letzte Veröffentlichung: Mr. Ebu, Cosmic Cool (Label Montsalvat/Ebus Music 1997).

„Musik und literarischer Ausdruck sind für mich Berufung. Während ersteres seit seiner Frühphase immer an die Öffentlichkeit drang, hege ich letzteres solange, bis ich es voller Zufriedenheit nach außen geben kann. Nachts wache ich oft auf und singe die Lieder aus meinen Träumen auf meinen alten Cassettenrecorder. Auf diese Weise und im Wachzustand sind Hunderte von Stücken und Texten in unterschiedlichsten Stilrichtungen entstanden, von denen ich ca. 95% noch nicht umgesetzt habe. Nun ja, ich bin unter 30 und habe noch etwas Zeit."

Arne (Oxymoron/The Hinks): Ich bin der Meinung, daß man als Band nicht gezwungen ist, politische Abgrenzung zu betreiben. Wen meine Meinung interessiert, der kann sich vor oder nach dem Konzert gern mit mir unterhalten oder einfach die Texte aufmerksam lesen. Es steht mir aber nicht zu, von der Bühne herab eine Gruppe von Leuten auszugrenzen, die ich nicht kenne.
Hilmar (Pillbox): Es ist (wieder) sehr nötig geworden, sich abzugrenzen, gerade im Punk/HC-Bereich. Unter Abgrenzung würde ich aber nicht ausgrenzen verstehen, sondern daß es wieder wohldefinierte Eckpunkte und Themen gibt - auch wenn jetzt viele aufstöhnen. In Zeiten der konsum- und informationsüberfluteten Gesellschaft, wo es leicht ist, keine Position zu beziehen, a-politisch zu sein, seine Bedürfnisse nur noch nach materiellen Maßstäben zu decken, zu allem »egal« zu sagen, ist wirklich die Zeit gekommen, sich auch innerhalb der Punk/HC-Szene gegen diese Leute abzugrenzen. Pathetische Worte, an die ich aber glaube und die ich mit meinen bescheidenen Mitteln auch umzusetzen versuche.
Öli (The Pig Must Die): Ich suche den Konflikt und nicht die Abgrenzung. Klar, es gibt Leute, sowohl rechts als auch links, da sind verbale Argumente nicht mehr möglich. Wir haben oft genug Konzerte gegeben, wo wir von vornherein wußten: Hier rufen nicht tausend Leute »Nazis raus«, wenn wir Stücke mit antifaschistischem Inhalt spielen. Es ist wesentlich angebrachter, solche Konzerte durchzuziehen und als Sieger hervorzugehen, als vor einem total von dir überzeugten Publikum die Gunst der Stunde zu nutzen und mit Sprüchen wie »Haut die Glatzen, bis sie platzen« die Aggression in die andere Richtung zu peitschen.
Christian (T(h)reee): Wenn bei uns Rechte auftauchen, ist klar, daß die Bude gesäubert werden muß, bevor wir spielen. Also wir sind nicht die Band, die dann sagt, äh, wir spielen nicht vor Faschos, sondern wir gehen hin und hauen denen aufs Maul.
Farin: Beeinflußt das auch deine eigenen Hörgewohnheiten? Lehnst du beispielsweise Musiker ab, von denen du weißt, die haben eine völlig andere Einstellung als du?
Christian: Manchmal hört man Musik, findet die ziemlich gut, versteht aber die Texte nicht richtig, und hinterher findet man heraus, daß die Musiker ziemliche Arschlöcher sind. Das gibt's. Auch in der Punk-Szene. Und dann bin ich nicht unbedingt einer, der sich die Band noch weiter anhört. Aber ich muß sagen, schlimmer als Bands, die andere Meinungen als ich vertreten, finde ich diese College-Rockbands, die glauben, Punk gibt es erst seit *Nirvana*, die eine Gitarre halten können, aber eigentlich nichts damit sagen wollen.
Luki (Six Pack Riot/Die schwarzen Schafe): Faschokram kommt mir nicht ins Haus, ansonsten kann's schwierig werden. Ich wehre mich dagegen, daß Leute mir sagen wollen, was 'politisch korrekt' ist - demnach dürfte man keine Musik hören von Leuten, die rauchen, trinken, Fleisch essen, über Sex singen usw. Wo ist da die Grenze? Der beste Maßstab ist und bleibt dein eigener!

Hilmar Demant, Jahrgang 1973, lebt in Neuthard und gibt das „Fanzine für degenerierte Mittelklasse-AnarchistInnen“ *Pandora* heraus. Zum Zeitpunkt des Interviews war er noch Mitglied bei *Pillbox*, heute bedient er die Gitarre bei den ***Crack Smokin' Aids Junkies.***

„Musik machen ist bei mir aus dem Fan-sein heraus entstanden. Ich denke, daß viele die Erfahrung gemacht haben, als sie begonnen haben: 'Hey, ich kann das ja auch.' Dazu kommt natürlich der Reiz, konstruktiv etwas selber zu machen.“

Hilmar

Johnny Bottrop (Terrorgruppe): Absolut richtig! Ich habe außer Punkrock haufenweise anderes Zeugs zu Hause herumfliegen, Disco, 60s-Rock, Reggae... und natürlich *Sweet, Bay City Rollers, Hello, Smokie,* und ich kann wohl nicht davon ausgehen, daß alle diese Bands meine Weltanschauung teilen. Anders sieht's da schon mit Musik mit rechten Inhalten aus, sowas würde ich mir niemals zulegen, und sei sie noch so gut. Aber Rechtsrock ist sowieso unter alle Kanone schlechte Mucke.
Chris (No Respect): Sicherlich hören wir auch mal Musik von Leuten, die keineswegs 'p.c.' sind, mal was von *The Exploited* oder von *AC/DC*; bei manchen Bands ist das transportierte Lebensgefühl wichtiger als jedes einzelne Wort eines Textes. Allerdings gibt es Grenzen, und das Verständnis für Leute, die beispielsweise Fascho-Mucke hören, weil »die Musik so super ist, die Texte braucht man doch nicht zu beachten«, ist bei Null. Das ist geballte Dummheit, sonst gar nichts.

Archi »MC« Alert (Terrorgruppe): Ich habe noch nie erlebt, daß mir eine Band mit rechtsradikalen Textinhalten musikalisch gefallen hätte. Text und Musik gehören für mich sehr eng zusammen und müssen eine Einheit bilden. Wenn ich mich auch inhaltlich unterhalten fühle, höre ich mir den Kram nicht an. So wichtig ist mir Musik nicht, als daß ich mir irgend so 'ne Stumpfkombo reinziehen müßte, nur weil der Gitarrist oder der Drummer besonders versiert ist.
King Kranz (Dog Food Five/Action Team): Die Leute, die solch einen Kram machen, sind sowieso so hoffnungslos unterbelichtet und verblödet, daß sie geistig gar nicht in der Lage wären, einen qualitativ auch nur halbwegs akzeptablen Song auf die Reihe zu bekommen. So kommen dann nur ohnehin schon hoffnungslose Fälle in die Versuchung, sich den Müll anzuhören.
Chris: Auch heftige und plumpe Formen des Chauvinismus in der Musik sind scheiße, und man muß sich das nicht geben, auch wenn's noch so rockt. Schöne Songs über Sex und Geilheit sind okay, das gehört nun mal zum Leben, und es ist nicht einzusehen, daß das von selbsternannten Sittenwächtern in der Szene 'verboten' wird. Ein begrenzter Horizont endet nämlich schnell in Intoleranz gegen alles und jeden, der nicht haargenau so ist wie man selbst.
Bdolf: »Politisch korrekt« ist ein Unsinnsausdruck. Die Leute, die die damit bezeichneten Kriterien entworfen haben, sind weniger 'politisch' als durch ihre kleinbürgerlich-neurotische Herkunft geprägt. Prägend für die kleinbürgerlich-neurotische Seinsweise ist ein Überbetonen von Nomenklatur, Bezeichnungen, Ritualen, Benimm-Regeln gegenüber Ethik, das heißt, auf das Handeln (!) bezogenen Verhaltensregeln. Der Bürger holt sich auf das Gedankenverbrechen einen runter! *G.G. Allin* hat die Scheiße, für die Punkrock, ja Rockmusik überhaupt steht, auf den Punkt gebracht. Ein nicht zu überschätzender künstlerischer Verdienst! Alle überflippten Pseudo-Ideale von Punk- und Hardcore-Fans blamieren sich an der Realität - ihre Welt existiert nur in ihrem Kopf (und meistens nicht einmal dort)! Wer eine vernünftige Ideologie besitzt, muß nicht aus irgendeiner Scheißmusik eine Ideologie fabrizieren. Ich kann entspannt genießen, was gut ist, was mir gefällt, ich muß mich nicht unter die Knute einer verfurzkuhlten (Pseudo-)Gemeinschaft fügen.

King Kranz (l.)

King Kranz, Jahrgang 1966, lebt in Berlin und ist gleich in zwei Bands – **Dog Food Five** und **Action Team** – aktiv. **Dog Food Five** hat bisher u.a. zwei Longplayer – „My Degeneration“, 1994, „Teenage Alzheimer“, 1995, beide Amöbenklang (EFA) – veröffentlicht und plant noch für 1998 eine Split-LP mit Müllstation.

„Songs zu schreiben ist für mich eine zwanghafte Angelegenheit. Ich hab' eigentlich immer irgendwelche Melodiefetzen oder Worte im Kopf, mit denen ich rumspiele. Sobald ich mir eine Strophe oder einen Refrain habe einfallen lassen, brennt es einfach unter den Nägeln. Dann muß daraus ein Song werden.“

King Kranz mit Dog Food Five, 1992 live in Concert

Nejc (Mars Moles): So genau kann man das über all die Platten und Musiker gar nicht wissen, was für eine Einstellung dahintersteckt. Wenn natürlich ganz klar abzulehnende Aussagen gemacht werden, oder Symbole auf dem Cover auftauchen, lehne ich das strikt ab und höre es mir nicht an.

King Kranz: Ich höre mir keine Platten an, in denen 'vernünftig', das heißt, außerhalb von der reinen stumpfen Provokation, über Politik gesungen wird. Die Musik ist dabei meist scheiße (gut, es gibt Ausnahmen wie die *Goldenen Zitronen*), und was die Texte betrifft, wird da nie etwas Interessantes gesagt, sondern Politik wird dazu benutzt, um einfallslose Texte irgendwie noch intelligent klingen zu lassen. Diese Texte sind fast immer abgrundtief schlecht.

Arne (Oxymoron/The Hinks): Ich denke mal, daß ich von 95 % aller Platten/Bands, die ich zu Hause höre, die politische Einstellung nicht kenne. Nicht überall sind Texte abgedruckt, nicht jeder Text ist verständlich gesungen. Ich kann auf jeden Fall auch Musik von Bands genießen, die mit meiner Meinung nicht konform laufen.

Stefan Kleiber: Natürlich können nicht alle Musiker die gleiche Einstellung haben wie ich. Wenn aber eine Band eine zweifelhafte Vergangenheit und rechtslastige Texte hat, dann nehme ich mir die Freiheit, darauf zu scheißen.

Diane (Lemonbabies): Wenn mir jemand erzählt, daß die Musik, die ich höre und gerne mag, von absoluten Neonazis wäre, würde ich sie nicht mehr hören oder könnte sie zumindest nicht mehr so genießen, weil sich im Hinterkopf ein 'Political-correctness-Monster' mit erhobenem Zeigefinger regt.

Bernd Karner: Ich persönlich kann durchaus zwischen dem Musiker und der Persönlichkeit trennen. Mein Interesse an Musik ist vielleicht abstrakt genug, daß mich die Musik in jedem Fall in ihren Bann zieht, wenn sie Kraft hat.

Raidy (Chaosfront): Klar gibt es Bands, deren Lieder ich mit anderen Texten wahrscheinlich geil finden würde, zum Beispiel die *Endstufe*-LP »Der Clou«, aber die Leute sind nun mal Arschlöcher, und da kann ihre Musik noch so geil sein, basta. Ich würde auch nie ein Lied von einer Naziband covern, auch nicht mit einem anderen Text.

Martin Büsser: Wenn ich von einer Band weiß, daß sie einen Standpunkt vertritt, der für mich nicht teilbar ist, würde mir das auch ihre Musik vergrausen.

Farin: Vielleicht solltest du noch einmal einen Blick in deine Plattensammlung werfen? Ich glaube offen gesagt nicht, daß irgendjemand, dem Musik wichtig ist, es schafft, politisch 'nicht-korrekte' Musiker wirklich vollständig zu ignorieren.

Martin Büsser: Ich habe keine »nicht-korrekte« Musik im Plattenschrank. Das sage ich nicht, um damit zu kokettieren, sondern, weil mich solche Musik auch jenseits des Politischen nicht anspricht. Zum Rechten tendierende Musik wie *Death in June* und *Type-O-Negative* (von ausgesprochenem Rechtsrock ganz zu schweigen) besitzt bereits musikalisch ein dermaßen dick aufgetragenes Pathos, daß die Musik mich bereits abstoßen würde, wenn ich die Intention dieser Personen nicht kennen würde. Abgesehen davon, daß es »nicht-korrekte« Formen der Provokation gibt, gegen die ich nichts habe (z.B. die Bondage-Cover von *Merzbow*), glaube ich tatsächlich, daß gewisse politische Ansichten bereits aus dem musikalischen Material heraus hörbar sind. *Laibach* ist meiner Meinung nach eine großartige Band, weil sie genau dies aufgedeckt hat: Daß Totalitarismus bereits im Sound erkennbar ist und sich durch beinahe alle Musiksparten zieht, von der Klassik (*Carl Orff*) zum Musical (*Lloyd Webber*) bis zu Pop und Metal.
Jörg (Vulture Culture): Was zur Hölle ist 'politisch korrekt'? Ich hasse dieses Wort! Wenn du irgendwelche rechten Skinhead-Bands wie die späten *Skrewdriver,* die frühen *Böhsen Onkelz* oder sonst einen Nazi-Dreck meinst, stimme ich dir zu. In meiner Plattensammlung findest du aber auch jede *Crass*-Platte. Was ist denn damit? Die waren ja links-politisch 'nicht-korrekt'! Abgesehen davon finde ich, daß grundsätzlich politisch extrem agierende Bands - sei es rechts- oder linksextrem - den schlechteren Rock'n'Roll machen.
Greta (Untoten): Ich würde mir nie 'ne *Böhse Onkelz*-CD kaufen, allerdings nicht unbedingt nur deshalb nicht, weil sie für mich 'ne rechte Band sind, sondern weil ich die Musik und diese Form von 'sich rausquatschen' zutiefst abartig finde. Ich kann allerdings ohne Probleme *Slayer* hören oder *Wagners* »Tannhäuser«.
Andreas (Materialschlacht): Ich lehne keine Band ab, die nicht meiner Meinung ist, obwohl die Musik stimmt. In meiner CD-Sammlung stehen die *Goldenen Zitronen* und die *Böhsen Onkelz* direkt nebeneinander, obwohl beide Gruppen mir nicht hundertprozentig vom Text zusagen, ja sogar das glatte Gegenteil sind. Ich kann mir innerlich sagen, was für ein Schwachsinnstext, gleichzeitig aber mit der Musik mitgrooven.

Martin Büsser, Jahrgang 1968, lebt in Oppenheim. Seit zehn Jahren Mitarbeiter diverser Musikzeitschriften und Fanzines (u.a. *Spex, Grow!, Zap, Trust*), Redakteur und Mitherausgeber des Buchmagazins *Testcard – Beiträge zur Popgeschichte* (Verlag Jens Neumann, Mainz). Weitere Veröffentlichungen: „if the kids are united. Von Punk zu hardcore und zurück" (1995) und „Antipop" (1998, beide Verlag Jens Neumann, Mainz)..

Vulture Culture

„Unser Motto: Wir machen nur, was uns selbst gefällt, ohne Rücksicht auf Trend, Mode oder Kommerzialität. Daher machen wir hauptsächlich New Instrumental Music, Ambient, Elektronik, Deutsch-Punk und neuen deutschen schrillen Schlager."
Christoph Bühring-Uhle,
BSC Music

Christian Paier: Ich arbeite im Altersheim, mein Ziel ist eine Ausbildung zum diplomierten psychiatrischen Krankenpfleger. Konträr zu meiner sozialen Ader mag ich *Boyd Rice, Blood Axis, Death in June, Anton Lavey*, ja, ich genieße deren Werke genauso wie die von *Miles Davis, Don Cherry, Ornette Coleman* etc. Ich bin bis heute nicht zum Faschisten mutiert (ich kenne Sozialdemokraten, die die Musik *Richard Wagners* schätzen). Ich mag schwarzen Humor.
Sigi Pop: Mann, ich bin Musiker und kein Politiker. Außer *Störkraft* und *Onkelz* hör ich so ziemlich alles. Ich hör außerdem niemals bei englisch gesungenem Kram auf die Texte. Wenn's deutsche Bands sind, schon aus Protest nicht.

Christian Paier

Sigi Pop

»Was ist an einem linken Betonkopf 'progressiv'?«

Über linke und rechte Musik.

Farin: Jahrzehntelang hat sich der Mythos gehalten, Rockmusik und später auch Punk und Hardcore seien 'links'. Inzwischen hat sich die Existenz von Nazi-Punks und autonomen Rechtsrockern wohl allgemein herumgesprochen. Hat sich damit die politische Kategorisierung von Musik als 'links', 'progressiv', 'alternativ' usw. als sinnlos erwiesen oder gibt es weiterhin Gründe, auf diese Schubladen Wert zu legen?
D.J. (Das Auge Gottes): 'Links', 'progressiv', 'alternativ' sind Ausdrücke, die sich zusammenfassen und erweitern lassen, indem ich festlege, daß Musik - insbesondere Text - humanistisch sein sollte. Rechte inhumanistische Texte verachte ich genauso wie linke inhumanistische Texte. Traurig ist der Mißbrauch der Töne als Transportmittel für Text. Es scheint fast so, als müßten die Wahnsinnigen ihre leeren Köpfe wild schütteln, damit ihr grobsensorisches System überhaupt reagiert.
Vicente (Celi Productions): Die Schubladen sind notwendig, um an Zielgruppen zu gelangen, an die man nicht käme, wenn die Siegel 'links', 'progressiv' oder 'alternativ' nicht draufstehen würden. Im Grunde genommen geht es einfach darum, Gleichgesinnte im Wust der tausende Veröffentlichungen wiederzufinden und von anderen zu trennen.
Thomas (elbtonal): 'Progressiv' und 'alternativ' sind neuere Begriffe, die sich sowohl musikalisch als auch textlich nicht in irgendein Links-rechts-Schema pressen lassen. Protagonisten dieser Richtungen stehen erstmal für eigenständige Gedanken und lassen sich nicht vor irgendeinen Karren spannen. Das heißt nicht, daß diese Bands sich nicht stark von »rechts« abgrenzen, aber Ideologien sind heutzutage einfach nur noch ein Relikt aus glücklicherweise vergangenen Tagen. Was 'links' ist, interessiert mich nicht. Ich lege Wert darauf, keine beknackten Deutschtum-Ideologen zu veröffentlichen, kann aber die »wir Rockmusik, wir links, wir gut«-Deppen einfach nicht mehr ertragen.
Christoph (BSC Music): Es gab immer schon rechte, linke und »middle of the road«-Musik. In jedem Fall halten wir es für wichtig, daß die Musik der Rechten nicht gefeatured wird.
Robi (Fotofon): Die Kategorien rechts-links sind überholt. Politisch gesehen hat der Fundamentalismus die alten Kategorien entwertet. Was ist an einem linken Betonkopf progressiv? Oder was an einem progressiven Elektroniker alternativ? Es existiert nur eine gewisse statistische Korrelation zwischen den Gruppierungen. Im Reggae gibt es ebenso wie in Punk und HipHop 'rechte' Elemente. Ein Rassist ist für mich ein Rassist, egal ob Punk, Gangsta-Rapper oder Raggamuffin-DJ. Die Zugehörigkeit zu einer

„Wir versuchen, Qualität und Kommerz zu verbinden. Hauptsächlich (nicht nur) interessieren mich: Jazz, Latin, HipHop, zeitgenössische und avantgardistische Musik. Wir sind jedoch ein HipHop-Label (deutsch, türkisch, englisch, bosnisch)."
Vicente Celi,
Celi Productions

„Auf elbtonal und den angegliederten Labels Stumble (Blues) und string records (Rock'n'Roll und Verwandtes auf Vinyl) wird veröffentlicht, was ich für veröffentlichenswert halte. Das geht so, weil die Labels von mir allein betrieben werden. Musikalisch reicht die Bandbreite von Ska über HipHop bis zu 60's-Beat auf elbtonal. Entscheidungskriterien für Künstler sind in erster Linie Ernsthaftigkeit (löst die Band sich nach dem Release auf, oder wollen sie es wirklich wissen?), Umfeld (werden Konzerte gebucht, gibt es Touren usw.?) und Realitätssinn (stimmen Erwartungen mit Machbarem überein?). Ohne eine gewisse Zuverlässigkeit und Branchenkenntnis der Künstler geht es heutzutage nicht mehr."
Thomas Ritter, elbtonal

„Unser Label entscheidet sehr langsam, ob eine Band bei uns erscheint. Das Persönliche der Musiker (kommt man miteinander klar?) ist entscheidend, die Musikrichtung ist nicht festgelegt. Es muß uns allen gefallen. Wir würden nicht rausbringen: rechtstendierende Bands, Techno, Metal vom Härtesten, Pop, Grunge. Irgendwo muß der Ursprung im Punk liegen. Wir arbeiten mit fairen Deals und kümmern uns um die Bands rundum. Wir haben Booker, Promoter und Manager und machen auch Merchandising."
Barbara Wetzer, Rodrec

Musikszene befreit uns nicht vom Postulat politischer Correctness - auch gegenüber musikalisch Gleichgesinnten. Mit anderen Worten: Rassistische Texte kommen für uns nicht in Frage, auch nicht, wenn sie im Reggae-Beat transportiert werden.
Barny (Incognito Records): Es ist richtig, heutzutage ist es nicht mehr möglich, Bands nur aufgrund ihres musikalischen Stils politisch einzuordnen. Oftmals helfen ja die Texte weiter, aber es gibt (besonders in der Skin-Szene) eine recht große Grauzone. Es ist deshalb nötig, im Einzelfall zu prüfen. Solche Prüfungen aber sind in vielen Fällen nicht einfach, weil besonders über unbekannte Kombos nicht immer genügend Informationen erhältlich sind. Es ist meiner Meinung nach deshalb nötiger denn je, auf politische Abgrenzungen Wert zu legen.
Barbara (Rodrec): Diese politische Abgrenzung ist durch die rechten Bands sogar noch wichtiger geworden. Ich bin froh, daß immer wieder linke Bands nachrücken, sonst würden die Kids nur noch einseitige Texte zu hören bekommen.
Mike (Rabauz Records): Natürlich hat dat Sinn, weiter die Grenzen zu schließen, wenn es sich um Nazi-Dreck handelt. Auch jetzt noch, wo die 'Gegen Nazis'-Trendwelle abgelutscht ist. Wenn man nichts unternimmt, werden Nazis wieder stark - und dat darf nicht sein. Auch sogenannten 'unpolitischen' Punks oder Skins sollte man die Grenzen zeigen. Raus damit!
Jan (Alcatraz): Die Existenz von Nazi-Bands ist genauso wenig bedrohlich wie die Existenz von militanten Nazi-Organisationen in der Gesellschaft. »Wenig bedrohlich« natürlich nur im Verhältnis zur auch in der Kultur allmächtigen Gehirnwäsche, die das deutsche Pack bereits hinter sich hat. Adolf Hitler würde vor Neid erblassen, wenn er die absolute politische und kulturelle Gleichschaltung der deutschen Bevölkerung sehen könnte. Davon konnte er nur träumen. Wir leben in einer neuen Form von Faschismus, in der sich alle für gute Demokraten halten... Gegen einen deutschen Angestellten, in dessen Kopf nur auswendiggelernte Sätze pulsieren (wie »Gewalt ist kein Mittel der politischen Auseinandersetzung« oder ähnlicher Stuß), macht sich eine Nazi-Punk-Band (so widerlich sie auch ist) geradezu harmlos aus.
Luki (Six Pack Riot/Die schwarzen Schafe): Die Gesellschaft ist latent rechtslastig, daher die Musik entweder Weichspüler oder Aufbegehren. Muß aber noch nichts mit links oder rechts zu tun haben. Nimm als Beispiel den Rock'n'Roll der Fuffziger: *Chuck Berry* schmutzig und schwarz und irgendwie verboten, und als Gegenmodell *Buddy Holly* weiß, sauber, highschool-kompatibel. Da fängt es doch schon an. Dann in Deutschland: *Ted Herold* vs. *Peter Kraus* usw. Heute gibt es sicherlich viele Schubladen, und dank Industrie, Medien und Kenntnis der Gesellschaft sucht man sich seine Schublade und springt rein und tobt sich dann bis zum Ernst des Lebens aus. Wenn du wüßtest, wie viele Leute mal Punx gewesen sein wollen!
Öli (The Pig Must Die): Ich finde jede Etikette langweilig.
King Kranz (Dog Food Five/Action Team): Der alte Rock'n'Roll war immer eher rechts. *Eddie Cochran, Elvis* (wenn man bei diesem Wahnsinnigen überhaupt von einer politischen Einstellung sprechen kann) und *Otis Redding* sind da gute Beispiele.

Otis Redding war ein Schwarzer, also kein klassisch rechter Rassist, aber alles andere als ein progressiver Linker. Die langhaarigen Hippies, vor denen er bei Festivals spielte, hat er ziemlich verachtet. Auch heute sind ja noch die meisten Rockabillys politisch sehr konservativ, wahrscheinlich, weil sie dieser Tradition gerecht werden wollen. Auch *Eric Clapton, Lynyrd Skynyrd* und *Rod Stewart* sind verdammte Rassisten. Links ist die Rockmusik, glaube ich, erst in den 60ern dank der Folkmusik geworden. Warum sich dies so lange gehalten hat? Sicher, weil Rockmusik meist von jungen, progressiven Leuten mit starkem Freiheitsdrang gemacht wird.

Arne (Oxymoron/The Hinks): Nach dem Weltkrieg wurde Protesthaltung ausschließlich durch die linken Kreise praktiziert. Die Hippie-Bewegung, die APO-Zeit, die RAF usw. waren die einzigen, die gegen das gutbürgerliche und konservative System angegangen sind. Dadurch entstanden natürlich auch Bands und Liedermacher, die 'Protestmusik' machten und dann auch die Punkmusik und deren Nachfolger mit dem Stempel links besetzten. Erst mit der Oi!-Bewegung Anfang der 80er gab es die ersten Bands, die plötzlich nicht mehr links waren, und die wurden von Anfang an geächtet und hatten natürlich auch nicht die Lobby wie vergleichbare linke Bands. Für mich ist Musik weiterhin absolut wertfrei!

Christian (T(h)reee): Musik ist wertfrei, also sozusagen 'unpolitisch'. Sie kann zu einem Politikum gemacht werden durch die Texte, durch die Szene, die dazugehört. Aber ich sehe Rock oder generell Musik nicht als links oder progressiv an. Ich denke, diese Grenzen liegen nicht in der Musik selbst, auch Nazis wie *Skrewdriver* können eine Gitarre halten, sondern in der Szene. Da müssen klare Grenzen sein. Faschos haben in meiner Szene nichts verloren.

Clit Cops, Frank rechts

Frank Nowatzki lebt in Berlin, verlegt dort Krimis, Undergroundhelden u.a. gute Literatur, spielte früher bei der Punklegende ***Beton Combo*** und heute bei den ***Clit Cops***, die u.a. gemeinsam mit Derek Raymond zu seinem Buch „Roter Nebel" eine CD aufnahmen („Changeless Susan", Pulp Master/Maas Verlag 1996).

„Ich bin mit Musik groß geworden. Irgendwann wiederholte sich aber auch das Musikmachen und wurde zur Routine. ***Beton Combo*** löste sich auf, aber nach einiger Zeit stellt man fest, daß man doch nicht aufhören kann. Nur mit Musik kann ich mich allerdings nicht beschäftigen. Literatur und Boxen sind mir wichtiger geworden."

Frank (Clit Cops): Die anarchistischen Elemente und Fuck-you-Attitüden des Punk ließen sich wahrscheinlich besser in linke Ansichten integrieren. Aber da sich Punk niemals definierte, passen eben auf Punkakkorde leider auch rechte Texte.
Sauer (No Respect): Geschichtlich betrachtet ist Punk klar links, genauso wie ursprünglich die ganze Hippiekacke aus den 60ern tendenziell links war, hatte ja auch gute Gründe: Vietnam, die Bullen, die Spießer, keine Perspektiven etc. Aber die Zeiten haben sich halt geändert.
Oliver (Allgemeines Chaos Kommando): Ich bin immer noch der Ansicht, daß Punk und Hardcore ganz klar als »linke« Musik zu betrachten sind. Schon Ende der 70er Jahre haben *Slime* mit ihrer Musik eindeutig linke Inhalte zum Ausdruck gegeben. Diese Tradition hat sich bis heute gehalten. Es ist nicht zu bestreiten, daß auch faschistische Bands, wie anfangs die *Böhsen Onkelz*, später dann andere, die Härte und Aggressivität des Punkrocks genutzt haben, um ihre politischen Botschaften zu verbreiten, doch blieben dies eher Ausnahmen.

No Respect in Concert

Stefan Kleiber: Für mich ist Punk/Hardcore immer noch zwingend mit der Linken verbunden.
Johnny Bottrop (Terrorgruppe): Viele Inhalte von Punk decken sich mit linken Forderungen (Verlangen nach Freiheit, Gerechtigkeit usw.), aber viel vom Punkrock-Lebensgefühl widerspricht auch der klassischen Linken: Hemmungsloser Hedonismus, »arbeitslos und Spaß dabei«, die Abscheu vor allem, was mit »Masse«, »Vermassung« oder »Herdentrieb« zu tun hat.
Jörg (Vulture Culture): Ich habe keine Ahnung, warum die Hippies den Einzug in die Punk-Szene vollzogen haben, aber Fakt ist, daß politische Kräfte, seien sie linker oder rechter Natur, schon immer versucht haben, die Rockmusik zu beeinflussen. *Elvis* war der erste 'weiße' Gospel- und Bluessänger. *Crass* waren die ersten, die Punk für ihre linken und anarchistischen Weisheiten benutzten, obwohl gerade Punk zur Zeit seiner Geburtsstunde nie den Anspruch auf ein politisches Handeln erhob. 1977 war ein hartes und turbulentes Jahr, in dem auch die RAF sehr aktiv war - aber was hatte das alles mit Punk bzw. Rock'n'Roll zu tun? »Anarchy In The U.K.«, das war doch bester englischer Nonsens, that's all!
Hilmar (Pillbox): Daß Rockmusik 'links' sein soll, ist mir neu, muß wohl daran liegen, daß ich noch unter 25 bin.
Gudrun Gut (Moabit Musik): Ich halte Rockmusik keineswegs für links. Allein der Slogan »Sex & Drugs & Rock'n'Roll« ist doch frauenfeindlich.
Raidy (Chaosfront): Da Punk in der Regel genauso wie Hardcore unberechenbar ist, können konservative Menschen mit ihm meistens nichts anfangen. Auch die Existenz von Nazi-Rockern wird daran nichts ändern, denn sie kopieren ja eigentlich nur.
Michael (elf attn industries): Gibt es denn 1997 noch irgendeinen, der glaubt, daß 'Links' (alleine) noch irgendeinen Lösungsansatz zu bieten hat? Ist es denn nicht so, daß die vertikalen Verbindungen (zwischen den sozialen Schichten) viel effektiver sind als die horizontalen Verbrüderungen gewerkschaftlicher Art? Der linke Besitzanspruch auf Musik entspricht genau der Art von Gemütlichkeit, die die entsprechende Musik hat. *Wolf Biermann* wurde ja schon immer von der BRD aus finanziert.
Bernd Karner: So wie die Linke heute eigentlich nichts Neues mehr zu sagen hat, weil ihre Ideen von der Geschichte überrannt oder in den Mainstream übernommen worden sind, so geht es auch Punk und Rock: Hier herrscht musikalischer Stillstand vor. Grunge ist letztendlich doch nur die MTV-Kommerzvariante von Punk, die Szene dreht sich im Kreis. Klar, daß da die Fronten bröckeln.

Michael Zimmermann (elf attn industries)

Greta Csatlos (Vocals, Bass) lebt als Nachtvogel in Berlin und bildet mit ihrem Partner David A. Line (Gitarre, Drums, Programming) die Gruft-Band ***Untoten***, die bei Sonic Malade bisher zwei Longplayer und ein Mini-Album veröffentlicht haben.

„Selbstbestimmung war für mich schon wichtig, als ich das Wort noch gar nicht kannte! Ich bin mit 14 aus 'nem Ursulinenkloster abgehauen. Ziemlich bald danach haben David und ich uns kennengelernt. Wir sind dann in verschiedenen Städten rumgehangen, auch mal ohne Wohnung. Wir hatten eigentlich immer irgendwelche Musiker, Künstler um uns rum, mit denen wir was gemacht haben. 'Ne Zeit lang hing ich bei der Hochschule der Künste rum, aber denen war ich zu 'komisch', mein Zeug zu aggressiv, zu pornographisch, vor allem aber zu 'pseudorealistisch', mir war's da auch zu langweilig. David schreibt und macht Musik, seit er 11 ist, eigentlich immer schon. Wir haben erst in verschiedenen Bands gespielt, mit ganz unterschiedlichen Leuten. Mit der Zeit haben wir mitgekriegt, daß manche unserer Kumpel echte Probleme mit der täglichen Selbstbestimmung hatten. Die ham's echt nicht geregelt gekriegt, ihren Tag selber einzuteilen, ohne die Knute von Eltern, Schule oder Arbeitgeber. Für uns war das nie ein Problem. Wichtig war nur Musik und Kunst, je nachdem, wo wir gerade Bock drauf hatten."

Karsten Drohsel: Ergibt es im ausgehenden 20. Jahrhundert noch einen Sinn, irgendetwas kategorisieren zu wollen? Natürlich ist mir klar, daß die Mehrheit dadurch einen Identifikationsfaktor sucht, aber die elfte Erfahrung zeigt, daß es noch Dinge gibt, wo das nicht funktioniert. Außerdem kenne ich den Konflikt aus der Techno-Szene zur Genüge. Wenn man mal hört, wie unsere amerikanischen Freunde aus Chicago und Detroit jeder für sich beanspruchen, Techno erfunden zu haben, obgleich alle zugeben, stark zum Beispiel von *Kraftwerk* beeinflußt worden zu sein, frage ich mich, was das soll. Wenn man mit klarem Menschenverstand versucht, die Situation zu beurteilen, kommt man zu dem Ergebnis, daß das ganze Geschwätz nur eine Marketingfrage ist.

Martin Büsser: *Joe Savage* führte einmal aus, daß die Energie des frühen Punk politisch amorph gewesen ist - es lag an den damaligen Journalisten, die Bewegung links zu kodieren, bis jeder glaubte, daß sie eine linke Bewegung sei. Das Linke ist per se selten Selbstverständnis des Pop, sondern muß von einer intellektuellen Pop-Elite in die Musik projiziert werden, um sie quasi vor sich selbst - und damit vor rechten Übergriffen - zu retten. Die Masse der Fans ist selten eindeutig links. Da stehen 'Fun', authentischer Lebensvollzug und Rausch im Mittelpunkt. Gegen Elternhaus und Schule mit Rockmusik zu 'rebellieren', ist ja noch lange keine linke Geste, sondern klagt nur das Unsinnliche dieser Institutionen an. Wäre das bereits rebellisch, müßte man auch Volksfesten eine Rebellion unterstellen.

Greta Csatlos

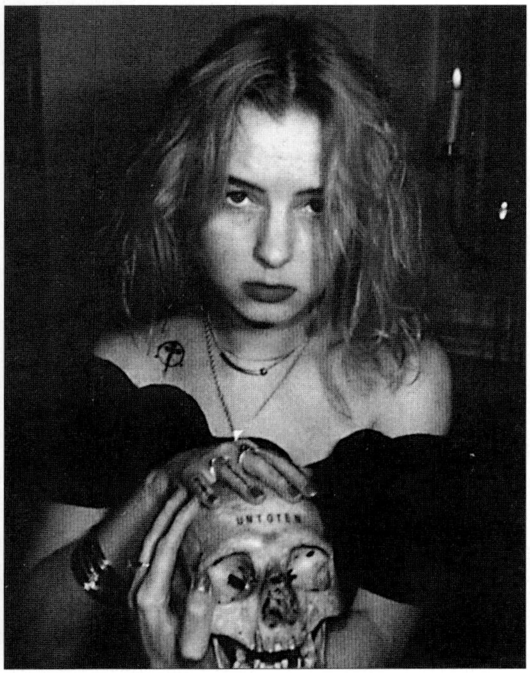

Sabotage-Q.C.Q.C.?: Politische Kategorisierung von Musik wird nicht so sehr von den Künstlern selbst betrieben, sondern von Möchtegern-Journalisten und tendenziösen Musikzeitschriften. Künstler und Intellektuelle sind 'traditionell' links eingestellt, was gewisse Ausnahmen (wie zum Beispiel Hugo Ball, der im hohen Alter noch mal Katholik wurde) nicht widerlegen. Der Faschist ist ein kleiner, armseliger Wurm, der Angst vor 'Überfremdung' hat, ohne daß er sich selbst kennen würde. Er ist der ultimative Angsthase mit Sehnsucht nach überschaubarer, für ihn begreifbarer Ordnung. Was soll da musikalisch Revolutionäres aus dieser muffigen Ecke kommen?

Greta (Untoten): Ich weiß ehrlich gesagt gar nicht, ob jeder weiß, was links oder rechts ist. Es gibt beispielsweise die Sätze: »Ich bin ein unpolitischer Fascho« oder »Ich bin kein Rechter, ich bin Nazi« oder »Da meine Eltern als sog. '68er Linke sind, habe ich etwas gegen Linke, weiß aber nicht sicher, ob die überhaupt links waren« usw. - also Babylon pur. Außerdem war Rockmusik schon immer weniger linksorientiert als 'ne etwas lautere Spielart, seine Männlichkeit auszudrücken.
Bdolf: Die *Rolling Stones* können noch so lange bei einem Rüstungskonzern (Thorn-EMI) Platten produzieren, es bereitet wollüstigen Schauer, zu seinem Hörvergnügen den revolutionären Mehrwert zu genießen. 'Musik' an sich darf nicht sein, da muß etwas dazu, auch wenn es selbst für das unbedarfteste Gemüt offensichtlich sein sollte, daß es sich um mythologische Einbildungen handelt. Dazu kommt, daß interessanterweise eine Denkrichtung, die 'materialistisch' sein will, zu keinerlei materialistischem Denken in der Lage ist. Auch in dieser weltanschaulichen Ecke ist Selbstbetrug, Mythos, Schwachsinn die vorherrschende Daseinsweise. Leute, die sich selbst als »Materialisten« bezeichnen, wie zum Beispiel *Günther Jacob*, spinnen sich einen völligen Stiefel zurecht, die Erfahrungen des ungefähr halben Dutzends thekennächster Saufkumpane werden als Erfahrungen »einer Generation« halluziniert.
Tom Rocker: Rockmusik ist für mich persönlich zunächst weder rechts noch links einzustufen, sondern beherbergt eine starke subversive Komponente. Diese Musik und ihre Protagonisten haben immer an den verkrusteten und unbeweglichen Moralvor-

Sabotage-Q.C.Q.C.? aus Dreieich gehört seit ihrem '93er Debütalbum „Tumulte" zu den kreativen Highlights des internationalen elektronischen Undergrounds. ***Sabotage-Q.C.Q.C.?*** besteht aus *Isabelle Gernand* (Stimme, Text, Programming), *Tim Kroker* (Schlagwerk, Stimme, Programming) und *Marc Werner* (Stimme, Text, Komposition, Keyboard, Programming). Aktuelle Veröffentlichung: „Sexploitation Cinema" (EMI).

„Musik zu machen ist uns ein inneres Bedürfnis. Alles daran ist faszinierend, das kann man nicht mit Worten erklären. Wir machen auch noch etwas anderes, na klar. Wir haben eine eigene Videoproduktion und erarbeiten Marketing-Konzepte für andere Firmen. Kreativ zu arbeiten ist der gemeinsame Nenner."

Isabelle Gernand, Sabotage – Q.C.Q.C.?, bei einer Performance im April 1997 in Berlin

Zur Love Parade

„Diese außerhalb des offiziellen Teils des Systems entfachte musikalische Verherrlichungsbewegung hat der Propagandamaschinerie des Kapitalismus samt ihrer Intellektuellenscharen und Medien eine einmalige Chance gegeben, um die grenzenlose 'Freiheit' des 'Individuums' zu propagieren. Der Verdutzungseffekt dieses Propagandazuges übertraf bei weitem die Erwartungen der Bourgeois-Ideologen und Medien. Sogar die populistische Linke kann nur mit offenem Mund einen nichthörbaren Laut von sich geben. Wenn man es genau vernehmen könnte, hieße es: 'So viel Commerz.'"
Hadi Esmaili
Ein Leserbrief an die *Junge Welt*, 19. Juli 1997

„Trouble um *Chumbawamba*. Nachdem Alice Nutter, Sängerin der Alternativrockgruppe, gesagt hat, es gehe schon in Ordnung, wenn ärmere Leute ihre Platten aus den Großhandelsketten unentgeltlich entwenden, hat der Plattengigant Virgin die letzte Scheibe von *Chumbawamba*, das Album „Tubthumper", in den USA aus dem Sortiment genommen."

die tageszeitung vom 31. Januar 1998

stellungen gekratzt und dadurch auch immer etwas in Bewegung gebracht. Ich meine sowas wie menschliche Veränderungen. Man darf nie vergessen, als der Rock'n'Roll sich in den 50er Jahren seinen Weg bahnte, hatte die damalige Nachkriegsjugend mit weit stärkeren gesellschaftlichen und elterlichen Widerständen zu kämpfen als die 70er No-future-Jugend oder die 90er Generation-X-Peoples. Als der Rock'n'Roll aufkam, waren die europäischen Städte überwiegend zerstörte Landschaften. Die Gesetzgebungen, die Gesellschaften standen alle noch unter dem direkten Einfluß des 2. Weltkrieges und seiner Zerstörungen, millionenfachen Tragödien, Massenmorde und weltweit repressiven Erziehungswesen. Dagegen war die in gesättigten gesellschaftlichen Verhältnissen aus England kommende 'Punk-Rebellion' ein Hühnerschiß! Bei diesen Entwicklungen stand die gesamte bundesdeutsche 'Linke' bedeppert daneben. Es waren 'Linke', die noch Mitte der 70er Jahre die Rockmusik als einen »kapitalistischen Ausbund des Faschismus« sahen und die entsprechenden Identitätsgruppen als »Lumpenproletarier« abkanzelten. Und es waren 'Linke', die die Initiative 'Rock gegen Rechts' 1981 begruben und damit den Weg für einen Rechtsruck in der deutschen Rockszene freimachten.
Farin: Woran erkennt man eigentlich 'linke', 'progressive', 'antifaschistische' Musik?
Sibylle (burning batter): An der Musik auf jeden Fall nicht.
Nejc (Mars Moles): Es gibt mit Sicherheit keine rein musikalischen Merkmale! Nazi-Mucke muß nicht schnell, hart und aggressiv sein, es gibt auch Nazi-Liedermacher, die versuchen, ihre politischen Aussagen besser zu verpacken, um mehr Leute anzusprechen.
Stefan Kleiber: Rein musikalische Merkmale für linke Musik sind wohl schwer auszumachen. Bands wie *Chumbawamba* sind ja von ihrer Musik her kein bißchen radikal, sondern gute Popmusik. Erst durch die linken Texte finden sie in der linken Szene auch ihre Anhänger. Progressive Musik ist für mich Musik, die aus dem Rahmen fällt, wie beispielsweise Jazzcore à la *No Means No* oder Bands, die Ska-Elemente in den Punk einbezogen haben wie beispielsweise die *Mighty Mighty Bosstones*. Bands, die experimentierfreudig sind wie *2 Bad*, die auch mal ein punkuntypisches Instrument wie das Saxophon in ihre Musik einbauen, zähle ich dazu.
Karsten Drohsel: Wenn du von Linken eins in die Fresse kriegst, stinkt's nach Bier.
Michael (elf attn industries): Und bei den Rechten stinkt's nach Bier.
Christian (T(h)reee): Entscheidend ist nur die öffentliche Haltung der Musiker oder noch besser deren persönliches Verhalten, wenn man sie kennenlernt. Die Songtexte sind gar nicht so wichtig. Jede Pupsband kann Texte singen wie »Wir hauen den Faschos aufs Maul«, aber sich in der Praxis anders verhalten. Ich habe das selbst mal mit so einer super-antifaschistischen Grindcore-Band erlebt, die nur noch gerannt sind, als wirklich mal fünf Faschos ankamen. Ich finde, man muß die Menschen immer persönlich kennen, um sie einschätzen zu können.
Sabotage-Q.C.Q.C.?: Musik an sich kann nicht antifaschistisch klingen, das ist Quatsch.

Martin Büsser: Da es meiner Meinung nach nur selten eine ausdrücklich linke Rockmusik gegeben hat (die Namen lassen sich an zwei Händen aufzählen: *The Fugs, Slime, Ton Steine Scherben, Razzia, Crass, The Pop Group, Gang Of Four, The Clash, Billy Bragg, Robert Wyatt*), würde ich eher von einer tendenziell antifaschistisch-progressiven Haltung sprechen, die auch etwas altmodisch 'unbequem' genannt werden kann. Sie macht sich gewiß nicht nur an Texten und Aggressivität fest, sondern auch an hohem Abstraktionsgrad (progressiver New Wave), an kollektiven Ideen (Freejazz) und am subtilen Einsatz von Störgeräuschen (neue Elektronik bei *Oval, Mouse On Mars* u.ä.).Gerade Härte ist eher zum Gegenteil von Progressivität geworden, seit ein tätowierter Plärrer den anderen darin in MTV überbieten möchte.

Berlin-Kreuzberg
14. November 1997
The Mighty Mighty Bosstones
on tour

Farin: Wie erklärst du dir, daß die meisten Bands trotz klarer Aussagen auch Fans haben, die total anders denken?
King Kranz (Dog Food Five/Action Team): Die Nähe von zum Beispiel radikal rechten Fans zu radikal linken Bands ist mir auch schon aufgefallen. Ich denke, das liegt eher an einem sehr diffusen Bedürfnis nach Andersartigkeit, das man bei Teenagern oft findet, und das sie benutzen, um ihre Individualität zu betonen. Zwischen rechts und links wird da oft nicht unterschieden. Hauptsache, nicht so sein wie Vater und Mutter. Für die Feinheiten sind die Leute dann oft zu dumm oder zu unreif. Meine Bands hatten mit rechtsradikalen Fans allerdings noch nie Probleme, was zum Teil daran liegt, daß die Menge unserer Fans sehr überschaubar ist, zweitens daran, daß wir keine Lebensrezepte und Visionen für Teenager anbieten, und drittens daran, daß unsere Art von Musik bei den kleinen Trotteln einfach nicht gut ankommt.
Martin Büsser: Dirk von *Slime* erzählte mir einmal im Interview, daß viele *Slime*-Fans auch die *Onkelz* im Regal stehen hätten. Jugendlicher Unmut ist wohl häufig politisch nicht gefestigt, sondern sucht das Andere, das von der Norm Abweichende, das Radikale aus reinem Selbstzweck.
Arne (Oxymoron/The Hinks): Manchen Leuten ist einfach scheißegal, welche Aussagen getroffen werden, sie wollen nur den Rhythmus und die Energie genießen, oder einfach unter Leute gehen und Spaß haben oder provozieren. Wenn jede 'Partei' nur unter sich bleibt, findet überhaupt kein Gedankenaustausch statt, und Vorurteile verhärten sich vielleicht. Ist man gezwungen, sich mit dem 'Gegner' auseinanderzusetzen, könnte man ja Gefahr laufen, die vermeintliche 'Zecke' oder den 'Nazi' sogar ganz nett zu finden. Diesem Risiko wollen sich viele Leute nicht aussetzen, um ihr Gesicht nicht zu verlieren. Ich habe damit zumeist weniger ein Problem.
Stefan Kleiber: Daß Bands trotz klarer Aussagen Fans haben, die völlig anders denken, ist mit Sicherheit die absolute Ausnahme. Dafür können die Bands aber reichlich wenig. Ich glaube wohl kaum, daß sich Faschoglatzen auf einem *But Alive*-Konzert wohl fühlen würden, weil sie da nämlich eindeutig in der Unterzahl wären.

Martin Büsser
on stage mit Betty Bitch

Berlin im Dezember 1997, »Kids united« beim Oi!-Konzert im Pfefferberg

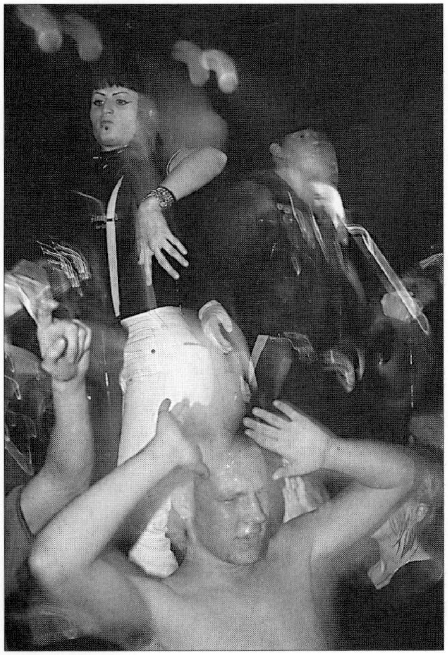

Thomas (Loikaemie): Also ich kenne das eher andersherum: Bands ohne klare Aussagen = rechtes und linkes Publikum. Die meisten deutschen Oi!-Bands wählen einen bequemen Weg und machen gar keine politischen Aussagen und wundern sich dann, wenn Leute vor ihnen stehen, die den rechten Arm heben. Schlimm finde ich dann, wenn diese Bands noch nicht einmal darauf reagieren. Bei *Loikaemie* brauchen Typen mit extremen politischen Meinungen gar nicht erst aufzukreuzen. Das erledigen dann wir oder unser Publikum. Ich finde es scheiße, daß man in der heutigen Zeit noch klare politische Aussagen machen muß, weil in der Skinhead-Szene Subjekte toleriert werden, die im Grunde nichts mit der Szene und ihren Ursprüngen zu tun haben.

Jörg (Vulture Culture): Wir waren einmal in der Situation, vor einem Haufen rechter Skinhead-Idioten zu spielen, die auch schön 'Sieg heil!' brüllten. Es war jetzt an der Zeit zu überlegen, was zu machen sei. Entweder wegen drei Idioten aufhören oder wegen 500 Leuten weiterspielen? Was hättest du gemacht? Wir haben sie ignoriert und weitergespielt. Aber soetwas kommt immer auf die Situation an. Wenn es 500 Glatzen mit dem entsprechenden Auftreten gewesen wären, hätten wir aufgehört. Ich denke, wenn du aggressiv auf dummes Volk reagierst, bekommst du auch dumm was auf die Fresse. Ignore them and don't care!

Oliver (Allgemeines Chaos Kommando): Ich habe auch schon versucht, mit Leuten zu diskutieren, denen unsere Musik gut gefällt, die aber eigentlich eine nationale Meinung vertreten. Inzwischen bin ich nicht mehr bereit, Diskussionen dieser Art und Weise zu führen. Ich will und kann mit Rechten nicht umgehen. Eins in die Fresse und gut isses.

Christian (T(h)reee): Ich kenne keinen alten Punk, der nicht mal 'ne *Skrewdriver*- oder die erste *Endstufe*-Platte gehört hat. Weil das einfach musikalisch in den Rahmen fällt. Ich kenne einige alte Skins oder Punks, die *Skrewdriver* hören, aber im Kopf trotzdem links denken und auch in der Richtung gefestigt sind. Dann ist mir das egal, ob sie *Skrewdriver* hören oder nicht. Ich würde mich bei solchen Leuten nie als der Szene-Wächter aufspielen.

Greta (Untoten): In der Skinhead-Szene ist mir das persönlich auch scheißegal, ob einer ein Redskin oder Faschoskin oder sonstwas ist. Die meisten Skins sind einfach biertrinkende Macho-Idioten, die zu assi sind, um's in 'nen Fußballverein zu schaffen. Wenn ich zu 'nem Konzert gehe, und von 'ner Skin-Clique voll bescheuert angequatscht werde, weil ich so Gothik-mäßig geschminkt bin, ist es mir scheißegal, ob die jetzt rechts oder links sind. Diese 'erotisch'-bürgerliche Auseinandersetzung mit der »Jugendbewegung Skinheads« konnte ich noch nie nachvollziehen.

Christian Paier: Ich bin Antirassist und doch von gewissen rechten Musikstücken fasziniert. Gewisse Stücke wirken sehr ästhetisch, sehr kraftvoll, zum Beispiel *Blood Axis*' »Electricity«. Sie wirken sehr magisch auf mich, obwohl ich textlich nie konform gehen könnte. Anfangs hatte ich Angst davor, mich in einen Sumpf zu begeben, der mich selbst zum Rassisten macht, doch ich erkannte recht schnell, daß Gefallen eines Musikstücks nicht viel mit einer Lebenseinstellung zu tun hat.

»Heutzutage schockierst du eher mit der Gründung einer Familie.«

Über die Kunst der Provokation.

Raidy (Chaosfront)
„Punk/HC ist die einzige Musik, die in mir Emotionen wecken kann. Im Punkrock habe ich das gefunden, was ich bei allen anderen Stilrichtungen vermißt habe: Ehrlichkeit."

Farin: Zu provozieren, zu schockieren, war immer ein unverzichtbarer Bestandteil der Faszination von Musik. Funktioniert das heute noch? Wenn ich mir zum Beispiel die *Sex Pistols* als junge Band der 90er Jahre vorstelle - who cares?
Jörg: So etwas wie Punkrock mußte in den 70ern passieren, sonst hätten auch alle gepennt. Aber heutzutage ist ein Schockieren à la Punkrock '77 gar nicht mehr sinnvoll, weil die Kids das natürlich alles schon kennen. Selbst eine Band wie *Gwar* ist doch heute nur ein nettes kleines Partyerlebnis mit anschließendem Wäschewaschen, auch wenn das so manch ein verkorkster Zensur-Politiker nicht kapiert. Du kannst dir heutzutage doch trotz Zensur wirklich alles besorgen, was ein perverses Gehirn benötigt, um auf seine Kosten zu kommen, und dazu hat der Punkrock mit Sicherheit seinen Teil beigetragen. Heutzutage schockierst du eher mit der Gründung einer Familie oder mit dem Bau eines Eigenheimes mit Garten draußen vor der Stadt. Nein, shocking ist zur Zeit im Big Business nicht gefragt, aber Intelligenz mehr denn je! Du mußt heutzutage anders schockieren als vor zwanzig Jahren. Wie das jetzt funktioniert, weiß ich auch nicht, es sei denn, du heißt *Kurt Cobain* und bläst dir den Schädel weg.
Raidy (Chaosfront): Klar muß man heute die Daumenschrauben an anderen Punkten ansetzen als damals, aber irgendwie kann man auch heute noch schockieren. Das gelingt vor allen Dingen den ganzen Crustbands ziemlich gut, wenn ich da so an die *Los Crudos*-LP denke, das war schon ein Schlag in die Fresse.
Luki (Six Pack Riot/Die schwarzen Schafe): Man kennt alles und ist alles gewohnt - dank der Medien ist jeder 'bestens' informiert. Feindbilder werden nach Bedarf produziert. Nimm die Chaostage: Dank Mediengewalt aufgepuscht, darf sich jeder über etwas aufregen, über das er sich normalerweise gar nicht aufregen würde. Vielleicht gehört Provo und Schocken noch dazu, aber ich hab' das Gefühl, daß das keine Sau mehr interessiert. Positiv könnte man sagen, daß man sich eine Nische geschaffen hat, in der man sehr gut existieren kann, ohne gleich bequem geworden zu sein. (Außerdem sind Nächte im Polizeirevier auch nicht so spannend.)
Nejc (Mars Moles): Bestimmte Gruppen in der Gesellschaft kann man immer schockieren, hängt halt einfach davon ab, wen man schockieren will, da kann man sich schon ganz gut ausrechnen, was zum Schockieren reicht und was nicht. Durch Musik und Outfit alleine kann man heute die Mehrheit nicht mehr schocken.

Luki, hier live mit Lieutenant Uhura

Rachel Kindermann ist die Drummerin der 1993 gegründeten Country-Band ***Even Cowgirls Get The Blues*** sowie der glamourösen ***The Wild Roses.***

„Ich liebe es, mit mehreren Leuten eine Energie zu erzeugen, die bei uns und dem Publikum Emotionen hervorruft. Musik ist ein wichtiger Bestandteil meines Lebens, ein bißchen wie eine Sucht, die auch immer wieder aufgetaucht ist in Zeiten, in denen ich keine Band hatte."

Rachel (Even Cowgirls get the Blues): *Rammstein* schaffen es.
Eiche (Das Auge Gottes): Wenn es vor allem auf Äußerlichkeiten hinausläuft, funktioniert es immer.
Hanke (Die Cadizier): Alles nur 'ne Frage der Phantasie.
D.J. (Das Auge Gottes): Doch es müssen immer neue Grenzen fallen, solange Provokation, der Schock und die Abgrenzung nur um ihrer selbst willen stattfinden. Und das mißfällt mir.
Jan (Alcatraz): Man braucht sich nur die Talkshows im Fernsehen anzugucken: Selbst die letzten CSU-Wähler präsentieren sich mittlerweile als sexuelle Exhibitionisten.
Öli (The Pig Must Die): In einer Zeit, in der kleine Kinder sexuell mißbraucht werden, Millionen Menschen vor Hunger sterben, und man Kriege führt, ist es geradezu lächerlich zu glauben, man könnte die Menschen mit bunten, stacheligen Haaren und ein paar Piercings schockieren. Scheiß drauf! Punk war England '77, und alles andere war und ist die Nachahmung und Aufrechterhaltung dieses Gefühls. Die *Sex Pistols* kann man heute eigentlich nur noch müde belächeln.
Greta (Untoten): Also wenn sich *Sid Vicious* 1997 irgendwo auf der Bühne die Pulsadern aufschneiden würde: ich glaub durchaus, das kommt immer gut!

Rachel Kindermann, vorne rechts

Thomas (Loikaemie): Falls die *Sex Pistols* eine junge Band der 90er wären und genau die selbe Musik spielen würden, wären sie wahrscheinlich der Lacher des Jahrzehnts.
Bdolf: Absoluter Schwachsinn: Jede Band, auch jede 'junge' Band der 90er würde töten, um solche Songs wie die *Sex Pistols* zu haben. Natürlich wollten/konnten die *Sex Pistols* nicht den Kapitalismus stürzen, sie waren eine geile Popgruppe! Das ist Verdienst genug. Alles andere ist typisch deutsches Dummdenken: Selbst für die sog. 'Linke' oder den Dussel-Untergrund muß Ernst, ein Anliegen und Stoff für Besinnungsaufsätze gegeben sein, als wäre es nicht schwerer, ein Typ wie *John Lydon* zu sein als zum Beispiel Antje Volmer. Provokation als Provokation ist eine überholte Scheißidee. Niveau der gymnasialen Mittelstufe. Wo sie dennoch funktioniert (Schlingensief auf der '97er documenta zum

Beispiel), geschieht das nicht aus immanenten Gründen, sondern weil die Umgebung im Zweifelsfall immer noch blöder ist als man selbst. Provokation kann funktionieren, wenn man selbst der Auffassung ist, etwas völlig Normales/Harmloses zu tun, und überrascht die Differenz zur Umgebung registriert. Als Phänomen für sich ist sie uninteressant.

King Kranz (Dog Food Five/Action Team): Auf dem Popmarkt wird es immer Musiker geben, die den Rebellen spielen, und andere, die auf Rosenkavalier machen. Jeder wird seine Käufer finden, die ihn genau so haben wollen, wie er ist. Provokation ist nämlich meist nur Pose, um mehr Platten zu verkaufen. Man muß da nur mal eine halbe Stunde MTV sehen. Nach den *Sex Pistols* oder spätestens nach *GG Allin* ist es unmöglich, provokationstechnisches Neuland zu finden - abgesehen vielleicht von diesen norwegischen Black-Metal-Strohschädeln, die mittelalterliche Kirchen anzünden und sich gegenseitig umlegen.

Johnny Bottrop (Terrorgruppe): *Sinéad O'Connors* Bemerkung über den Papst war ein Riesenskandal in Irland. *Marilyn Manso*n hat in vielen amerikanischen Bundesstaaten Auftrittsverbot, ein *Gwar*-Konzert in Bayern wurde von der CSU verhindert, *Wizo* und *Slime* wurden wegen »Aufruf zur Gewalt« verklagt, bestimmte *Ärzte*-Songs aus den 80ern dürfen bis heute nicht beworben oder an »Minderjährige« verkauft werden, das *Prodigy*-Video zu »Smack My Bitch Up« darf erst nach Mitternacht gesendet werden... und was die *Terrorgruppe* so alles in thüringischen, bayerischen oder österreichischen Städten erlebt hat, darüber könnte man ein eigenes spannendes Buch schreiben.

Arne (Oxymoron/The Hinks): Utensilien aus dem Dritten Reich, Gewalt und Hass auf der Bühne können auch heute noch die Gemüter der Biedermänner bewegen. Ansonsten wiederholt sich seit einigen Jahren alles, da jede Provokation der 50er, 60er und 70er Jahre schon auf die Spitze getrieben wurde.

Sabotage-Q.C.Q.C.?: Schon die Dadaisten haben auf die Bühne gekackt und virtuos den Tabubruch praktiziert, die Futuristen die Losung ausgerufen: »Zerstört, damit ihr bauen könnt!« Soll man deshalb 70 Jahre später das nicht mehr den jetzt Zwanzigjährigen sagen dürfen? Das kann nicht der Weisheit letzter Schluß sein. Bestimmte Wahrheiten bleiben auch 100 Jahre wahr. Eine neue Generation kann von Gedankengut schockiert sein, das älter als 70 Jahre ist. Daher kann auch Musik, die sich Ideen aus der Vergangenheit bedient, heute wieder erfolgreich verkauft werden.

Hilmar (Pillbox): Irgendwann läuft sich das tot. Irgendwann kann kein Mensch mehr schneller spielen, aggressiver singen, sich die Haare höher stellen und assiger auftreten. Irgendwann merkt jeder, daß es nicht unbedingt darauf ankommt, sondern nur 'Beiwerk' ist.

Christian Paier: Provokation ohne Hintergrund, ohne Glaubwürdigkeit, ohne Philosophie, ist eine austauschbare Kostümierung, auf die zu viele, vor allem die 'aufgeklärte' Elterngeneration, reinfallen. Grüne Haare, Piercings etc. - die meisten verstecken dahinter einen großen Haufen von Unreife bzw. Unwissenheit. Ich war auch so.

Christian Paier, Jahrgang 1974, organisiert in Bad Gastein/Österreich Lesungen, Performances, Dia- und Videoshows und wirkt außerdem derzeit an einem Buchprojekt mit.

„Ich versuche, keinen Szenetrends zu folgen, probiere immer Neues zu bringen, bewege mich in verschiedensten Bereichen von Musik. Alles Experimentelle hat's mir angetan. Mir scheinen die einzelnen Musiker oft zu eingeschränkt, zu intolerant in ihrer Sichtweise."

Marc Range (Blind Passengers): Das funktioniert natürlich heute noch. Der beste Beweis ist *Marilyn Manson*. Es wird immer wieder Künstler geben, die mit ihrer Musik ein eigenes Lebensgefühl transportieren werden, und nie wird jemand erfahren, ob es aus deren Innersten kommt oder nur ein geschicktes Image ist. Meiner Meinung nach ist es meistens beides. Der Künstler kommt irgendwann nicht mehr von seinem Trip herunter und wird reell auch der, den er vorspielt. Das sehe ich aber nicht negativ, denn genau so entstehen Persönlichkeiten, die die Musikbranche bereichern.

Karsten Drohsel: Bei der Überflutung an Informationen, der wir heute ausgesetzt sind, und dem, was uns heute als Kunst verkauft wird, ist es klar, daß wir abstumpfen und viele Dinge, die vor zehn Jahren noch ultra-schockierend waren, als normal ansehen. War es vor zehn Jahren oder so noch anstössig, sich die Haare bunt zu färben, so färbt sich heute jede Oma und jeder Opa die grauen Haare weg. Jede zweite Band versucht heute zu schockieren, zerschneiden sich ihre Körper, treten nackt auf, waren mal Hure usw., aber das alles schockiert nicht mehr, sondern ist zur Farce verkommen. Die Leute haben eben nichts gelernt.

Marc Range, 27, bedient Keyboards und sonstige Maschinen bei den ***Blind Passengers*** aus Blankenfelde. Letzte Veröffentlichung: „The Trash Inside My Brain" (SPV, 1997).

„Meine Bandkollegen und ich versuchen, ein Original zu sein, das man nicht beliebig durch die eine oder andere Band ersetzen kann. Wir sind zwar nicht die einzigen, die versuchen, Rockmusik mit den endlosen Möglichkeiten elektronischer Sounds zu verbinden (siehe *Rammstein, Depeche Mode, Marilyn Manson* oder *U2*), aber wir versuchen doch, bei der Wahl der musikalischen Einflüsse und deren Umsetzung Einzigartigkeit zu behaupten. So geben wir im Studio nicht eher Ruhe, ehe unsere Soundkreationen aus Breakbeats, spacigen Ambientsounds und druckvollen Gitarren oder relaxten TripHop-Pattern und einfach guten Popmelodien eine homogene Einheit bilden. Es wäre uns zu langweilig, Ikonen der Musikbranche nachzuäffen. Nur wer seinen eigenen Weg findet, hat eine Chance auf Unsterblichkeit."

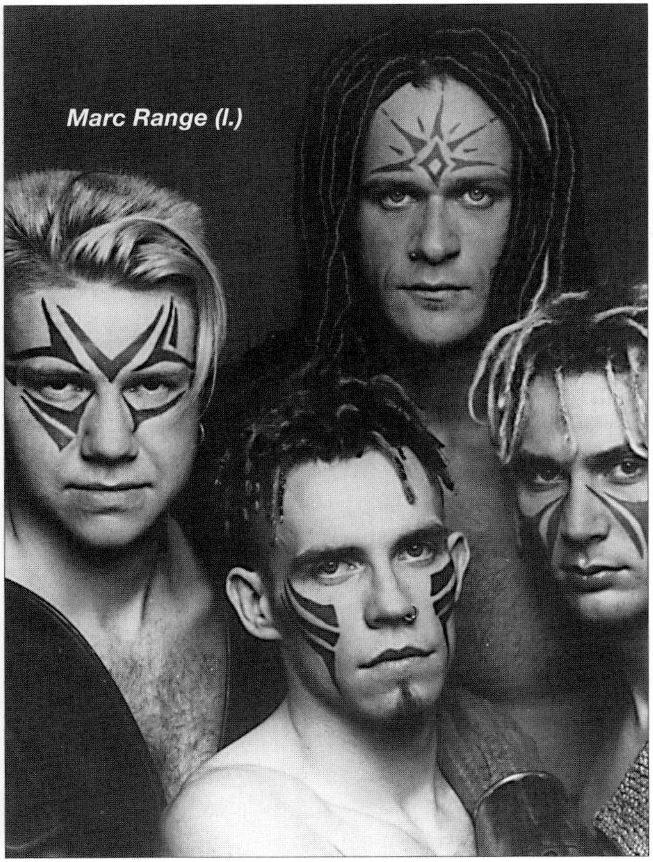
Marc Range (l.)

Michael (elf attn industries): Nicht mal aus der Benetton-Werbung. Nach Camilla Paglia (»Masken und Sexualität«) unterliegen Kunst und Kapitalismus den gleichen merkantilen Voraussetzungen. Wenn also die Kunst schockieren muß (»In der Kunst erträgt man schlimmere Foltern, Demütigungen etc. als im realen Leben«), so sollte es kaum wundern, wenn Popmusik und Werbung das gleiche Prinzip als extrem verkaufsfördernd erkennen. Provokation in einer Welt voll alltäglicher Provokation ist ja denn wohl eher die Langeweile.

Bernd Karner: Warum sollte man heute nicht mehr provozieren können? Allerdings provoziert zu jeder Zeit etwas anderes. Zur Zeit provoziert eben ein Film von Scientology mehr als Rebellenattitüde.

Thomas (Loikaemie): Musik von Jugendsubkulturen ist immer eine Provokation und ein Schock für Normalbürger - wie sie uns mit Volksmusik oder Schlagern schocken.
Martin Büsser: Provokation gelingt immer und überall, aber immer anders. Wenn mein Umfeld Hardcore hört, kann ich eventuell mit Techno provozieren, wenn es die *Rolling Stones* mag, provoziere ich mit Easy Listening. Der Klassik-Hörer läßt sich vielleicht durch Punk provozieren, der Metal-Fan durch Jazz. Weil Provokation in dieser ausdifferenzierten Gesellschaft nicht mehr durch eine große Bewegung erreicht werden kann (wie das noch Ende der 70er Jahre mit Punk der Fall gewesen ist), können Abgrenzungen nur noch innerhalb kleiner Segmente vorgenommen werden - weshalb ihre Wirkung auf die Gesellschaft verschwindend gering ist. Weiterhin: Provokation im Pop bleibt immer Pop-Provokation. Sie verändert nicht das Gesellschaftssystem, sondern nur das System Pop. Dies gilt auch für das traurige Kapitel der Neonazis: 'Rechtsrock' hat das Denken über Pop, gewisse Selbstverständnisse (daß Pop per se emanzipatorisch ist u.a.) in Frage gestellt, doch erst die politischen Taten der Brandmörder hatten gesellschaftliche Folgen.
Frank (Clit Cops): Mit Provokation kann man auf sich aufmerksam machen. Mehr nicht.
Greta (Untoten): Es gibt nichts Einfacheres als zu provozieren, und man sollte es hin und wieder auch tun, weil die Provokation ist eben immer noch das beste und einfachste Instrument, die Selbstgefälligkeit irgendeiner Gesellschaft zu zerstören.
Florian Brauch: Provokation als bewußtes politisches Instrument wird es in dieser, von der Mehrheit geliebten anonymen Massengesellschaft nur vereinzelt geben - und dann wahrscheinlich nicht verstanden werden. Denn sollte es Menschen geben, die sich mit dieser Provokation auseinandersetzen wollen, dann am ehesten die Gruppe der 'Alles-Tolerierer' - womit jede Wirkung der Provokation wieder verpufft.
Christian Paier: Eine dumme Masse wird man niemals zu selbstkritischen, weltoffenen Menschen machen, und die eigenen Fans kann man wohl kaum noch provozieren. Zeig mir einen, der sich durch Leute wie *Green Day, Offspring* usw. provoziert fühlt und aufgrund dessen sein Leben ändert.
Chris (No Respect): Heute zu provozieren ist schwer geworden, wo jeder unpolitische Techno-Spinner bunte Haare, Tattoos und Piercings in der Fresse hat und sich nach 'nem Punk mit kaputten Klamotten und Iro nicht mal mehr die Rentner auf der Straße umdrehen. Das eigentliche Problem ist doch, daß heutzutage alles zur Ware verkommen ist, wirklich alles. Jugendkulturen sind keine außerhalb der Gesellschaft stehenden, verschworenen Gemeinschaften mehr, sondern Talentscouts der Multis suchen nach ständig neuen Szenen, die es zu vermarkten gilt. Das hat zur Folge, daß ständig neue, wildere Trends und vor allem schrille Äußerlichkeiten her müssen, mit denen man 'ne schnelle Mark verdienen kann, um im nächsten Jahr neuen Scheiß unters Volk zu jubeln. Nach wirklichen Inhalten und Ideen fragt da niemand mehr, um die geht es auch nicht.
Oberflächlich muß es sein und verkäuflich.

Florian Brauch, Jahrgang 1977, war bis 1996 Schlagzeuger bei *Rubabs* (Hipcore) und *Down The Stairs* (Hardcore meets old school Punk), engagiert sich heute als Veranstalter im unabhängigen Musikzentrum Kotten Bruchmühlen und in der Musik- und Kommunikationsagentur Headshock, die u.a. das Management für *V-Lenz, Cribb 199, Swans of Avon* und *Donots* machen.

„Musik verkörpert für mich alle möglichen Ausdrucksformen. Ob Gefühle, Gedanken, Geschichte: immer gibt es die Möglichkeit, Musik als Medium zu nutzen und mehr als nur Worte sprechen zu lassen..."

Ich bin ein Pseudo

Ich bin ein Pseudo, das ist mir bewußt/Doch wer's das Original, hätt ich gern gewußt/Ich bin 'ne Kopie, das ist mir klar/Doch ich weiß nicht, wer der Erste war/Ich bin ein Pseudo, kein Individualist/Doch hätt' ich gern den gekannt, der von euch einer ist/Ich bin 'ne Kopie, keine Idee ist von mir/Und du willst mir weismachen, sie kommen von dir/Ich bin ein Pseudo, die Mode hat auch mich erfaßt/Doch in den scheiß Modesack habt ihr alle reingepaßt.
Doch man hebt sich immer noch ab/Auch wenn nicht ganz allein/Ich bin lieber ein sogenannter Pseudo/Als ein ganz normales Schwein.

Slime, 1982

Sigi Pop: Genau das ist der Punkt! *Prodigy, Marilyn Manson* - die Großkonzerne verwursten alles, egal ob Waffen, Punk oder die eigene Oma. Die Gier nach Geld und Ruhm läßt alles Lebendige verfaulen!
Farin: Ist Provokation, gerade durch Musik und Outfit, also ein Bestandteil der Modeindustrie geworden, eine jederzeit austauschbare Kostümierung, die wenig mit (oppositionellen) Inhalten oder gar einem 'way of life' zu tun hat?
Sigi Pop: Natürlich! Die brave Sekretärin trägt ihr Schamlippenpiercing, der Einsatzbulle seinen Ohrstecker, und Metalbands spielen zur Eröffnung von Sparkassen und Möbelhäusern. Gangsta-Rap für die 13jährigen Baseballbubis - FUCK OFF ALL!
Sibylle (burning batter): Das ist immer schon ein Problem gewesen, früher war das nicht anders, siehe Hippies und die 70er Jahre Mode.
Luki (Six Pack Riot/Die schwarzen Schafe): Jede Bewegung wird irgendwann gefressen.
Sibylle: Heute passiert nur alles schneller, die Welt wird individueller - deswegen gibt es nur noch viele kleine »Bewegungen«, die irgendwie keinen großen gesellschaftlichen Trend auslösen.
Luki: Trotzdem sind mir tausend C & A -Punks und bunte Techno-Kids zehnmal lieber als irgendwelche grauen Mäuse. Als Musiker kann ich nur sagen: So schlimm ist es auch nicht, vor dreihundert Kids zu spielen, die alle *Bad Religion*- und *Slime*-T-Shirts tragen. Die Do-it-yourself-Attitüde ist natürlich weitgehend verschwunden (wer bemalt sich heute schon noch seine T-Shirts selber?), aber is' ja auch kein Wunder, da man alles kaufen kann. Ist zwar doof, aber solange es im Kopf stimmt, kann ich damit leben.
Nejc (Mars Moles): Wer richtig stinkt, macht sich immer noch eine sehr schicke eigene Nische. Fernab vom Trend.
Marc Range (Blind Passengers): Ich denke, eine Identifikation der politischen Gesinnung einer Band an derem Outfit und Sound ist heutzutage absolut unmöglich.
Michael (elf attn industries): Provokation ohne einen erkennbaren Zusammenhang ist eigentlich anmaßend. Hipness is not a state of mind, it's a fact of life.
Karsten Drohsel: Was provoziert heute noch wen? In der Mode wird doch nur noch auf Präsentationen versucht zu schockieren. Da sitzen die ganzen alten Säcke im Publikum mit Jucken im Schritt, schauen sich transparente Titten-Tanten an und tun so, als wenn das noch einen interessieren würde. Auf der Straße funktioniert Mode doch eh nur noch in Form von Uniformität. Was wirklich nur noch die Gemüter erregt, ist die Frage, wer fickt wen. Mit einem besonderen way of life hat das Ganze nicht im geringsten zu tun. Denn sobald die Leute glauben, einen way of life zu haben, brennt die Industrie ihnen schon den neuen in die Köpfe.
Tom Rocker: Deshalb verstehe ich es ja auch nicht, weshalb Leute wie Lagerfeld oder Joop und andere Spinner dieser Fashion-Szene in der Öffentlichkeit so hoch angesehen sind. In ihren Modekollektionen findet man ja nur jeweils die müden Kopien der individuellen und schöpferischen Kreationen aus den Musikszenen. Gehört man aber

tatsächlich einer gewissen Szene an, ich meine jetzt nicht als reiner Mitläufer oder Trittbrettfahrer, sondern als hineingelebtes Individuum, so ist das eine Frage, die ich nicht uneingeschränkt mit Ja beantworten kann. Natürlich besteht die Möglichkeit, sich als Fashion-Punk in die Punk-Szene oder frisch rasierter Kahlkopf in die Skin-Szene zu wagen. Das ist keineswegs unrealistisch und auch nicht besonders verwegen. Die Szene-Wear erhältst du in fast jedem Kaufhaus, garantiert aber in jedem Military-Shop. Sollte man sich aber der Provokation wegen als Outlaw oder Hells Angel kostümieren wollen, kann es sehr böse enden. In der Rocker-Szene verstehen die Leute keinen Spaß im Nachäffen. Da mußt du dich als Individuum auch in der Masse behaupten können, sonst zählst du einfach nicht dazu.

Thomas (Loikaemie): Es ist schon lustig und traurig zugleich, wenn man Kids mit Fred-Perry-Polohemden rumlaufen sieht, die sich die *Onkelz,* House-Mucke und Rechtsrock zugleich anhören und meinen, sie wären jetzt die Skinheads und die Macht auf der Straße. Wenn man ihnen dann erzählt, daß da mehr dahintersteckt, wollen sie es nicht verstehen, weil das so in keinem Modekatalog drinsteht. Und ein paar Jahre später kommt was Neues, und sie beschimpfen einen wieder als dreckigen Skinhead, der klamottenmäßig aussieht wie ein Opa und von nix eine Ahnung hat. Ich glaube, diese Leute haben überhaupt keinen 'way of life', sondern brauchen immer einen, der ihnen vorschreibt, was sie tun und zu lassen haben. Und genau deshalb bin ich stolz, ein Skinhead zu sein, weil Skinheads wissen, was sie vom Leben zu erwarten haben und danach leben und auf solche Leute ohne Inhalte und Hirn verzichten können.

Bernd Karner: Provokation war schon immer auch Mode und Attitüde. Sie war schon bei den *Stones* eine Idee des Produzenten, genauso bei *Franky Goes To Hollywood* in den Achtzigern oder heute eben beim Gangsta-Rap.

Greta (Untoten): Ich hab nicht den Eindruck, daß Musiker sich von der Modeindustrie beeinflussen lassen, so beschissen, wie die meisten angezogen sind. Ne, echt, ich hab gegen Mode nichts. Mode kann durchaus auch provozieren (*David Bowie, Vivian Westwood,* Grufties...). Es kommt nur darauf an, ob's Mainstream ist, denn dann wird's oft scheiße und unrelevant.

Sabotage-Q.C.Q.C.?: In letzter Zeit sieht man ja in der Orientierungslosigkeit eine Tugend. Das Leben als Teststrecke... Seltsam, wir finden, der Mensch braucht Visionen.

Bdolf: Die ständige Bohrerei nach den 'subversiven' Qualitäten, den angeblichen, von irgendeinem Scheißstil oder irgendeiner Scheißmusik, ist Quatsch-an-sich: Dinge, die sich verkaufen lassen, können nicht und werden nie 'oppositionell' sein. Gut, als es noch so etwas wie den 'Generationenkonflikt' gab, mag ein Popmusikprodukt noch so ein Rüchlein an sich gehabt haben, aber das heißt, den nebensächlichen Unterton mit der Hauptsache zu verwechseln. »Revolutionäres jugendliches Lebensgefühl« war immer ein Kapitalismus-Booster, jeder noch so 'provokante' Stil konstituiert die nächste gemütliche Furzkuhle!

Thomas, Loikaemie

Thomas ist Sänger und Gitarrist der Oi!-Band ***Loikaemie*** aus Plauen. Ihre 1. LP „Ihr Für Uns Und Wir Für Euch", erschien 1996 bei Knock Out Rec.

„Musik zu machen war nicht gerade die Erfüllung meiner Träume. Es hat halt irgendwann angefangen - die erste Gitarre, bei anderen Bands abgeguckt, dann die erste eigene Band. Inzwischen ist es eine Sucht geworden, die einen nie wieder los läßt, weil man ständig dazulernt und ich noch jede Menge Ideen im Kopf habe, die ich unter's Volk bringen will."

Farin: Ist Provokation für dich persönlich wichtig?
King Kranz (Dog Food Five/Action Team): Ich bin 31 Jahre alt und verheiratet, da ist man ein bißchen zu alt, um dauernd zu provozieren, auch wenn die jugendliche Wut noch da ist. Wir provozieren höchstens kleine Punker damit, daß wir uns in Anzug und Krawatte auf die Bühne stellen. Allerdings machen wir natürlich Punkrock, und die meisten Punkbands, die nicht auf dem alten Bullen-Bier-Anarchie-Gewäsch rumreiten, vertreten heute Positionen, die genauso gut von der CDU oder vom »Wort zum Sonntag«-Pfarrer kommen könnten, und das vollkommen ernst und ohne jeden Humor. Viele haben Aussagen wie »Sei du selbst, sei ehrlich zu dir, behalte einen klaren Blick für die Wirklichkeit, sei tolerant zu allen«. Das ist langweilig. Da würde ich ja eher singen, »lebe fremdbestimmt, sei eine Maschine ohne Willen, glaub' alles und sauf dich tot«. Für mich muß Punk immer provozieren. Punk darf nie Lösungen anbieten, sondern er muß das Gegenteil von dem sagen, was gemeinhin für gut und richtig gehalten wird. Er muß in der Lage sein, die Realität anzugreifen, anstatt dröge wiederzukäuen, was sowieso jeder weiß.
Jörg (Vulture Culture): Ich glaube, daß Provokation heute versteckter und durchdachter passieren muß. Seine Klamotten mit Sicherheitsnadeln zu schmücken, ist heutzutage wie seiner Freundin Blumen schenken - einfach nur nett. Ich finde es an der Zeit, mal vor der eigenen Szene-Tür zu kehren. Die ganze Punk-Szene ist doch sowas von zersplittert, desorientiert und lächerlich geworden, daß man damit keine Oma mehr hinter dem Ofen vorlocken kann. Wenn eine wirklich gute Punkband einen Major-Deal unterschreibt, ist das hierzulande doch gleich Hochverrat. So ein Bullshit! Warum nicht die Gunst der Stunde nutzen und einen Angriff nach vorn wagen? Die eigentlichen verklebten, konservativen Gehirne sitzen längst in den sogenannten Independent-Reihen! Die schockierst du doch schon damit, daß du es geil findest, wenn deine Platten möglichst vielen Leuten zugänglich gemacht werden, um mal davon leben zu können.
Hilmar (Pillbox): Wir leben halt in einer zwiespältigen Zeit, in der alles aufgeweicht, liberalisiert zu sein scheint. Da haben Provokationen oft ihre Wirkung verloren. Sobald alles (scheinbar) toleriert wird, verhallen halt die Aufschreie. Darin liegt eine der wesentlichen Stärken der heutigen Gesellschaft. Das macht sie mit den herkömmlichen Mitteln fast unangreifbar. Wer etwas verändern will, muß einen anderen Weg finden, eventuell von innen. Widerstand muß bei einem selber anfangen und kann dann in kleinen Schritten weitergetragen werden.
Raidy (Chaosfront): Provokation ist für mich sehr wichtig, und ich freue mich immer über die dummen Gesichter der Leute, wenn wir mit einer Horde Leute auf ein Dorffest platzen und du die Abneigung in ihren Gesichtern siehst. Mit deinem Auftreten zwingst du die Leute zu einer Entscheidung: Seid ihr für oder gegen mich? Sie können nicht einfach wegschauen, ohne sich Gedanken zu machen. Es sagen zwar nicht alle etwas, aber ich bin sicher, keiner geht an mir vorbei ohne irgendeinen Gedankenvorgang. Das reicht mir fürs erste.

„Manche Hardcore-Konzerte kommen einem vor wie ein gemeinsames regimekritisches Kräftemessen."

King Kranz

Öli (The Pig Must Die): Durch Outfit provozieren zu wollen, ist für mich Kinderkram. Ich glaube nicht, daß die Welt darauf wartet, daß ich mit der wildesten Frisur und der härtesten Nietenlederjacke durchs Städtchen ziehe. Es geht um neue Ideen, es geht darum, sich im Kopf zu öffnen und in deinem Handeln provokant und aufständisch zu sein, die Dinge nicht zu akzeptieren, wie sie sind, und dagegen anzukämpfen. Das ist wichtiger und ein Teil meiner Provokation. Unser 'Pflasterstein' war immer die Musik, die wir machen, und nicht ein Stück Beton, das man in eine Scheibe schmeißt und dabei meint, das sei Krieg und Kampf gegen die Gesellschaft - lächerlich. Wahrscheinlich gehörte der Laden dann auch noch Tante Emma und keinem Großkonzern.
Michael (elf attn industries): Schlimm genug, daß man schon ein Benutzer-Handbuch für die Jugend braucht. Als neues Unterrichtsfach an soz.päd. Hochschulen ab 1998: die Ästhetik der Rebellion?!?
Olaf Schweitzer (Agent Olsen): Provokationen sind wichtig. Meine Inhalte kritisieren die dekadente Gesellschaft und sind deshalb auch gegen sie gerichtet. RIOT! Aber andererseits kenne ich kein besseres System.
Bernd Karner: Der Wille zur Provokation ist meiner Meinung nach eher ein Persönlichkeitsmerkmal, eine Art von aggressiver Extrovertiertheit, wenn sie ehrlich gemeint ist und wirklich von innen kommt (ansonsten ist sie ohnehin nur Attitüde). Ich bin ein introvertierter Mensch, Handeln mit dem Ziel, damit zu provozieren, liegt mir fern. Ich versuche eher, mein Gegenüber von meiner Ansicht zu überzeugen. Allerdings kommt dabei Anbiederung nicht in Frage, den eigentlichen Kern der Sache bin ich nicht bereit aufzugeben, weil es sonst keinen Sinn mehr ergeben würde. Der Wille, zu sich selbst zu stehen, provoziert allerdings andere häufig mehr als plakativer Aktionismus, der doch nur langweilt.
Martin Büsser: Outfit und eine bestimmte Musik konnten nur solange provozieren, solange es Geschmacksnormen gab. Seit die strenge Kleiderordnung (gegen die sich die 'Gammler' in den 60ern noch auflehnen mußten) abgeschafft ist, und selbst Punkrock zum Soundtrack von Fernsehkrimis geworden ist, kann nur noch provozieren, was außer Mode gekommen ist: Inhalt, Argumente. Bands wie *The Pop Group* und *Crass* wußten über eine 'argumentative Sprache' (im Layout, den Texten, dem Sound) zu provozieren. Kann das noch funktionieren? Wohl nur, wenn solche Destruktionen

Olaf Schweitzer, Jahrgang 1974, lebt in der Nähe von Stuttgart, schreibt für diverse Techno-Magazine (*Partysan, Sucker, Esso etc.*), engagiert sich als Veranstalter (Motor City) und legt seit zwei Jahren auch selbst auf - zumeist unter seinem Szene-Namen ***Agent Olsen.***

„Warum Techno? Techno hat(te) eine Vision, proklamiert(e) ein neues Lebensgefühl."

Maldo:Ror ist Gitarrist, Sänger u.v.m. bei der 1991 gegründeten Band **Krankheit der Jugend**; **Marc Schwenzer** beantwortete die Fragen für das 1996 entstandene Nebenprojekt **Gedankent.Raum.** Letztere haben bisher diverse MCs, vor allem Livemitschnitte, veröffentlicht, von *Krankheit der Jugend* liegen neben Tapes auch die LP „Kahlgrinsleichen" (1994) und die CDs „Giftsucht" (1996) und „Schnittstellen" (1998) vor, alle im Eigenvertrieb KrankeKunstVerlag, Bad Wimpfen.

Maldo:Ror: „Die Zusammenarbeit innerhalb einer Band, das gemeinsame Erschaffen, Erleben und Überleben ist faszinierend. Vielschichtigkeit ist einer der Grundpfeiler für Kreativität. Die Musik von Krankheit der Jugend hat zwar ihre Wurzeln im Wave und Punk der 80er, ist aber grundsätzlich allen Stilmitteln anderer Musikrichtungen gegenüber offen. Im Lauf unserer Entwicklung traten immer neue Elemente in unsere Lieder. Das ist der Grund, warum Lieder von uns in immer neuen Variationen neu aufgenommen werden. Welche Musik wir in den nächsten Jahren machen werden, weiß ich nicht."
Marc Schwenzer: „Ich will für meine Arbeit die maximale Freiheit. Ich würde mich daher nie auf ein Genre dauerhaft festlegen."

sich auf heutige Gesellschaftsmuster beziehen. Eine Collage mit Helmut Kohl auf dem Cover, der ein Bündel Raketen in der Hand hält und ein Kind mit Wasserbauch unter seinen Füßen zertritt, dürfte antiquierte Provokation sein, Relikt der 80er. Doch wie wäre es, mit ähnlichen Collagen auf die stumpfe Herde der Love Parade anzuspielen, auf volkstümelnde Gothic-Popper oder auf diese sinnlos kollektive Beweinung von Lady Di? Vorschlag für einen Songrefrain: »Die Lady Die!«
Sabotage-Q.C.Q.C.?: Wir lassen raus, was in uns ist, und dabei ist es völlig egal, inwieweit das provoziert und wen. Gezielte Provokation ist eigentlich ein Paradoxon wie die Aufforderung »Sei spontan!«
Jan (Alcatraz): Die professionellen Provokateure sitzen heute in den Werbeagenturen und sehen aus wie Michael J. Fox. Gegen deren 'Kreativprodukte' macht sich die deutsche Rockszene geradezu bieder aus.

»Denen geht der Arsch auf Grundeis.«

Über Zensur.

Farin: Im Augenblick ertönt ja aus allen Ecken wieder mal das Geschrei nach Zensur: Egal, ob Sex und Nazi-Propaganda im Internet, Horror-Videos, »Gewaltverherrlichung« in Filmen oder Rocksongs, realistische Drogenaufklärung - alles, was irgendwem nicht paßt, soll weg. Woher kommt das? Und warum gerade jetzt?
Luki (Six Pack Riot/Die schwarzen Schafe): Klarer Fall von Verdrängung: Was ich nicht seh', existiert nicht! Was uns nicht paßt, lassen wir verschwinden - am liebsten blind, taub und stumm. Außerdem ist es bequem. Trotz vieler Scheiße: Censorship sucks - und wenn man einmal anfängt, kann ja letztendlich alles wegzensiert werden.
Öli: Denen geht der Arsch auf Grundeis. Wir werden alle immer durchgeknallter, und es sieht so aus, als ob der Zug, in dem wir alle sitzen, aus dem Gleis rutscht, und man glaubt, durch Hüten von Ordnung und Moral die ganze Geschichte wieder in den Griff bekommen zu können.

Marc (Gedankent.Raum): Bestimmte Leute verwechseln stets ihre Wahrheit mit einem allgemeinen Gesetz. Es scheint einigen (vielen?) Menschen nicht möglich zu sein, andere Anschauungen zu dulden, ein geschichtlich sehr altes Phänomen, das sich in Tausenden von Schauprozessen belegen läßt.

Tom Rocker: Nun, bei dieser Art von Übeltätern kann es sich wohl größtenteils nur um eine Verbindung von religiös-puritanischen und faschistisch-orwellschen Technokraten mit einem sehr perfiden und wirren Law & Order-Denken einerseits und um neurotisch-ängstliche Menschen andererseits handeln. Was jedoch die Nazi-Propaganda mit ihren pseudo-wissenschaftlichen Rassismustheorien, dem 'arischen' Größenwahn sowie ihrer zerstörerischen Zielsetzung betrifft, das Ergebnis ist mit dem Datum 7. Mai 1945 bestens bekannt, ist die ausgeübte Zensur vergleichbar mit einer Streicheleinheit. Hier genügt für jeden verantwortungsvollen Politiker in Deutschland ein Blick ins Grundgesetz und in die Vergangenheit.
Oliver (Allgemeines Chaos Kommando): Aber in dem Moment, in dem der Staat Nazi-Propaganda verbietet, finden viele Leute Gefallen an dem Reiz des Verbotenen. Diese Dinge existieren ja nach der Zensur sehr wohl weiter. Ich bin ein Gegner jeglicher Zensur. Solange solche Dinge jedem zugänglich sind, halte ich die Gefahr für wesentlich geringer.
Stefan Kleiber: Zensurforderungen treten immer dann auf, wenn die Leute mit einem neuen Problem konfrontiert werden und nicht wissen, wie sie es lösen können. Es ist eben wirklich viel einfacher, nach strengeren Gesetzen zu rufen, als die Ursachen zu bekämpfen. Ich glaube, daran wird sich auch in Zukunft nichts ändern.
Jörg (Vulture Culture): Ich denke, daß das Geschrei nach Zensur immer schon da war und nicht erst in der letzten Zeit verstärkt auftritt. Wenn neue Medien auf den Markt kommen (z.B. Internet), dann werden diese natürlich auch von allen möglichen Leuten genutzt und dementsprechend erscheint wieder eine neue Zensur, um dieses neue Medium zu schützen. Ich denke, daß eine gewisse Zensur in bezug auf Minderjährige durchaus Sinn machen kann, jedoch nicht im Bereich Musik. Das halte ich für kompletten Schwachsinn, denn Musik ist eine Kunstform, welche frei gestaltet werden kann. Zensur im Musikbereich zeigt mir, daß die Rock-Rebellion ernstgenommen wird. Außerdem gelangt mensch trotz Zensur an alles, was er haben möchte. Aber sich mit Ursachen auseinanderzusetzen, ist immer zeitaufwendig und kostet Geld und ist für unseren Staat durchaus unbequem.

Oliver, Jahrgang 1967, lebt in Oberursel und bedient seit 1987 den Bass bei der Punkband ***Allgemeines Chaos Kommando,*** deren drittes Album „Mucha Policia" 1997 bei Supppenkazpers Noize Imperium erschienen ist.

Oliver (l.), Allgemeines Chaos Kommando

Archi »MC« Alert (Terrorgruppe): Zensur erinnert mich an die Bücherverbrennungen im Dritten Reich. Alles, was in Film, Kunst, Musik und Literatur freiwillig und nicht unter Anwendung von physischer oder psychischer Gewalt entsteht, muß erlaubt und für jeden zugänglich sein. Zensur geschieht immer dann, wenn gewisse Menschen die Durchsetzung ihrer politischen Ideale oder die bestehende Gesellschaftsordnung als gefährdet sehen. Sie würden das aber nie zugeben und suchen immer nach anderen Argumenten, um Zensur zu rechtfertigen. Zensur ist z.B. eines der wenigen Mittel, mit denen die Kirche noch in »weltliche« politische Prozesse eingreifen kann. Ich bin dafür, daß Pornos und Horrorfilme auch Säuglingen zugänglich gemacht werden. Ich bin für die Legalisierung aller zensierten Drogen und für die Öffnung aller Grenzen für jeden. Aus. Amen.

Florian Brauch: Es gibt Situationen, in denen Reglementierung von oben wahrhaftig das geringste Übel ist. Eine Gesellschaft braucht Spielregeln, auch (vielleicht sogar insbesondere) innerhalb einer Demokratie. Daher ist ein bestimmter vorgegebener Rahmen, in dem eine politische Diskussion geführt wird, notwendig. Das besonders, da die Problematiken immer komplexer, die Darstellungen jedoch immer demagogischer werden.

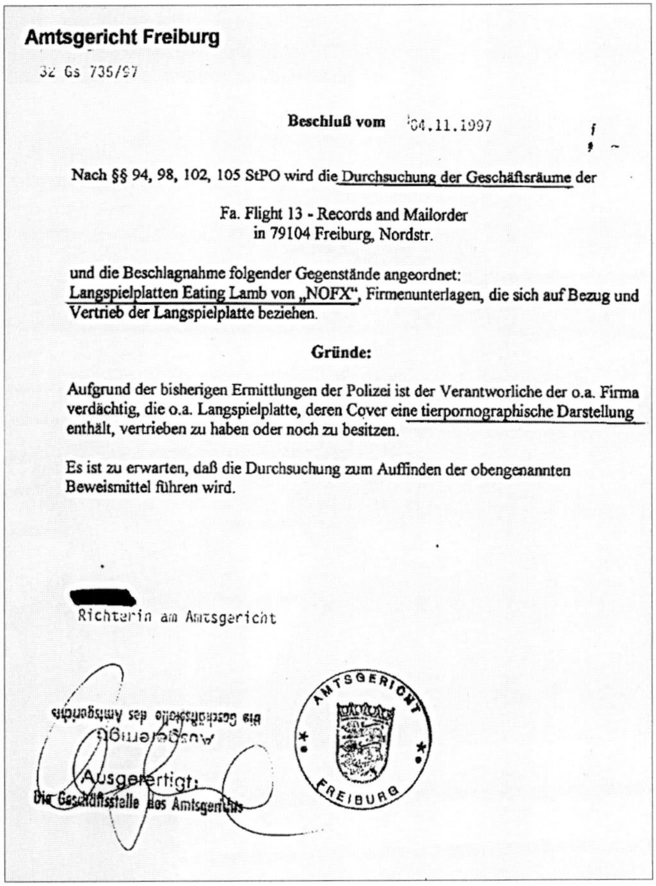

Amtsgericht Freiburg

32 Gs 735/97

Beschluß vom 04.11.1997

Nach §§ 94, 98, 102, 105 StPO wird die Durchsuchung der Geschäftsräume der

Fa. Flight 13 - Records and Mailorder
in 79104 Freiburg, Nordstr.

und die Beschlagnahme folgender Gegenstände angeordnet:
Langspielplatten Eating Lamb von „NOFX", Firmenunterlagen, die sich auf Bezug und Vertrieb der Langspielplatte beziehen.

Gründe:

Aufgrund der bisherigen Ermittlungen der Polizei ist der Verantwortliche der o.a. Firma verdächtig, die o.a. Langspielplatte, deren Cover eine tierpornographische Darstellung enthält, vertrieben zu haben oder noch zu besitzen.

Es ist zu erwarten, daß die Durchsuchung zum Auffinden der obengenannten Beweismittel führen wird.

[redacted]
Richterin am Amtsgericht

Ausgefertigt:
Die Geschäftsstelle des Amtsgerichts

AMTSGERICHT FREIBURG

Hilmar (Pillbox): Zensurforderungen beruhen oft auf einem Gefühl der Bedrohung. Die Leute denken, sich dadurch nicht mit ihren eigenen Ängsten und Fehlern auseinandersetzen zu müssen. Zensur ist undemokratisch, vertuscht die Ursachen, die weiter bestehen, bringt nur für Modefetischisten den Reiz des Verbotenen. Zudem liefert es dem Staat, falls diese Zensurforderungen weiter Gehör finden, umfangreiche Möglichkeiten, verstärkt abzuhören und zu kontrollieren. Dies sind Dinge, wogegen eine 'Linke' immer war, egal ob Alternative, Punk oder sonstwas. Deswegen gehört es dazu, sich gegen Zensur einzusetzen. Dort, wo Krankes zutage kommt, zeigt es nur um so deutlicher, wie krank diese Gesellschaft doch eigentlich ist - und durch Zensurforderungen will sie es nur einfach nicht wahrhaben und vertuschen, Stichwort: Doppelmoral. Zensurforderungen sind ein verdammt leichtes Mittel, da mensch dann nichts mehr dagegen machen muß. Und Bequemheit ist nun mal weit verbreitet.

Raidy (Chaosfront): Der Mensch hat Angst, den Spiegel vorgehalten zu bekommen, seine eigene Perversität zu sehen und womöglich nicht damit fertig zu werden. Also versucht er, sich davor mit einer Zensur der Bilder zu schützen.

Karsten Drohsel: Auf der einen Seite wollen wir eine globale Vernetzung und ein Recht auf Information, realisieren aber nicht, daß alles zwei Seiten hat. Das Mittel gegen den Rückschritt ist Aufklärung, nicht Zensur.

Christian Paier: Für mich sind diese breitgetretenen Zensurforderungen bzw. überhaupt Aktionen von seiten des Staates, in denen auf »schreckliche Dinge«, die zu verbieten sind, hingewiesen wird, nichts anderes als Ablenkungsmanöver. Man züchtet }nkritik heran - zu Hause vor den Bildschirmen, dort, wo alles Passive, Gehässige und Böse gedeiht. Die Menschen setzen sich mit Dingen auseinander, die sie kaum betreffen, anstatt ihre eigenen Probleme zu lösen. Alles wird durch Boulevardjournalismus aufgeblasen, sogar die 90jährige Frau Maier im Altersheim weiß Bescheid: 15jährige Haschischraucher mutieren zu Dämonen. Einzig und allein die Medien haben die Kraft, Dinge wirklich grausam erscheinen zu lassen. Schnitt, Musik, Kameraeinstellung. Frau Riefenstahl hat gute Vorarbeit geleistet.
Carsten (Mr. EBU/Die Traktor): Die Forderungen nach Zensur würde ich weder unterschätzen noch überbewerten. Die Richter wissen den Großteil aller Fälle schon ziemlich richtig einzuschätzen. Bekanntlich wurde die Hanfzeitschrift *Grow* als nicht jugendgefährdend eingestuft. Zensurforderungen sind also da, Erfolg haben sie jedoch nur teilweise. Was zum Beispiel mit dem Alpha-Comic-Verlag geschah, fand ich ziemlich heftig. Da mußten Tausende von Beamten den naiven Vorstellungen eines Moralfanatikers folgen. Andererseits ist Zensur nur eine Folge der berechtigten Sehnsucht nach einer heilen Welt. Aber das geht doch nicht sooo! Zensur stellt tatsächlich ruhig, beseitigt das Problem an sich jedoch nicht. Man sollte viel mehr für die konstruktive Auseinandersetzung mit Problemen tun.
Martin Büsser: Zensur entsteht in politisch instabilen Zeiten. Kinderpornos und Nazipropaganda dienen der Gesellschaft dabei meist nur als moralischer Vorwand, um weitergreifende Zensuren zu legitimieren. Die Ursachen für das, was dieses System zensiert, liegen im System selbst: Pornographie und Neonazismus sind das Ergebnis dieser Gesellschaft, die nie antifaschistisch gewesen ist und nie sexuell befreit. Darum hat der Staat kein Recht zur Zensur, wohl aber ist es legitim und sogar notwendig, wenn Menschen sich zur Wehr setzen - nicht aber, wenn Justiz und Polizei das tun.
Frank (Clit Cops): Die Gesellschaft ändert sich. Manche kriegen nasse Füsse und braune Streifen in der Hose. Zu spät. Zensur bringt gar nichts.
Sabotage-Q.C.Q.C.?: Das Geschrei nach Zensur ist so alt wie das Katzenficken. Woher kommt das? Woher es immer kam. Reaktionäres Denken, Angst vor Andersdenkenden, Angst vor Leuten mit anderer, eigener Meinung. Angst vor Veränderung und Offenheit. Angst vor Auseinandersetzung - auch mit sich selbst. Das schüchtert uns nicht ein. Im Gegenteil, das beflügelt um so mehr. Die Zensur gehört zensiert.
Greta (Untoten): Ich glaub, daß das immer schon schlimm war. Nur haben wir in unserer ach so liberalen Gesellschaft vergessen, daß es wirkliche Arschlöcher auf der Welt gibt, Leute, die Musik, Kunst, Entwicklung und Rebellion, Freiheit zutiefst hassen. Und wenn diese Leute merken, daß ihnen etwas entgleitet (Macht, Geld, Arbeit), hat das eben solche Forderungen zur Konsequenz. '95 wollte zum Beispiel keiner unsere CD »Maultot« pressen wegen: Sexismus, Pädophilie, Kannibalismus(!) und Rassismus. Wir hatten ein Stück mit dem Titel »Rassist«. Beim Titel haben die wohl auch

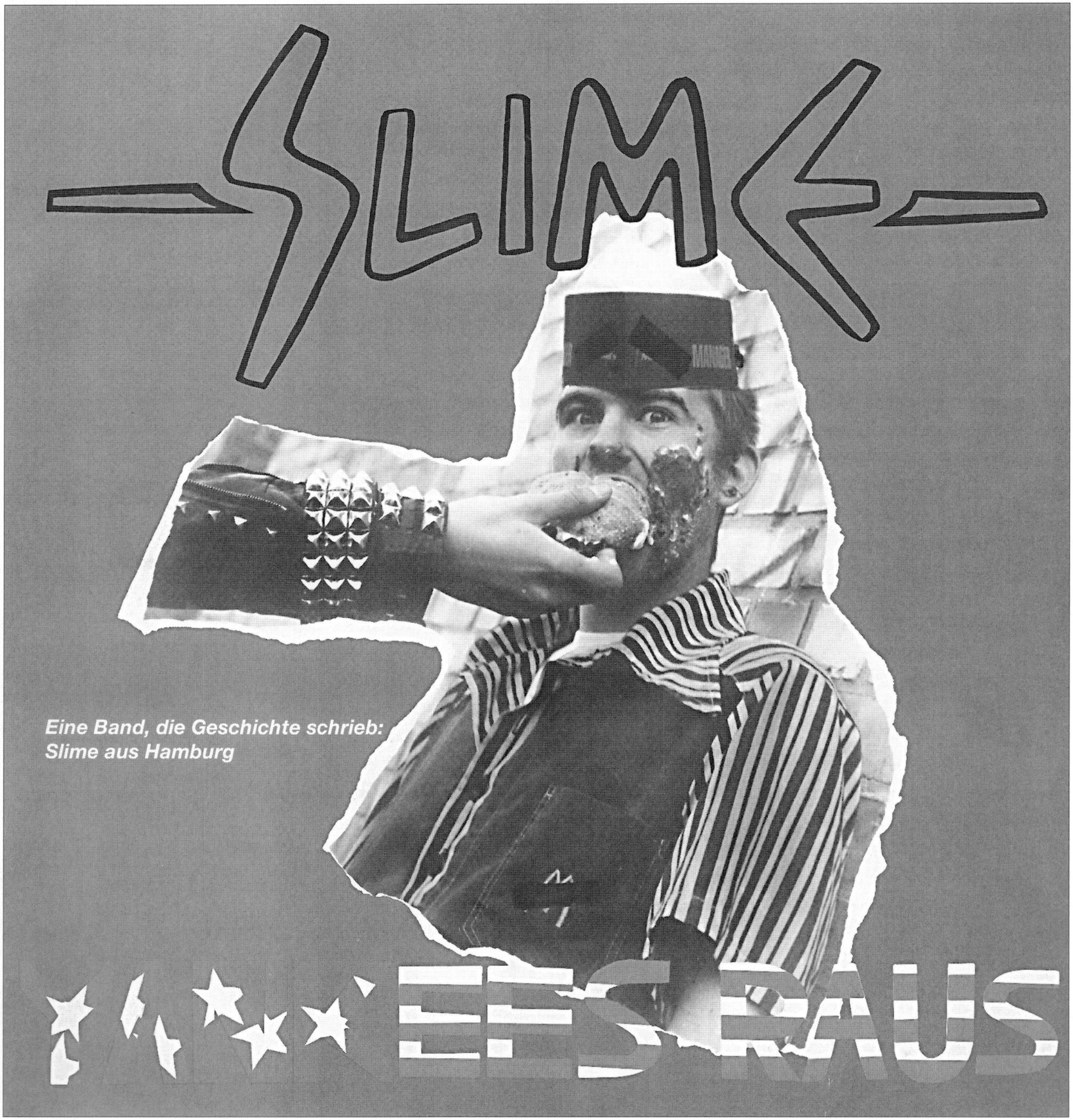

Eine Band, die Geschichte schrieb: Slime aus Hamburg

aufgehört zu lesen, sonst hätten sie Textzeilen wie »Toter Fetisch Deutschland, Dein Mund ist voll Gestank« oder »Diese tote Rasse fickt sich selber tot« mitbekommen. Kannibalismus: wohl wegen eines Sampels mit der Zeile »Ich rieche Menschenfleisch« aus dem Gebrüder-Grimm-Märchen »Der Teufel mit den drei goldenen Haaren«; Pädophilie wegen des CD-Labelaufdrucks, da ist so hippie-mäßig ein nacktes kleines Mädchen drauf, mit 'ner großen Blume auf dem Bauch gemalt (das Mädchen bin übrigens ich!) usw. Der Vermittler hat uns dann geraten, doch in der Tschechei pressen zu lassen, das würden die ganzen Nazi-Bands auch machen ! Wir haben dann ohne Artwork/Booklet etc. pressen lassen und das ganze Zeug selbst kopiert.
Christian (T(h)reee): In gewissen Teilen halte ich Zensur für sinnvoll, zum Beispiel für den Kinderporno-Markt und auch für Nazi-Krams. Ich frage nur gerne: Wer zensiert? Wer entscheidet, was sein darf und was nicht? Und das ist der springende Punkt: Die Leute, die heute Nazi-Platten zensieren, haben auch die erste *Slime*-Platte verboten. Ich halte Nazi-Kram durchaus für gefährlich, aber für genauso gefährlich halte ich die Leute, die hier bei uns im Land die Zensur durchführen.
Chris (No Respect): Natürlich ist es schwer, einem Staat wie dem deutschen Zensurrechte zuzusprechen, aus vielen naheliegenden Gründen, aber es ist auch nicht witzig, wenn es so läuft wie in Dänemark, wo Neonazis über Radio, Zeitschriften und sonstwie ihren Dreck unter die Leute bringen können. Klar, wo soll sowas anfangen und wo aufhören und vor allem: gegen wen werden wohl deutsche Behörden Zensurrechte schärfer anwenden? Gegen die Rechten? Niemals, den Mist dürfen wir dann wieder ausbaden, weil Europol und Gerichte bei uns vor der Tür stehen werden.
Farin: Auch deshalb erschreckt es mich, wie viele 'Linke' bei dieser ganzen Zensur- und Law & Order-Renaissance mitmischen. Oder guck dir diesen Terror einiger durchgeknallter Veganer gegen »Aasfresser« an, überhaupt diese Grundhaltung, jemanden nicht durch Argumente zu überzeugen, sondern militant zu fordern, alle haben sich so oder so zu verhalten, zum Beispiel diese Boykott-Aufrufe bis zu körperlichen Angriffen aus der autonomen & Antifa-Szene gegen Musiker oder Autoren, die verdächtigt (!) werden, »rechts« oder »sexistisch« zu sein (Skinhead- oder Oi!-Bands, *Wiglaf Droste*)...
Jörg (Vulture Culture): Das ist wahrhaftig faschistoid! Rechtsextrem wie linksextrem ist und bleibt aufzwingend! Gewalt mit Gewalt vergelten läßt sich vertreten, wenn ich selbst oder Schwächere tätlich angegriffen werden. Das sehe ich als körperliches Wehren an. Wenn du aber von körperlichen Angriffen auf (politisch) Andersdenkende sprichst, bin ich deiner Meinung und erschrecke mich ebenfalls über diese linke Militanz.
Sibylle (burning batter): Also ein Boykottaufruf und ein körperlicher Angriff sind ja nun zwei verschiedene Dinge! Prinzipiell finde ich es schon okay, wenn man/frau sich so gegen Dinge wehrt. Ansonsten wäre etwas mehr Kreativität und Überzeugungsarbeit (Artikel, Gespräche) angebrachter.

Sibylle Wais, Jahrgang 1969, spielt Schlagzeug seit ihrem 15. Lebensjahr, derzeit bei der Stuttgarter Lesben-Band ***burning batter,*** die 1997 in Eigenregie ihre erste CD „Ingredients" veröffentlichte.

„Ich kann mir auch vorstellen, andere Dinge zu tun als Musik zu machen, aber nie anstatt, sondern nur nebenher. Um mich zu finanzieren, arbeite ich im Moment in einem Hotel."

Sibylle Wais, links

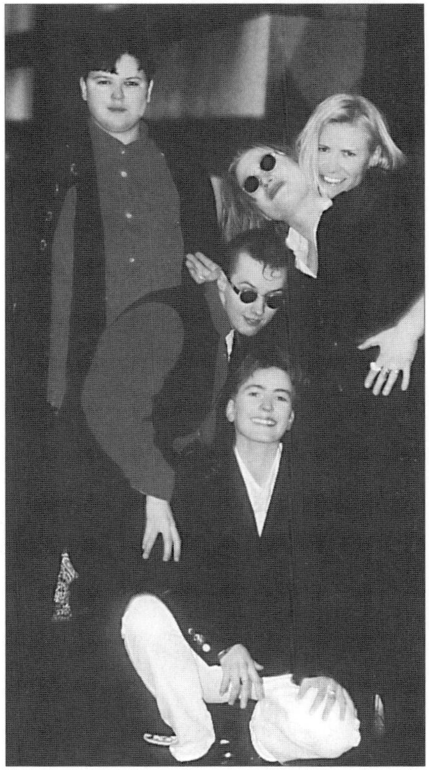

Chris, Jahrgang 1963, und **Sauer**, Jahrgang 1967, spielen in der Göttinger Ska-Punk-Band ***No Respect*** Gitarre und Schlagzeug. Ihr Debüt gab die Band 1997 mit der CD/LP „Excuse My Smile" bei Nasty Vinyl.

Chris: „ Wenn man sein Leben lang Musik hört und sie ein wichtiger Bestandteil des Lebens ist, dann ergibt sich logischerweise die Frage, ob man nicht gerne selber ein wenig rumtoben möchte, zumal eine der zentralen Botschaften des frühen Punk immer gewesen ist: 'Es gibt keine Stars, du kannst das alles selber machen, und drei Akkorde sollten genügen.' Das ist platt, aber aus dem historischen Zusammenhang heraus ein wichtiger Schritt in der Entwicklung der moderen Musik gewesen. Klar können wir uns vorstellen, auch was anderes zu machen, tun wir eh die ganze Zeit - arbeiten, gammeln, trinken, schlafen..."

Chris: Auch einige unserer Freunde würden *Wiglaf Droste* gerne mal eine donnern. Das ist unsinnig, und es gibt doch echt andere Sorgen, aber darüber läßt sich natürlich streiten. Intoleranz ist in der linken Szene schon lange ein zentrales Thema, und nicht zuletzt daran ist die ganze Bewegung auch Ende der 80er weitgehend kaputtgegangen. Patriarchatsdiskussion, Vergewaltigerskandale, radikales Veganertum und Antifa-Gruppen, die sich gegenseitig mehr hassen als die Faschos, oder die Kämpfe Punker gegen Autonome in manchen Städten sind da nur einige Beispiele. Das Konzept des »Wir sind links und dadurch von vornherein die besseren Menschen«, ist nun mal Unsinn; es gilt, an sich selbst zu arbeiten und den eigenen Forderungen ein Fundament zu schaffen, dem man selbst gerecht wird. Auch unsere Szene ist voller Kleingeistigkeit, deutscher Engstirnigkeit und dem Bedürfnis der Definition durch einen äußeren Feind. Wenn der sich mal drei Monate nicht meldet, macht man sich halt gegenseitig fertig.
Christian: In Gegenden, wo es keine Faschos gibt, haben manche Linke offenbar nichts anderes zu tun, als sich gegenseitig selbst zu denunzieren. Hier in unserer Gegend gibt es solche Sachen nicht - hier gibt's Faschos. Wir haben fast an jedem Wochenende Probleme mit denen. Da haben die Leute offenbar keine Langeweile, um sich irgendwelche haltlosen Sexismusvorwürfe zusammenzuspinnen, die sich nach zweimonatigen Fanzine-Schlachten wieder in Luft auflösen. Aber es ist mir zu einfach, bei solchen Aktionen von 'den Linken' zu sprechen. Wenn fünf Leute auf einen vermuteten Sexisten losgehen, dann stecken da völlig verschiedene Motive hinter: Einer oder zwei denken wirklich, das ist ein Sexist, mindestens einer ist nur aus Gewaltgeilheit dabei, und der Letzte rennt nur mit, weil seine Freunde auch rennen.
Greta (Untoten): Ich bin zwar kein Veganer (is mir zu teuer und zu anstrengend), aber immerhin überzeugter Vegetarier. Ich kann »durchgeknallte Veganer« verstehen, sie sind mir oft nicht sympathisch, so rein menschlich, aber ich bin froh, daß es sie gibt. Mir kommt einfach das Kotzen, wenn ich in 'nen Laden geh und die kilometerlangen Truhen von totem Tier seh. Und dann die tierischen Gelantinemittel im Kuchen! Der Staat mästet uns mit billigem Fleisch und Süßigkeiten, während ehemalige Grundnahrungsmittel wie Brot, Kartoffeln, Obst, Gemüse zu Luxusartikeln avanciert sind, auf Kosten von Lebewesen, die keine Lobby haben.
Archi »MC« Alert (Terrorgruppe): Militante Veganer, FeministInnen und Autonome sind in Gewaltbereitschaft, Parolen, Polemik und Dogmen den Rechtsradikalen erschreckend ähnlich geworden. »Bist du nicht haargenau wie ich, bist du gegen mich«.
Oliver (Allgemeines Chaos Kommando): Ich bin auch Vegetarier, würde aber nie auf die Idee kommen, Leuten, die Fleisch essen, dies streitig zu machen. Jemanden, der nicht von selbst auf den Trichter kommt, kann ich nicht durch Gewalt verändern. Entweder kann ich einen Menschen durch mein Handeln oder meine Argumente dazu bringen, sich mit meinen Thesen auseinanderzusetzen, oder es funktioniert eben nicht. Schluß.
Tom Rocker: Ob die Veganer grundsätzlich der politischen 'Linken' zuzurechnen sind, möchte ich bezweifeln. Und Argumente überzeugen halt auch nicht immer. Aus eigener Erfahrung weiß ich, daß es in brenzligen Situationen auf der Straße oder in irgend-

welchen Kneipen angesagt war, eine gewisse Gewaltbereitschaft durchblicken zu lassen, damit es nicht erst zu Schlägereien kommt. Nun bin ich auch kein körperlich großgewachsener Mann, sodaß mich manchmal größere Typen auf der Straße mutwillig und absichtlich anrempeln müssen. Mir wollten auch schon mal vier Punks meine Lederjacke abziehen. Als sie jedoch merkten, daß ich mich in absolute, gewaltbereite Abwehrposition stellte, haben sie sich dann doch lieber verpißt. Aber um auf den Tenor deiner Frage zurückzukommen: Stell doch mal eine Waage auf und lege in die eine Schale die Terroraktionen der politischen 'Linken', in die andere die der 'Rechten' hinein und pendel dann aus. Das Ergebnis läßt sich leicht voraussehen. Warum stellst du die 'Linken' stellvertretend für den Rechtsterror so in den Vordergrund?

Farin: Weil ich von autoritären Rechten erst gar nicht erwarte, daß die sich für eine freiheitliche Gesellschaft einsetzen. Wenn nun aber auch noch (Ex-)Linke und (Ex-)Liberale anfangen, den rasanten Ausbau von staatlichen Ordnungs- und Kontrollbefugnissen zu unterstützen, sogar den Verfassungsschutz plötzlich klasse finden, weil's gegen die eigenen Gegner, gegen Rechte geht, ohne mal eine Minute darüber nachzudenken, daß die gleichen Paragraphen auch gegen Linke benutzt werden, dann halte ich das in der Tat für gefährlich. Und im übrigen ist mir das völlig egal, ob selbsternannte »Antifas« oder Rechte mich bedrohen.

Sabotage-Q.C.Q.C.?: Wir sehen da keine Gefahr aus der linken Ecke. Um etwas verändern zu wollen, mußt du radikale Forderungen stellen, sonst hört dir keiner zu. Ein Boykottaufruf gegen Musiker und Autoren, die volksverhetzende Gedanken verbreiten, ist insofern okay für uns, als daß er sich gegen Leute richtet, die selbst anderen Leuten freie Meinungsäußerung und deren Recht, überall zu leben und zu arbeiten, absprechen. Wer das unterstützt, hat für uns sein eigenes Recht verwirkt, seine freie Meinung hitlergrüßend durch unsere Straßen kundzutun.

Hilmar (Pillbox): Den größten Fehler, den eine 'Linke' tun kann, ist, sich nicht mit Menschen, die anders denken als sie, auseinanderzusetzen. Erst dadurch, daß mensch sich mit der jeweiligen Gegenseite wirklich beschäftigt, ist es möglich, die wirkliche Gefährlichkeit des Gegners einzuschätzen und auch Punkte zu finden, die zum Beispiel in der linken Propaganda nicht richtig sind oder zu sehr schwarz/weiß gemalt.

Farin: Aber woher kommt diese repressive Militanz in vielen linken Szenen? Diese Angst davor, sich mit Leuten auseinanderzusetzen, die anders denken, leben, aussehen?

Hilmar: Dieses Nicht-auseinandersetzen-wollen könnte darin begründet liegen, daß viele Angst davor haben, Parallelen zu finden, die eine Aktion wieder sehr erschweren könnten.

Greta: Wenn du in der Antifa bist, heißt das noch lange nicht, daß du ein kreativer und kunstaufgeschlossener Geist bist, das Gegenteil ist oft der Fall. Es ist durchaus üblich, daß Musiker zwar für diverse »Solis« herangezogen werden (ohne Konzert würde nämlich kein Sack auftauchen), ansonsten hat der 'Pausenclown' aber das Maul zu halten. Ich habe die Erfahrung gemacht, daß diesen Typen Musiker und Künstler oft

Sigi Hümmer, 40 Jahre, Löwe, Vegetarier, Yogi, Multiinstrumentalist und Sänger. 1977/78 Gründer von *The Marionettes*, später *Marionetz*, die zwischen 1980-1991 vier Alben veröffentlichten. 1996 Mitbegründer des Münchener Punkrock-Label Schlecht + Schwindlig. 1998 erste Solo-CD „Herman Monster War Der 1. Punk" unter dem Namen ***Sigi Pop.***

„Ich mache Musik, weil es mich fasziniert, aus dem Nichts etwas formen zu können, das innerlich dem entspricht, was ich fühle oder fühlen möchte, und dieses Empfinden, diese Kraft auf andere Menschen übertragen zu können. Natürlich gibt es mehr als Musik (Natur, Spiritualität, Sex, Berauschung, Freunde etc.). Aber Musik ist eben die Schokolade davon!"

völlig suspekt sind. Deshalb ist die autonome Szene auch so verknöchert und im Endeffekt total borniert (damit meine ich vor allem die 'Funktionärstypen').
Öli (The Pig Must Die): Für mich sind das genauso verklemmte, hirnverbrannte Spießertypen, wie es sie in diesem Land an jeder Ecke gibt.
Stefan Kleiber: Ich glaube, daß diese militanten Gruppen in der Szene eher eine Minderheit darstellen. Denn wenn jemand anderen Leuten vorschreiben will, wie sie zu leben haben, werden die Leute doch schon mißtrauisch. Daß viele Punk/Hardcore-Leute nicht über den eigenen Tellerrand sehen, ist ein alter Hut. Allerdings glaube ich, daß es heute durch die Vermischung von Musikstilen oder auch den Einzug vieler Themen in die Fanzine-Welt, wo neben der Musik auch Kunst, Sport, Literatur, Film, Politik und andere Jugendbewegungen eine Rolle spielen, ein weiteres Spektrum gibt als noch vor zehn Jahren. Gerade die Lesungen von *Martin Büsser* und *Lee Hollis*, die ja mit musikalischer Unterhaltung gekoppelt waren, konnten bestimmt den einen oder anderen Musikfan dazu bewegen, auch einmal ein Buch zur Hand zu nehmen.

„Bleiberecht für alle! Nazis raus!"

Mauer-Graffiti in Berlin-Mitte

Bdolf: Die »autonome« Szene ist ausschließlich aus kleinbürgerlichem bis bourgeoisem Milieu rekrutiert. Mit einer sozialistisch/kommunistischen Weltanschauung hat sie eigentlich rein gar nichts zu tun. Was bei so unkonkreten, inhaltsleeren Allerweltsbegriffen auch nur zu nahe liegt. Der gesamtgesellschaftliche Prozeß bedingt für diesen Personenkreis keine materiellen Privilegien mehr, die Karriere ist nicht mehr automatisch gesichert. Trotzdem tritt genau hier einmal mehr die Fratze des Klassenstaates ganz klar zutage: als persönlicher herkunftstypischer Mehrwert wird die eigene, kleine Macht als alternative Sittenpolizei realisiert. Wo irgendein armes Schwein aus der Arbeiterklasse nur seinen eigenen Ruin realisieren kann, sind für 'unsere' Bürgerstöchter und -söhnchen so noch individuell gestaltete Polizeipöstchen drin. Hätten all diese ProtagonistInnen vor hundert Jahren gelebt, hätten sie ledige Mütter gesteinigt...
Christian Paier: Extreme Linke wie Rechte werden meiner Meinung nach von der selben Kraft getrieben - Macht. Es spielt keine Rolle, ob es nun um Rassen- oder Klassenkampf geht. Ich würde Menschen nie zum Frieden zwingen, ich kann ihn allenfalls vorleben. »Hier herrscht Frieden« - welch komische Formulierung.
Michael (elf attn industries): Dummheit und Ignoranz sind Vorstufen zur Militanz auf beiden Seiten. Mir persönlich sind Fanatiker jeder Couleur zuwider. Wenn vermehrt Linke nach Zensur schreien, so offenbart das für mich lediglich die fehlende Schlagkraft ihrer Argumente.
Olaf Schweitzer (Agent Olsen): Wenn Argumente durch Gewalt ersetzt werden, ist das ein Eingeständnis der eigenen Schwäche.
Karsten Drohsel: Terror ist immer die letzte Möglichkeit, Macht auszuüben. Ich reagiere äußerst empfindlich, wenn jemand gewalttätig in meine Intimsphäre eingreift. Innerhalb der Musik mache ich zwar auch Soundterrorismus, dem kann sich aber jeder entziehen, das ist nur ein Angebot.
Frank (Clit Cops): Linke Spießer und Wichtigtuer gab es schon immer. Wenn denen die Themen ausgehen, kommen die auf alle möglichen Sachen.

Rachel (Even Cowgirls get the Blues): Sowohl auf der rechten als auch der linken Seite ist dieses Schmalspurdenken daneben. Es zeugt doch von einer totalen Unsicherheit, wenn man sich von Andersdenkenden bedroht fühlt.
Farin: Was kann man dem entgegensetzen?
Archi »MC« Alert (Terrorgruppe): Entgegensetzen kann man da eigentlich nur noch eins: Man grenzt diese Dumpfbacken einfach aus und lebt ihnen ein cooleres Leben vor. Vielleicht kommen sie dann doch irgendwann mal auf'n Trichter. Eine Auseinandersetzung mit diesen Leuten bringt einfach gar nichts. Man rennt da nur gegen eine steinharte Mauer.
Johnny Bottrop (Terrorgruppe): Eigentlich darf man solche Idioten gar nicht für voll nehmen, sondern sollte sie auslachen und mit ihren eigenen Unzulänglichkeiten konfrontieren. Bei militanten Veganern, die die absolut hirnrissige esoterische Heilslehre vertreten, daß Vegetarier automatisch bessere Menschen sind und es weniger Kriege und Hunger geben würde, täte die Menschheit kein Fleisch konsumieren, genügt da schon der Hinweis auf den berühmtesten Vegetarier des Jahrhunderts: Adolf Hitler.
Arne (Oxymoron/The Hinks): Diese Leute haben Angst, sich einem Andersdenkenden zu öffnen, da ihr komplettes Leben nur auf diesem extremen politischen Denken basiert. Sie sind keine selbstdenkenden Menschen mehr, sondern nur vom Geist gesteuerte Komplexhaufen, die dringend eine Therapie benötigen. Das Perverseste dabei ist, daß sie untereinander noch krassere Umgangsformen an den Tag legen als die, die in den 'gegnerischen' Kreisen angeblich vorherrschen. Man muß sie, wie alle Menschen mit mangelnder Intelligenz, so gnadenlos bloßstellen und entlarven, bis sie auf sich selbst reduziert sind - und das ist dann nicht mehr viel. Vielleicht kapieren sie dann, daß es nicht nur eine Wahrheit gibt.
Thomas (Loikaemie): Die meisten Gruppierungen aus dem Antifa-Bereich beschäftigen sich zu wenig mit den Bands, die sie bekämpfen. So werden Texte nicht gelesen, Leute nach dem Äußeren beurteilt. Viel Wert wird auch auf Gerüchte gelegt, die sich leicht in die Welt setzen lassen. Also: Skinhead + aus dem Osten + Oi! im Bandnamen = Nazi, Faschist, Sexist. Manche wollen immer noch nicht wahrhaben, daß nicht alle Skinheads Nazis sind, weil dann ein Weltbild zerstört wird, das sie sich jahrelang aufgebaut haben. Was man dem entgegensetzen kann? Mitleid, aber nicht die gleiche Militanz, weil sie uns dann da hätten, wo sie uns hinhaben wollen.
Martin Büsser: Linke Militanz ist nicht notwendig ein Übel. Sie wird es aber, wenn sie sich willkürlich, uninformiert und unüberlegt gebärdet. Ziel könnte nur Aufklärung sein: Informationen und Recherchen, wer überhaupt als Nazi gelten kann, wie gegen ihn vorgegangen werden kann usw. Die Aufklärung muß vor allem auch extern stattfinden - es reicht nicht, sich in einem linken Zirkel über eine Sache zu einigen, aber 'das Volk' nicht zu informieren.
Farin: Für mich persönlich ist die Grenzlinie Gewalt. Denken und reden kann jeder, wie er will - also von mir aus auch nationalsozialistisch: Leute, die wie Karikaturen mit Hakenkreuzen und Adolf-Hitler-Gedächtnisschnäuzer durch die Sraßen laufen,

„Wenn die Revolution nicht tanzbar ist,
sind wir nicht dabei."
Rantanplan

halte ich für bedeutend ungefährlicher als die jetzige Bundesregierung. Und wenn jemand offen rausschreien darf, was er für rassistische Ideen im Kopf hat, wachen andere vielleicht eher auf, als wenn alles durch Verbote unter dem Deckel gehalten wird. Doch sobald jemand versucht, seine Ideen mit Gewalt gegen andere Menschen durchzusetzen, hört's für mich auf.

Chris (No Respect): Deine Toleranz gegenüber anderen Denkweisen geht mir zu weit. Klar ist es eine schwierige Frage, wo man der Meinungsfreiheit einen Riegel vorschieben darf, und logisch ist die Regierung ein reaktionärer Haufen, der uns allen den Arsch aufreißt, ohne daß es den Leuten richtig auffällt. Aber wenn Faschisten offen ihren Scheiß verbraten, dann führt das nicht zu Kopfschütteln, sondern zu einem gesellschaftlichen Klima, in dem rechte und rassistische Sichtweisen immer normaler werden und Nazis nicht als verschrobene Typen gelten, sondern als coole Schläger, denen die Kids gerne nacheifern möchten. Ergebnis siehe BRD heute. Wenn deine Grenze die Gewalt ist, dann bist du verdammt dazu, doof zu gucken, bis einer zuschlägt. Das ist zu spät. Es reicht zu wissen, daß jemand dazu in der Lage ist, das für geil oder legitim hält, oder es einfach Bestandteil seiner Ideologie ist, wie das bei den Nazis nun mal der Fall ist. Hass als Lebensphilosophie. Wozu warten? Das reicht doch, um gegen die Schweine was zu tun, oder willst du wie die Pazifisten vor 60 Jahren warten, bis sie kommen, um dich abzuholen?

Luki (Six Pack Riot/Die schwarzen Schafe): Wenn jemand mit Sprüchen diskriminiert wird, ist das Psychoterror und somit auch Gewalt. Ich kann also nicht akzeptieren, daß andere von dummen Sprüchen belästigt werden. Und ich glaube auch nicht daran, daß die breite Masse aufwacht, wenn jemand Nazi-Parolen-schreiend durch die Gegend läuft. Die Betroffenheit nach Brandanschlägen hält sich schließlich auch in Grenzen. Ich stecke die Grenzen durchaus enger als du. Nun gut, aus demokratischen Gründen sollte man auch solche Leute tolerieren, und das rechte Spektrum existiert mit und ohne Verbote. Für mich persönlich gilt trotzdem: Verbietet die ganze Scheiße. Die Frage bleibt aber stehen und damit unbeantwortet: Bringt das was? Und öffnet man durch staatliche Verbote und Zensur nicht eben die Tür, die man eigentlich nicht öffnen wollte: daß der Staat sich diktatorischer Mittel bedient, um diese zu bekämpfen? Verbote und Zensur würden ja dann nicht nur für rechts gelten.

Greta (Untoten): Geb ich dir wohl recht. Regierungen haben immer etwas huxleymäßiges. Ich finde aber, daß man im Zusammmenhang mit Neorechten in den letzten Jahren nicht gerade von Zensur sprechen kann. Die Fernsehsender haben doch jede noch so bescheuerte Nazi-These, jeden noch so bescheuerten Jungherren oder Nachwuchsgruppenleiter abgefilmt. Auf der anderen Seite kam nicht gerade viel über ernsthafte 'linke' Politik und Kultur (Hausbesetzungen etc.). In den letzten Jahren hat man eine Art Angst gegen Rechte geschürt, die manch einen jungen Kraftmeier anzieht (Anziehungskraft des Bösen): Das ist auch der Grund, warum die Rockmusik die Rechten so gut verkraftet, alles ein Spiel mit dem 'evil' sein. Da fragt man sich dann doch, ob man dem Ganzen wieder einmal eine 'böse' Form des Linksseins entgegensetzen sollte.

Hannover, 3. August 1996
CHAOSTAGE

Öli (The Pig Must Die): Die Gewalt ist für mich auch die Grenzüberschreitung. Mit jemandem, der anders denkt, kann ich umgehen.
Nejc (Mars Moles): Sehe ich genauso. Nur: Was ist, wenn diese Ideen auch ohne Gewalt an den Mann gebracht werden können, und alle drauf anspringen...
Arne (Oxymoron/The Hinks): In einen Staat, der die ganze Skinhead- und Punk-Szene am liebsten ausrotten würde, möchte ich nur ungern mein Vertrauen setzen. Leider ist das manchmal nicht anders machbar. Ansonsten kann ich mich deiner Meinung anschließen, daß politische Ziele nicht mit Gewalt gegen andere durchgesetzt werden sollten. Andersdenkende Menschen mit Brandbomben oder sonstigen Anschlägen anzugehen, ist feige und verwerflich. Die Opfer haben keinerlei Chance, sich zu wehren oder in Sicherheit zu bringen - das finde ich zum Kotzen. Ebenso feige finde ich es, Leute abzupassen und mit dem 'Zehn gegen Einen'-Prinzip auf sie loszugehen. Wenn schon körperliche Gewalt, dann sollte es doch einigermaßen fair zugehen. Gerade die Vertreter der Herrenrasse sollten sich das auf die Fahnen schreiben.
Thomas (Loikaemie): Die Grenze des Erlaubten kann man nicht klar definieren, aber ich denke auch, sie ist da, wo jemand anfängt, seine kranken Gedanken in die Tat umzusetzen. Nur, wenn der Staat eingreift, mit Zensur und anderen Verboten, werden auch die Leute in Mitleidenschaft gezogen, die sich davon klar abgrenzen. Ich denke, manche Probleme sollten szene-intern geklärt werden. Vor allem die Meinung, »solange sie mir nichts tun, tue ich ihnen auch nichts« sollte abgeschafft werden.
Jörg (Vulture Culture): Immerhin leben wir in einem demokratischen Staat, der mich meine Musik machen läßt, wie ich es will. Andererseits eckst du an, wenn du dem Staat zu gefährlich wirst, egal ob links- oder rechtsextrem. Ich glaube auch nicht, daß es etwas nützt, nur Verbote auszurufen, aber dürfen deswegen die Nazis wieder marschieren, wie sie wollen? Ich denke, daß der Staat, auch wenn ich diese Regierung nicht gewählt habe, die Aufgabe hat, soetwas in Schach zu halten. Ich glaube nämlich nicht an die politische Intelligenz des mündigen Bürgers, wenn alle ihre radikalen Ideen hinausschreien dürfen, wie sie wollen. Denn darin birgt sich für mich immer die Gefahr, ein Gewaltpotential aufzubauen, was, kommt es erst einmal ins Rollen, nicht mehr so einfach aufzuhalten ist. Es ist mit Sicherheit nicht einfach festzulegen, wo überhaupt Gewalt beginnt. Fakt ist, daß Menschen, die politisch radikale Ideen vertreten, ein gewisses Gewaltpotential in sich tragen, auch die Adolf-Hitler-Gedächtnisschnäuzer tragende Karikatur auf der Straße. Warst du schon einmal auf einem Skinhead-Konzert, wo ein großer Teil rechtsextremes Volk abhing? Da kannst du die Gewalt regelrecht riechen! Politische Extreme vertreten asoziale Ideen, und die sollte jeder halbwegs friedfertige Mensch im Keim zu ersticken versuchen. Dennoch sehe ich auch nicht die Lösung darin, einem Nazi auf die Schnauze zu hauen, 'nur' weil er nationalsozialistisch zu denken glaubt. Wird er aber mir gegenüber gewalttätig, dann schlage ich zu!
Christian (T(h)reee): Also ich bin nicht derjenige, der sofort zuschlägt. Aber in manchen Fällen ist Gewalt einfach notwendig. Ich rede jetzt nicht von irgendeinem Sup-

penkasper, der bei den Republikanern mitläuft, sondern von organisierten Fascho-Banden. Vor sechs, sieben Jahren wäre kein Fascho mit 'ner grünen Bomberjacke und »Deutschland über alles«-Aufnäher durch Kulmbach gelaufen. Heute gehen die hier mit sechs, sieben Mann durch den Ort. Vor sechs, sieben Jahren wären die nicht ohne eine Tracht Prügel weggekommen. Heute passiert ihnen nichts mehr. Und das ist eigentlich armselig. Ich bin der Meinung, daß man in solchen Fällen eingreifen muß, wenn man sich als Antifaschist bezeichnet.

Hilmar (Pillbox): Leider ist unsere Gesellschaftsform darauf ausgelegt, daß ein Staat eingreift. Wenn ich Demokrat wäre, würde ich sagen, daß Verbote erst das allerletzte Mittel sein dürfen, da sie immer einen Selbstbetrug beinhalten, nämlich ein Problem, mit dem der Staat oder Eltern usw. nicht fertig geworden sind, einfach wegzusperren. Sehr einfach... - zu einfach! Eine Grenzlinie bei Gewalt ist schwer zu finden. Wenn Gewalt als einzige Plattform betrieben wird, ist das sowieso total sinnlos, denn damit erreicht mensch höchstens gleich militant Gesinnte. Gewalt muß immer überlegt sein, darf nur die Spitze einer Aktionsbasis ausmachen. Ein Beispiel: die Tierrecht-Szene. Wenn eine breite Aufklärung betrieben wird (Demos, Infoläden und -tische, Broschüren, Diskussionen usw.), dann sind ausgewählte Aktionen wie Jagdsabotage, Pelzmäntel ansprühen usw. gerechtfertigt und können auch sinnvoll sein. Körperliche Angriffe zum Beispiel auf Bio-Metzger sind daneben und fanatisch und bringen dieser Bewegung überhaupt nix.

Raidy (Chaosfront): Zensur ist für mich da gerechtfertigt, wo Leute eine Lobby für ihre Forderungen wollen, die selber andere Menschen nicht tolerieren (z.B. Faschisten). Denn jemand, der intolerant gegenüber anderen ist und denen das Maul verbieten will, darf auch seine menschenverachtenden Parolen nicht einfach so äußern können. Vom Prinzip her lehne ich Zensur ab, da sie in jedem Fall die Meinungsfreiheit verletzt.

Sabotage-Q.C.Q.C.?: Der Staat hat die Pflicht dann einzugreifen, wenn andere Personen in ihrem Leben eingeschränkt werden. Sprich: Wenn Nazis öffentlich Andersdenkende persönlich diffamieren und deren Würde angreifen (die laut Grundgesetz unantastbar ist), muß das als Volksverhetzung verboten werden. Die, gegen die sich NS-Gedankengut richtet, sind sicher schon längst aufgewacht, und die, die es nicht sind, werden es auch nicht durch weiterhin offenes Rausschreien brauner Scheiße.

Frank (Clit Cops): Nationalsozialismus ist gesetzlich strafbar und muß auf jeder Ebene bekämpft werden.

Rachel (Even Cowgirls get the Blues): Rassistische und faschistische Äußerungen können nicht öffentlich geduldet werden!

Tom Rocker: Dort, wo der deutsche Staat sich aufgrund der Nazi-Vergangenheit verfassungsrechtliche Verpflichtungen auferlegt hat, sollten diese konsequenterweise auch gegen Nazi-Umtriebe zur Geltung kommen. In Deutschland, wo die lässige und teilweise freundliche Behandlung der extremen Rechten durch Behörden und Justiz dazu führen mußte, daß das Wiedererstarken militanter Neonazis zum täglichen Pro-

blem geworden ist, kann ich deinem Denken schwerlich folgen.
Bdolf: Die Fetische der bürgerlich-parlamentarischen Gesellschaft interessieren mich einen feuchten Furz. Politische Interessen und Notwendigkeiten sind die Maxime für Handeln, deswegen habe ich kein Problem mit der Vernichtung abweichender Meinungen, mit körperlicher Gewalt und Auslöschung politischer Gegner. Die Realität ist der Klassenkampf, dieser realisiert sich bei entsprechenden Bedingungen im offenen Klassenkrieg. »Zensur« ist kleinbürgerlicher Quatsch. Wenn es Zeit wird, aktualisieren sich Gestaltungsintentionen durch physische Vernichtung des Gegners.
Christian Paier: Spielt es im Endeffekt eine Rolle, ob wir einem langsamen Selbstmord entgegengehen (Umweltverschmutzung) oder uns gegenseitig abknallen? Jeder einzelne, auch wenn er nicht offensichtlich gewaltbereit ist (Konsum wird leider nicht als Gewalt gegen den anderen empfunden), muß sich hier an der eigenen Nase nehmen (mörderischer Lebensstil - ich schließe mich davon nicht aus). Sorry, aber ich versuche nur, einen größeren Teil des ganzen Bildes zu sehen.

3 Jahre besetzt – Pfarrstraßenfest, Berlin Lichtenberg, Juli 1992

Fluchtweg

Punk aus Deutschland-Ost.

Die Frage, warum wir als Band Musik machen, läßt sich ganz knapp beantworten: Es handelt sich um Sucht. Eine Sucht äußert sich bekanntermaßen durch exzessiven Gebrauch einer Droge oder eines anderen Objektes zum Zweck des Lustgewinns, der sich verselbständigt und eine Tendenz zur Erhöhung der Dosis und/oder körperliche und seelische Beschwerden bei Entzug mit sich bringt. Soweit die Definition. Bei Licht betrachtet ist es doch sonst aber kaum zu erklären, warum junge oder ältere Menschen wie wir Tage und Nächte in tuberkuloseschwangeren Kellerverliesen verbringen, um sich die Ohren bis zum Hörsturz mit selbsterzeugtem Lärm zuzudröhnen. Sie geben all ihr Taschen- oder auf andere zweifelhafte Weise beschafftes - Geld aus, um teure Lederjacken und mehr- oder minderwertige Instrumente zu erwerben. Sie fahren oft wochenlang in schrottreifen und zugigen Kleintransportern in die entlegensten Winkel Europas, um sich in zwielichtigen Konzertläden von angetrunkenen Gymnasiasten, die mal richtig die Sau rauslassen wollen, mit Bierbüchsen bewerfen zu lassen. Wozu? Weshalb? Warum? Es ist die Sucht.
Wer einmal zitternd besinnungslos und schweißüberströmt nach einem Konzert von der Bühne getaumelt ist, im Kopf nichts als ein glückliches leeres Pulsieren, der weiß, wovon ich rede.
Das Unmittelbare, der frontale Angriff und die unvermittelte Reaktion der Zuhörer ist sicher auch der Grund, warum sich *Fluchtweg* im Laufe der Jahre immer mehr vom krummhirnigen Deutsch- unnd Kunstrock zum flinken und gut erfassbaren Punkrock entwickelt hat. Wir wollten nicht länger unverstanden bleiben. Und einsam schon gar nicht. Es war auf keinen Fall so, daß wir plötzlich mehr Botschaften hatten oder größere Chancen für Provokationen und revolutionären Ruhm witterten. Wir hatten nur einen Weg gefunden, unser Anliegen klarer formulieren und irgendwie auch mutiger auf den Punkt bringen zu können. Provokation bedeutet ja, du tust etwas Abnormes und testest damit die Flexibilität des Normalen. Die Provokation war in der Geschichte der ganzen Beatmusik ein enormer Motor. Durch aggressives und rebellisches Äußeres wurde die Musik in der Hand der Pubertierenden zur blanken Waffe. Und das von Generation zu Generation.
Wenn ich nicht davon überzeugt wäre, daß mit Musik in den Köpfen der Leute etwas zu bewegen ist, hätte ich bestimmt schon die Blockflöte zur Hand genommen und auf Hausmusik gemacht. Wenn man es recht bedenkt, war's doch auch in früheren Zeiten so, daß klassenbewußte Kommunarden zwar das kommunistische Manifest nicht lesen, wohl aber die erste Strophe der »Internationale« fehlerfrei singen konnten.
Ein anderes Beispiel ist der große Vorkämpfer der Punkmusik, unser einzigartiger, früh ertaubter Ludwig Fun B.. Auch seine Werke waren zum großen Teil politisch mo-

Im Zeitalter des vegetarischen Magnetismus

1. Januar
Als ich meiner Mutter sagte, ich würde unter der negativen Konditionierung durch die westliche Zivilisation leiden, meinte sie, ich sollte jeden Tag schwimmen gehen, dann würde sich meine Kondition schon verbessern. Bei solchen Eltern ist es kein Wunder, daß ich geistig unterernährt bin. Warum können sie sich nicht trennen, eine Midlife-crisis durchmachen oder eine östliche Religion entdecken wie andere Eltern auch?
Es kann ganz schön frustrierend sein, wenn man sich ständig mit den negativen Vibrationen von Menschen abgeben muß, die noch nicht ins freifließende Wing-Tschung-Gung-Fu ihres Bewußtseins vorgedrungen sind. Gerade weil ich mit diesen Idioten nichts mehr zu tun haben will, habe ich mich ja auf den Pfad zu spiritueller Erleuchtung, innerem Frieden und universeller Harmonie begeben und auf einen Anschlag im Naturkostladen geantwortet. In der Anzeige wurden Menschen gesucht, die sich in eine nicht-sexistische, antimaterialistische, am persönlichen Wachstum orientierte, das kosmische Bewußtsein fördernde Landkommune einbringen wollen. „Ro, wir halten nichts vom Egoismus, Aggression, Eifersucht, Ehrgeiz und Negativität", begrüßte mich Sundram mit sanfter Stimme. Er muß der Stammesälteste sein. Ich schätze ihn auf mindestens achtundzwanzig!
„Ich auch nicht!", stimmte ich

aus vollem Herzen zu und entsorgte sofort all diese negativen Gefühle auf meinem seelischen Komposthaufen. Ein Kreis völlig entspannter Körper in bunten Batikhemden und Schlabberhosen schloß mich ein. Zultana fragte mich nach meinem Sternzeichen. Um keinen Preis hätte ich zugeben können, daß ich ein eifersüchtiger Skorpion bin und einen egoistischen Löwen als Aszendenten habe! Ich sagte, ich sei Wassermann. Das ist nicht gelogen, sondern einfach nur mein astrologisches Pseudonym. Den restlichen Nachmittag mit verschiedenen Workshops verbracht: Kernkontakt, Darmsäuberung, Rückführung in frühere Leben. Sundram war schon mal römischer Kaiser, Camille eine chinesische Prinzessin, und wie sich herausstellte, hat meine Katze eine Menge früherer Seelengefährten gehabt und eine höhere Bewußtseinsebene erlangt als wir alle zusammen. Mir selbst ist zu meiner Vergangenheit überhaupt nichts eingefallen. Wenn ich tatsächlich schon mal auf dieser Welt war, dann wahrscheinlich als Bankangestellte. Ach, es gibt noch so viel über mich zu lernen! Wußte gar nicht, daß ich so unheimlich faszinierend bin!
P.S: In ein paar Wochen, hat Sundram gesagt, kann ich vielleicht meinen allerersten Urschrei erleben!

7. Januar
Sundram ist die erleuchtetste, spirituell fortgeschrittenste und unblockierteste Persönlichkeit in der Kommune: Er furzt in aller Öffentlichkeit.

tiviert, er schrieb ganze Befreiungs-Opern. Die Leute, die auf sein Zeug standen, wurden von der Musik mitgerissen, und sie fühlten sich durch sie miteinander verbunden, ganz ohne große Worte.
Im Klartext will ich damit sagen: Musik kann den Gefühlen der Menschen einen Ausdruck geben und dadurch ein Gemeinschaftsgefühl schaffen. Was sie ganz eindeutig nicht kann, und auch besser nicht versuchen sollte, ist argumentieren und agitieren, jemanden vom Gegenteil seiner bisherigen Meinung überzeugen.
Ich meine, was bewirkt eine »Bullenstaat, Bullenstaat«-Produktion aus dem Hause Deutschpunk bei einer 12jährigen, zahnspangentragenden *Kelly*-Fanin? Sie findet's scheiße und schaltet das Tape aus. So einfach ist das. Ihr 15jähriger Bruder jedoch, mit Doc's und Iro bewehrt, rastet in Gemeinschaft seiner Kumpels nach diesem Song total aus und zerstört auf dem Konzert im JuZe einen Stuhl. So verschieden sind die Menschen. Und auch das bewirkt Musik: Sie kann die Leute zu den unterschiedlichsten Handlungen reizen. Aber sie wird nur dann eine politische Bewegung fördern, wenn sie eine revolutionäre Kraft in einer revolutionären Zeit schon vorfindet. Nichts weniger, aber auch nicht mehr. Das habe ich mir im Laufe der Zeit erstmal klarmachen müssen. Schließlich wurde ich in der DDR unter dem Banner »Kunst ist Waffe« erzogen. Und damals schoß man ja auch noch gut auf richtig harte Ziele: Waren unsere Texte gar zu fürwitzig und kritisierten die herrschende Ordnung, dann kamen die Funktionäre vom VEB Meinung und Kultur und untersagten unserer Combo das öffentliche Auftreten. Damals gab es aber auch diese einmaligen Momente, wo wirklich alles, aber auch alles klar war: In einem kleinen Club, Berlin-Weißensee, die Luft vibrierte. Wir sangen »Wir müssen hier raus, das ist die Hölle, wir leben im Zuchthaus! Wir sind gebor'n, um frei zu sein, wir sind 17 Millionen, wir sind nicht allein!« (*Ton Steine Scherben*) im krachend vollen Saal, hundert Leute, die Fäuste zum Himmel gereckt, schwitzend mit freiem Oberkörper, wir sangen mit einer Stimme. Da wußte ich, dieses System wird fallen. Wir sind uns alle einig, und dann wird etwas ganz Großes kommen, glaubte ich. Das war im Frühjahr '89. Was in den darauffolgenden Monaten geschah, dürfte jedem noch in bester Erinnerung sein. Als sich im November für uns alle die Tore der Welt öffneten, schrieben wir folgende Verse: »Bullen und Bonzen, eure Angst hat einen Grund, Bullen und Bonzen, hier kommt die Einheizfront! Go east - Go west!« (aus dem Tape »Freiheit statt Leistung« von *Fluchtweg*) und gingen froh gestimmt auf unsere erste West-Tour.
Mal abgesehen von der literarischen Brillanz gab der Text ganz lupenrein unsere Aufbruchstimmung wider: Wir blasen jetzt den bekifften Westlern mit unserem frischen Revolutionssound die Köpfe frei, und dann kommt wieder Bewegung in die verbiesterte und schon ein wenig verlebte linke Szene. Und so setzten wir mit kühnem Mut und sturmgefüllten Segeln unser prächtiges Schiff voll in den Sand.
In den alten Bundesländern interessierte sich kein Aas für die x-te deutsche Punkkapelle, schon gar nicht, wenn sie aus dem Osten kam und zu allem Überfluß noch mit fundamentalen Absichten. Diejenigen, die auf unsere ersten Westkonzerte kamen, und

mit denen wir uns trotz allem auf ewig befreundeten, fanden unsere Werke sicher irgendwie strange, hatten aber eigentlich den Kopf voll. Probleme über Probleme, als da wären: Veganer versus Lactovegetarier, FrauenrechtlerInnen versus Stehpisser, Trotzkisten versus Neomaoisten, und der Kampf gegen Nazibanden, ob nun real existierend oder nicht, als tragendes politisches Programm. So standen wir da, der DDR-Punk in Unterhose, und ballerten aus vollen Rohren auf Seifenblasen und Luftballons. Mit unserer Waffe namens Kunst.

Was wir da in unseren Händen hielten, waren ganz jämmerliche Stöckchen statt Panzerfäuste, unsere Munition nur feuchtgewordene Zündplätzchen aus längst vergangenen Kindertagen. Unsere Band, unsere Musik waren einfach durchs Zeitloch gerutscht. Der Kapitalismus hat einen feisten Bauch, fette Schenkel und Schuhgröße 52. Einen Treffer an den lächerlich kleinen Kopf steckt er weg wie einen Fliegenfurz. Die Diktatur, aus der wir kamen, hatte dagegen einen unförmig riesigen Schädel, der auf einem ausgezehrten Körper mit zittrigen Greisenbeinchen schaukelte. Der leichteste Kinnhaken ließ die Mißgeburt taumeln.

Musik, Kunst, Subkultur sind Schläge zum Kopf. Wovor die Diktatur panische Angst haben muß, quittiert ein System wie der augenblicklich existierende Kapitalismus mit dem Heben einer Augenbraue - Spock-like. Das ist der Grund, warum Musik hierzulande fundamental gesehen überhaupt nichts bewirken kann. Jede Kunstform, man kann sie sich so schockierend und subversiv vorstellen wie nur möglich, verliert ihre Zähne, sobald sie käuflich ist. Sie unterliegt den Marktgesetzen, wie auch derjenige, der die Kunst hervorbringt, den Marktgesetzen unterliegt. Er muß sich ja von irgendwas ernähren. Wer glaubt, davon eine Ausnahme machen zu können, wird schlichtweg ignoriert oder muß sich umbringen, um zu spätem Ruhm zu kommen. Das Angebot an Knallern und Schockern mit einer unglaublichen Medienpräsenz ist schließlich flächendeckend, und der Zugriff auf jede erdenkliche Perversion für jedermann jederzeit gesichert.

Ein Paradebeispiel für Zahnverlust durch Käuflichkeit ist doch das legendäre Vietnam-Bomber-Solo »Star Spangled Banner« von *Jimi Hendrix* in Woodstock. Die Aktion selbst war ganz konsequent destruktiv, schockierend für jeden vaterlandstreuen Amerikaner. Doch schon wenige Tage später konnte sich jeder das Ereignis als LP oder MC im Supermarkt zulegen und zu Hause so oft durchnudeln wie gewünscht. Davon geht dann vielleicht der heimische Stereoturm kaputt, nicht aber das Weiße Haus. Und es wäre auch eine selbstgefällige Lüge, zu behaupten, die US-Regierung hätte den Vietnamkrieg deshalb aufgegeben, weil weiland in Woodstock ein paar tausend Hippies zu flotter Beatmusik durch den Schlamm gerutscht sind.

Die Provokation von Rockmusik in den Ländern der freien Marktwirtschaft liegt also auf einer anderen Ebene. Das Kampfgeschehen spielt sich nicht zwischen politischen Fronten, sondern zwischen den Generationen ab. Das kann schon mal politische Konsequenzen haben, in erster Linie geht es aber um die ewige Rebellion der Kids, die mit dem way of life ihrer Alten nicht einverstanden sind. Dafür waren Rockmusik und ag-

25. Januar
Heute nachmittag hat Sundram ein Blech mit Marihuana im Ofen getrocknet.
„Wozu ein richtiges Leben führen", fragte er und sog genußvoll den Rauch ein, „wenn man auch vor sich hin vegetieren kann?"
Er hatte die Lungen voller Rauch, und seine Stimme klang so gepreßt, als müßte er einen Rülpser unterdrücken. „Ro...", atmete er schließlich aus, „du wirst von deinem Kopf regiert, nicht von deinem Herzen. Du mußt aufhören, dir über irgendwelche puritanische Mittelschichtscheiße Sorgen zu machen. Du mußt dich entspannen, dich befreien, alles Unwesentliche loslassen." Mit diesen Worten legte er meine Hand fest auf seinen Penis. „Sex ist eine Form von Meditation. Erst wenn sich unsere sexuellen Energien treffen, können wir miteinander verschmelzen. Hast du je vom kosmischen Orgasmus gehört?" Sundram erklärte mir, er müsse regelmäßig Sex haben, sonst erhöhten sich seine Chancen, an Prostatakrebs zu sterben, um ein vielfaches. Armer, armer Sundram! Kosmischer Orgasmus, ich komme!

7. Februar
„Camille macht mir große Sorgen." Sky saß auf meinem Rücken, und ihre Massage wurde immer intensiver. „Ihr inneres und ihr äußeres Ich sind identitätsmäßig irgendwie in Konflikt. Sie kriegt ihre Sexualität nicht auf die Reihe." Ich sagte, Camille sei einfach großzügig. „Ja", stimmte Sky

mir zu. „Die meisten Männer in der Kommune haben von ihr schon irgendeine Krankheit gekriegt.“ Ich überlegte, wie belastend es für Camille gewesen sein muß, mit so stinkreichen Alten aufgewachsen zu sein. Sie haben Camille diese Farm doch nur deshalb geschenkt, damit sie Schuldgefühle entwickelt. Camille hat Sundram gebeten, ihr durch Rebirthing zu helfen, ihre negativen Kindheitserfahrungen aufzuarbeiten. Beim Rebirthing legt man sich nackt in die Badewanne und geht zurück bis zum Augenblick der eigenen Geburt. Man kann dabei sogar das Gesicht der Hebamme sehen und so!

14. Februar
Offenbar kann einen der Drang, in eine tiefe transzendentale Trance zu verfallen, in jedem beliebigen Moment überfallen. Obwohl ich festgestellt habe, daß er meist dann einsetzt, wenn der Abwasch dran ist. Wenn ich mich nicht als Wassermann fühlen würde, wäre ich mächtig sauer darüber, daß Tarzana, Zultana und die anderen ständig über die Vereinigung der Arbeiter quatschen, sich aber nie am Küchendienst beteiligen. Kein einziges Mal. Sundram dagegen ist wirklich traurig darüber, daß er mir nie helfen kann, das Abendessen zu machen. „Durch meine Erfahrung in den verschiedenen Kommunen bin für das Problem der Frauenausbeutung echt sensibilisiert worden. Doch leider hab ich einfach keine Zeit für häusliche Pflichten. Ich muß mich auf mein Seminar über die Förderung des männlichen

gressives Äußeres schon immer gut. Je rotziger desto besser. Ich denke mir, daß daher auch das »linke« Image von Rock über Punk bis Hardcore kommt. Die Subkultur richtet sich gegen das Etablierte, auf die Zerstörung der sogenannten Werte, die die jeweils ältere Generation so ängstlich zu verteidigen versucht. Sie wollen das konservieren, was besteht, ob gut oder nicht.

Diese Konstellation hat sich bis heute kaum verändert und wird sich nicht ändern, wenn auch ihre Erscheinungsform wechselt. Der Punk zum Beispiel ist in die Jahre gekommen, sowohl als Mensch als auch als Musikrichtung. In Deutschland war er ja nie so richtig frisch, immer im Bierdunst, mit Hang zur Dicklichkeit. Es kommt nicht von ungefähr, daß der typisch deutsche Uffta-Uffta-Pogo immer etwas von einer Polka an sich hat. Rock und auch Punk haben sich derart etabliert, daß selbst der stinknormale Hamburg-Pappenheimer-Mann sich bei »Zehn kleine Jägermeister« begeistert die Krawatte lockert oder zum »Blitzkrieg Bop« in süßer Erinnnerung die Augen verdreht. Da können verzweifelte Punkbands Scheißhaufen auf die Bühne setzen und sich Kondome durch die Nase ziehen, so richtig weh tut das keinem mehr. Das liegt jedoch keineswegs daran, daß *Bad Religion* bei Sony unterschrieben haben oder die *Bates* bei MTV auf heavy rotation laufen, sondern vor allem muß man einsehen, daß bei der Generation der dynamischen Wirtschaftsmanager und aufsteigenden CDU-Landtagsabgeordneten Rock-Kultur von Heavy Metal bis Punk schon untrennbar zu deren Lebensgeschichte gehört. Der Zündstoff der Provokation ist also weniger gefährlich als erhofft.

Da mich meine Staatsbürgerkundelehrerin aber zu einem guten Dialektiker erzogen hat, halte ich das Bestreben und Neuentstehen von Szenen und Subkulturen dennoch für unbedingt lebensnotwendig. Die Gegenkulturen nehmen ihren Ausgang von Träumen und Phantasien der Kindheit, von der Unzufriedenheit und Suche der Jugend. Nur hier haben Visionen Räume zur Entfaltung, nur hier können Gegenentwürfe und Seitenwege zur bestehenden sozialen Realität entstehen.

Wo wir schon mal beim Generationenkonflikt sind: Auch auf die Gefahr hin, einen allgemeinen Aufschrei zu verursachen, muß ich doch mal anführen, daß Rave und Techno absolut ihre Wurzeln in der Rebellion hatten, und daß trotz gigantomanischer Massenauftriebe und »Hyper,Hyper«-Kommerzialisierung die Karten noch nicht ausgereizt sind. Die ursprüngliche Raver-Szene war eine Szene ohne Stars, echte Freaks, die in wirklich ausgedienten Klamotten herumliefen und auf exzessiven Drogenpartys die Selbstzerstörung feierten. Interessanterweise war Rave mit dem Revival des Drogenkultes verbunden. Da hatten die Kids für einen kurzen Moment das System wirklich am Arsch. Das Schlimmste, was es hierzulande gibt, ist doch die Selbstverweigerung, der Rückzug aus dem sozialen Gefüge. Nichts mehr wollen, nur noch abhängen, kein Konsum, keine Produktion, keine Einzahlungen in die Rentenversicherung

Mit großem Aufwand und extremem Konsumterror gerade auf die 10- bis 13jährigen hat die Generation der schockierten Mütter und Väter es hinbekommen, den Kids die Teilnahme an der Lebens- und Arbeitswelt unseres Bienenvölkchens wieder schmackhaft zu machen und die Welt der Psychodelika und Amphetamine zu verteufeln - für wie lange? Tekkno verneinte alles bisher Dagewesene, war düster und atavistisch. Und vor allem: Jeder konnte Tekkno machen, jeder. Und das hat Tekkno dann das Genick gebrochen. Die Industrie hatte gut aufgepaßt. In schwindelerregend kurzer Zeit steckten Milliarden von Kids in adidas-Hosen und Ringelshirts, hampelten uniform over the rainbow, und was das Schärfste war, sie hielten sich auch noch für Underground. Rave ist eben ein wahres Kind des industriellen Zeitalters und die erste waschechte Totgeburt der Unterhaltungskultur.

Und dennoch bleibe ich dabei, daß hier noch nicht das letzte Wort gesprochen ist, die Ausdrucksmöglichkeiten, die »technische« Musik bieten kann, sind noch nicht mal ansatzweise genutzt worden.

Ein ebenfalls typisches Phänomen im wiedervereinigten Deutschland der 90er Jahre ist das massenhafte Wiederauftauchen der Nazi-Szene, was für mich unbedingt im Zusammenhang steht. Nicht nur, daß die größtmögliche Provokation für den desillusionierten und ziellosen Ex-DDR-Jugendlichen darin bestand, seinen ebenfalls ziellos gewordenen Erziehungsberechtigten und der sonstigen Umgebung das Verbotenste entgegenzukotzen, was es bis dato gab: Faschistische Propaganda, nationalistische Parolen. Auch die Opfer rückten nach dem Zusammenbruch des sozialistischen Weltsystems hoffnungslos ins Fadenkreuz: Rumänen, Jugoslawen, ehemalige vietnamesische Gastarbeiter. Es heißt immer, daß das Durchschnittsalter rechtsextremistischer Straftäter erschreckend niedrig ist. Wenn ich davon ausgehe, daß sich auch hier eine Rebellion gegen alle bedrückenden Lebensumstände abspielt, liegt es auf der Hand, daß die meisten gewalttätigen Nazis sehr jung sein müssen. Je jünger, desto wahlloser und unreflektierter bricht der Haß aus. Mit absoluter Treffsicherheit aber an dem Ort, wo es am meisten Aufsehen erregt. Denn Rebellion ist der feste Wille, sein persönliches Drama mit Gewalt in den Mittelpunkt zu stellen. Was keine Entschuldigung ist, im Gegenteil. Mit demselben Anspruch auf Rebellion und Tumult wurden von Neonazis auch Musikstile wie Punk und Ska okkupiert. Die rechte Szene besteht aus ganz unterschiedlichen Gruppierungen, vom Weiße-Turnschuh-Seitenscheitel-Schnösel über rechte Skins zum Nazi-Punk. Ebenso unterschiedlich wie ihr Auftreten und das Outfit ist auch ihr Musikgeschmack. Bezeichnenderweise gibt es mit den Nazi-Skins und Nazi-Punks zwei rechte Auswüchse von Trends, die ursprünglich aus einer gemeinsamen working-class-culture kommen, zu denen deckungsgleich »linke« Bewegungen existieren. Ich habe mich immer gefragt: Wie kann es kommen, daß zum selben Sound, zum Teil auch zur selben Band »Anarchos« und »Faschos« gemeinsam das Tanzbein schwingen? Um sich nachher meist ordentlich was auf die Mütze zu geben? Sind die mit den weißen Schnürsenkeln die schlechteren Punks oder die besseren Faschisten? In welche Ecke gehören eigentlich die gewaltbereiten »Aasfresser«- und »Schwanz ab!«- SchreierInnen?

Bewußtseins vorbereiten."

30. März
Die Wehen bei Camilles Geburt müssen für ihre Mutter sehr traumatisch gewesen sein. Jedenfalls haben sich Sundram und Camille jetzt schon seit Stunden im Badezimmer eingeschlossen. Ihre arme Mutter hätte inzwischen Drillinge zur Welt bringen können. Seltsame Stöhn- und Wimmerlaute dringen unter der Tür durch.
Zeit, daß ich lerne, meine Selbstsucht zu überwinden. Will zuerst mal meine positive Heilkraft einbringen und Sundram bei Camilles Rebirthing im Badezimmer helfen.

1. April
Sundram interessiert sich tatsächlich brennend für Camilles inneres Selbst und ist tief in sie eingedrungen.

3. April
Sundram meint, Sex sei bloß eine Körperfunktion. In dem Fall hätten ein paar gemeinsame Darmentleerungen es ja auch getan.
Sky sagt, ich verhalte mich besitzergreifend, eifersüchtig und unerleuchtet (dabei habe ich Camille nur eine Schüssel mit Tofu und Getreidebrei über den Kopf gestülpt), und ich solle doch einfach mit jemand anderem ins Bett gehen.

5. April
Habe heute einen Brief vom Arbeitsamt für Sundram abgefangen. Sein echter Name ist Simon, und - halt dich an deinem Aszendenten fest! - er war früher Angestellter bei der Handelsbank. Das erklärt wohl

auch, warum er immer davon redet, man müßte in Menschen investieren, sein psychisches Einkommen verwalten und das eigene Energiekonto ausgeglichen halten. Und das erklärt auch, warum er Mineralwassser immer erst aufmacht und zwei Stunden atmen läßt, bevor er einen Schluck davon nimmt. Jetzt weiß ich, warum ich nie einen kosmischen Orgasmus hatte. Sein Yang ist nicht mehr mein Ding.

10. April
Camille sagt, Sundram hätte ihr aus der Hand gelesen und gemeint, sie würde von ihrem Kopf, nicht von ihrem Herzen regiert. Sex sei eine Form von Meditation, erst wenn sich ihre sexuellen Energien träfen, könnten sie miteinander verschmelzen. Sie würden einen kosmischen Orgasmus erleben, und wenn sie ihn abweise, könnte er an Prostatakrebs sterben... „Außerdem", sagt sie, „versuche ich gerade, meine sexuelle Identität zu finden, ich meine ob ich hetero oder lesbisch bin... oder vielleicht sogar beides."

10. Mai
Sundram ist richtig wütend geworden und hat mich angeschrien, wir dürften nur Gemüse essen, weil uns Gemüse friedlich und sanftmütig stimmt. Erst wenn wir durch Gemüse den Magnetismus der Erde ändern, könnte ein neues Zeitalter beginnen. Meiner Meinung nach hat er Gemüse im Hirn. Und außerdem, meinte er dann, wenn ich schon Schokolade esse, muß ich sie mit allen anderen teilen. Deshalb leben wir ja in

Schlußfolgerungen liegen auf der Hand:
1. Weder hinter dem mit Sicherheitsnadeln befestigten »Gegen Nazis«-Aufnäher noch hinter dem allseits bekannten »Ich bin stolz...« steht in jedem Fall eine gefestigte und begründete Weltanschauung.
2. In beiden Szenen wird der Haß in vollen Zügen ausgelebt, Musik und Outfit sind durch ihre Aggressivität das ideale Ventil.
3. In der rechten Szene richtet sich der Haß oft viel intensiver und gewalttätiger auf wehrlose Opfer. Bei den Linken scheint mehr der Selbsthaß und die vehemente Brutalität gegen den Feind in den eigenen Reihen vorzuherrschen. Ob Haß positiv oder negativ ist, steht für mich nicht zur Frage. Haß gehört wie die Liebe als grundlegendes Gefühl zum Menschen, unausweichliches Phänomen wie Geburt und Sterben. Er schafft immer Platz für Neues, wird aber dann sehr gefährlich, wenn er exzessiv und gefühllos an anderen Menschen ausagiert wird. Wie man mit seinem Zerstörungstrieb umgeht, ist eins der wichtigsten Dinge, die Eltern ihrem Nachwuchs vermitteln müssen. Es ist also nicht ganz einfach, linke und rechte Szene bzw. linke und rechte Produktionen immer glasklar und auf Anhieb zu unterscheiden. Letztlich würde ich die Leute immer nach ihren Taten beurteilen und nicht nach der Farbe ihrer Schnürsenkel. Es ist mir paradoxerweise schon vorgekommen, daß nach unseren Konzerten Leute aus dem Publikum ankamen und sagten:...»Geiles Konzert, und dabei hatten wir eigentlich gedacht, daß *Fluchtweg* eine rechte Band ist...«. Meist hatten die Leute dann auch noch ein paar Textzeilen auf Lager, die sie völlig willkürlich und in verdrehtem Zusammenhang als verkappte faschistoide Äußerung entlarvt zu haben glaubten. Es lebe die Suggestion!
Auf der anderen Seite ist es mir immer noch lieber, wenn der geneigte Hörer sich seinen eigenen Reim auf unsere Werke machen kann, als das endlose »Nazis raus, Nazis raus«-Gesabber der Betonkopf-Fraktion, daß jedem denkenden Punk doch nur ein müdes Gähnen auf die bleichen Lippen zaubern kann. Wobei das Herunterleiern linksideologischer Wortschablonen in einigen Kreisen immer noch als Qualitätssiegel für einen guten Punk-Text gilt. Dagegen hat sich *Fluchtweg* selbst zu Sturm- und Drangzeiten immer verwahrt. Keine Agitation, keine Ideologie. Selbst wenn ich glaube, mit meiner Meinung richtig zu liegen, will ich sie niemandem aufdrängen und dabei die Musik als Vehikel ausnutzen. Die Textideen kommen mir schließlich in allen möglichen und unmöglichen Situationen. Vom berühmten Kloschüssel-Take bis zum Politsong nach dem Abschalten der »Tagesschau«. Ebenso unterschiedlich ist der Charakter der Stücke, die mal ein festes Statement sind, ein andermal eine völlig offene Frage formulieren. In allen Fällen versuche ich, einen gewissen ironischen Abstand zu behalten, denn nur auf diese Weise kommt ein wirklich guter Joke zustande. Das bringt doch noch immer den meisten Spaß: Die eisernen Grundfesten und Unerschütterlichkeiten unserer Zivilisation der Lächerlichkeit preiszugeben. Außerdem gibt es die absolute Wahrheit nicht. Sagte auch meine Staatsbürgerkundelehrerin, und wenn selbst die schon sowas sagt...

Das ist so in etwa die Position, auf die sich die Band im Laufe der Jahre zuentwickelt hat. Die »Augen zu und durch die Wand«-Haltung der Ost-Combo hat sich kaum bewährt, da unsere verschlüsselte und aufs Abstrakte gerichtete Sprache einfach nicht von den Leuten aufgenommen werden konnte. Die Provokation ging ins Leere, der Kapitalismus an sich steht zur Zeit gar nicht zur Debatte, jedenfalls nicht als Zielscheibe des Klassenkampfs. Das kann und wird wieder kommen, ist zur Zeit aber Utopie.

Ich halte es auf jeden Fall für ehrlicher, den Leuten auf den Kopf zuzusagen: Das sind meine Erfahrungen, dies gefällt mir, jenes nicht. Wenn es durch die Konkretheit sehr privat wird, und sich einige dadurch angegriffen fühlen, um so besser. Es war auf jeden Fall immer ein Spaß, die unterschiedlichen Reaktionen auf unseren Schlachtruf »Ich bin ein arbeitsscheuer Ostler, und das ist mir nicht peinlich« zu erleben. Die meisten im Publikum feiern total, dann gibt es immer wieder ein paar Ostler oder gar Westler, die sich durch die Überhöhung des Klischees derart angepinkelt fühlen, daß sie kurz davor sind, handgreiflich zu werden. Das ist sehr interessant, das beobachten wir mit Zufriedenheit. Solche Lieder sind nicht umsonst.

Fluchtweg

einer Kommune, weil wir alles miteinander teilen (Sexualpartner eingeschlossen!).
Der Kühlschrank ist voll von Papiertüten mit den Namen ihrer Eigentümer, und auf den Fruchtsaftkartons steht „giftig“, um durstige Fremde abzuschrecken. Sky schreit Camille an, sie solle gefälligst aufhören, den Tofu zu würfeln. „Der Tofu gehört mir, du Arschgesicht!“ Wir werden täglich friedlicher und sanftmütiger...

30. Mai
Habe noch einmal über alles nachgedacht. Vielleicht ist dies ja doch noch nicht das Zeitalter des vegetarischen Magnetismus. Yin und Yang haben was mit Harmonie und Gleichgewicht zu tun, oder? Auch wenn uns das noch so stinkt, wir haben gar keine andere Wahl, als uns mit Hamburgern vollzustopfen, vor dem Fernseher dahinzuvegetieren und uns am Frauenabend zu besaufen und so... Auf diese Weise leben wir wenigstens in Harmonie mit der ganzen Scheiße um uns herum, oder?

31. Mai
251. Tag unterwegs zu spiritueller Erleuchtung, innerem Frieden und universeller Harmonie.
Entgleist.

1. Juni
Glaube, ich werde Punk.

Kathy Lette
aus: Die Sushi-Schwestern;
Rowohlt Taschenbuch,
Reinbek 1995.

„18jähriger Punk sucht zum Aufbau einer späteren Beziehung gleichgesinnte Sie, Alter egal. Chiffre 97-01-14."
Kontaktanzeige in einem Stadtmagazin, März 1997

Für diesen speziellen Fall, nämlich nur Songs zu spielen, die uns Spaß bereiten und im Publikum eine gefühlsmäßige Resonanz finden, möchte ich für *Fluchtweg* das Attribut »ehrlich« in Anspruch nehmen. Ansonsten muß man mit dieser Kategorie sehr vorsichtig sein. Ich glaube, gerade im Independent-Bereich gibt es kaum etwas Ausgelutschteres als die Begriffe »authentisch« und »ehrlich«.

Wenn es überhaupt jemanden auf der Welt gibt, der diese Ehre verdient, dann ist es eine Band wie *Take That*. Diese Boys sind konsequenter als die *Sex Pistols*, die erst Wochen nach der Bandgründung verkündeten: »Alles, was wir wollen, ist richtig absahnen.«

Es ist nicht gerade so, daß ich sehr verärgert wäre, wenn wir plötzlich mit *Fluchtweg* oder unserem Label TollShock Geld verdienen würden, ich wäre wahrscheinlich nur erstaunt. Aber ich möchte nicht davon abhängig sein. Es ist schon so, daß wir bei unseren Veröffentlichungen gut überlegen müssen, ob es dafür auch Kundschaft gibt. Wenn es uns zum Beispiel einfiele, die nächste *Fluchtweg*-Platte nur mit einer Baßtuba solo einzuspielen und auf TollShock herauszubringen, dann wären wir nicht mehr lange independent. Ich weiß nicht, ob sich da jemand mit -zigtausend DM Schulden als unabhängig bezeichnen kann. Da existiert also auf jeden Fall ein finanzieller Rahmen, in dem sich ein Kleinlabel bewegen muß. Diese Situation ist aber allemal besser, als sich in unfreier Lohnarbeit für einen Medienmulti zum Kasper zu machen, der dann deine ganze Schöpfung ausschließlich nach dem größtmöglichen Reibach auszuschlachten versucht. Unser erstes Album (1991) kam auf diese Weise zustande. Danach gab es für uns nur die Wahl, die Band aufzulösen oder auf eigene Faust weiterzumachen. Worauf wir dann 1994 TollShock als eigenes Label mit eigenem Vertrieb gründeten.

Mit Sicherheit kann es für eine Band, die weiß, welchen Stil sie spielen will, welchen Sound sie braucht und wie die sogenannte Zielgruppe aussieht, der große Durchbruch sein, wenn sie einen potenten Geldgeber, sprich Plattenfirma, im Rücken hat. Der warme Regen möge ihre durstigen Seelen laben, ich finde nur ganz persönlich diese Herangehensweise nicht besonders spannend. Solange aber eine Band auf der berühmten Suche ist, sich nicht festlegen will, hat sie den Geldgeber nicht im Rücken sondern im Nacken. Junge Bands werden mit einer unglaublichen Ignoranz in eine ganz bestimmte Marketing-Ecke gedrückt, wo sie gefälligst zu verweilen haben, bis der Investor seinen Einsatz wieder hat. Und da rechnen die Firmen mit einem Zeitraum von etwa fünf bis sechs Produktionen, und bitte alle in dieselbe Kerbe, um die Zielgruppe nicht zu verschrecken.

Es grenzt auf der einen Seite schon an Komik, auf der anderen ist es dann nur noch bitter anzusehen, wie die Unterhaltungsgiganten den Markt mit perfektionierten, komplett durchdesignten Produkten derart zubuttern, daß selbst ein Aldous Huxley Ohrensausen bekommen würde. Ein Konzern wie Sony stellt eben Musikkonserven genauso pragmatisch und verbraucherfreundlich her wie Fernsehapparate oder Trockenrasierer. Der Trend geht eindeutig von der Genialität einiger weniger Musiker

zur massenhaften Reproduzierbarkeit. Unsere Ära wird als Recyclingepoche in die Geschichte eingehen.
Dafür finden sich auf meinem heimischen Plattenteller immer häufiger die Werke verschrobener Sonderlinge wie *Funny van Dannen* oder *Johann Sebastian Bach*. Das ist nicht sonderlich punkig und kann eine Alterserscheinung sein. Andererseits denke ich mir, warum sollte ausgerechnet in der Musik der Hase anders laufen als in anderen Lebensbereichen. Während in den ehemaligen Ostblockstaaten oder auch in den sogenannten Dritte-Welt-Ländern die Menschen um ihre Existenz kämpfen, mutieren in den Industrienationen die Kids zu autistischen Computerdrohnen. Ob das extreme Ungleichgewicht nicht doch in Zukunft zu harten und blutigen Auseinandersetzungen führen wird, wage ich zu befürchten. Auf jeden Fall aber wird der gigantische Vormarsch künstlicher Existenz zu ganz neuen Zivilisationsformen führen. Die menschliche Gemeinschaft wird sich als solches auflösen und nur noch mittelbar über Nets und Webs miteinander kommunizieren. Der riesige Informationsüberfluß ruft die Einengung der Wahrnehmung nur noch auf sich selbst und sein unmittelbares Umfeld hervor. Das schreit natürlich nach einer starken administrativen Kontrolle, nach der festen politischen Hand, die per Gesetz und notfalls mit Gewalt den reibungslosen Ablauf der gespenstischen Maschinerie durchsetzt. Die Anfänge dieser Tendenz sehen wir bereits jetzt im Aufschrei nach mehr Zensur und härteren Gesetzen. Anders als mit einem Vakuum an außerparlamentarischer Kontrolle ist auch die endlose Monarchie von King Kohl nicht zu erklären. Oder auch von Berti Vogts.
Beim Aufschreiben dieser düsteren Visionen gefriert mir die Lymphe in den Fingerspitzen und ich muß mir, glaube ich, einen frischen Tequila holen. Wenn wirklich alles so finster kommt, wie es aussieht, emigrieren wir als Band geschlossen auf den Tequilamond und spielen von Erdauf- bis Erduntergang »Fun,Fun,Fun«.
Olé!!!

Ronnie Burian, Sänger und Texter von *Fluchtweg*

Fluchtweg-Veröffentlichungen:

1990	MC	„Freiheit statt Leistung“
1991	MC	„Fastfood Generation“
1992	CD/LP	„Fluchtweg“
1994	EP	„Blute Babylon“
1994	CD/LP	„Tempo, Tempo“
1995	CD/Pic.LP	„Arbeitsscheue Ostler“
1996	Split-EP	„So endet Deutschland“ (Fluchtweg/Noe)
1996	MCD	„Le Figur“

erhältlich über TollShock, Postfach 350126, 10210 Berlin.

Was zum Teufel ist mit Punk?

Eine höchst subjektive Betrachtung von Klaus N. Frick.

Machen wir uns nichts vor: Im Jahr 1997 ist Punk in all seinen Spielarten und Richtungen was ganz anders als 1977 oder - wegen mir - auch 1981. Die Szene hat sich in einem Maße gewandelt, das früher unvorstellbar gewesen wäre. Es soll jetzt gar nicht darum gehen, nachzuvollziehen, warum sich Punk gewandelt hat, warum es Punk immer noch gibt und warum es meiner Meinung nach immer noch eine geile Sache ist, Punk zu sein. Es geht um die Darstellung, was Punk für mich bedeutet, denn letztlich muß jeder für sich selbst entscheiden, was er tut und was er läßt.
Das ist im übrigen darüber hinaus das, was Punk so problematisch macht: Tausende von Menschen allein in diesem Land bezeichnen sich und ihre Lebenseinstellung als Punk - und diese Menschen können sich maximal auf einen gemeinsamen Ursprung (»*Sex Pistols* und *Ramones,* ey!«) einigen, mehr aber nicht. Die »Szene« zerfällt in zahlreiche »Sub-Szenen«, die sich teilweise spinnefeind sind oder zumindest eine Art Feindschaft kultivieren (was meist lächerlich genug ist): Studenten-Punks, Siff-Punks, Autonomen-Punks, Straßen-Punks, Hardcore-Punks, Peace-Punks, Straight-Edger, Emocorer, Hatecorer, Grindcorer oder 77er-Punks sind nur einige der Stichwörter, die einem in diesem Zusammenhang einfallen.
Ich erhebe nicht den Anspruch zu wissen, wohin die Reise geht. Ich kann nur meine Meinung schreiben. Vielleicht kann der eine oder die andere was mit meinen Gedanken anfangen; wäre schön.

Pasquale: „Mit 14 probierte ich das erste Mal einen Joint. Knapp schaffte ich meine Lehre als Elektriker. Danach hatte ich keinen Bock auf nichts mehr. Graffiti, Aggressionen und Drogen waren mein Leben. Das Kiffen hat mich total betrogen. Erst Jesus konnte mein Leben ordnen und mir eine sinnvolle Aufgabe geben."
Xaver: „Nachdem ich mit 14 schon in 13 Schulen und 4 Heimen war, stellte ich mir die Frage nach dem Sinn des Lebens. Da ich keinen fand, beschloß ich, mein Leben zu genießen und mich dicht zu machen. Ich wurde Punker und mußte wegen Drogenhandels in den Knast. Schließlich begegnete mir Gott und stellte mich vor die Wahl: als Punker oder Junkie zu enden oder den Weg mit Gott zu gehen."
Aus: Life for Fun. Christliche Literatur-Verbreitung e.V., Bielefeld 1997, S. 11.

Klaus N. Frick, Jahrgang 1963, ist im Hauptberuf *Perry-Rhodan*-Redakteur, ansonsten Mitarbeiter und Macher diverser Zines (*Enpunkt, Sagittarius*), und bereitet derzeit unter dem Pseudonym „Peter Pank" eine Buchveröffentlichung seiner gesammelten *Zap*-Reiseabenteuer zu den Kultstätten extraterrestrischer Wesen vor.

Klaus N. Frick

Was kost' 'ne Titte?

Ein paar freundliche Worte an alle Unternehmensberater und Trendagenturen

Im Dienste einer unersättlichen Maschine seid Ihr darauf aus, uns Dinge zu stehlen, die wir dann nicht mehr benutzen können. Wir werden bis aufs letzte Hemd ausgezogen, und sogar das Arschloch wird mit einer Halogentaschenlampe ausgeleuchtet, damit auch ja nichts an neuen Marketing-Ideen verlorengeht. Die schönsten Dinge werden in Produkte verwandelt, und nicht einmal mehr das Wort „Liebe" kann ausgesprochen werden, ohne vollends vom Brechreiz durchgeschüttelt zu werden. Uff, das liest sich ganz schön systemkritisch, aber das kennt man ja aus Punk-Kreisen. Sind ja schließlich irgendwie „links", gegen „Kommerz" und in ihrem jugendlichen Leichtsinn für „Anarchie", weil diese armen Irren immer noch nicht gemerkt haben, daß das Leben doch sehr schön sein kann.
Ich glaube, Ihr verwechselt da was. Nicht die Punks, sondern IHR seid doch links und wählt Grün, aufgeschlossen und fortschrittlich, gegen eine Ausgrenzung alternativer Kulturformen, gegen Vorurteile, sei es nun gegen Ausländer, Penner oder auch Punks! Schließlich wollt Ihr an ALLE verkaufen, nicht nur an deutsche Schlipsträger!
Das freut uns aber, und zum Dank für dieses wohltätige

Punk heißt: geiler Lebensstil

Punk ist in erster Linie ein Lebensstil, der Spaß macht - mit allem, was dazugehört. Bunte Haare, abstehende Haare, entsprechende Klamotten, laute, heftige Musik, Party bis zum Umfallen, laute Konzerte, Bierspritzen und was mir sonst noch in den Sinn kommt. Punk schockt den Spießer, ärgert die Eltern, bringt einem meist auch einiges an Ärger ein, besorgt einem aber ebenso oft so was ähnliches wie ein ständiges Abenteuer. Als Punk durch die Innenstadt zu latschen oder mit Freunden und Freundinnen und dem Mitfahrticket der Deutschen Bahn durch die Lande zu tuckern, das bedeutet immer noch einen Heidenspaß, immer wieder vereint mit einem Heidenärger. Aber das nimmt ein »anständiger Punk« ja gerne in Kauf.
Punk ist kein Lebensstil von der Stange. Nicht jeder kann ein Punk sein, kein Witz! Ich habe im Laufe der Jahre genügend Leute kennengelernt, die's versucht haben, denen die ganze Sache dann aber zu stressig war, manchmal auch zu nervig. Zum Punk muß man nicht unbedingt geboren sein, aber es macht die Sache einfacher, wenn man schon immer »ein bißchen anders« als die anderen war. Punk ist keine vorgetäuschte Jugendrebellion wie Heavy Metal, kein Starallüren wie beim HipHop, schon gar keine Show mit tollen Klamotten wie bei Techno.
Punk ist eine Sache, die natürlich auch »von innen« kommt, die du in dir selbst ausleben mußt. Du bist nicht nur Punk, weil du gerne *Ärzte* hörst. (Es ist im übrigen nicht schlimm, *Ärzte* zu hören; als »Einstiegsdroge« sind die Herren sicher nicht das Schlimmste. Es ist nur dann schlimm, wenn du glauben solltest, die *Ärzte* seien alles, was Punk ausmacht. Dann hast du ein Problem.) Das kann jeder Techno-Depp. Du bist nicht nur Punk, weil du gerne am Brunnen sitzt und Bier trinkst. Das kann jeder Penner und jeder Schnauzbart-Proll.

Elf Flaschen sind ein neues Bier, Kopenhagen, Mai 1994

Punk heißt: dagegen sein

In Punk steckt aber nicht nur ein geiler Lebensstil. Der hat ja seine Ursachen, ebenso wie das »anders sein«. Oft ist Punk nur das I-Tüpfelchen auf einem allgemeinen Unwohlsein. Man hat keine Lust auf die Biederkeit der Eltern, auf die kreuzlangweilige Schule, auf einen Beruf, der einem keine Sekunde lang Spaß macht. Viel interessanter ist es, Abenteuer auf der Straße zu erleben, mit Freundinnen und Freunden Party zu feiern und gute Musik zu hören.

Als Punk ist es - so sehe ich das - eine Selbstverständlichkeit, sich gegen Autoritäten aufzulehnen. Ich bin Punk-Rocker, weil ich keine Lust habe, das zu tun, was meine Eltern und 80 Millionen kreuzlangweilige Bundesbürger machen. Ich habe keine Lust, mir von der Polizei, von den Lehrern, von irgendwelchen Richtern oder Sozialarbeitern Vorschriften machen zu lassen, die ich nicht erfüllen will. Ich bin dagegen.

Punk ist eine Kunst der Auflehnung. Dagegen sein ist geil. Es macht mehr Spaß, zu einer kleinen fiesen Gruppe zu gehören, die keiner von den Spießern so richtig mag, als zu einem Meer langweiliger Kids, die von Regierung und Presse beständig für ihre »Sauberkeit und Ordnung« gelobt werden. Wenn ich darauf stehe, von den Bonzen und ihren Helfershelfern gelobt zu werden, dann gehe ich in die Junge Union oder schließe mich einem christlichen Gebetskreis an. So!

Als Punk aber habe ich darauf keine Lust. Ich bin gegen Anpassung und Uniformierung, ich habe keine Lust, so auszusehen wie Millionen anderer Leute, und ich habe keine Lust, das zu tun, was alle anderen machen. Und ich habe erst recht keine Lust darauf, den Mist anzuhören, der im Radio läuft - deshalb höre ich meine eigene Musik. Das sind im Prinzip die Beweggründe für das »Dagegensein«, und jeder, der diese Zeilen hier liest, wird eine halbe Million weiterer Gründe auflisten können. Denn jeder hat seine eigenen...

Straßenkids am Bahnhof Zoo, Berlin, August 1996

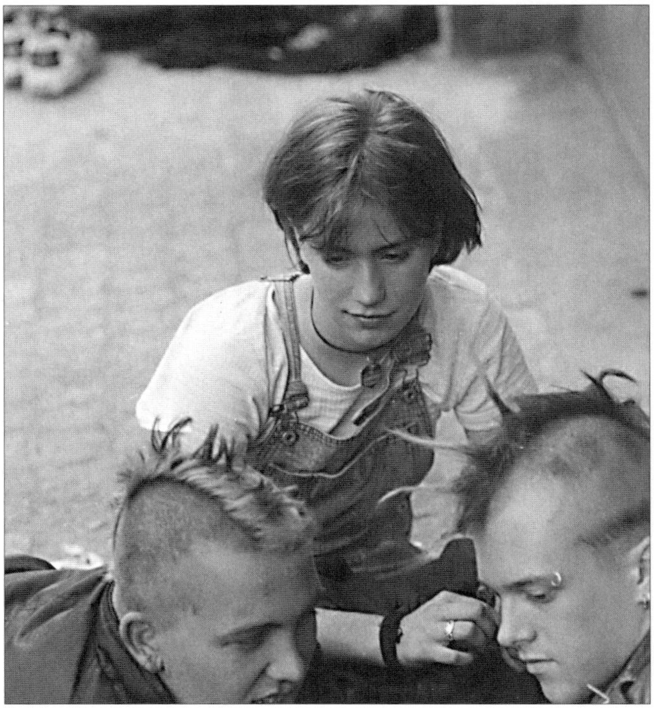

Verhalten wünsche ich Euch ein paar wohlplazierte Schläge auf die Fresse. Das ändert zwar nichts, würde aber uns und Euch die Erkenntnis verschaffen, daß Marktforschung ganz schön weh tun kann. Scheiße nur, daß ich selbst kein Schläger bin, aber glücklicherweise gibt es ja a) dafür andere begeisterte Mitmenschen und b) die Möglichkeit, Euch in dieser Form kräftig in die Fresse zu kotzen.

Dabei soll Euch doch Karl Nagel, der Punk, erklären, wie's denn um die „Verweigerungshaltung“ der Punks bestellt ist. Es finden sich ja immer genug Narren, die für Zweimarkfuffzig bereit sind, die Hintergründe ein wenig auszuleuchten. Ist doch auch ein gutes Gefühl, man klärt ja auf, verbreitet die „Wahrheit“ über die „Szene“ und kann so helfen, „Vorurteile abzubauen“...

Ich sage Euch dazu nur eines: Die angebliche „Verweigerungshaltung“ der Punks besteht nur darin, für die ganzen bunten Waren, die Ihr uns andrehen wollt, nicht auch noch BEZAHLEN oder gar ARBEITEN zu wollen. Viel schöner wäre es doch, einfach in die Kaufhäuser zu gehen und sich die Dinge zu NEHMEN, die einem gefallen. Davon gibt es ja eine ganze Menge, und dank der Werbung weiß man ja bestens darüber Bescheid, was das Leben so schöner macht! Dumm nur, daß das Eigentum hierzulande geschützt ist und man schnell in den Knast kommt, wenn man von

eifrigen Kaufhausdetektiven und Bullen bei Diebstahl und Einbruch erwischt wird!
Ach ja, romantische Gefühle kommen da vielleicht bei manchen von Euch auf, schließlich warst DU eventuell ja selbst mal Punk oder was Anverwandtes, oder gar '68 mit Rudi Dutschke in der ersten Reihe! Aber, liebe Punker, merkt Euch: Bei KARSTADT zu klauen ist o.k., die hams ja, aber bitte nicht dem Ökobäcker die Brötchen zocken oder dem Plattenladen um die Ecke die Regale ausräumen. Denn die gehören ja zu UNS, und da wir ja alle gegen Kohl und für eine saubere Umwelt sind...bröööhrrr! Laßt mich mit Euren Schein-Alternativen in Ruhe. Sie stinken zum Himmel und sind nur ein weiteres Ventil, um den Kessel an der Explosion zu hindern, um zu vermeiden, daß immer mehr Menschen ihrer zerstörten Seele freien Lauf lassen und z.B. bei McDonald's mit der Maschinenpistole aus Kindern Hamburger machen.
Die perfekte Durchorganisierung der Gesellschaft in Tateinheit mit detaillierter Ausleuchtung all ihrer Facetten in Form von Marktanalysen und Marketingstrategien ist ein widerlicher Versuch, den Zerfall dieser beschissenen „Zivilisation" in ihre Exkremente bis zum Gehtnichtmehr hinauszuzögern.
Genau dagegen steht Punk in seinem Kern, und genau deshalb solltet Ihr ihn gefälligst hassen. Paßt auf Eure Wertsachen auf, auf Eure schönen Wohnungen und Eure

Absturz nach Komasaufen,
Berlin Friedrichshain, Juni 1996

Punk heißt: auch mal nachdenken

Und warum bin ich dagegen? Das ist doch jetzt die Frage. Generell hat jeder dieses Gefühl von Unwohlsein in sich verspürt, als er oder sie Punk wurde oder sich für diese Szene interessierte. Man wollte anders sein, man war anders. Man hatte was gegen das »System«, gegen die Spießer, gegen die Normen dieser Gesellschaft. Nur warum? An diesem Punkt sollte das Nachdenken einsetzen. Bier trinken, am Brunnen sitzen und Punk-Rock hören allein genügt eben nicht, so meine ich.
Woher kommt diese Unzufriedenheit? Liegt's vielleicht doch daran, daß das System, in dem wir leben, einen prinzipiellen Fehler aufweist? Den nämlich, daß es Ungerechtigkeit produziert und die bereits bestehende Unzufriedenheit weiter ausbaut. Warum nur werden Arbeitende gegen Arbeitslose ausgespielt? Warum werden Ausländer, Punks, Schwule und Behinderte systematisch zu Menschen zweiter Klasse gemacht, ausgegrenzt oder angegriffen? (Wobei ich als Punk eigentlich nicht ausgegrenzt werde, sondern mich selbst und aus purer Absicht ausgrenze - aber das ist ja wieder ein ganz anderes Thema.) Warum nur werden einige fette Bonzen in diesem Land immer reicher, während im Winter Obdachlose in deutschen Städten erfrieren? Da kann doch was nicht stimmen!
Ich verlange von niemandem, daß er irgendwelche blödsinnigen Parteiprogramme liest. Da steht eh nur Müll drin. Und falls kein Müll drinstehen sollte, dann ist davon auszugehen, daß sich die Wichser in den Parteien selbst nicht um ihren Schrieb kümmern. Ich verlange aber von einem Menschen, der sich als Punk versteht, daß er gelegentlich mal nachdenkt. Das ist im übrigen nicht so schwer und kann beispielsweise beim Wechseln der CD (puh!, fast hätte ich »beim Umdrehen der Platte« geschrieben, aber es hat ja kaum noch jemand 'nen Plattenspieler) oder zwischen dem zweiten und dritten Bier wunderbar erledigt werden.
Aber zumindest einige prinzipielle Dinge kann sich jeder durch die Birne gehen lassen. So gibt es hierzulande einfach viel zu viele Leute, die Spaß daran haben, Macht über andere Menschen auszuüben und diese zu unterdrücken. Dagegen kann unsereins nur eine einzige Kraft setzen: unseren Zusammenhalt, »unsere Szene«.
Nur wenn wir zusammen was machen und uns nicht untereinander bekriegen, nur dann sind wir stark. Zu dieser Einsicht zu kommen, ist eigentlich nicht so schwer - die Realität zeigt aber, wie weit viele Punks (oder solche, die sich dafür halten) von eben dieser Einsicht entfernt sind.

Punk heißt: selbst was tun

Kommen wir zum Ende dieser Predigt (langsam komme ich mir wirklich vor wie ein Prediger, hm). Wenn ich das alles durchdenke - Punk als Spaß am Widerstand und an der Auflehnung, Punk als eine Art und Weise, ein »anderes« Leben zu leben -, dann

Fickpartner. Schneller als Ihr denkt, könntet Ihr ohne all diese schönen Spielzeuge dastehen, weil irgendein böser Punk Eure Geldbörse geklaut hat, Eure Wohnung zuscheißt und schließlich den Fernseher aus dem Fenster schmeißt. Und nicht zu vergessen, gerade Deine Freundin fickt. Oder Deinen Freund fickt. Weil, Punks haben zwar weniger Kohle und billigere Klamotten, aber dafür größere Schwänze und dickere Titten. Das wäre doch mal eine Marktanalyse wert, oder?
Wenn Ihr mehr wissen wollt, fragt doch einfach mal die kleinen und großen Firmen, die mit Produktion, Verkauf und Versand von Punk-Scheiben ihr Geld verdienen. Die werden bereitwillig Eure Fragebögen ausfüllen, schließlich haben sie ein großes Interesse, daß ihr Marktsegment wächst und gedeiht. Am besten natürlich ohne Krawall und CHAOS-TAGE, versteht sich. Könnten ja die eigenen Platten geplündert werden...
Das zum Thema „Jugend" und „Punk". Scheiße nur, daß ich schon 34 bin und überhaupt nicht mehr punk, aber ICH habe wenigstens ein gutes Gedächtnis...
Karl Nagel

Karl Nagel, Hamburg, ist Spitzenpolitiker der Anarchistischen Pogo-Partei Deutschlands (APPD) und subversiver Nachrichtenjunkie, spielte mal bei den *Militart Mothers* und gab das Zine *Hackfleisch* heraus.

Altgeworden!? – aus „Punks« werden „Papis«,
Berlin Friedrichshain, April 1997

komme zumindest ich zu dem Entschluß, daß ich auch etwas tun muß. Und zwar schon, um dieses Leben, diese Kultur der Auflehnung beibehalten zu können. Geschenkt bekommen wir nämlich von den Mächtigen in diesem Land nichts, darauf könnt ihr euch verlassen.
Natürlich kann jeder und jede tun, was er oder sie will. Ist mir im Prinzip ja auch scheißegal. Aber das Leben ist amüsanter, wenn man es mit Inhalt füllen kann. Zu tun gibt es genug. Und ob jemand jetzt ein Punk-Konzert organisiert, ein »Osterdosenbier-Suchen« (wie in Göppingen) oder ein Fanzine zusammenschreibt, ist mir letztlich erst recht egal. Hauptsache, die Sachen sind Punk und regen auf - oder an.
Natürlich kann man auch mehr tun. Wegen mir Faschos vor Ort entgegentreten und sich nicht in die bequeme Nische zurückziehen: »Ich bin ja Punk, mich geht das nichts an.« Wegen mir auch mal eine eigene Band gründen; so schwierig ist das nicht, und gut muß die Kapelle auch nicht sein. Wegen mir auch mit lustigen Aktionen für Aufsehen sorgen: Mit einer (notfalls zusammengeschnorrten) Mark und einer Riesenladung Einkaufswagen vor einem ALDI lassen sich beispielsweise sehr lustige Dinge in Innenstädten anstellen. Hauptsache, die Spießer ärgert's und dir macht's Spaß. (Entscheidend ist's immer, wem man »schadet«. Ich halte nichts davon, die »eigenen Leute« zu schädigen. Das ist scheiße, denn Feinde haben wir ja eh genug.)
Noch besser ist's natürlich, gemeinsam mit anderen Leuten was zu machen. Dieses »United«-Ding ist nämlich wirklich mehr als nur eine Floskel, die kann man durchaus mit Leben füllen. Es heißt ja nicht, daß korrekte Leute und Arschlöcher »united« sein müssen. Es heißt in erster Linie, daß die Leute zusammen halten und was zusammen machen, die ohnehin zusammenhängen, zusammen feiern und im Notfall auch von denselben Bullen verhaftet, von denselben Nazis angegriffen oder von denselben Sozialarbeitern blöd zugelabert werden. Zusammen was zu tun, macht tierisch Spaß - und damit meine ich jetzt nicht nur, zusammen einen saufen. (Wobei das ja auch Spaß machen kann. Übrigens: Wer mich einladen will, ich bevorzuge als Export Alpirsbacher Klosterbräu, trinke gerne aber auch Pils und bevorzuge im Sommer, wenn ich schwitze, Kristallweizen. Hm, Dosenbier trinke ich nur, wenn's nichts anderes gibt, denn meist schmeckt das gar nicht. Punker-Kult hin oder her.)
Gemeinsam Party feiern, gemeinsam was unternehmen, gemeinsam auf Konzerte fahren und irgendwann auch gemeinsam Konzerte organisieren. Wer selbst was auf die Beine stellt, verspürt mehr Stolz auf sich und seine Leistung. Und das ist nicht das schlechteste.

In diesem Sinne: Stay cool! Stay Punk!

„Vielleicht steckst Du in einer ähnlichen Situation wie ich damals. Wenn Dein Leben voller Schuld ist, sei es durch Alkohol, Drogen, Geldgier, Diebstahl, sexuelle Sünden, Mord und was es sonst noch geben mag, der Herr Jesus ist am Kreuz auf Golgatha für diese Sünden gestorben und hat die Strafe für meine und Deine Sünden dort getragen. Jesus Christus, der einen elenden, dreckiger Punk wie mich aufgenommen und zu einem Kind Gottes gemacht hat, wird Dich nicht abweisen, wenn Du mit Deinem kaputten Leben zu Ihm kommst. Er steht zu Seinem Wort. Jesus liebt Dich!"
Aus: Wolfgang Bühne (Hrsg.): Sehnsucht der Betrogenen. Christliche Literatur-Verbreitung, Bielefeld 1986, S. 26.

»Es gibt große Fürze und kleine Fürze.«

Über Szenen, Subkulturen, Indies und Majors.

Farin: Sind Szenen, Subkulturen wichtig?
Tom Rocker: Wenn es keinen Stillstand im kulturellen oder gesellschaftlichen Leben geben soll - ja, ganz bestimmt!
Jan (Alcatraz): In den meisten Fällen nur für Arschlöcher.
Marc (Gedankent.Raum): Die meisten mir bekannten Szenen haben einen absurden Absolutheitsanspruch und eine Form von elitären Einschätzungen, die mich nicht integrierbar machen. Ich passe in keine Szene. Dennoch: Ich denke, Subkulturen sind - trotz der leider oft auftretenden elitären Allüren - aus Gründen der Vielfalt und der Ignoranz einer übermächtigen Mehrheit notwendig.
Christian Paier: Für die Wirtschaft ja, für mich nicht. Ich mag Szene-Denken nicht. Ich will nicht überall Mitläufer sein.
Karsten Drohsel: Ja - als Treffpunkt für treibende Seelen, als Identifikationsfaktor für labile Menschen, als X-Faktor für die Industrie, als Oppositionspunkt und um sich in seiner eigenen Kultur ein Königreich schaffen zu können.
Öli (The Pig Must Die): Ja, wenn sie es verstehen, der Gesellschaft immer wieder in den Arsch zu treten und witziger, bunter, lauter als die Einöde des Alltags zu sein; nein, wenn sie ohne Ideen einfach alles schlucken, was man ihnen vorsetzt. Ich persönlich brauche dieses Gefühl nicht mehr, zu einer bestimmten Szene zu gehören. Letztendlich grenzt man sich damit nur gegen alles andere und Fremde ab. *Jello Biafra* von den *Dead Kennedys* hat mal gesagt: »Punk bedeutet Hoffnung, Punk bedeutet, daß wir unser Leben nicht nach dem Diktat der Großkonzerne führen. Jeder kann Punk sein, ohne Rücksicht auf Alter, Rasse, Kleidung oder Haarschnitt. Punk ist im Kopf und nicht in den Nieten auf der Lederjacke.« Dem möchte ich nichts mehr hinzufügen.
Luki (Six Pack Riot/Die schwarzen Schafe): Klar, jede Form von Kultur ist wichtig, ansonsten droht der allgemeine Hirntod.
Eiche (Das Auge Gottes): Ohne Szenen und Subkulturen würde alles im Einheitsbrei versinken.
Jörg (Vulture Culture): Wie sonst sollte sich eine Musikrichtung entwickeln, die dem Mainstream-Pop-Gesülze ordentlich auf die Flossen hauen kann? Geh auf die Popkomm und du weißt, was Sache ist. Ich bin mit der Punk-Szene großgeworden, Punkrock war wirklich mal ein und alles für mich, und es ist an der Zeit, da wieder ordentlich die Sau rauszulassen, ich meine so richtig!
Christian (T(h)reee): Ohne Subkulturen würden Bands wie *T(h)reee* keine Auftritte mehr kriegen oder womöglich gar nicht existieren.

„1. Moabit Musik veröffentlicht nur Musik von Frauen. Ich denke, daß hier noch viel nachzuholen ist. Dies ist das Hauptkriterium und das erste grobe Sieb.
2. Kleines Label, wenig Kapazitäten: deshalb nicht so viele Veröffentlichungen.
3. Es muß mir persönlich gefallen und Musik sein, von der ich meine, daß sie es wert ist, veröffentlicht zu werden. Es gibt schon so viel Schrott: bitte nicht noch mehr."
Gudrun Gut, Moabit Musik

Gudrun Gut (Moabit Musik): Ja, eine Szene/Subkultur kann wie eine eigene Familie sein, in der man sich selbst neu entdecken kann und mit der man etwas in Bewegung setzen kann.
Hilmar (Pillbox): Aber mensch darf sich nicht der Illusion hingeben, eine Szene oder Subkultur würde es schaffen, außerhalb des Systems zu stehen.
Martin Büsser: Musik ist eine von Stilen und Szene unabhängige Qualität - deshalb beschränkt Szenen-Zugehörigkeit meist und verkleistert die Ohren. Szenen können als Einstieg biographisch wichtig sein - wer darin stecken bleibt, endet meist extrem konservativ.
Sabotage-Q.C.Q.C.?: Szenen sind mit das Unwichtigste, was wir uns denken können. Für uns ist Individualität wichtig. Uns hat diese sehr deutsche Vereinsmeierei und Szene-Klüngelei nie behagt. Insofern gefällt uns die aktuelle postmoderne Zerstäubung der Szenen. Subkulturen sind ein sehr interessantes Phänomen. Dort brodelt es. Die Halbwertzeit der Subkulturen wird nur immer kürzer. Die Kommerzialisierung schreitet immer schneller voran.

„Auf der einen Seite gibt es da die hochenergetischen Herren mit den perforierten Nasenschleimhäuten, die nichts Besseres zu tun haben als die ohnehin schon ausgetretenen Pfade der Kommerzialität zur Autobahn auszuweiten - das nennt man dann Overground. Aber wenn oben das Wasser kocht, muß von unten wohl die Hitze kommen - das nennt man dann Underground."
OMNiCOM 5-2000

„Als Fanzine und Label verstehen wir uns natürlich als Teil einer Gegenkultur, die einen bewußten Kontrapunkt zur bürgerlichen Gesellschaft darstellen soll, für welche das Mittelmaß das erstrebenswerte Ziel ihres Lebens darstellt. Es ist uns zu billig, die von der Politik, Werbung und den Medien bewußt und dreist verbreiteten Lügen zu glauben, komme was wolle mit dem Strom mitzuschwimmen und uns mit einer Demokratie abzufinden, die nur auf dem Papier existent ist. Da das Plastic Bomb auch sehr viele junge Leser zwischen 15 und 18 Jahren hat, sehen wir es als eines unserer Ziele an, diesen ein wenig die Augen zu öffnen, damit diese nicht zu denselben kritiklosen Durchschnittsspießbürgern werden, wie sie die Regierung gerne „züchten möchte. Zwar reden Politiker gerne von ihren mündigen Bürgern, deren Interesse für Politik es zu wecken gilt. Im Endeffekt dürften sie sich aber gerade über das Gegenteil freuen, da sie von der Lethargie und Gleichgültigkeit der Menschen profitieren. Andernfalls würden angesichts einer menschenverachtenden Asylpolitik, des Abbaus des Sozialstaates, Steueraffären, der Degradierung des Einzelnen auf die Stufe des bereitwilligen Konsumenten, verlogener Doppelmoral usw. die Bürger zwangsläufig auf die Barrikaden gehen. Insofern ist es uns wichtig, das politische Interesse und Engagement innerhalb der Punk-Szene zu fördern. So können vielleicht ein paar Leute davon abgehalten werden, später mal als frustrierte Alkoholiker dahinzuvegetieren, denen eh alles am Arsch vorbei geht, und für die die Midlife-crisis noch der spektakuläre Höhepunkt eines armseligen Lebens war. Für uns besteht der Sinn von Punk nicht nur darin, sich täglich mit Dosenbier ins Delirium zu schiessen."
Michael Will, Plastic Bomb

Chris, No Respect

Greta (Untoten): Natürlich. Durch Subkultur entsteht doch alles. Trends zum Beispiel, egal ob in Musik, Kunst, Theater, Literatur, Film usw. Im 'Underground' ist man am kreativsten: 1., weil man ja doch in irgendeiner Form nach 'oben' will (und sei es nur, um in die Künstlersozialkasse aufgenommen zu werden) und sich deshalb natürlich enorm anstrengt, was wirklich Neues zu machen, und 2., weil man noch nicht diesen Kommerzdruck hat. Denn wenn man mal mit irgendwas 'Erfolg' hat, erwarten die Leute zukünftig genau das von dir. Wenn du dich nicht von Anfang an dagegen wehrst, bist du im Arsch! Underground bedeutet aber auch Schutz: Dadurch, daß nicht jeder Arsch an dein Zeug kommt, ist die Gefahr, mit Zensur konfrontiert zu werden, relativ gering.

Marian (A.M. Music): Alternative Bewegungen, speziell Jugendbewegungen, waren schon immer die Impulsgeber für die Gesellschaft. Eine Gesellschaft ist nur so gut wie die Minderheiten, die sie toleriert. Daher sind Subkulturen mehr als essentiell für eine heterogen, demokratisch angelegte Gesellschaft, die dem Einzelnen die nötigen Freiräume zur Verfügung stellen will.

Bdolf: Wenn dort irgendetwas von Wert gepflegt wird, schon. Zum Beispiel der Cool-Jazz-Untergrund. Ansonsten halte ich, wie schon ausgeführt, kuschelige Furzkuhlen für die größte Bedrohung der Menschheit. »Einen Verein, der mich als Mitglied akzeptieren würde, kann ich aus moralischen Gründen nicht hinnehmen!« - Groucho Marx.

Chris (No Respect): Es muß Bereiche geben, in denen Menschen sich jenseits des alltäglichen Irrsinns ausleben und verwirklichen können.

Sigi Pop: Gewiß! Eine Szene steht immer für Kreativität + Zusammenhalt = Energie! Und Subkultur ist das Ackerland für die Saat der Welt von morgen.

D.J. (Das Auge Gottes): Szenen und Subkulturen sind bedeutend für die kulturelle und geistige Entwicklung der Menschheit. Haben sie eine Eigendynamik entwickelt, so loten sie die Extreme des menschlichen Daseins aus. Das finde ich nicht nur gut, das ist auch ein höchst aufklärerischer Akt!

King Kranz (Dog Food Five/Action Team): Offensichtlich sind Szenen für viele, eher bescheiden konstruierte Geister enorm wichtig. Wenn man sich diese Skinhead-Fanzines durchliest, kann man annehmen, daß sie für viele Leute das Wichtigste überhaupt sind. Bemerkenswerterweise werden solche Heftchen oft von erwachsenen Leuten geschrieben, obwohl man doch eigentlich annehmen müßte, daß dieses Szene-Denken eine Art Abfallprodukt der Identitätsfindung von Heranwachsenden ist, die gegen ihre Eltern aufbegehren wollen.

„Wir interessieren uns in erster Linie für Punk in all seinen verschiedenen Erscheinungsformen. Was wir nie machen würden, ist rechtsradikaler Kram. Aber richtige Kriterien, nach denen wir Bands aussuchen, gibt es eigentlich nicht. Zuerst muß uns allen eine Gruppe spontan gefallen. Danach überlegen wir, ob wir die einzigen sind, oder ob man dies auch einer größeren Masse begreiflich machen kann. Als Erweiterung unseres Horizontes haben wir mittlerweile über zwei Sublabel auch Death-Metal und Gothic veröffentlicht."
Andy, Impact Records

Aber man sieht heutzutage ja auch erwachsene Männer, die ganze Gläser Nutella zum Frühstück essen... Ich selbst habe mich nie einer bestimmten Szene zugehörig gefühlt. Im Gegenteil habe ich immer daran gearbeitet, alles, was darauf hindeuten könnte, zu verwischen. Schon als Kind waren mir der Sportverein und die Blockflötengruppe zuviel Gemeinsamkeit. Ich finde dieses Szene-Denken, das ja meist mit kleinlichen Streits einhergeht, wer jetzt zur Szene gehören darf und wer nicht, ziemlich arm, und je radikaler die Abgrenzung von anderen Szenen erfolgt, um so ärmer wird das Ganze. Subkulturen im Allgemeinen finde ich dagegen wichtig, weil Mainstream für armselige, ferngesteuerte Trottel ist.

Michael (Plastic Bomb): Szenen und Subkulturen sind von größter Bedeutung. Nicht nur wegen der persönlichen Identifikation, sondern auch für den Zusammenhalt. Dieser ist zwar nicht zu jeder Zeit gegeben, und es werden logischerweise niemals alle Mitglieder einer Szene unter einen Hut passen. Aber wer zum Beispiel in der Punk-Szene obdachlos wird, weil die Kohle für die Mieterhöhung fehlt oder die Arbeit verloren geht, besitzt sehr häufig noch die Mögichkeit, in einer Wohngemeinschaft, einem besetzten Haus oder bei Freunden ein Dach über dem Kopf zu finden. Zumindest vorübergehend funktioniert dieses Auffangnetz. Natürlich klappt dieser Zusammenhalt nicht immer, was man auch an vielen obdachlosen Punks sieht, aber doch sehr oft. Unsere Gesellschaft droht auch zunehmend, die Individualität und die eigene kreative oder politische Entfaltung der Persönlichkeit unter Bergen von neuen Gesetzen, Erlässen und Verboten zu ersticken. Daher ist es um so wichtiger, daß Subkulturen existieren, die sich ihre eigenen Freiräume erkämpfen können. Notfalls auch mit der nötigen Radikalität, da dem leisen Protest heutzutage niemand mehr Aufmerksamkeit schenkt. Daß unser System nicht das unumstößlich richtige sein muß, liegt auf der Hand. Und da das auch die Regierung weiß, unterdrücken sie mit Macht jegliche Opposition, die sich »gesellschaftsfeindlich« äußert. Was mit Einschüchterungsversuchen beginnt, endet mit massiven Repressionen. Daher ist es um so wichtiger, selbstverwaltete Zentren und unabhängige Refugien zu schaffen.

Farin: Siehst du derzeit innerhalb deiner eigenen Szene Entwicklungen, die dir zu denken geben?

King Kranz: Ich sehe in meiner Szene der ca. Dreißigjährigen, in Neukölln wohnenden, aber aus Wolfhagen stammenden Bauernsöhne, die jeden Tag Spaghetti essen und sehr heiße Vollbäder nehmen, in der Tat bedenkliche Entwicklungen. Vor allem auf dem finanziellen Sektor. Allerdings fällt mir auch gerade ein, daß mir neulich ein Freund, der in einer Band mitspielt, die in die selbe Kerbe haut wie meine, und der noch dazu gern auf politisch-kritisch macht, erzählt hat, daß ihm die neue Besteuerung für ausländische Künstler gut gefällt, weil es sich die Amis jetzt nicht mehr leisten können,

„Wir sehen uns als Label, das anspruchsvolle und moderne Musik mit hochwertiger Grafik verbindet. Unser Repertoire beinhaltet neben Neoklassik und Elektro vor allem zeitgemäße Beats à la TripHop oder Drum & Bass. Die musikalische Ausrichtung dient auch als Identifikationswert nach innen und außen. Deutlich politisch ausgerichtete Bands haben bei uns nichts verloren, da unsere Message über die Musik verbreitet wird."
Horst Herold,
Hyperium & Hypnobeat Records

durch Deutschland zu touren, und sich ergo das Publikumsinteresse und damit auch die Gagen für einheimische Kapellen erhöhen würden. Solch widerlicher Pragmatismus aus dem Munde eines Mannes, der eigentlich für mich immer als die Korrektheit in Person dagestanden hat, das hat mir wirklich zu denken gegeben. Das hätte von *Heinz Rudolf Kunze* kommen können.
Stefan Kleiber: Mir gibt zu denken, daß auf einmal das Punkrockding so groß wird, und einige Leute richtig viel Kohle damit verdienen können.
Oliver (Allgemeines Chaos Kommando): Bis Mitte der 80er Jahre konnte man es sich noch leisten, die paar Deutschpunkscheiben, die im Monat veröffentlicht wurden, zu kaufen. Heute kommen jeden Monat 20 bis 30 neue CDs raus.
Raidy (Chaosfront): Wenn Punk-Bands mit Nightlinern auf Tour gehen, die größer sind als die von irgendwelchen Rockstars, und dann noch so dreist sind, 20 DM Eintritt als Punkrock zu verkaufen, wie zum Beispiel die *Toten Hosen*, dann hat das mit Punk nichts mehr zu tun. Die größte Gefahr sehe ich aber im Augenblick in Bands, die auf unpolitisch machen. Denn Leute, die überhaupt keine Meinung haben, sind schlimmer als Leute mit festen Grundsätzen. Sie sind leicht zu beeinflussen und spielen viele ernsthafte Probleme mit ihrem ewigen »Ficken, Saufen, Oi!« herunter. Das kann nicht das Ziel einer Protestbewegung sein.
Karsten Drohsel: Die Jugendlichen im allgemeinen hinterfragen nichts mehr. Wer bunter aussieht, mehr Skandale provoziert und lauter schreien kann, der gewinnt. Sie lassen sich steuern, und dazu muß man heute nicht mal mehr besonders clever sein. Die Leute prügeln sich förmlich darum, ihr tiefstes Inneres vor jedem dahergelaufenen Trendscout auszubreiten. Es macht ihnen nichts aus, daß bei jeder Promotionagentur ein Persönlichkeitsprofil von ihnen vorliegt. Manchmal habe ich das Gefühl, daß man ohne Anspruch und ohne kritisches Denken easier lebt. No brain, no pain?
Christian Paier: Der Konsument ist oft so dumm, daß er alles für bar nimmt und ernst macht. Zu viele Leute verstehen zum Beispiel nicht, daß gewisse Künstler ihre Musik nur als Ventil verwenden und niemals Gewalt anwenden würden. Ich habe auf einem Industrial-Konzert in München beobachtet, wie ein afrikanischer Nazi und ein weißer Hüne sich geprügelt und gegenseitig rassistische Äußerungen an den Kopf geworfen haben. Ich frage mich, wer hat hier versagt - die Philosophie des Industrial (gegen Massenmanipulation, für die Zerstörung der Supermächte, Kleinheit, Individualismus) oder die Hörer?
Bernd Karner: House (seit ca. 1985) hat über zehn Jahre im Untergrund überlebt, Drum & Bass (seit ca. 1990) nur fünf Jahre. Neue Musik verliert immer schneller ihre Unschuld. Die Musik entwickelt sich immer schneller weiter, gleichzeitig werden die Nischen für das Neue immer kleiner.
Frank (Clit Cops): Die *Beton Combo* hat aufgehört, als die Industrie einstieg und überall Verträge gemacht wurden. Verträge für Gigs, Verträge für Platten und Rechte. Es mußte profimäßig geprobt werden. Gift für den Punkrock. Es mußte Promotion gemacht werden. Genauso wie bei den Dinosaurier-Rockbands vor dem Punk. Der Drive

ist raus, und viel zu viele Leute sind auf dem Musikertrip. Viele sind prima Techniker, aber darauf kommt es nicht an. Das haben die wenigsten kapiert. Sie kopieren ihre Idole und spielen teilweise besser als die Originale. Niemand will es hören. Es muß einfach kommen. Wenn nichts kommt, hör besser auf.

Christian (T(h)reee): Die Punk-Szene ist viel zu groß und unüberschaubar geworden. Es gibt reichlich Punk-Bands, die absolute Arschlöcher sind, die bei gemeinsamen Auftritten den Streit mit dir suchen, damit sie als letzte Band des Abends spielen können. Da bin ich echt manchmal kurz davor, denen einen auf die Zwölf zu geben. Von diesem Scheiß sollte gerade der Punk doch eigentlich befreit sein. Schließlich geht es auf der Ebene, auf der wir spielen, doch hauptsächlich um den Spaß, den man auf der Bühne mit denen davor haben will, und nicht um Ruhm oder Geld. Ich weiß gar nicht, welchen Sinn da Konkurrenzdenken haben soll.

Öli (The Pig Must Die): Es gibt coole Bands, die wegen dem Spaß und dem Idealismus dabei sind, und schleimige, unehrliche Wichser, die nichts mit Punkrock im eigentlichen Sinne zu tun haben und gemeinsame Gigs als Wettbewerb untereinander verstehen. Wir haben beides kennengelernt.

Sabotage-Q.C.Q.C.?: Wir haben uns von Anfang an als Künstler-Kollektiv verstanden, an dem alle teilnehmen können, die Lust dazu haben. Ein Netzwerk kreativer Kräfte. Bisher hat sich die Zusammenarbeit mit anderen Künstlern hauptsächlich im Ausland abgespielt! In diesem Land herrschen Neid, Mißgunst, Talentlosigkeit und Sturheit, alles Sachen, die künstlerisches Schaffen einengen, ja unmöglich machen, daher haben wir zur deutschen Musik(er)szene kein sehr enges Verhältnis.

Karsten Drohsel: Wer um Geld, Publikum oder Originalität konkurriert, ist schlichtweg dumm, aber kein Independent-Musiker. Konkurrenz lähmt nur, ist völlig sinnlos, und was ist eigentlich mit Respekt?

Farin: In vielen Fanzines tauchen als Qualitätskriterien für die 'Credibility' einer Band immer wieder Begriffe wie 'authentisch' oder 'ehrlich' auf. Was hältst du von solchen Forderungen? Nach welchen Kriterien läßt sich überhaupt entscheiden, ob eine Band noch 'authentisch' ist oder sich schon 'verkauft' hat?

Öli, The Pig Must Die

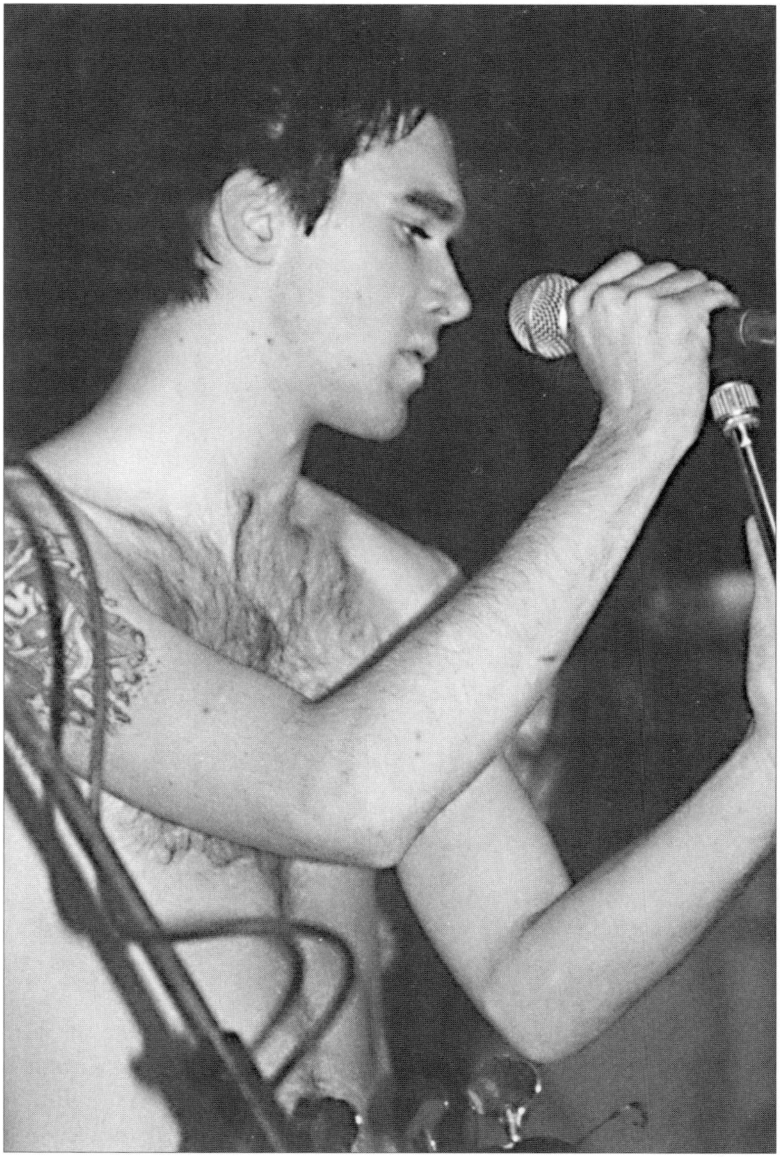

Maldo: Ror (Krankheit der Jugend): Wer bestimmt solche Wertmaßstäbe? Die Musikkritik oder die, die teure Anzeigen in diesen Zeitungen schalten? Also die Plattenindustrie? Wir selbst sind die härtesten Kritiker uns gegenüber. Solange wir das machen, was uns Spaß macht, was wir ausdrücken wollen und die Kontrolle darüber nicht verloren geht, bin ich zufrieden.

Thomas (elbtonal): Niemand läuft gerne als »Nachmacher«, »aufgesetzter Fatzke« und »Lügner« durch die Gegend, obwohl das mal ein interessanter Ansatz für eine Marketing-Kampagne wäre. »Authentisch« und »ehrlich« sind Begriffe, die jede Band, die halbwegs bei Trost ist, nicht mehr verwendet. Wer sich in einer gewissen Tradition sieht und vom Sound, der Optik usw. ganz eindeutige Bezüge zu den Vorbildern aufweist (Blues, Ska, Rockabilly usw.), für den ist »authentisch« natürlich nach wie vor ein Qualitätsmerkmal, weil es eben die absolute Nähe zum Ursprung ausdrückt. Mit »ehrlichen Rockmusikern« will ich aber nix zu tun haben.

Klaus (Der Verlag): Mit dem Promobegriff »authentisch« arbeiten wir nicht. Unsere Fahnen tragen eher Begriffe wie »individuell«, »experimentell«, »auffällig«, »eigenständig«, »ungewöhnlich«...

Michael (Plastic Bomb): Jede große Plattenfirma preist ihre Band in den allerhöchsten Tönen als »musikalische Revolution«, »eigene Definition von Musik« oder irgendetwas anderes garantiert weltbewegendes Neues an. Dabei ist das dargebotene Resultat sehr oft eine abgestandene Musik, die schon mindestens 100.000 mal durchgekaut wurde. Musik, die von alleine nicht überzeugen kann, wird eben auf diese Weise zum unumgänglichen Jahrhundertkauf hochstilisiert. Die einzige Möglichkeit, zu beweisen, daß sie es ehrlich meint, hat eine Band nur auf der Bühne und durch ihr Auftreten. Da erkennt dann jeder, der seinen Kopf einschaltet, ob die Band ehrlich ist und was taugt. Eventuell sind auch noch Interviews geeignet, aber da kann bekanntlich auch jeder die Scheiße vom Himmel lügen und wird von unkritischen Interviewern noch unterstützt.

Luki (Six Pack Riot/Die schwarzen Schafe): Ehrlichkeit, Authentizität und Respekt sind Grundwerte, die man unabhängig von dem, was man macht, haben sollte. Das Kriterium für 'authentisch' und 'verkauft' sollte also dein eigenes sein. Der Grat ist schmal, aber wenn ich mich nicht verbiegen lassen müßte, würde ich natürlich auch bei einem Major unterschreiben - wer träumt nicht davon, von seiner Musik zu leben?

Nejc (Mars Moles): Das ist immer eine persönliche Beurteilung, die vor allem von Leuten benutzt wird, die sich selbst als Maß der Dinge ihrer Szene ansehen. Das stinkt.

King Kranz: Künstlerisch authentisch ist das sowieso schon mal nicht, wenn alte Männer in Deutschland versuchen, sich wie amerikanische Teenager vor zwanzig Jahren anzuhören. Bei der Anforderung sind die

Bands, in denen ich mitspiele, schon mal durchgefallen. Authentizität ist für mich überhaupt nicht relevant. Musik, genauso wie Sprache, muß sich immer bewegen, Versatzstücke und Grundlagen anderer Kulturen annehmen, volkstümlich Erdachtes genauso wie intellektuell Konstruiertes aufsaugen. Das war schon immer so. Ich habe eine große Sammlung alter Schellacks und kann nur sagen, daß beispielsweise die Musik der 20er so unauthentisch wie nur was war. Da singen Leute mit französischem Akzent zu Tangomusik von der Puszta. Auch die ganze Klezmer- und Cajunmusik, die sich so der normale Hippie im Authentizitätswahn anhört, ist nichts als ein riesiges Gemisch von vielen verschiedenen Kulturen. Und genau das ist auch gut. Was Ehrlichkeit angeht, das können wir schon für uns in Anspruch nehmen, weil wir einfach keinerlei Rücksicht darauf nehmen, wie irgendjemand, der nicht in der Band mitspielt, unsere Sachen finden könnte. Genau das ist der Knackpunkt, die Trennlinie zwischen ehrlich-independent und Ausverkauf.

Musiker Opposition Hamburg 1986:

Die Sorgenkinder (NDW),

Roots Mazango (Reggae),

Jamaica Papa Curvin (Reggae),

Koma Kombo (Punk),

Die Mutmaßlichen (Wave)

The Deutsche Industrie Rockers (Jungle),

Children of Nandi (Afro).

Je größer eine Band wird, desto schwieriger wird es für sie, ihre ästhetischen Wertvorstellungen rein zu halten. Da erzeugen Geld, Ruhm und Erwartungshaltungen dann eine Menge Druck. Allerdings sollte diese Frage auch nicht Maß aller Dinge werden. *Sting* zum Beispiel macht die unerträglichste Kacke unter der Sonne. Aber ich glaube, das ist ehrlich. Der findet das wirklich gut. Überhaupt sind viele Bands - auch im Independentbereich - in dem, was sie mögen und machen wollen, so weit unterhalb der niedrigsten Meßlatte für das, was noch als Geschmack, und sei es nur ein schlechter Geschmack, durchgehen kann, daß sie es gar nicht nötig haben, sich zu verkaufen, weil sie auch so schon scheiße genug sind. Die können genau wissen, was sie wollen, und das auch ehrlich und konsequent machen: wo Hopfen und Malz grundsätzlich verloren sind, kann nichts Gescheites rauskommen, egal, wie moralisch integer man dabei vorgeht.

Arne (Oxymoron/The Hinks): 'Ehrliche' Bands gibt es wie Sand am Meer, auch Mainstream-Megaseller bezeichnen sich als 'authentisch'. Letztlich entscheidet das Publikum der Subkultur, was aber keinerlei Kriterium für die wirkliche 'Ehrlichkeit' einer Band ist. Bands wie *Rancid* werden oft als geldgeil, MTV-Handlanger und arrogant bezeichnet, sind aber absolut authentisch. Sobald ein Video einer Szene-Band auf Viva/MTV läuft oder ein Bericht in einem 'amtlichen' Musikmagazin gedruckt wird, zweifeln die selbsternannten Götter der Fanzines an der Rechtschaffenheit 'ihrer' Band. Anstatt sich zu überlegen, wie sie wohl reagieren würden, wenn ein gutes Angebot auf den Tisch flattert, wird die Band gnadenlos fertiggemacht - auch wenn die Musik gleichgut oder sogar noch besser ist. Solange man zu den Leuten, die einem persönlich wichtig sind, 'ehrlich' ist und seiner Lebenseinstellung treu bleibt, ist man auch authentisch und kann auf die Meinung mancher Fanzines scheißen.

Marc Range (r.), Blind Passengers

Stefan Kleiber: Ehrlichkeit finde ich mit am wichtigsten. Bands, die vom Leben auf der Straße singen und brav zu Hause bei Muttern wohnen und das Geld vorne und hinten reingesteckt bekommen, haben bei mir einfach verloren. Ob sich eine Band verkauft hat, sieht man daran, wieviel Kontrolle sie noch über alles hat, auf welchem Label sie ist, wie teuer ihre Eintrittspreise sind, wieviel sie für ihre T-Shirts verlangt etc.

Marc Range (Blind Passengers): In der Alternativszene gibt es ein sehr dummes Phänomen: »Blöde Teenies haben mir meine Lieblingsband geklaut.« Bands wie *Green Day* und *Offspring* zum Beispiel haben viele Jahre lang im Underground getourt, bevor der große Durchbruch kam. Dieser Durchbruch kam aber nicht, weil sie jetzt plötzlich Schlagermusik machten oder dem MTV-Chef anbiedernd die Rosette leckten. Sie haben weiterhin den selben Sound gemacht und genauso wie früher gesagt, was sie dachten. Sie haben nichts anders gemacht, aber hätten sich angeblich verkauft. Das ist doch totaler Bullshit.

Ole (Die Kellox): Wer sich verpflichtet, zu dem und dem Zeitpunkt die neue Platte fertig zu haben, sich nicht verändern darf, um die Zielgruppe nicht zu verlieren, jeden Kontakt mit der Presse nur mit Zustimmung der Plattenfirma wahrnehmen darf und dann noch diktiert bekommt, wo er zu spielen hat und wo nicht, ist für mich nicht mehr unabhängig und auch nicht mehr authentisch. Andererseits kann wohl auch kaum ein Musiker sein Hobby zum Beruf machen, wenn er solche Verträge nicht abschließt. Für mich hat sich diese Frage zum Glück nie ernsthaft gestellt. 'Independent' heißt für mich auch 'auf dem Teppich bleiben' ohne Starallüren, durch mehr oder minder kleine Veranstaltungsorte zu touren und Spaß daran zu haben, ständig neue Leute kennenzulernen.

Karsten Drohsel: Für bestimmte Summen ist jeder käuflich, nur die, die's nicht kapiert haben, machen es heute noch umsonst. Obwohl ich mich lange genug dagegen gewehrt hab', mußte auch ich das erkennen - und prompt stiegen meine Gagen.

Martin Büsser: Je authentischer eine Band sich gebärdet, desto inhaltsärmer ist meistens ihre Musik. (Heavy Metal ist dafür ein gutes Beispiel: zünftiger Lederhosenrock spielt Echtheit vor bei maximal steriler, kalkulierter Musik) Das Authentische dient nur der Identifikation mit Stars, nicht dazu, sich über die Musik hinaus mit Fragen nach dem Verhältnis von Kunst und Gesellschaft zu beschäftigen. Gerade nicht-authentische Bands regten dagegen zum Nachdenken an - von den *Residents* bis zu *Velvet Underground*, von den frühen *Roxy Music* bis zu den *Talking Heads*. Man kann dies natürlich als elitäre Art-School-Fraktion ablehnen; doch ohne einen Gestus der Distanz (einschließlich Distanz gegenüber dem Starsystem des Rock), bleibt authentische Musik immer nur ein Glücksversprechen, das Auseinandersetzung mit dieser Gesellschaft eher hindert als fördert.

Sabotage-Q.C.Q.C.?: In dem Moment, in dem ich eine CD presse, die in Läden zum Verkauf soll, habe ich mich den Systemen des Marktes unterworfen. Will ich das nicht, kann ich meine Musik einfach so spielen, privat. Wer das nicht macht, der muß das Maul halten. Ich denke, wir sind, egal zu welchem Label wir gewechselt sind, immer glaubhaft geblieben. Don't believe the hype, können wir da nur sagen. Verlogener Scheiß. Wir verstellen uns für nichts und niemanden.

Martin Büsser

Sigi Pop: Authentisch-ehrlich-verkauft: Will nicht jede Band alle drei Attribute? Ihren Sound ehrlich ausdrücken, Erfolg haben und viel davon verkaufen und soviel Geld verdienen, um davon leben zu können und nicht für irgendeinen fremden Arsch arbeiten zu müssen?
Barny (Incognito Records): Als Ende 1976 die erste *Sex Pistols*-Platte bei einem Major-Label erschien, war das Entsetzen groß. Die wesentlichen Inhalte des Punk waren über Bord geworfen. Hardliner riefen zum Boykott von Punk-Schallplatten auf und empfahlen, nur Live-Konzerte zu besuchen. Inzwischen hat sich vieles relativiert und selbst kleinste Labels/Vertriebe unterscheiden sich nur noch durch ihr Budget von Major-Firmen. Ihre Methoden dagegen sind mit denen der Branchen-Riesen durchaus zu vergleichen. Bands werden nach demselben Prinzip gehypt, sodaß die Art und Weise, wie geworben wird, oftmals schon selbst im Widerspruch zur Aussage der Band stehen.
Farin: Machen eindeutige Grenzlinien zur 'Industrie', den 'Majors', also noch Sinn? Oder sind das überholte Feindbilder der 70er und 80er Jahre?
Nejc (Mars Moles): Wenn man sich die dazugehörigen Medien und Verkaufsstrategien ansieht, ist die Industrie nach wie vor ein sehr gutes Feindbild, da dort Scheiße zu Geld gemacht wird, da man einfach irgendwelche Idioten so puscht, soviel Geld in das Produkt pumpt, daß die Zielgruppe voll drauf anspringt, ekelhaft, hat nichts mit guter Musik zu tun, sondern nur mit Geld.
Öli (The Pig Must Die): Beim Independent-Label bescheißen dich deine Freunde und bei den Majors die Plattenbosse. Frag mich, was mir lieber ist... - Ich habe allerdings gehört, daß man bei der Industrie wenigstens nicht seiner Kohle hinterherlaufen muß. Das hat doch was... Besser ist wohl, alles selber zu machen.
King Kranz (Dog Food Five/Action Team): Die Majors und ihre Medien produzieren ja doch nur Schrott. Deshalb beschäftige ich mich nicht mit ihnen. Aber prinzipielle Berührungsängste habe ich da nicht. Davon mal abgesehen sind bei den meisten Polit-Deutschpunk-Produktionen weder die Texte noch die Musik auch nur einen Deut besser als bei irgendeiner in fünf Minuten zum Kohle machen designten Dancefloorplatte, bei der irgendjemand die ganze Zeit »Baby, take me higher« jault, während ein geistloses Rhythmusgerät vor sich hin hämmert. Allerdings möchte ich mal sagen, daß grundsätzlich der Independent-Gedanke auf jeden Fall vorzuziehen ist. Wenn einer Musik zum Geldverdienen machen will, dann verurteile ich ihn nicht, sondern ich höre mir einfach seine Platten nicht an. Mich stört ja auch die Existenz von schlechten Groschenromanen nicht. Die meisten Menschen sind eben dumm oder haben einfach nie die Möglichkeit bekommen, ihren Intellekt zu entdecken. Deshalb kaufen sie diese blöden Dancefloorplatten und Arztromane. Das ist ihnen geistig angemessen.
Arne (Oxymoron/The Hinks): Die Grenzlinien zwischen Major- und Indie-Deal gibt's doch kaum noch, zumal viele Major-Label mittlerweile eigene 'Indie'-Label betreiben, die wiederum Unterfirmen beherbergen. Wirklich independent ist man nur, wenn man alles selber macht oder zu Leuten geht, die man selber kennt, und die seit vielen Jahren sich selbst und der Szene treu geblieben sind.

Raidy (Chaosfront): Ich wollte nicht, daß unsere Platten auf Virgin oder EMI erscheinen, weil es den Leuten da nur um Verkaufszahlen geht. Schau sie dir doch an, die Kasper, die machen alles, was die Labels von ihnen verlangen, auch wenn sie nicht dahinterstehen. Wenn wir sagen, leck mich, das machen wir nicht, dann lassen wir's halt einfach sein. Das ist die Freiheit, die wir haben, und das ist gut so.
Sabotage-Q.C.Q.C.?: Alles Quatsch. Wir waren bei sog. Indies, die uns künstlerisch mehr einschränken wollten als danach die Majors. Dilettanten findet man leider überall. Als Künstler mußt du egoistisch sein und versuchen, immer dein Ding zu machen.
Thomas (Loikaemie): Ich finde schon, daß es Sinn macht, sich von der großen Plattenindustrie und ihren Medien abzugrenzen. Sonst läuft man Gefahr, sich selbst zu verkaufen, und dann geht ein gutes Stück Kreativität verloren. Außerdem ist die Skinhead/Punk-Szene eine Jugendsubkultur und nicht für die breite Masse bestimmt. Trotzdem nutzt die Industrie jede Chance, sie zu vermarkten, und leider finden sich auch immer wieder Dumme, die darauf anspringen, siehe zum Beispiel Hardcore oder Pseudopunk à la *Offspring* oder *Green Day*.
Marc Range (Blind Passengers): Ob Dark Wave-, Hardcore- oder EBM-Szene, alle klagen darüber, daß man immer die selben Gesichter sieht. Auf der anderen Seite wird sich maßlos darüber aufgeregt, wenn eine Underground-Band im Fernsehen zu bewundern ist oder ein Interview für eine Kommerzzeitung gibt. Wie soll man aber Leute für einen alternativen Musikstil gewinnen, wenn sich eine Szene einigelt und sich wundert, daß sie im eigenen Saft siedet. Auch die Szene-Bands kopieren sich immer und immer wieder gegenseitig. Dabei ist es für jede Szene elementar wichtig, neue Einflüsse aufzunehmen, ohne das eigene Gesicht zu verlieren. Aber das wird viel zu selten erkannt und die 'Szene' zu oft durch dumme Menschen mißbraucht, um andere auszugrenzen. In dem Moment, wo sie dazu führt, eine Wand von Intoleranz in allen Richtungen aufzubauen, wird eine Szene zu etwas Negativem. Diese Intoleranz sperrt die Bands kreativ ein, jede musikalische Neuerung wird verteufelt, und somit die Kreativität alternativer Musik allgemein geschwächt. Die immer stärkere Soundverflechtung der verschiedenen Musikstile seit einigen Jahren wird diese reaktionäre Form von Musikszenen dazu zwingen, umzudenken oder unterzugehen.
Diane (Lemonbabies): Ob Musik von einem Major oder einem Indie verkauft wird, sagt doch überhaupt nichts darüber aus, ob es gute oder schlechte Musik ist. Leute, die eine Band kritisieren und plötzlich 'uncool' finden, nur weil sie zu einem Major gewechselt ist, sind lächerlich. Ohne die Majors würden nicht einmal die Platten der *Beatles* in unseren Plattenschränken stehen. Und warum ist beispielsweise *Oasis* auf einem Major okay, aber 'ne kleine Berliner Band, wenn sie zu einem Major geht, verrufen? Das macht doch keinen Sinn! Das heißt aber nicht, daß Indies nicht auch enorm wichtig sind, um die Vielfältigkeit von nicht-chart-fähiger Musik beizubehalten.
Michael (elf attn industries): Majors und Industrie sind doch die, die überhaupt erst die Technologie für die Indies zur Verfügung stellen. Individualität gibt es nur *in* der Gesellschaft.

Diane Weigmann, Jahrgang 1973, lebt in Berlin und gründete 1989 die Trash-Pop-Band ***Lemonbabies*** mit.

„Ich kann mir nicht vorstellen, jemals etwas zu machen, das nicht wenigstens im entferntesten Sinne irgendwie mit Musik zu tun hat. Musik machen erfüllt einen: es ist klasse, aus einer winzigen Idee, die man zuerst nur im Kopf hat, ein gesamtes Lied entstehen zu lassen. Dazu gibt's in jedem Lied auch immer Stellen, auf die man regelrecht hinfiebert, wenn sie einem gelungen sind. Es macht einen ganz einfach stolz, etwas zu schaffen, was einen berührt. Alles andere wird einem dann fast egal."

Karsten Drohsel: Es ist wichtig, die Industrie, auf die wir leider größtenteils angewiesen sind, mit ihren eigenen Mitteln zu schlagen und zu unterwandern. Grenzlinien sind wichtig, denn nur so kann man auch Grenzen einreißen.
Bernd Karner: Der Ansatz eines Indies ist, wie kann ich beim Veröffentlichen der Musik, die mir am Herzen liegt, überleben; der Ansatz des Majors ist, wie läßt sich mit Musik, egal welcher, eine möglichst hohe Rendite erzielen. Die Leistung der Indies der 70er/80er Jahre war es, daß für Musiker Möglichkeiten zu veröffentlichen geschaffen wurden, auch wenn sie den kommerziellen Ansprüchen der Majors nicht genügt haben. In den Anfängen des Tonträgergeschäftes gab es diese Alternative eben nicht, Musiker waren nur Beute und Opfer, verdient haben andere, die Musik selbst war unwichtig. Damit hatte das Feindbild Industrie seine Rechtfertigung. Heute, im Hightech-Zeitalter, kann jeder ohne große Voraussetzungen Musik produzieren, auf Tonträger pressen und vermarkten, ohne erhebliche finanzielle Rücklagen haben zu müssen. Beim Techno sind die Künstler nicht einmal mehr an eine Plattenfirma gebunden. Die Bedingungen haben sich also grundsätzlich geändert. Wer jetzt noch das alte Feindbild aufrechterhalten will, mag sich vor Augen halten, was Major-Labels eigentlich machen: sie stellen Produkte her für eine breite Masse, die Musik als reine Unterhaltungsware konsumiert und komplizierte Strukturen und Ungewohntes ausdrücklich nicht wünscht. Ich denke, das muß man akzeptieren, solange man selbst veröffentlichen oder erwerben kann, was einem am Herzen liegt.

Karsten Drohsel

Carsten (Mr. EBU/Die Traktor): Mein Standpunkt in der Musikszene ist, daß ich aus zwei Gründen »Indie« bin: 1. Ich kann gar nicht größer, obwohl ich gerne will, 2. Selbstbestimmtheit ist mir absolut wichtig. Die Majors machen die Indies nicht kaputt, ziehen aber viele eigenständige Strömungen in den Mainstream, wo diese dann uninteressanter sind als an ihrem Ursprung. Ausverkauf ist nur eine Regeneration unter neuen Aspekten, also weitaus weniger schlimm als es immer heißt. Ich bin nicht gegen Kommerz, aber gegen Format. Das vorgegebene Format-Programm vieler Radiosender veranlaßt mich immer wieder zum Abschalten. Viel besser finde ich da die kommerzielle Vermarktung einer individuellen Idee (bestes Beispiel: *Björk*).

Martin Büsser: Haben die Grenzen zwischen Indie und Industrie je Sinn gemacht? Waren *Velvet Underground* etwa auf einem Indie? Die *Sex Pistols*? Indies verkaufen ihre Musik als »echter« und »menschlicher« und verhalten sich damit zu den Majors wie der Ökoladen zum Supermarkt: Beiden geht es um Umsatz. Im Kapitalismus bleibt auch das aus Idealismus erwirtschaftete Geld Teil des kapitalistischen Prozesses.
Christian (T(h)reee): Ich denke, jede Band, die auf ein Major-Label wechselt, und das sind ja derzeit im Punk- und Hardcore-Bereich so einige, muß das mit sich selbst ausmachen. Ich spiel mich da nicht als Szene-Richter auf. Aber man muß auch wissen, daß es bei den Majors nur um blanke Verkaufszahlen geht. Ich jedenfalls möchte nicht meine Musik minimieren auf ein Produkt, das verkauft werden kann, sondern lieber auch für mich selbst Songs schreiben, in die mehr hineininterpretiert werden kann. Aber es gibt natürlich auch Independent-Label, die mit der Zeit riesengroß geworden sind und heute eigentlich genauso arbeiten wie Majors. Wir zum Beispiel sind bei *Blurr*, eigentlich ein Fanzine, das nebenbei ein Label betreibt, und der Mensch, der das macht, ist ein Freund von uns, von dem wir wissen, daß er das aus eigenem Interesse an der Musik macht. Und der verkauft ohne Werbung 1 000 Platten von uns.
Hilmar (Pillbox): Ich denke, wenn diese Grenzlinien derzeit nicht mehr da sind, dann sind sie wieder verdammt wichtig geworden. Zur Industrie einschließen würde ich jedoch auch die Indies, die die gleichen Praktiken einsetzen, zum Beispiel unpersönliches Verhältnis zu Bands bzw. Käufern, Promo-Attacken und Großvertrieb, wenn es schlicht und einfach nur noch darum geht, Kohle zu machen. Ich weiß, diese Haltung ist sehr idealistisch, und ich kenne den Widerspruch, einerseits Geld verdienen zu müssen und andererseits zu versuchen, die Ideale aufrecht zu erhalten. Das schaffen nur ganz wenige und oft auch nur, weil sie eine gewisse Vorreiterposition eingenommen haben.
Greta (Untoten): Das Problem ist einfach, daß 'A&R-Siggi' lieber auf der Sonnenbank rumhängt als in Clubs auf Konzerten. Die momentane A&R-Arbeit sieht so aus, daß man sich Demo-Tapes zuschicken läßt, damit man sich dann den ganzen Tag darüber aufregen kann, wie viele Tapes man schon wieder bekommen hat, und »daß die ja alle so scheiße sind«. Ansonsten gibt der A&R-Mann gerne Tips. Unabhängige Labels machen meistens auch selber Konzerte. Die brauchen nicht in die Szene zu gehen, um zu checken, was da los ist, sie sind die Szene! Und sie geben vor allem keine beschissenen Ratschläge.
Christian Paier: Ich schätze Kleinheit. Es bedeutet auch immer Individualismus und Überschaubarkeit. Small is beautiful. Das Geld ist bei vielen Indie-Labels nicht so wichtig, was zählt, sind die Kontakte und die Freude am künstlerischen Schaffen. Selbst Verantwortung für sein eigenes Produkt zu übernehmen.
Archi »MC« Alert (Terrorgruppe): Jeder halbwegs intelligente Musiker wird immer bei dem Label unterschreiben, bei dem er sich künstlerisch, menschlich und finanziell am besten betreut fühlt. Ich sehe da keine Grenze mehr zwischen »Indies« und »Majors«, zumal die professionelleren Indies mittlerweile genauso arbeiten, wie man

Und die Labels?
Wie sehen sie das?
Können Sie sich noch mit dem Begriff „Independent" identifizieren?

Marian Horsky, A.M. Music: Independent steht für die Unabhängigkeit von großen Companies, den sogenannten Majors. Diese Unabhängigkeit heißt, daß sich niemand in die Produktion einmischt und der Band Vorschriften macht. In puncto Vertrieb sehen wir es nicht negativ, wenn ein Label mit einem Major auf einem eigenständigen Level zusammenarbeitet, was auch im Interesse der Band sein kann, wenn das Produkt eine größere Verbreitung findet. Die Majors sind nicht in der Szene drin (Gott sei Punk) und beobachten nur die Verkaufszahlen. Wenn eine Band am Durchstarten ist, versuchen die Majors, diese von den Independent-Firmen, die die Band aufgebaut und unterstützt haben, abzuwerben. Ein Independent-Label kann es sich noch leisten, sofern es auch ein paar erfolgreichere Produkte im Repertoire hat, aus Liebhaberei etwas zu veröffentlichen. Majors funktionieren ausschließlich nach dem Kosten-Nutzen-Faktor und müssen über ihre Produktionen am Ende des Quartals Rechenschaft ablegen. Aus diesem Grund sind die Independent-Labels mehr als sinnvoll. Denn sie sind es, die Risikobereitschaft und Innovation an den Tag legen, und die Majors sind diejenigen, die sich nur an den Erfolg hängen und versuchen, eine schnelle Mark daraus zu machen.
Thomas Ritter, elbtonal: Ich sehe den Begriff „Independent" rein wirtschaftlich. Wer nicht zu den fünf großen Konzernen gehört, ist independent". Ich warne davor, Majors als die Bösen darzustellen. Es sind schon immer bei den Majors hervorragende Platten erschienen. Qualität hat nichts mit der Gesellschaftsform zu tun, eine Polarisierung ist kontraproduktiv, und ideologische „Indies" können mir gestohlen bleiben. In Zukunft wird es noch stärker zu einer Zusammenarbeit der großen Firmen mit Unab-

hängigen kommen, weil diese ein ganz kleines Thema aufgrund anderer Kostenstrukturen besser aufbauen können als die schwerfälligen Majors. Spartenmusik ist bei kleinen Firmen, die teilweise Fans ihrer eigenen Musik sind, besser aufgehoben, weil die ganz speziellen Promotionkanäle von der Industrie sträflich vernachlässigt werden. Aber das ist deren Problem. Insgesamt wird es aber auf eine sehr enge Zusammenarbeit hinauslaufen müssen, weil beide Segmente sonst große Schwierigkeiten bekommen werden.

Robi Scheermann, Fotofon: Als wir vor mehr als 15 Jahren anfingen, kannten wir den Begriff Independent noch nicht, hatten aber nur Independent-Labels im Programm. Als wir dann andere Independents kennenlernten, fanden wir diesen Begriff sehr cool und fühlten uns dem zugehörig. Inzwischen aber haben sich verschiedene Major-Independents herausgebildet, die sich in nichts von Warner Brothers, Sony und Ariola unterscheiden, außer daß sie nach 1980 gegründet wurden und keine eigenen Preßwerke unterhalten. Sie vermarkten jede Art von Musik, die Geld bringt und in einen WOM-Laden paßt. Sie kaufen sich in Segmente ein, sobald sie einen Trend zu erkennen glauben, egal, ob ihnen die Musik nahekommt oder nicht. Da sie aber weiter als Independents auftreten, ist dieser Begriff für uns nicht mehr akzeptabel. Independent zu sein ist jedenfalls kein Kriterium für Credibility. Independents sind auch heute noch sinnvoll und notwendig und innovativ. Wer sonst? Aber nicht alle Independents. Einige von ihnen sind Geldbeschaffungsfirmen.

Horst Herold, Hyperium & Hypnobeat Records: Der Begriff „Independent" steht heute

es von der Industrie her kennt. Die wirklich guten und innovativen Leute bei den Indie-Firmen landen über kurz oder lang sowieso bei der Industrie.

Farin: Sind Indies heute wirklich noch sinnvoll, notwendig, innovativ? Oder nur eine Worthülse für 'anything goes'? Die unterkapitalisierte Tante-Emma-Variante des Musikbusiness?

Archi: Natürlich! Kleinstlabels geben vor allem jungen Bands die Chance, erste Gehversuche zu machen. Außerdem sitzen die Macher der Labels einfach näher am sogenannten Nerv, da sie meist selber die größten Fans der Bands sind und sich auch in der dazugehörigen Szene gut auskennen. Ich sehe Indies nicht als Tante-Emma-Läden, sondern als super-spezialisierte Fachgeschäfte und vor allem als Sprungbrett für Bands, die auch mal über'n Tellerrand springen wollen.

King Kranz (Dog Food Five/Action Team): Indies sind auf jeden Fall wichtig. Erstens sollen Leute, die Lust haben, ein eigenes Label zu starten, das auch machen, zweitens sähe die Musiklandschaft ohne Indie-Labels verdammt deprimierend öde aus, und drittens sind es die Indies, die kleinen frischen Bands eine Chance geben, ihre Sachen mal einer überregionalen Öffentlichkeit zu präsentieren, ohne dabei einem Erfolgsdruck ausgesetzt zu sein.

Vulture Culture

Jörg (Vulture Culture): Schöne Umschreibung: 'Tante-Emma-Variante des Musikbusiness'! Ich bin davon überzeugt, daß Indies verdammt wichtig für den Rock'n'Roll-Zirkus sind. Wenn nicht über Indies, wie sonst sollte eine junge unbekannte Band Erfahrungen und kleine Erfolge sammeln, um sich ein Bild von dieser kunterbunten Suppe machen zu können? Du gehst ja auch nicht sofort in einen Beruf, ohne eine einigermaßen gute Ausbildung genossen zu haben. Außerdem sind junge, unerfahrene Musiker ein wirklich gefundenes Fressen für alle Geldhaie. Und das muß nicht mehr sein! Zur Zeit sind die Indies aber immer noch die Wegbereiter für die großen Konzerne. Also eine Ausbeutung im doppelten Sinn: Zunächst drücken die Großen die Chancen der Kleinen, einigermaßen Fuß fassen zu können, dann schnappen sie ihnen mühevoll aufgebaute Bands mit einem festen Vertrag weg. What a fucking waste of time!

Hilmar: Es gibt auf jeden Fall Strömungen im 'Alternativ'-Bereich, die noch immer versichern, gegen den Mainstream zu schwimmen und mit neuen (oder auch alten) Ideen wirkliche Alternativen zum Musik-Fastfood zu liefern. Aber folgenden Gedanken finde ich sehr interessant: Stagnation wird immer von allen als tödlich für eine Bewegung, Musikrichtung oder was-weiß-ich angesehen. Sobald kopiert wird, kommen die Rufe nach etwas Neuem. Ist das manchmal nicht die Einstellung eines materialistisch verzogenen Kindes? Nur glücklich mit neuen Dingen, die, sobald sie einmal benutzt wurden, wieder langweilig werden?

Marc Range (Blind Passengers): Es gibt leider genügend Indie-Labels, die jungen Bands mit einer Kaltschnäuzigkeit das Fell über die Ohren ziehen, wie es sich kein Major trauen würde. Das trifft natürlich nicht auf alle zu, und grundsätzlich sind Indie-Labels lebensnotwendig für alternative Musik. Nur extrem wenige international erfolgreiche Alternativbands begannen ihre Karriere bei Majors. Den großen Firmen fehlt einfach der Mut und die Geduld, eine solche Band aufzubauen. Die Majors suchen deshalb ihre Alternativ-Acts bei den Indie-Labels und kaufen die Bands, die bereits auf dem Indie-Markt gute Ergebnisse erreichten. Hätten diese Bands sich nicht zuvor auf einem Indie-Label entwickeln können, so wären sie niemals entdeckt worden.

Martin Büsser: Indies sind sicher sinnvoll, um interessante neue Musik zu fördern. Man darf aber nicht ihren politischen Anspruch überschätzen. Indies bleiben Teil des Kulturgeschäfts und sind damit höchstens kulturell innovativ, nicht aber politisch.

Sabotage-Q.C.Q.C.?: Es gibt große Fürze und kleine Fürze. Der Künstler wird von Menschen betreut. Die sind entweder fähig oder nicht. Und blöde Leute gibt es hier wie dort. Wir haben Innovation auch bei Majors gesehen und erlebt - genauso, wie wir Kleingeisterei bei Indies erlebt haben. Da gibt es kein ausschließlich Gut und Böse, das wäre zu einfach.

Johnny Bottrop (Terrorgruppe): Viele Indie-Labels und Vertriebe sind wirklich nur die Kleinstvariante der Industrie, aber es gibt da auch einen Haufen idealistischer Einzelkämpfer, die Sachen veröffentlichen, an denen die Industrie niemals Interesse hätte, in Deutschland zum Beispiel: Teenage Rebel für Punkrock, X-Mist für Hardcore und

wohl eher für eine Unternehmensform als für musikalische Prägungen. Viele neue Stile entstehen im Untergrund, werden von kleinen Firmen gefördert und dann oft von Majors übernommen. In den letzten Jahren wandelte sich bei dieser Entwicklung die Großfirma vom natürlichen „Feind zum Partner, in manchen Fällen sogar zum „Freund". Auch wir suchen die Kooperation mit den Majors, denn die Symbiose von groß und klein hat für beide Seiten viele Vorteile.

Vicente Celi, Celi Productions: Das Musikbusiness ist so vielfältig, daß jeder seine Strategie erarbeiten muß, um seine Marktlücke zu finden (wer nicht kann, was er will, muß wollen, was er kann). Klar sind wir Indies, die Entwicklungen aber (e-mail, Funkphone, PC-Netz, Automatisierung) sowie die Polarisierung des Musikmarktes zwingen uns, die Spielregeln einzuhalten. Wäre genug Absatzmarkt für Indies da, könnte man sich mehr Idealismus leisten. Ich finde es absolut legitim, wenn ein Indie am Ende des Jahres ein paar Mark übrig hat. Natürlich sind Indies sinnvoll, notwendig und innovativ, ohne sie würde die Musiklandschaft um einiges ärmer sein.

Barbara Wetzer, Rodrec: Mit dem Begriff Independent identifizieren wir uns total. Wir haben einen Independentvertrieb, arbeiten mit Mailordern und schalten Anzeigen in Fanzines. Der Unterschied zum Major ist schon, daß wir weniger Geld haben. Aber dafür wird beim Major das Geld meistens sinnlos verballert. Die Band verkauft nicht unbedingt mehr. Erst wenn eine Band so groß ist, daß sie ihre Ansprüche beim Label durchsetzen kann, macht ein Major Sinn und ist für eine Independentfirma auch nicht zu bewältigen.

Tobias, Twisted Chords: Indies sind heute sinnvoller, notwendiger und innovativer denn je. In einer Zeit, in der die Majors alles rücksichtslos vermarkten, muß es eine Alternative dazu geben.
Barny, Incognito Records: Incognito Records kann sich problemlos mit dem Begriff „Independent" identifizieren, denn der wesentliche Unterschied zur Industrie besteht in der Motivation. Während die Multis als Wirtschaftsunternehmen sehr direkt auf Gewinn ausgerichtet sind, ist mein Handeln zu weiten Teilen von Intuition bestimmt. Natürlich muß auch ich wirtschaftlich denken und darf nicht mehr Geld ausgeben als einnehmen – dabei wird auch schon ab und an mal ein Kompromiß eingegangen – aber grundsätzlich bestimmen mein eigener Geschmack und Stil die Richtung. Wenn ich viel Kohle verdienen wollte, würde ich bestimmt kein Punklabel führen, sondern hätte in meinem ehemaligen Job Fortbildung gemacht und würde mir weiterhin von 8.00 Uhr bis 16.00 Uhr im Büro den Arsch plattdrücken. Mehr Wert als Geld besitzt für mich die Möglichkeit, daß ich mein Leben selbst gestalten kann. Die Ansprüche an eine Produktion liegen bei den Majors in der Regel auf bestmöglichem Standard. Geld für teure Studios und Sound-Leute ist vorhanden. Schließlich soll ihre Musik die breite Masse ansprechen. Da Punkrock eine Gegenkultur zum Musikbusiness darstellt, sind Punk-Platten in der Regel mit Absicht rauher und krachiger produziert. Das Unperfekte ist geradezu ein Stilmittel. So liebe ich es z.B., wenn Bands ihre Platten „live im Studio" aufnehmen. Sollte mal ein grober Schnitzer passieren, dann wird der Song ein zweites Mal eingespielt, vielleicht noch

abgedrehtes Zeugs, Pork Pie für Ska, oder unser altes Mini-Label Jelly Records (für local heroes...). Bestes Beispiel für Aufbau- und Pionierarbeit ist für mich das Bremer Weser Label, das außer seiner eigentlichen Sparte »Fun-Punk« auch Ska-, Comedy/Satire, 60s-Trash-, Rockabilly- oder Pop-Platten herausbringt und Starthilfe für so manche angesagte Kapelle war.

Eiche (vorn), Das Auge Gottes

Greta (Untoten): Besser wäre wohl zu fragen, ob einer angepaßte oder unangepaßte Musik macht. Ich hab schon öfter Indie-Musiker sagen hören, man müsse »dem Publikum gefallen, um eine Daseinsberechtigung als Musiker zu haben«. Die meisten jungen Musiker, die ich kenne, erwarten einfach, daß man sie bei der Hand nimmt, sie führt, damit sie sich nachher darüber beschweren können, wie der Major sie über den Tisch gezogen hat. Indie-Musiker sind oft nur solche, denen die Majors (noch) keinen Vertrag angeboten haben.

Eiche (Das Auge Gottes): Ohne Indies würde eine Vielzahl von Produktionen nicht stattfinden oder vertrieben werden. Kleine Firmen verbrauchen selber weniger Geld und benötigen dementsprechend auch nicht die aufgeblasenen Stückzahlen. Und die Leute, die alles selber machen, fahren eh am besten.

Sigi Pop: Wir sind von Majors wie Independents gleichermaßen verarscht worden. Am besten D.I.Y.: Do It Yourself - complete control!

Sigi Pop

Eiche (Vocals), und ***D.J. Cutmaster*** (Scratches, Programming) sind Mitglieder der Schweriner Band ***Das Auge Gottes.*** 1992 erzielt die 1989 gegründete Band den 2. Platz beim „John Lennon Talent Award". Es folgt die Produktion der EP „So isses Baby" (D.D.R./EFA), von der ein Song – „Du Hast Jesus Christus An Das Kreuz Genagelt" auf dem D.D.R.-Sampler „Hallo 13" (Vielklang, 1992) landet; den hört ein junger Regisseur, der begeistert ein Musikvideo damit produziert, dieses fällt einem A&R-Manager der Sony in die Hände... und so landet Das Auge Gottes schließlich 1994 bei der Sony. Veröffentlichungen: Bisher u.a. vier Alben, darunter die CD-Rom „Das Auge Gottes", zuletzt „Zärtlich auf die Wunden" (Epic/Sony 1997).

Eiche: „Hab' noch nie groß darüber nachgedacht, warum ich Musik mache. Es gibt nicht einen besonderen Grund, sondern viele, deren Summe Musikmachen gleich Spaß oder gutes Lebensgefühl ist. Musik ist nicht ständig der Mittelpunkt meines Lebens. Das kommt und geht. Vielleicht kommt ja mal etwas, das wichtiger ist."

D.J.: „Musik ist nicht das Zentrum der Welt. Aber das Zentrum der Welt ist angefüllt mit Musik."

ein drittes Mal, wenn's dann immer noch nicht stimmt, dann wird die dritte Version auf Gedeih und Verderb genommen. Der ganze Studio-Firlefanz wird also bewußt verschmäht, so klingt die Platte frisch und kommt der Musik, die die Band live auf der Bühne spielt, sehr nahe. Natürlich können Indies innovativ sein – und zwar deutlich mehr als große Firmen. Ganz einfach, weil sie kleiner und flexibler sind. Wenn ich eine gute Idee habe, dann schlafe ich eine Nacht drüber und am nächsten Tag wird sie durchgeführt. O.k., manchmal endet's im Desaster, aber es war den Versuch wert und es war was Neues! Bei großen Firmen gehen neue Vorschläge durch zig Gremien, werden diskutiert und bewertet, und das Endprodukt ist ein glattpolierter Kompromiß. Es entspricht eher der Natur der Kleinen, spontan neue Ideen umzusetzen. Die Sachen, die sich dann durchsetzen, werden von den Großen aufgekauft und mit Weichspüler für die Masse präpariert. That's the way it goes.

Gudrun Gut, Moabit Musik: „Independent" sowie „alternative" wird inzwischen mit viel Erfolg von den Majors benutzt, um ihre sog. „authentischen" Bands zu verkaufen. Trotzdem gibt es nach wie vor unabhängige, also independent music, an welcher Major companies kein Interesse haben, da sie sich schwierig verkauft. Gerade dafür ist die Indie-Szene wichtig: andere Informationen/Musik, die sich nicht nach Einschaltquoten bzw. Verkaufszahlen bewerten lassen. Für mich als Künstlerin kommt dazu, daß die Möglichkeit, meine eigene Musik auf meinem Label zu veröffentlichen, natürlich beruhigend und schön ist. Dadurch erfahre ich selbst eine immense Unabhängigkeit.

Das Plastic-Bomb-Team in seinem Hauptquartier

Independent

Ein Trendbericht vom Micha Will, *Plastic Bomb*.

Der Begriff »Independent« ist schon lange bloße Schaumschlägerei. Damit soll den Käufern/Hörern suggeriert werden, daß die betreffenden Bands völlig unabhängig sind, nur ihr Ding durchziehen und somit Bestandteil einer Sub- und Gegenkultur sind. Das mag einmal so gewesen sein, mittlerweile ist »Independent«-Musik jedoch ein fester Bestandteil des Musikbusiness. Nicht selten besitzen große Konzerne und Plattenfirmen ihre eigenen Sektionen und Unterlabel, die sich darauf spezialisieren, eine ganz bestimmte Käuferschicht zu bedienen. Das sind dann in der Regel die Hörer, die aus sozial gesicherten Verhältnissen stammen und den Wunsch verspüren, etwas aufzubegehren. Deren Rebellion reicht dann meistens nur bis zum Tragen eines bestimmten Band-Shirts, dem Verunstalten ihres Kinns mit einem Ziegenbart, oder um mit dem Tragen eines Ohrringes in der Banklehre eine noch nie dagewesene Revolte vom Zaun zu brechen. Diese Leute können es sich meistens auch leisten, teure Eintritts- und Plattenpreise sowie völlig überteuerte Band-Accessoires zu kaufen. Daß sich mit dieser Käuferschicht gut Geld verdienen läßt, hat selbstverständlich auch die Musikindustrie erkannt und liefert das dementsprechende Angebot. Nur eine geringe Anzahl dieser Leute verschafft sich einen tieferen Einblick in die Hintergründe und Inhalte von Punk/Hardcore. Das Bedürfnis zur Rebellion ist also auf jeden Fall da, wird aber bis auf wenige Fälle lediglich durch die Musikindustrie ausgenutzt. Diese schafft künstliche Freiräume, die sich auf das Anhören bestimmter »Produkte« und den Besuch bestimmter Konzerte reduzieren.

Bei diesen Firmen kann von Idealismus und Gegenkultur natürlich nicht gerade die Rede sein. Es ist sogar möglich, daß der Profit aus den jeweiligen Plattenverkäufen in die Rüstungsindustrie investiert wird, wie früher bei der EMI. Weder Bands noch Käufer können das Attribut »unabhängig« für sich in Anspruch nehmen, da sie nicht wissen, wohin ihr Geld fließt. Plattengiganten und deren »Independent«-Unterlabel sind ein Teil des Systems und funktionieren nach dessen Spielregeln. Deshalb ist es wichtig, daß möglichst vielfältige Subkulturen existieren, die dann wirklich independent sind.

Keine Punkband kann sich in ihren Texten kritisch gegenüber System und Regierung äußern, anschließend ihre Platten bei einer Majorfirma veröffentlichen und auf MTV zum Teil des Unterhaltungsprogramms werden. Zwar ist es wichtig, seine Standpunkte nicht nur im kleinen szene-internen Kreis zu vertreten, sondern auch über den Tellerrand hinauszusehen, aber erstens achtet die Durchschnittsbevölkerung kaum auf textliche Inhalte, sondern lediglich auf die Musik. Und zweitens ist eben diese Musik, und sei sie noch so hart und schnell, mittlerweile massenkompatibel und als Soundtrack z.B. für die »Blaupunkt«-Werbung entdeckt worden. Wirklich radikale Texte von veränderungswilligen Bands werden zumeist eh nicht von großen Plattenfirmen akzeptiert. Es bewegt sich also alles im abgesteckten Rahmen. Meist werden poppige Punkbands wie *Green Day* und *Offspring* die großen Zugpferde, die zwar nette, gefällige Musik produzieren, aber inhaltlich nichts zu bieten haben.

Der Begriff »Independent« ist mittlerweile ebenso schwammig wie überflüssig. »Independent«-Bands, die auf MTV und VIVA in eigens dafür geschaffenen Sendungen laufen, gehören fast zu 100 Prozent einem Label des Big Business an. Als es noch keine Musikkanäle gab, war die Zahl der Punk-/Hardcore-Bands, die ins Industrielager wechselte, eher gering. Heute sind jedoch fast sämtliche Musikstile massenkompatibel geworden. Somit droht ein Verlust der Inhalte und ein Zerrbild der jeweiligen Subkultur durch die Medien. Wenn auf MTV ein »Punk«-Special läuft, und dann irgendwelche soften Weicheier über den Bildschirm flimmern, die eher Wave-Rock als Punk spielen, oder irgendwelche abgetakelten Punkhelden von früher, die in ihrer Spätphase nur noch stinklangweiligen Rock zustande brachten, dann verschieben sich die Verhältnisse. Punk steht in der Öffentlichkeit als etwas, was (nach einer rohen Anfangs-

Independent-Nachwuchs beim Soundcheck

phase) inzwischen mit der Gesellschaft konform geht und allenfalls noch als Papiertiger dient. Schocken kann man mit Punk schon lange nicht mehr, das ist klar. Jeder kleine Steinwurf wird von gierigen Kameras mittlerweile als Riesenaufruhr vermarktet. Ernstgenommen wird der Steinewerfer dabei längst nicht mehr, sondern vielmehr als Teil des Unterhaltungsprogramms angesehen. Wie anders ist es zu erklären, daß während der '95er Chaostage in Hannover u.a. Reporter von Pro 7 auf ihrer Jagd nach Sensationen zwischen Punks und Polizei hin- und herpendelten. So ist es fast eine logische Konsequenz, daß auf diversen Fernsehsendern im Anschluß an besagte Chaostage von den größten Massenkrawallen der Nachkriegsgeschichte die Rede war. In diese Propaganda paßt die Existenz von industriellen »Independent«-Labels natürlich ganz hervorragend. Es muß eben nur gut verkauft werden - egal was!
Als Reaktion auf diese totale Vermarktung hat sich in den letzten Jahren jedoch auch eine starke Gegenbewegung entwickelt. Immer mehr kleine Plattenlabel und Vertriebe werden aus dem Boden gestampft, die wirklich unabhängig sind und auch relativ unkommerziell arbeiten. Das bietet nicht nur unbekannten Bands die Chance, ihre Platten veröffentlichen zu können, sondern auch den Plattenverkäufern die Möglichkeit, ihre Musik erheblich billiger als in kommerziellen Plattenläden zu kriegen. Mailorder boomen zur Zeit wie noch nie. Preisunterschiede von bis zu 12,- DM für eine einzige CD machen das möglich. Die Musikindustrie bekommt diesen Trend im Moment auch kräftig zu spüren und hat darunter zu leiden. Durch die Flut von billigen CDs und LPs haben sie Schwierigkeiten, ihre maßlos überteuerten 35-40,-DM-CDs an die Käufer zu bringen. Das führt dazu, daß große Plattenfirmen die Zahl ihrer Angestellten drastisch reduzieren müssen oder ihren Laden ganz dicht machen. Ganz so machtlos sind die kleinen Mailorder und Records-Labels also nicht, was natürlich sehr positiv ist.

Michael Will, *Plastic Bomb*

Der Mailorder Deines Vertrauens seit 1982 in jedem guten Haushalt

WESER LABEL

Dosierungsanleitung:

1-2 mal täglich den Katalog durchlesen, oder falls abhanden gekommen, mit Hilfe der unten angegebenen Telefon Nummer neu anfordern

Wechselwirkungen mit anderen Mailordern sind bisher nicht bekannt

Anwendungsgebiete:
bei akuten Mangelzuständen an guten Shirt`s, Punk- SKA, Independent -Tonträgern (CD, LP, Single), Aufklebern, Aufnähern, Postern, Comix, APPD - Parteizubehör und Propaganda Material.

Risiken und Nebenwirkungen:
Bei regelmäßiger Anwendung sind bisher keine Nebenwirkungen bekannt.
- In seltenen Fällen kommt es zu Hörschaden nach zu lautem Gebrauch
- in sehr seltenen Fällen kann es zu sog. „ schiefem Haussegen“ kommen, wenn er/ sie das Shirt nicht mehr ausziehen will. Nach dem waschen lassen diese Reaktionen im Normalfall nach einigen Tagen wieder nach.

Weser Label Postfach 150 231 28092 Bremen
tel. 0421- 386 37-0 fax 0421- 380 85 96

Mailorder

Leider gibt es ja nicht überall Independent-Musik und das notwendige Zubehör käuflich zu erwerben. Deshalb habe ich einige wohlfeile Mailorder gebeten, mir kurze Selbstdarstellungen zwecks Veröffentlichung zu schicken. Falls jemand seinen Lieblings-Mailorder vermißt, mag das daran liegen, daß er auf meine Anfrage nicht reagiert hat. Wer in die nächste Auflage rein will, sollte sich melden. Wer mit einzelnen Mailordern miese Erfahrungen gemacht hat, ebenfalls.

A.M. Music GmbH
Robert-Bosch-Str. 3
71088 Holzgerlingen
Fax: 07031/741888
e-mail: order@musicandmail.com
(Deutsch-)Punk, Independent, Gothic, Metal, Rap.
CDs, Vinyl, Tapes, Videos.
T-Shirts, Kapuzenpullover, Streetwear, Armee-Bekleidung und Accessoires, Bomberjacken, Bondage-Hosen, Nietengürtel & -armbänder, Bücher, Fanzines, Aufkleber, Aufnäher, Badges.
Insgesamt ca. 4000 Artikel.
Katalog auf Anfrage kostenlos.

Amöbenklang
z.Hd. Holger »Alge« Roloff
St. Petersburger Str. 4
18107 Rostock
Tel./Fax: 0381/7954412
Punk, Wave, Independent, Oi!, Ska, Gothic, Folk, Industrial, Underground, Electro, Pop, Avantgarde.
CDs, Vinyl 7“ 10“, 12“, LPs, Original Demo-Tapes, Videos.
T-Shirts, Aufkleber, Aufnäher, Poster, Fanzines, Musikbücher.
Außerdem: Eigenes Kassetten-Fanzine namens BANDSALAT -
ideal zum Kennenlernen neuer Sachen aus dem Label- und Vertriebsprogramm.
Katalog auf Anfrage kostenlos.

Antifa Jugendfront Versand
c/o Schwarzmarkt
Kleiner Schäferkamp 46
20357 Hamburg

Fax: 040/4108122 (unbedingt an AJF draufschreiben)
Keine Tonträger.
T-Shirts, Kapuzenpullover u ä., Bücher und Broschüren, Antifa-Jugendinfo (Abo DM 25,-/Jahr), Aufkleber, Aufnäher, Badges, Plakate, Spuckis.
Katalog gegen DM 3,- Portokosten; Bestellung schriftlich oder per Fax.

Christ The Records
Sedanstr. 31
95028 Hof
Fax: 09281/18488
Kein Direktverkauf.
Ausschließlich Vinyl, wenige CDs und Tapes.
Der Katalog umfaßt etwa 300 Titel aus dem Bereich Hard Core, Straight Edge und Hardcore/Punk.Zines: es ist immer ein Schwung *Maximum Rock'n'Roll* da.
Katalog gegen Porto. Bestellung schriftlich.
Christ The Records ist ein Do-It-Yourself-Mailorder, der hauptsächlich US-importierten Hard Core vertreibt. Wir arbeiten nur mit D.I.Y.-Labels und Vertrieben, eine Ausverkaufsmentalität des Hard Cores lehnen wir streng ab. Deshalb keine Zusammenarbeit mit We Bite, Lost & Found und der Musikindustrie. Wir unterstützen die Tierrechtsbewegung und fühlen uns dem linken politischen Spektrum zugehörig. Nationalistisches, frauenfeindliches und homophobes Gedankengut in der Musik lehnen wir strikt ab. Gewalt gegen Menschen und Sachen (Staat, Tier-KZs, UKWs etc.) halten wir für unabdingbar für den politischen Kampf um Befreiung und Autonomie. Dementsprechend fällt auch die Wahl der Bands aus, deren Schallplatten wir vertreiben.

Crypt Records GmbH
Postfach 304292
20325 Hamburg
Tel: 040/43130310
Fax: 040/433065
e-mail: Crypt@on-line.de
Mailorder only oder nach Absprache auch Direktverkauf (Mailorderkatalog alle 3-4 Monate).
Rock'n'Roll, Blues, Punk-Rock, Trash, Surf, R&B, Soul, Funk, Garage, Indie, 60's & 50's Re-Issues, Lounge, Easy, Soundtracks, Cajun, Country & Western, Rockabilly, Hillbilly, Weirdo-Stuff. CDs, LPs.
Bücher und Fanzines zu Crime, Sex, Pin-ups, Biographie, Film, Kunst, Design (50's/60's), Interior, Cars, Musik etc. sowie Comics aus allen Sparten. Fanzines aus aller Welt (Punk, Rock'n'Roll, 60's etc.), Videos (Trash, B-Movie, Musik).
Katalog gegen DM 4,-. Bestellung per Telefon, Fax oder e-mail.

Deutschrock Outfit GmbH
Graefestr. 71
10967 Berlin
Tel.: 030/690352-0
Fax: 030/690352-19
Internet: http://www.deutschrock.de
e-mail: dro@berlin.snafu.de
und Laden:
MAM (Merchandise & More)
Spreewaldplatz 14
10999 Berlin
Öffnungszeiten: 12-18 Uhr
Punk, Rock. CDs, Vinyl, CD-Rom.
Bücher, Aufkleber, Aufnäher, Badges, Videos, Poster, Haarfarbe, Haarschneidemaschinen.
Katalog gegen DM 3,- Rückporto bzw. frei Haus, wenn in Kundenkartei erfaßt. Bestellung per Telefon oder per Fax.

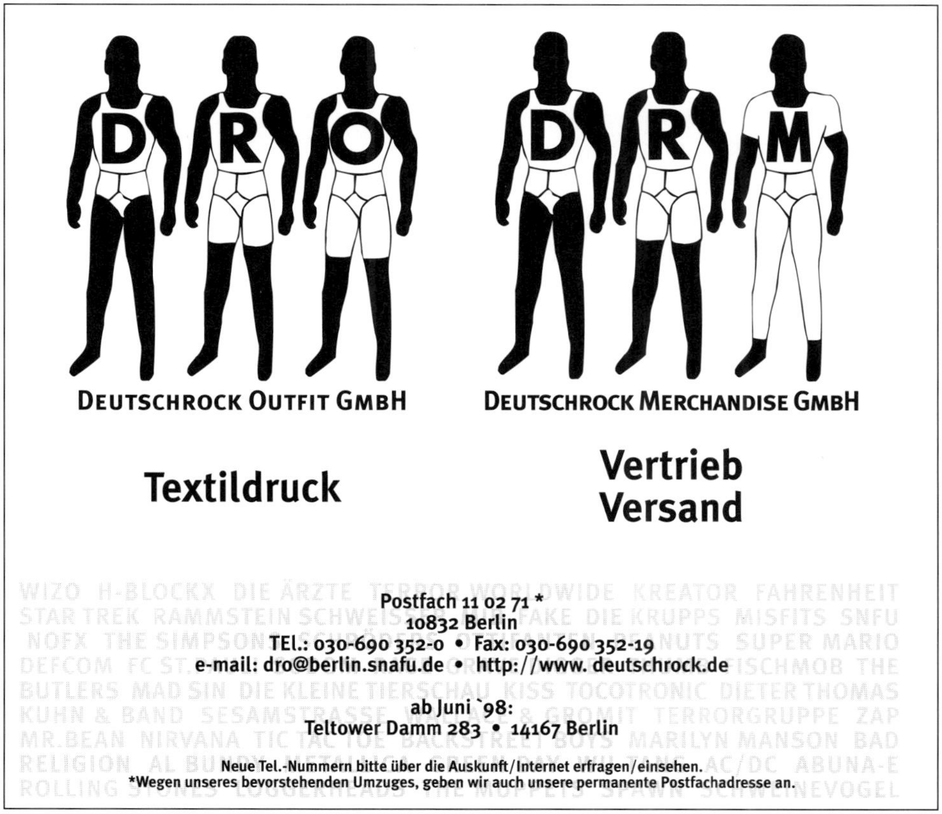

EBUS MUSIC
Carsten Olbrich
Bottenhorner Weg 37
60489 Frankfurt/M.
Tel.: 069/787113
Fax: 069/7895870
Direktverkauf ausschließlich nach vorheriger Absprache.
Alle Musikrichtungen, da sich das Angebot erst im Aufbau befindet.
CDs, Vinyl, Videos.
Keine Fanzines, Aufkleber, Aufnäher etc.
Katalog kostenlos, Nichtbesteller fliegen nach einer Weile aus dem Verteiler.

Flight 13
Nordstr. 2
79104 Freiburg
Tel.: 0761/500808
Fax: 0761/500811
Internet: http://www.die-art.com/flight13
e-mail: Flight13_Records@T-online.de
Öffnungszeiten: Mo-Fr 10-18 Uhr, Sa 11-14 Uhr.
Mailorder: 4000 Titel aus den Bereichen Punk/HC, Garage, Noise, Deutsch-Punk, Gitarren (Alternativ), Experimenteller Sound, HipHop, TripHop, Drum'n'Bass (kein Metal).
Primär Vinyl (jedes Format), auch CDs, keine Tapes.
Ca. 150 verschiedene Produkte aus der Ecke 'Lesestoff', v.a. Fanzines, dazu auch div. Bücher und Comics (auch eher Underground-Themen), wenige Musikvideos, hinzu kommen Einzelstücklisten (mit Raries und 2nd Hand) und Klamottenlisten. Kein Mindestbestellwert.
Laden: Ca. 5000 Titel, Musikrichtungen wie oben, mehr 2nd Hand Scheiben, auch wenige Tapes von Regio-Acts.
Wesentlich mehr Klamotten (keine 2nd Hand), Plakate, Poster (Kozik u.ä.) und Videos.
Katalogbestellung gerne gegen DM 3,-, aber auch kostenlos. Telefonische (Katalog-) Bestellung möglich.
Wir sind nicht nur Mailorder, sondern auch Label (*Lombego Surfers, FleischLego/Bdolf, Vulture Culture, Kick Joneses, Liquid Laughter, Ragout Schwackfinn, Levy Shoemaker...*) und veranstalten sporadisch und je nach Lust und Laune in Freiburg Konzerte.

Freibeuter Versand & Label
Markus Heim
Hermann-Sauter-Str. 9
76829 Landau
Tel./Fax: 06341/87283
Hauptsächlich Punk und Hardcore.
Ca. 200 Titel auf Vinyl (bevorzugt), CDs, Tapes.
T-Shirts, Kapuzenpullover, Aufkleber, Aufnäher, wenige Videos, Bücher und Fanzines.
Katalog gegen Rückporto, danach gibt es den aktuellen Mailorderkatalog bis zu dreimal automatisch; wer in dieser Zeit nichts bestellt, bekommt keine Liste mehr.

Incognito Records
Senefelder Str. 37A
70176 Stuttgart
Tel.: 0711/6159028
Fax: 0711/612667
e-mail: INCOGNITORECORDS@t-online.de
Direktverkauf nach vorheriger Absprache.
3000 Titel aus den Bereichen Punkrock, Pop-Punk, Power-Pop, Garage Rock'n'Roll, etwas Oi!, Streetpunk, kein Faschodreck!
CDs, Vinyl, Tapes.
Fanzines, Badges, wenige T-Shirts und Bücher.
Der Katalog umfaßt 96 Seiten, Versand gegen DM 2,- Schutzgebühr, kostenlos für Kunden.
Wir reißen uns den Arsch auf, um LPs und Singles (Vinyl!!!) aus allen Teilen der Welt ranzuschaffen. Wir dealen bevorzugt mit kleinen Vertrieben oder gar mit Labels direkt. Dadurch bleiben die Platten billig und independent.

Indiepunk Records
Kirchstr. 4
79539 Lörrach
Tel.: 07621/140593
Fax: 07621/140694
Internet: www.stepnet.de/privat/zapalotta
e-mail: zapalotta@stepnet.de
Öffnungszeiten: Mo,Di, Do, Fr von 10 bis 18 Uhr, Sa 10 bis 16 Uhr, Mi geschlossen.
Punk, HC, Oi!, Ska, Independent, HipHop, TripHop, Drum'n'Bass, House, kein Fascho-Müll!
Ca. 1000 CDs, 800 LPs, 7", Tapes.
Shirts, Kapuzenpullover, Fanzines, Bücher, Direction Haarfarben, 2nd Hand-Hifi,

Tonträger-Zubehör (z.B. Schallplattenschutzhüllen, DJ-Vinyl (12“).
Katalog gegen DM 2,- Rückporto, wird aber bei Bestellung verrechnet. Bestellung nur schriftlich (Post, Fax).

Knock Out Records
Postfach 100716
46527 Dinslaken
Tel.: 02064/91168
Fax: 02064/90864
Nur Mailorder.
Einige Tausend Tonträger aller Formate (auch 10“ usw.).
T-Shirts, Aufkleber, Kapuzenpullover, Bücher, Fanzines, Aufnäher, Badges, Videos.
Bei telefonischer Katalogbestellung (80 A4-Seiten) Versand kostenlos, ansonsten gegen DM 2,- Rückporto.

Lost & Found Mailorder
Aueweg 3
30900 Wedemark
Tel.: 05130/7771
Fax: 05130/7773
Direktverkauf nach vorheriger Absprache.
Punk, Hardcore, HipHop, Rap, Alternative Rock, Metal, Dark Wave, Drum’n’Bass, Techno, Deutsch-Punk...
CDs, LPs, 7“s, 10“s, Tapes, etc.
T-Shirts, Kapuzen-Pullover, Longsleeves, Wollmützen, Shorts, Jacken, Baseball-Caps, Club-, Street- und Skatewear..., Bücher, Fanzines, Comics, Videos, Schmuck, Graffiti-Spray..., Aufkleber, Aufnäher, Poster, Postkarten...
Katalog kostenlos, Anruf genügt.

Love & Piss Vertrieb
André Henze
Postfach 550114
10371 Berlin
Tel.: 030/4429618

Kein Laden, aber Direktverkauf nach tel. Absprache möglich.
Bücher & Hefte, Literatur-Fanzines, Postkarten, Comix, Shirts, Aufnäher, Badges, Spuckis (Polit-stuff), CDs und MCs mit Literatur.
Katalog gegen DM 2,- in Briefmarken oder internationalen Antwortschein.

Der LOVE & PISS-Vertrieb ist ein Mailorder für Untergrund-Literatur und bietet alles, was sich die geneigte Leserschaft nur wünschen kann. Die Auswahl an Lesestoff umfaßt (fast) alle Veröffentlichungen aus dem Genre Social Beat, beschränkt sich aber nicht nur darauf, sondern offeriert auch Literatur aus anderen nebenkulturellen Strömungen. Des weiteren hat der Vertrieb diverse Artikel zum politischen Widerstand im Angebot (T-Shirts, Postkarten, Spuckies, praktische Ratgeber etc.).
Der Vertrieb soll den Leuten „andere" Literatur näherbringen, also solche, die für gewöhnlich nicht in den Kaufhausbuchabteilungen zu finden ist.
Literatur hat sich in der Untergrund-Kultur noch nicht genügend etabliert. Die Leute haben kaum Möglichkeiten an Untergrund-Literatur ranzukommen. Das will ich mit meinem Vertrieb ändern.

Nasty Vinyl
Oberstr. 6
30167 Hannover
Tel.: 0511/7011404
Fax: 0511/7011300
Nur Mailorder.
Punk, HC, Ska.
CDs, Vinyl, Tapes.
Fanzines, Bücher, Videos, T-Shirts, Lederjacken, Nietengürtel usw.
Katalog kostenlos, Anruf genügt.

Nightmare-Vertrieb/Bad Taste Rec.
c/o Isleif
Völksenerstr. 46
31832 Springe
Tel./Fax: 05041/5922
Direktverkauf nach telefonischer Absprache, am besten zwischen 12 und 15 Uhr und ab 18.30 Uhr anrufen.
Punk, Hardcore, Ska, Oi!, kein Nazi-Müll, und auch nach rechts offene Bands und Hefte gehen ab ins Klo.
Mehr als 1000 Titel, überwiegend auf Vinyl in jeder Form, auch Second-hand, mehr als 100 Demo-Tapes, Tapesampler und CDs.
Ca. 300 Fanzines, kleine Auswahl an T-Shirts, Videos, Schutzhüllen und Badges. Plattenläden, Konzertverkäufer, Vertriebe können eine Wiederverkäuferliste anfordern.
Wer Platten von Bad Taste direkt bestellt, bekommt sie in farbigem Vinyl, das immer limitiert und nur bei der 1. Auflage erhältlich ist.

Plastic Bomb
c/o Swen Bock
Gärtnerstr. 23
47055 Duisburg
Tel.: 0203/735465
Fax: 0203/730613
e-mail: Plasbo@aol
Kein Direktverkauf
Alle Spielarten von Punk, Hardcore und Ska.
LPs, CDs, Tapes. T-Shirts, Videos, Aufkleber, Bücher, Badges etc.
Der Katalog erscheint vierteljährlich und wird mit der jeweils aktuellen Ausgabe des Fanzines verschickt. Gegen Rückporto kann aber auch eine Einzelliste angefordert werden. Telefonische Bestellungen möglich, aber nicht unbedingt erwünscht, außerdem ist so nur der Versand per unzeitgemäßer und teurer Nachnahme möglich.
Mailorder gibt es wie Sand am Meer mittlerweile. Und das ist gut so. Da gibt es die »Großen« wie Impact und Lost & Found, die über ein riesiges Angebot verfügen und auch durch ihre professionelle Aufmachung auffallen. Auf der anderen Seite existieren jede Menge Mailorder, die sich vorwiegend auf eine bestimmte Richtung festgelegt haben, wie Incognito, Nasty Vinyl, Bad Taste, Knock Out Rec. etc.
Wir möchten den Mittelweg gehen, den wir mit unserem Fanzine eingeschlagen haben. Wir wollen kein ganzes Stück vom Kuchen, sondern versuchen, die Rosinen aus dem ganzen Kuchen herauszupicken. Dabei sind neben der Qualität der Preis, die Aufmachung und die Einstellung der Macher wichtig. So möchten wir vor allem die D.I.Y.-Kultur fördern, als deren Bestandteil wir uns sehen. Da man aber in dem Veröffentlichungswust kaum noch durchsehen bzw. -hören kann, wählen wir gnadenlos subjektiv aus und stellen auch völlig unbekannte Veröffentlichungen in den Vordergrund, in der Hoffnung, daß man uns vertraut und einfach mal »blind« mitbestellt. Das versuchen wir über günstige Preise zu erleichtern. Da wir grundsätzlich Großvertriebe umgehen, mit den Labels direkt in Kontakt stehen und noch keine zu großen Kosten haben, klappt das recht gut.
Auch spielen bei der Auswahl unseres Sortiments politische Aussagen eine große Rolle. Wir freuen uns über jede Band, die politische Texte fernab vom Parolengedresche diverser Metalpunkbands versuchen. Allerdings darf der Spaß auch nicht zu kurz kommen, und darum gibt es halt auch Zeux, das einfach nur knallt und in reinen Politkreisen eher Nasenrümpfen hervorruft.
Soweit wir das jetzt absehen können, nehmen unsere »Kunden« auch diese Bandbreite an, und bestellt wird häufig genug eine *Eisenpimmel* zusammen mit einer *Muff Potter*. Auffällig ist auch, daß die Ladenhüter bei uns häufig auf CD gepreßt wurden. Daran zeigt sich, daß CDs halt als das, was sie sind, gesehen werden: als digitale Datenträger, die zur Berieselung taugen, aber nicht zur intensiven Beschäftigung mit der Band animieren. Das sehen wir nicht gerade ungern...

Salto Musikversand
Naumburger Str. 40
34127 Kassel
Tel.: 0561/897352
Fax: 0561/83472
Kein Direktverkauf, Besucher sind aber nach vorheriger telefonischer Anmeldung gerne gesehen. Klassik, Jazz/Avantgarde, Pop/Rock und Weltmusik.
CDs (eigenes Label und Vertrieb fremder CDs).
Katalog kostenlos auf Anfrage.
Unser Programm umfaßt die Musik von Musikerinnen und Komponistinnen aus aller Welt. Auf unserem Label Salto Records International veröffentlichen wir neue und alte, innovative und konventionelle, ungewöhnliche und gewöhnliche, Ernste und Neue Musik aus diesen und anderen Zeiten.

Schreibtisch Größenwahn
Grauzone-Musikproduktion
c/o Frank Bröker
Erphostr. 9
48145 Münster
Tel: 0251/36030
Social-Beat-Literatur (Mags, Bücher), Tonträger der u.g. Bands und Projekte plus Restmailorder (Tapes, CDs, Vinyl).
Keine Katalogbestellung möglich, telefonisch oder per Brief kann jeder anfragen, was gerade im Programm ist.
Grauzone-Musikproduktion hat sich auf die Bands *Caution Screams, Fette Helden* und die Projekte *Vampstone* und *Pichelstein* beschränkt, da zur Zeit Produktionen mit anderen Bands wegen Geldmangel nicht zu machen sind. Parallel wurde der Schreibtisch Größenwahn gegründet, der ein Sammelsurium für Social-Beat-Literatur und Punkrock darstellt. Zweimal im Jahr gibt es das SB-Zine »Härter...«. Der Verkauf der Zeitungen, Bücher und Tonträger läuft auf Anfrage von lokalen Szenen. Der Verkauf auf Social-Beat/Punkrock-Festivals ist eh klar.

Sick Wreckords
Mühlgasse 26
60486 Frankfurt/M.
Tel./Fax: 069/7072985
Öffnungszeiten: Di-Fr 11-18.30 Uhr, Sa 11-15 Uhr
Indies, Ska, Punk, Garage, Surf, Easy, Exotica, Rock'n'Roll, Psychobilly, 60's/70's.
Hauptsächlich Vinyl, LPs, 10", 7", aber auch CDs, Mag's, Fanzines, Bücher, Badges.
Alle 6 Wochen Katalog kostenlos, Bestellung ist per Fax & Telefon möglich.

Sonic Malade
Postfach 440107
12001 Berlin
Tel.: 030/6241515
Vertrieb eigener Produktionen und von Underground-Bands, die wir geil finden (*Untoten!*).
CDs, Vinyl, Sampler, T-Shirts, Fanzines etc.
Heft wird kostenlos verschickt, Bestellungen auch per Telefon.

Suppenkazpers Noize Imperium
Postfach 411154
55068 Mainz
Tel./Fax: 06136/42850
e-mail: suppenkazper@t-online.de
Direktverkauf nach Absprache, ansonsten Mailorder.
Deutschpunk, Hardcore, Undergroundpop, viel in deutscher Sprache und sehr viel Vinyl, natürlich auch CDs, MCs und einige T-Shirts und Videos. Aktuelle Fanzines und Bücher rund um die Punk-Szene. Dazu ein eigenes Punk-Label (*Kalte Zeiten, Die Frohlix, Canalterror, Allgemeines Chaos Kommando*).
Katalog (48 Seiten) erscheint vierteljährlich, gegen DM 2,- in Briefmarken, für Kunden kostenlos.

Tikala Women's Music & Video
Postfach 950366
81519 München
Tel.: 089/6923708
Fax: 089/6923780
e-mail: tikala-katalog@TIKALA.com
Bürozeiten Di-Fr von 11-17 Uhr.
Wir mailordern ausschließlich Musik von Frauen bzw. Frontfrauen mit guten Musikern als Band, fast auschließlich Indie-Musik. Ein paar aus dem Mainstream-Bereich für die, die auf dem Lande wohnen. Immer mehr Musikerinnen senden uns ihre selbstproduzierten CDs zu, eine wahre Freude und eine Vielfalt an Hörerlebnissen.
In unseren Katalog nehmen wir jede Musikerin auf, wenn sie nicht gerade völlig schräg, gewaltverherrlichend, maßlos sexistisch o.ä. in ihren Liedern solche Texte singt.
Wir sind spezialisiert auf internationale Women's Music. Es gibt ein paar MCs, aber fast ausschließlich verkaufen wir CDs.
Der Katalog ist über Mailorder, Musikstände auf FrauenMusikfestivals, Folklore-

festivals, Messen, spez. Märkte usw. erhältlich.
Außerdem betreiben wir mit einem Großteil der Women's Music einen Großhandel, Distribution und eine Musikerinnen-Agentur.
Katalog gegen DM 4,-, Bestellung auch telefonisch.

TollShock
Postfach 350126
10210 Berlin
Tel.: 030/2915160
Fax: 030/2929577
Kein Direktverkauf.
Punk, aber auch andere interessante Musik, viel D.I.Y.-Zeug.
Insgesamt ca. 300 Artikel, CDs, viel Vinyl, einige Tapes, Shirts, Videos, ausgewählte Fanzines, Poster, Aufkleber.
Katalog gegen Rückporto, Bestellung nur schriftlich.

Vitaminepillen Rec.
Burg.Loysonstraat 27
NL-6373 PB Landgraaf
Holland
Tel.: 0031(0)45/5327221
Fax: 0031(0)45/53222147
Kein Direktverkauf.
Alle Sparten des Punk und Hardcore.
Ca. 1500 Artikel, Vinyl, CDs, Tapes/Demos, Fanzines, vereinzelt T-Shirts und Plattenbedarf (Schutzhüllen etc.). CDs kosten max. 30,-DM, durchschnittlich 24,-DM. Aufkleber und sonstigen Krimskrams gibt's bei jeder Bestellung kostenlos dazu.
Wir arbeiten über Mailorderlisten, die alle 2-3 Monate erscheinen. Es gibt eine deutsche und eine holländische Version, also keine Probleme mit Sprache oder Währung. Preislich sind wir fast immer billiger als die schönen bunten Kataloge, da wir eben auf solche Image-Scheiße verzichten. Wir betreiben Label und Mailorder zu zweit, sind aber im Moment noch auf Kohle vom Staat angewiesen. Das Label hat in der letzten Zeit einen großen Sprung nach vorn gemacht und Bands wie *Knochenfabrik, Wohlstandskinder, Bambix* sind aus der Szene nicht mehr wegzudenken. Alle Veröffentlichungen sind auch über gute Plattenläden/Semaphore zu haben. Preislich dürfen die Sachen nicht für mehr als 25-30 DM verkauft werden.

We Bite Records
Gönninger Str. 3
72793 Pfullingen
Tel: 07121/991111
Fax: 07121/991150
e-mail: webite@t-online.de
Direktverkauf nach vorheriger Absprache.
Mehr als 1.000 CDs, LPs, Singles, Videos, massig Shirts, Fanzines, Aufkleber und Haarfarben.
Katalog bei Erstanforderung gegen DM 2,- in Briefmarken, danach weitere Updates kostenlos. Katalogbestellung ist per Telefon möglich.
Wir führen außer den bekannten Sachen auch viele selbstproduzierte Titel.

Weser Label
Postfach 150231
28092 Bremen
Tel: 0421/38637-0
Fax: 0421/3808596
Direktverkauf nur auf Anfrage.
Punk, Ska, Independent, Rock-a-Billy...
Ca. 500 Titel, CDs, Vinyl, Videos, Shirts, Kapus, Shorts, Caps, alles, was bedruckt werden kann. Bücher, Comics, Fanzines, Aufkleber, Aufnäher, Badges, Haarfarben, Poster... Eigenproduktionen des Weser Labels, exklusive Merchandise für *Toten Hosen* & APPD, *The Busters*.
Katalog kostenlos, Bestellung auch per Telefon.

X Fairplay X
Florian Weiß
Am Ufer 13
31840 Hess. Oldendorf
Tel.: 05152/51256
und
Thorsten Töhte
Agnes Nordmeier Weg 6
31737 Rinteln
Kein Direktverkauf, hauptsächlich auf Konzerten und per Mailorder.
Hardcore, Straight Edge.
CDs, LPs, 7"s, Tapes, Fanzines, wenige Shirts.
Liste gegen Rückporto.

Y.A.G.E.
Vegan Versand/Jerk Götterwind
Postfach 1432
64551 Riedstadt
Fax: 06152/16025
Kein Direktverkauf.
Etwa 80 Titel, Vinyl, Tapes. Neuheiten kommen nicht so oft vor, weil ich fast nur tausche und auch zu 90% nur D.I.Y.-Sachen in den Vertrieb nehme. Einige Bücher aus dem Social-Beat-Bereich, unser eigenes Fanzine *Teenage Keks* sowie vegane Lebensmittel und Kosmetik.
Rückporto wäre für den Versand der Liste fair (für die kompletten Listen mit Vegan-Katalog DM 3,-, für die Götterwindliste allein DM 1,10), Bestellung per Fax ist möglich.

Die Labels:

A.M. Music
Robert-Bosch-Straße 3
71088 Holzgerlingen

Amöbenklang / Holger Roloff
St. Petersburger Straße 4
18107 Rostock

Bad Taste Records / Isleif
Völksenerstraße 46
31832 Springe

BSC Music
Postfach 46
82055 Icking

Celi Productions
Baumstraße 38
28217 Bremen

Ebus Music / Carsten Olbrich
Bottenhorner Weg 37
60489 Frankfurt/M.

elbtonal / Thomas Ritter
Pastorenstraße 12
20459 Hamburg

Flight 13 / Ritchie Records
Nordstraße 2
79104 Freiburg

Fotofon
Im Brühl 19
54616 Winterspelt

Hyperium & Hypnobeat Records
Postfach 910 127
90259 Nürnberg

Impact Records
Am Markt 1
47229 Duisburg

Incognito Records
Senefelder Straße 37A
70176 Stuttgart

Moabit Musik / Gudrun Gut
Monumentenstraße 16
10965 Berlin

Plastic Bomb / Swen Bock
Gärtnerstraße 23
47055 Duisburg

Rabauz Records / Mike Weger
Holtweg 1
41749 Viersen

Rodrec
Klecker Weg 4
21244 Buchholz

Sonic Malade
Postfach 440 107
12001 Berlin

TollShock
Postfach 350 126
10210 Berlin

Twisted Chords
Reutweg 1a
76327 Pfinztal

Weser Label
Postfach 150 231
28092 Bremen

Danksagungen

Natürlich danke ich an erster Stelle allen MusikerInnen und sonstigen InterviewpartnerInnen, die meine Fragen beantwortet oder gleich komplette Beiträge geschickt haben. Die Interviews mit *Alcatraz, Das Auge Gottes* und *Sabotage-Q.C.Q.C.?* organisierte Tom Rocker, mit Christian von *T(h)reee* sprach Julia Rieser. Ungezählte Bekannte und Unbekannte, vor allem aus Labels, Mailordern und Fanzine-Redaktionen, haben meine Fragen weitergeleitet und mir Adressen zukommen lassen. Gabriele Rohmann hat die Texte erfaßt.

Bildnachweise

Die Zahlen beziehen sich auf die entsprechenden Seiten im Buch.

Aumüller, Barbara: 39.

Becker, Kai-Anett: 53.

Bothor, Mathias: 68.

Gall, Petra: 5.

Gehner, Ulrich: 115.

Geilert, Boris (G.A.F.F.): 145-150 (Bonustrack), 19-24, 35, 65 o., 66, 73, 86.

Hahn, Michael: 54.

Helmchen, Lord: 60.

Kolar, Otto: 97.

Kraehahn, Benno: 70, 116.

Potschka, Bernd: 90, 102, 103, 104, 106.

Stutz, Peter: 38.

Zeh, Susanne: 34.

sowie Archiv der Jugendkulturen e.V., Promos, private Leihgaben.